U0801008

尊重教育的生成与发展

张广利　著

首都师范大学出版社
CAPITAL NORMAL UNIVERSITY PRESS

图书在版编目(CIP)数据

尊重教育的生成与发展/ 张广利著. —北京：首都师范大学出版社，2023.3（2024.10重印）

ISBN 978-7-5656-7470-9

Ⅰ.①尊… Ⅱ.①张… Ⅲ.①教育工作—研究—中小学 Ⅳ.①G63

中国国家版本馆 CIP 数据核字(2023)第 041358 号

ZUNZHONG JIAOYU DE SHENGCHENG YU FAZHAN

尊重教育的生成与发展

张广利 著

责任编辑 禹 冰

首都师范大学出版社出版发行

地 址 北京西三环北路 105 号

邮 编 100048

电 话 68418523(总编室) 68982468(发行部)

网 址 http://cnupn.cnu.edu.cn

印 刷 北京捷迅佳彩印刷有限公司

经 销 全国新华书店

版 次 2023 年 3 月第 1 版

印 次 2024 年 10 月第 2 次印刷

开 本 710mm×1000mm 1/16

印 张 20

字 数 327 千

定 价 51.00 元

序　一
在普通社区办不普通的教育

读完张广利校长这本《尊重教育的生成与发展》26万字的书稿，非常高兴，尤其是看到北京教科院的实验校取得了这么突出的成绩，在棚户区改造的普普通通的社区办了一所不普通的学校，更让我欣喜。

为办好人民满意的教育，从2013年开始，北京教科院就响应北京市义务教育优质均衡发展的号召，与北京市部分区政府合作创办了一批实验学校，并提出了“在普通社区办不普通的教育”的理念。2014年4月24日，北京教科院与丰台区人民政府签订协议，合作创办北京教科院丰台学校，该学校是丰台区南苑棚户区改造项目配套的九年一贯制公办学校，2015年6月，张广利校长作为首届“齐鲁名校长”通过人才引进到校任职，并全身心投入到这所新学校的筹建和办学之中。

建校伊始，北京教科院与学校一起确定办学纲领，启动学校优质加速发展计划(SAP)，加强教师培训和引领，开展定期的教学视导，大力支持学校开展尊重教育理念下基于改进的教育教学问题研究、案例研究和项目研究。短短几年时间，学校在青年教师培养、课程与课堂改革、发展性评价推进、家校社合作，尤其是在尊重教育校本文化培育、促进学校高质量发展方面取得了可喜的办学成果，并树立了尊重教育的办学品牌。学校也从2015年借址办学的6个班150名学生，发展到今年拥有两个校区(期间还合并了一所小学)、24个班近900名学生的规模。

在近几年的办学中，该校荣获了全国生态文明建设特色学校、教育部现代教育技术重点实验室思维型教学基地校、北京市中小学文明校园、北京市首批义务教育管理标准达标校、丰台区教学绩效评价优质学校、丰台区教育系统党建示范点、丰台区学生综合素质评价工作先进单位、丰台区教育系统创新集体等近30项荣誉。学校以优异的成绩送出四届初中毕业生，每年家长和学生的满意率测评，满意和基本满意率达到99.8%～100%。截至2022年4月，建校以来师生参加区级及以上各类竞赛或业务获奖就有2306人次。可以说，北京教科院丰台学校实现了“低切入、高质量”的发展目标。

张广利同志从1993年走上副校长岗位，1996年任职校长兼党组书记以来，伴随着对教育的研究探索一路走到北京办学，可以说是一位有教育情怀的研究型校长。在基础教育办学领域，他致力于研究型教师团队建设，倾力推进课程与课堂改革，积极探索家校社协同育人策略；他持续开展学校文化建设研究，在尊重教育校本文化培育方面进行了卓有成效的实践探索；他带领新组建的教师团队，践行尊重教育理念，通过持续的行动研究和实践探索，取得了实实在在的育人成果，短短不到7年的时间，该学校脱颖而出，这是我们“在普通社区办不普通的教育”的一个生动范例。

本书中，张广利校长完整记录了学校尊重教育校本生成与发展的过程，探索培育了尊重教育校本文化体系，涵盖了理念文化、环境文化、课程文化、课堂文化、教师文化、学生文化、评价文化、家校社协同育人文化等多个方面，从尊重教育理念的形成至方案的制定，再到尊重教育行动研究的实施，全校师生和家长共同参与，付出了辛劳，结出了丰硕的果实。从目前看，尊重教育的校本研究已经自成体系，理论与实践密切结合，探索出了一种中小学尊重教育的育人模式，走出了一条适合普通中小学教育发展的新路径。

张广利校长和同事们的教育实践探索很有推广价值。他们从学习研究教育理论开始，形成有特色的教育理念，并站在“为党育人、为国育才”和“立德树人”的高度，不断创新着育人方式。书中展示出了张广利校长对尊重教育校本研究的深度思考，书中展现的鲜活教育案例、教学课例和精彩生动的学生成长素材，蕴含着学校教育研究成果的芳香，有很强的可读性。借助非暴力沟通策略进行的教师、家长研训与行动研究，使得家庭教育充满了温馨，学校教育充满了温度。让学生在学校和家庭生活中，获得了平静而又快乐的心境，助力了学生的健康成长。这些探索和做法有很强的借鉴性。

正像张广利校长说的那样，尊重教育校本行动研究的探索永远在路上。希望张校长继续引领更多具有教育情怀的研究型教师投入到尊重教育的校本化实践探索之中，努力把尊重教育这块品牌擦拭得更加明亮。

北京教育科学研究院院长　方中雄

2022年5月1日

序　二
创建一所令人尊敬的新学校

我和广利校长在20世纪90年代相识于山东，那时他在胜利油田第四中学做校长。在多年的教育实践中，他一直致力于学校教育改革的行动研究，也因此有了更多的交流。广利校长获得山东省首届“齐鲁名校长”殊荣后，我和他交往日深，无话不谈，互相引为知己。他身为首届“齐鲁名校长”，还兼任中国教育学会初中教育专业委员会的副理事长，学术成果颇丰。2015年6月，广利校长从黄河之滨的山东名校东营市育才学校校长兼党委书记任上，通过人才引进来到京畿之地创办一所新学校。一切从零开始，在没有教师、没有学生、没有校舍的情况下，用了不到七年时间，带领新组建的教师团队，在北京丰台南苑地区创建了一所拥有两个校区(其间还合并了一所小学)的九年一贯制新学校——北京教科院丰台学校。他从筹建开始，搞基建、要项目、做监工、定规划、建制度、聘教师、抓班子、带队伍，招新生、搞研究、推改革、提质量，从文字到工程，文武并用，夙夜在公，其难度可想而知。

办学伊始，广利校长在总结多年行动研究和办学经验的基础上，结合北京丰台南苑地区的生源实际，创造性地提出了“尊重教育”的办学理念和育人主张。他深知，学校的发展最根本的要靠团队的精神，即校本文化的引领。因此，从一开始，广利校长就带领新组建的教师团队开启了基于尊重教育校本文化培育的研究与实践探索，他从有效践行尊重教育理念的师生和家长、行为和事件、故事和榜样入手，不断培育尊重教育的文化基因，并用激励与欣赏、鼓励与引导等策略，不断扩大尊重教育文化传播的半径，并持之以恒地推进这一教育文化的实践。功夫不负有心人，短短几年，他们从“三无”状态下筹建到招生开学、推进课改、提高质量、不断发展、日益壮大直至创建尊重教育品牌，在最普通的社区建成了一所不普通的令人尊敬的学校。

这是一所能够走进学生和家长内心的学校，一所让学生和家长喜欢的学校。因为他们面对诸多棘手的教育难题时，始终坚守并践行尊重教育的理念，从尊重孩子主体地位、尊重孩子人格尊严、尊重孩子学习需求、尊重孩子个性差异、尊重孩子成长规律入手，运用现代教育理论，开启智慧，寻找办法，解决问题。我走访这所学校时，一股浓浓的儒雅之风扑面而来，学生文明可爱，教师身上散发着清新可人的书卷气。校园里没有一片废纸屑，没有一个学生说脏话，学生彬彬有礼，办公楼走廊里文化气息浓厚，墙壁上悬挂着学生的作品，课间学生能随手摘下墙壁上的魔方玩耍，也可以在围棋、象棋桌前对弈厮杀，露台一角有高倍望远镜可以瞭望星空，一楼大厅有钢琴等待学生弹起，校园各个角落形状各异的山石上镌刻的"赏识、呵护、发现、创造、自信、自强、民主、和谐、共生、共进"等文化符号，时刻散发着尊重教育的文化气息，优雅的环境、文明的校风、热情专业的教师、努力进取的学生、友好合作的家长、积极互动的社区……成就了一所不普通的学校。

呈现在大家面前的《尊重教育的生成与发展》是张广利校长在北京办学的第二本著作，该书从尊重教育校本文化培育的视角，全面系统地梳理和总结了一所新建九年制学校在教育文化方面的实践探索，阐述了尊重教育的价值追求，研究厘清了尊重教育校本文化生成与发展的基本路径、基本策略与实施措施，探讨了学校文化培育的基本维度和实践样态，面对这一成果即将问世，当广利校长邀我作序时，我欣然允之。

想到广利校长夜以继日地连轴转，我问他累吗？他宽厚而质朴地说："研究教育既是使命，也有意思，更有意义。"从做集团教育大校长举重若轻的治校风格，到京城事无巨细、举轻若重的工作风范，从一个借址办学招生150名学生起步到今年的两个校区近900名学生的规模学校，在他心里，大学校小学校都是育人。如今，广利校长已届知天命之年，他现在想得更多的是让年轻教师成长得更快一些，培养更多的有教育情怀的名师和学者型的管理者。他曾激情豪迈地说过："北京教科院丰台学校是一个展现教育情怀的高地，是未来产生名师、教育专家和教育家的地方。"

我为从齐鲁大地走出的教育人拥有这样崇高的教育情怀而自豪！愿广利校长和他的同事们创办的这所令人尊敬的学校越办越好！

北京师范大学中国教育政策研究院执行院长　张志勇

2022年5月2日

校长的职责与使命

（代前言）

作为学校领导者的校长，其角色被赋予了教书育人的神圣职责与使命。进入新时代，党组织加强了对学校教育的全面领导，中小学党组织领导的校长负责制全面实施，校长必须在学校党组织的领导下依法依规行使职权并履行好自己的“立德树人”职责。在党组织的领导之下，校长的职责与使命概括起来主要有以下几个方面。

一、校长是党的教育方针的贯彻执行者

作为学校法人代表的校长，他（她）是代表着党和国家去承担一个学校的治理及办学责任，校长的首要职责与使命就是依法坚持社会主义的办学方向，坚持“为党育人、为国育才”的使命，全面贯彻和落实党的教育方针和国家有关的教育法律法规，坚持德智体美劳“五育并举”等。融合发展，将“立德树人”的教育根本任务贯彻到教育教学的全过程，做到全员、全程和全方面育人，努力培养能够担当民族复兴大任的一代新人。要做到这一点，校长必须高站位看教育，高起点办教育，高要求抓落实。这里的“高”就是要善于洞察国际局势的发展变化，不为社会上的各种思潮所动，始终保持办学定力，真正从落实党的教育方针的高度不断审视自己的办学方向、办学行为和办学质量，要真正做到办学为党负责、为国家负责、为中华民族的伟大复兴和永续发展负责，只有这样，我们才能成为合格的党的教育方针的贯彻执行者。

二、校长是学校愿景的设计者与领导者

作为学校的主要领导者，在校党组织的领导下，校长承担着学校治理与发展的重要职责，要治理和发展好学校，校长首先要与党组织成员和教职工一起，研究确定学校的办学理念和办学章程。其次要遵照学校的办学章程，为学校发展勾画和设计一个美好的发展愿景。这个发展愿景的具体呈现形式就是学校的近、中期及长远发展规划。作为校长，在制定学校发

展规划的过程中，自然担当着主要的角色，要体现校长在规划设计中的思想，体现学校的办学理念。为提高学校发展规划的可行性和广大教职工的认同度，一是要认真分析与研究教育发展与改革的新形势和区域教育发展的新要求，分析和研究本校的办学历史，明确自身的办学优势，面临的问题和机遇、挑战，只有在认真分析和研究以上问题的基础上，才能保证发展规划具有科学性、一定的前瞻性和可行性。二是制定规划必须经过一定的程序，广泛征求师生员工的意见，让大家充分讨论，发表看法，凝聚大家的智慧。只有充分让教职工讨论，提出修改意见，并在教职工大会或教代会上讨论、表决通过后，才能保证学校规划的客观性，并提高教职工对学校发展规划的认同度，也才能使其成为全校教职工为之共同奋斗的愿景。只有这样，校长才能履行好学校美好愿景的设计者和主要领导者的职责。

三、校长是学校教育思想的引领者

要办好一所学校，校长必须有自己的办学思想。办学思想必须符合当代教育发展的总趋势和总要求，必须凸显自己办学思想的个性特点，陶行知说："校长是一个学校的灵魂。要想评论一个学校，先要评论他的校长。"而评论一位校长先要评论他的办学思想。办学思想是一个校长及教职工对办好学校的整体认识，它是校长教育思想、管理思想的综合化和具体化，更是党的教育方针在学校的具体化。校长要确立所在学校的办学思想，须做好以下几点：一是办学思想要符合党的教育方针和国家的政策法规要求，保证办学方向的正确性；二是办学思想要适应和服务好本地区的社会发展，保证办学目标的针对性和实效性；三是办学思想要遵循教育教学和管理的规律，保证办学思想的科学性；四是办学思想要发挥本校优势，创办特色学校，保证办学的竞争力。学校生存靠质量，发展靠特色，竞争靠品牌，每所学校必须制定并确立个性化的办学思想，发挥自身优势，办出自己的特色。

作为校长，确立正确的办学思想只是第一步，更重要的是要做好思想的引领。苏霍姆林斯基说："校长首先是一个思想的领导者。"统一和引领教师与家长的教育思想，是校长办学理念转化为教育教学实践的重要一环。如何将校长的教育思想与办学理念转化为大家的自觉行为呢？一是在办学思想与理念确立的过程中，必须广泛征求广大教职工、家长和社区的意见和建议，让大家充分酝酿和讨论，提出修改意见，把讨论的过程变成学习、宣传、理解和消化的过程。二是校长要利用多种途径、各种机会加强对本校办学思想的宣传工作，如：利用教师会、家长会、学生会等进行宣传，利用宣传栏、广播室、文化长廊、校刊、网站、微信公众号等阵地进行宣传，努力营造浓厚的办学思想氛围。三是校长对办学思想的引领还要体现在学校的制度层面上。学校制定的所有规章制度，必须体现办学思想的实质精神，不能成为两张皮。只有这样，才能使办学思想通过制度的形式加以固化。四是办学思想的引领还要体现在教育教学的全过程，看教师的教育教学思想及行为是否符合学校办学思想的要求，校长通过对教育教学工作的检查、调研，指导教育教学活动，组织听课、评课、研课，开展校本教研和进行教育教学检查及讲评渗透办学思想，使办学思想成为教育教学工作的统帅。五是在德育工作中，开展的各种主题教育及实践活动都必须体现办学思想的精神，此外，学校后勤服务、师德建设、党建、工会与共青团、少先队等工作也必须成为落实办学思想的重要渠道。六是学校学年和学期各类计划的制订，也要体现办学思想。在工作总结中，要检查办学思想在各方面工作中的贯彻与落实情况。这样，经过多种渠道和措施，加强办学思想落实过程的管理，才能促使办学思想的落地、生根和不断发展。

作为校长，必须将“学校管理回归为人服务的本真”[①]，要学会倾听的艺术，学会与教职工进行有效沟通的艺术，尽可能创造条件，给教师、学生、家长以思考与说话的时间，多一点宽容，尽量让他们在面对情境时做出正确的判断与选择，而不是硬性约束和规范其行为，在这种具有人文关怀和艺术的领导过程中，进一步促使教职工教育观念的转变，从而将校长的办学思想内化于心、外化与行。

四、校长是人际关系的领导者

校长不但要与上级领导打交道，与社会各界的有关人员打交道，还要与学生和学生家长打交道，与各位同事、同行，尤其是与有关学校的领导打交道，也要与学校教师和各位专家、科研院所合作共事。总之，校长要完成学校的发展重任，不能孤军作战，必须团结带领全校师生员工，并协调上下左右的各种人际关系，为实现学校的发展目标服务。要做到这一点，在学校党组织的领导下，校长必须成为人际关系的领导者，而不是其

① 李凌艳：《学校诊断》，北京师范大学出版社 2020 年版，第 18 页。

他人际关系的跟随人，无论与谁打交道，与谁搞协作，万变不离中心，万变不离重点，那就是校长时刻不忘教育的初心与使命，不忘自己的角色和责任——坚持为党育人、为国育才，实现确立的学校发展规划和目标，实现办学思想在教育实践中的有效落地。

校长在人际关系的管理中，在校外主要是协调、联系、合作，在校内要在招聘人员、岗位竞聘、干部使用上扬长避短，因材而用，根据学校发展需要公正选人，根据工作需要和个人特长合理用人。在工作过程中，要充分运用现代管理理论，如马斯洛的需要层次理论、麦克利兰的成就激励理论和期望理论、爱德温·洛克的目标设置理论等，加强对教师的激励与鼓励，积极引领教师制定专业发展规划，开展教育教学的问题和项目研究，并通过持续专心的行动研究，体验教育教学中的生命活力，体验工作成功带来的愉悦和幸福，使其逐步步入专业成长与发展的良性轨道，并引领每一位教师走向专业成功。这样，校长在校内人际关系中，就会成为一名领导者，这样的引导有利于打造一支高素质专业化的教师团队，有利于培养一种积极进取的团队精神，这是办学的根本所在。因为没有一支素质高、肯奉献、乐拼搏、敢创新、勇开拓的战斗群体作后盾，学校的发展目标就无法实现，办学思想的落地就会成为“纸上谈兵”。

五、校长是学校发展与管理的决策者

校长最主要的职责就是通过参与并实施有效的决策，实现对学校人、财、物、责、权、利和时间、空间等资源的有效管理。校长要参与并实施有效的决策必须注意以下几点：一是保证决策的正确性。校长在参与学校的工作计划、基本建设、利益分配、人力资源优化配置、教师管理与考核、制度制定、财务支出等重大决策时，必须认真贯彻民主集中制原则。决策前要广泛征求大家的意见，听取大家的建议。二是校长对工作的决策必须与本校的办学思想、发展规划相一致。不能定好了思想、规划，确定了工作目标，而在工作时随意决策，偏离了总的方向，这样，不但不利于学校工作的开展，更不利于确定目标的实现，也容易给下属和教职工在思想上带来混乱，致使自己在行动上不知所措。因此，校长必须避免决策与执行前后的自相矛盾。三是在学校管理决策后，校长的另一职责主要是扮演着检查者的角色。决策以后，下属对任务的完成情况和执行的力度是否符合工作的要求，不能关起门来做完计划就等着完成听汇报。听汇报固然重要，但听汇报却很难获悉工作的第一手资料，也难以保证工作信息的真实可靠，即使校长事后得知其中的不真实性，等着处理下属，让下属承担责任，有时已于事无补。因此，必须尽量避免因只听汇报所带来的信息失真现象。

在学校的内部治理中，决策、执行、监督这三个环节缺一不可。作为校长，一是要建立有效的工作执行情况的信息反馈机制；二是要学会学校管理运行的自我“诊断”，并经常到基层班组开展调研，了解学校教育运行中的实际发生与发展状况，看一看工作的落实情况，要经常与教师沟通交流，了解一下工作执行过程中教师的意见和建议，对不合适的地方要及时修正，对执行中的问题要及时提出指导意见和建议，以便优化管理过程。三是要研究可能出现问题的对策与策略，要超前预测和协调处理好工作中可能出现的问题，要协调整合各方面的力量，保证工作的执行力与未来决策的超前性，这样才能保障科学决策的执行力，不断提高管理效能。

六、校长应成为学校文化的领导者

“学校文化是学校在自己的发展进程中，在长期的教育实践中，所有教职工和学生创造、积淀并一同遵循的办学思想、价值观念，学校作风与传统，行为规范和规章制度的总和以及体现上述内容的各项物质载体和行为方式。”①它包括物质文化、制度文化、精神文化和行为文化，学校文化的核心是组织文化。我们习惯上所说的物质文化与物质，它是一个组织中的人对待物质的态度和方式，如：学校的公共设备是物质，它不是物质文化，人们是爱护公物，还是不爱护？这就是一种文化问题。同理，精神文化的核心不是名言警句，而是名言警句的生成过程，是人们对待名言警句的态度。学校墙上的名言警句可能只是学校的一厢情愿甚至是一种强加，只有经过师生讨论、认可，才能变成教师、学生的自觉行为，才能改变师生的态度。因此，物质文化、制度文化、精神文化、行为文化的建设中最重要的是组织成员对待物质、制度、精神、行为的方式和态度的不断改善。

作为一校之长，必须站在“为党育人、为国育才”和落实“立德树人”教育根本任务的高度，结合本校实际和课改的实施，在认真分析研究校情、学情和社区文化环境等的基础上，确立自己学校文化建设的目标。学校文化的建设目的与目标确定绝不是校长坐在办公室里主观臆想出来的，它需

① 许福源、孝文义编著：《学校文化与特色建设》，东北师范大学出版社2012年版，第5页。

要做深入细致的调研，并引领师生参与其中，因为学校文化的建设不仅仅是学校党组织班子和校长自己的事，只有师生参与其中，才能使文化建设变成师生的自觉行动。

学校文化是由学校所有成员一同“建构”的，但校长的办学治校思想、思路、方式(行为)即校长的“内隐规矩”和“内涵概念”会对学校文化产生深刻的影响。因此，校长必须履行学校文化建设领导者的职责。作为校长，要承担起学校文化建设的领导角色，一是必须明确校园文化、学校文化的概念及其内涵。学校文化的核心是学校大多数成员做事方式和处世态度的“内隐规矩”和“内涵概念”。二是必须深刻领会学校文化对全校师生的积极影响作用，必须看到学校文化的客观性。因为任何一所学校的文化建设必须根植于学校中人们生活的地区文化，充分吸收其中的营养，因此，校长必须研究地方文化的特点。三是领导学校文化，必须以本校的办学思想和管理理念做统帅，经过师生的充分讨论，确定学校的办学理念和校训等理念文化，形成具有本校特色的校标、校徽、校歌、校树等；必须积极倡导先进的办学理念，要善于发现先进办学理念的践行者和体现先进理念的行为与事件，以这些践行者和行为、事件为圆心，采取肯定、鼓励、表扬和表彰等措施，不断扩大其影响半径并持续地深入推进，只有这样，才能在实践探索中培育并形成与本校先进办学理念相统一的教风、学风和校风。四是要积极培育本校的团队精神。通过典型引路、榜样示范，寻找并扩大团队精神的载体，逐渐变成人们的自觉行为。五是尊重教师工作的专业性、复杂性和创造性，加强教师的师德师风教育，并通过开展以校为本的研究活动，积极引导教师做先进教育理念的践行者、教育实践的研究者、行动研究的实践者。与此同时，积极对学生进行理想信念、爱国主义和社会主义核心价值观等教育，巩固校风建设成果。六是要加强全校工作作风的建设与管理，形成与本校办学思想相一致、与校风建设要求相统一的高效、务实、民主、廉洁的工作作风。

七、校长应是学校课程的组织者和实施者

在学校课程方案的设计、制定、实施和评价过程中，校长应发挥其领导作用。一位好校长应成为校本课程开发的发起者、促进者，甚至承担起重建学校课程的责任，其具体职责：一是帮助学校成员尤其是教师深刻理解学校的愿景及教育使命，讨论确定学校的培养目标。二是在培养目标的指引下，结合国家课程、地方课程和校本课程，组织教师建构好学校校本

化的课程体系，与此同时，加强学校、国家和地方课程校本化的研究，依据学生的兴趣、爱好和特长开发个性化的课程，最大限度地提高课程的适切性，尊重学生对个性化课程的选择性。三是组织教师进行核心素养导向的课程校本化实施，积极推进课程的结构化、大概念、大单元和核心素养评价改革，并参与课程改革情况的评价工作。学校的中心工作是教育教学，教育教学工作的载体是课程，课程实施是教育教学的核心，是办学思想的具体体现和关键载体。作为校长，只有提高自身课程的领导力，认真组织好课程开发、课程实施和课程评价工作，才能真正主导学校的核心育人工作，才能使学校的办学思想、办学理念及学生发展目标的实现真正得到落实。

总之，校长作为学校的灵魂人物，他既是一个学校教育的主要决策者，又是一个决策的执行者和工作落实的组织协调人；他既是办学思想和办学理念的设计和领导者，又是学校文化建设的引领人；他既是课程的管理和领导者，又是全校乃至校外与学校发展有关人际关系的领导和协调人；他既是学校愿景的设计与规划人，也是学校发展的引领者。除了以上主要职责外，校长的角色和责任还有很多，如：校本训研的引领人、学习型组织建设的领导者、学校安全稳定的第一责任人、卫生疫情防控的第一责任人…… 要真正履行好校长的职责与使命，必须有高站位、高境界、大情怀和强烈的事业心、责任感与使命感，必须有很高的专业素养、研究与奉献精神和坚强的意志品质，总之，一个好的校长可以造就一所好的学校，而一所好的学校同样也可以培养出好的校长。

张广利
2022 年 4 月 26 日于北京

目　录

第一章　尊重教育理念的提出与阐释

学校开办之初，我们紧紧围绕"培养什么样的人、如何培养人、为谁培养人"和"办什么样的学、怎样办学、为谁办学"的问题进行了深入探讨与思考，并就如何在北京丰台南苑地区的普通社区建设一所学生喜欢、家长满意、社会认可的优质学校展开了广泛而深入的调研，我们结合北京教科院联盟校办学的"十大行动纲领"①、办学定位要求和北京丰台南苑地区的实际，研究确定了"在普通社区办不普通的教育"的办学定位，并提出了尊重教育的办学理念。

第一节　学校成立与发展的基本情况

一、学校成立的背景

丰台区东南部的南苑地区"自古以来就是一个天然狩猎场，为辽、金、元、明、清五朝皇家猎场和元、明、清三代皇家苑林，历经一千多年的历史"②。新中国成立后，作为南苑机场的所在地和国家航天研究的重要基地，南苑地区得到较快发展。随着经济的不断发展，北京发生了很大的变化，但由于历史的原因，北京城南发展却一直是个"短板"。自 2010 年起，为改善城南地区发展的"短板"，北京分别于 2010—2012 年、2013—2015 年、2018—2020 年实施了三轮城南行动计划，集中推行一系列重大项目和支持政策。③在这样的大背景下，丰台区加快了南苑地区的棚户区改造，伴随着该地区的棚户区改造，区政府也加快了南苑地区教育的城乡一体化进程。在这一进程中，丰台区针对该地区优质教育资源缺乏，广大居民要求享受优质教育的呼声强烈的实际，为振兴南苑地区的教育事业发展，进一步促进北京市丰台区

---

① "十大行动纲领"是北京教科院实验校联盟的"实验探索、荣誉联盟、因材施教、多元适性、安全友好、亲密平等、专业共生、互动协同、品德高尚、未来素养"的十大行动纲领。

② 高世良编著：《南苑往事》，中国旅游出版社 2009 年版，第 1 页。

③ 刘艳美：《城市 24 小时——南北失衡十年难解，北京再度"踩油门"》，《每日经济新闻》2021 年 7 月 31 日。

义务教育的优质、均衡发展，2014 年丰台区人民政府决定与北京教育科学研究院进行合作，把丰台区南苑棚户区改造项目配套学校建成一所公办的九年一贯制优质校，学校名称定为北京教育科学研究院丰台学校(简称为北京教科院丰台学校)，并面向全国招聘校长。笔者通过全国招聘、人才引进来到北京市丰台区，并有幸担任了这所新建校的校长。

2014 年 1 月丰台区教委正式启动该学校的筹建工作，2014 年 4 月 24 日丰台区政府与北京教科院领导签订了双方办学的战略合作协议。依据丰台区对学校建校初期的规划，学校总占地面积 36301 平方米，总建筑面积 24692.65 平方米，规划规模为 51 个班。学校规划有两个校区，即阳光星苑校区(南校区、小学)，占地面积 12000 平方米，建筑面积 10280 平方米；南庭新苑校区(北校区、初中)，占地面积 24301 平方米，建筑面积 14412.65 平方米。

二、学校的发展现状

为尽快增加中小学优质学位，根据北京市和丰台区教委的要求，北京教科院丰台学校于 2015 年 6 月首次招收了中小学起始年级 150 名学生，小学 4 个班、初中 2 个班，实行小班化教学。学校招生了，但新建的校舍还没有移交，经丰台区教委协调，我们中小学分别在丰台区南苑中学和嘉园一幼借址办学。2015 年 8 月下旬，学校从区教委后勤服务中心临时借了部分旧的办公桌椅开始筹备开学事宜，2015 年 9 月 7 日，学校全体师生和来自北京教科院、丰台区教委的有关领导 180 余人在嘉园一幼举行了新建校开学典礼，至此，小学在嘉园一幼正式借址开学，初中在南苑中学借址开学。开学之初，在前期广泛调研的基础上，学校结合新建校和本地区实际，提出了尊重教育的办学理念，坚持学生本位，把学生放在学校教育的正中央，研究制定了学校办学章程和第一个五年发展规划，并开始了尊重教育育人模式和校本文化培育的实践探索。

2015 年 12 月，新建的小学校舍——阳光星苑校区移交到学校，学校马上着手专业教室的改造工作，2016 年 3 月 15 日正式搬入阳光星苑校区办学。该校区拥有美术、舞蹈、音乐、科学、劳技、录课、计算机、科技、心理健康、阅览室等 15 个专业教室，建有体育馆、图书馆、地下乒乓球馆、学术报告厅、餐厅等场所，具备较好的办学条件。2016 年 7 月 20 日，北京暴雨，由于学校地处洼地，南苑棚户区改造城市配套设施尚不到位，学校被淹，周边围墙坍塌，地下室灌满雨水。经暑期抢修，9 月 1 日学校勉强开学。在随后的一年多时间里，我们边协调资金，做好灾后重建工作，边按照既定的五年发展规划，直面各种困难挑战，并进行尊重教育理念下的办学探索。2018 年 7 月首届初中生在缺乏理化生实验室的情况下，德智体美劳全面发展，并以优异的成绩毕业，首次中考也取得了比较理想的成绩，之后连续几年中考成绩不断提升，学校因此也获得了良好的声誉。2019 年 11 月，在北京市教科研办学年度总结会上，笔者代表学校做了“坚持学生本位，在普通社区实现办学突围”的典型发言，系统介绍了在普通社区如何使一所新建校快速实现高质量和高速发展的做法。

2018 年 11 月，北京教科院丰台学校和青岛沧海路小学、青岛永和路小学签订了合作办学协议。2019 年 10 月笔者作为北京市教委和北京教育学院组织的中小学校长赴德高级研修学员之一赴德国研修学习，期间我校与德国奥托汉·文理中学结为友好学校。2020 年 7 月 8 日，丰台区教委决定，北京市南苑第一小学并入北京教科院丰台学校，并任命笔者兼任了这所百年老校的校长，负责这所学校的撤并和人员分流等工作。同年 8 月，南苑一小的南一校区和西洼地校区移交给东高地科技馆使用。2021 年 5 月丰台区教委启动了我校的南庭新苑校区(初中校区)的改造，2021 年 9 月 30 日学校正式接收了新改造的初中校区，2022 年 2 月 28 日，初中师生正式搬入南庭新苑校区。今年，学校在职教职工 85 人、退休教师 55 人、在校生 24 个教学班近 900 人的规模。

自 2015 年正式开学以来，学校按照北京教科院“在普通社区办不普通的教育”的办学定位要求和确定的尊重教育的办学理念，克服了新建校办学起步阶段面临的各种困难和挑战，边顶层设计边筹建，边招聘教师边培训，边争取项目边改造，边制定制度边落实，边开发课程边实施，紧紧围绕落实“立德树人”根本任务，聚焦质量提升，建章立制，规范管理，优化过程，推进改革，在尊重教育课程体系建构、课程实施、课程评价和尊重教育校本文化培育诸方面都实现了突破性进展，学生在校获得了全面而有个性的发展，学生学业水平跨入丰台区先进行列，中小学学生体质健康合格率均超过了 97%，建校以来师生参加区级及以上各类竞赛或业务评比，获奖率逐年提高，截至 2022 年 4 月师生获奖共计 2306 人次。学校连续四年获得初中中考优质校和教学绩效评价优质学校称号，每年家长和学生的满意率测评，满意和基本满意率达到 99.8%～100%，可以说，我们这所新建校实现了低切入、高质量的发展目标。学校先后荣获全国生态文明建设特色学校、教育部现代教育技术重点实验室思维型教学基地校、“无废公众教育”试点学校、北京市中小学文明校园、北京市首批义务教育管理标准达标校、无废校园挑战赛(北京站)项目“无废校园”建设试点校、丰台区落实《体育工作条例》优秀学校、丰台区中小学艺术教育特色校、丰台区绿色学校、丰台区教学绩效评价优质学校、丰台区教育系统先进基层党组织、丰台区教育系统党建示范点、丰台区平安校园建设先进单位、丰台区学生综合素质评价工作先进单位、丰台区教育系统创新集体等30多项荣誉。近年来，人民网、今日头条、中国青年网、中国首都网——千龙网、凤凰网、北京电视台、法治晚报、教育家、中小学校长、北京教育、北京青年报、基础教育论坛、好作文、现代教育报、党建与干训、丰台教育督导、丰台教育等十几家媒体报道了学校的尊重教育育人模式和校本文化培育的实践探索。尊重教育理念下的学校文化培育阶段性成果《尊重的力量——一所学校的教育价值追求》于2020年8月由福建教育出版社出版，并在全国发行，该成果全面阐述了“尊重教育”的价值追求和学校尊重教育校本文化培育的实践样态。该书出版后受到同行较为广泛的关注。2022年上半年学校尊重教育行动研究的又一成果《“尊重教育”理念下的学校文化培育》荣获首届北京教育科学“振兴教育实验奖”教育实践改进奖一等奖。自建校以来，先后有1000多位来自全国各地的骨干教师和校长到校参观学习和跟训，学校尊重教育行动研究的探索经验也先后在全国和市、区级等各种研讨会上做交流分享，可以说，学校已树立起了尊重教育的办学品牌，“在普通社区办不普通的教育”的目标基本实现，北京教科院丰台学校已成长为丰台地区的一所优质教育学校，现正按照第二个五年发展规划，走向集团化办学之路。

北京教育科学研究院方中雄院长在《尊重的力量——一所学校的教育价值追求》一书的序言中对北京教科院丰台学校做出了这样的评价：“北京教科院创造了在普通办学基础、普通资源投入的情况下，依托教科研实现高质量、高速度发展的‘两普一双高’模式，北京教科院丰台学校的办学实践就是‘两普一双高’模式的生动案例之一”。

第二节　新建校的调研诊断

作为一所新建校，做好学校发展的顶层设计和规划至关重要，但要做好规划设计，首先应进行学校起步的调研工作，在此基础上，经过综合分析与自我诊断，才能科学地制定学校发展的蓝图与实施策略。

一、建校之初的生源情况调研

北京教科院丰台学校建校初期的学生主要来源于丰台南苑地区的南庭新苑小区的南、北区和阳光星苑小区的南、北区，四个小区（后来又增加了公园懿府小区）的居民主要是拆迁后搬入的城镇和农村居民。

(一)开学时的生源基本情况诊断

2015 年学校首次招生小学一年级 4 个班 89 人、七年级 2 个班 61 人。小学京籍 63 人，占 70.8%，非京籍 26 人，占 29.2%；初中京籍 20 人，占 32.8%，非京籍 41 人，占 67.2%。小学京籍的学生占比高，初中非京籍的学生占比较高。初中非京籍学生比例较高意味着未来两年因中考转学的学生会较多。

2015 年 9 月学生入学后，为落实教育公平理念，学校实施了阳光分班、均衡编班的政策，经与刚成立的家委会协商，我们对七年级学生的语文、数学、英语三科进行了统一测查，测查试卷参考丰台区小学六年级毕业的学业测试内容，考虑到本地区学生的实际基础，又对试卷进行了修改，并适当降低了测查难度，主要以测查学生小学的“双基”为主。语文、数学、英语三学科满分均为 100 分，测试时间各 45 分钟。语文试卷由积累与运用(分为给字注音、补全语句、判断正误等内容)、阅读一篇小短文并回答问题两部分组成，测试结果为：优秀率 0，及格率 5%，平均分 44.6 分；数学试卷分填空、选择、简单计算、求阴影面积和解决问题五部分，测试结果：优秀率 0%，及格率 40%，平均分 53.6 分；英语由按顺序默写 26 个英文字母、写三句话(名字、年龄、家里多少人)自我介绍、阅读一篇 50 个词的小短文判断正误和写短文《我的家庭》(字数不少于 40 个单词)四部分组成，测试结果为：优秀率 23.3%，及格率 75%，平均分 68.5 分。61 名学生中语文 3 人及格，数学 24 人及格，英语 45 人及格，语文、数学、英语三科最低成绩分别为 15 分、11 分和 21 分，三科总平均成绩在 50 分以下的学生有 18 人，占总数的 29.5%；总平均成绩在 60 分以下(含 60 分)的有 37 人，占总数的 60.7%。七年级第一批新生学业基础的现状是“大多数学生小学双基较差、两极分化较为严重”。

学生健康状况：健康体检项目有形体及生理功能(身高、体重、血压、血色素)、眼科(裸眼视力)、口腔科(龋齿)和内外常规。一年级学生 89 人，体检 88 人，体检率 99%。七年级共 61 人，体检 61 人，体检率 100%。仅从形体和视力两项指标来看，一年级肥胖 24 人，占 27.0%；超重 5 人，占 5.6%；较低体重 18 人，占 20.2%。视力不良，轻度 12 人，占 13.5%；中度 3 人，占 3.4%，视力不良占一年级总人数的 17%。七年级肥胖 12 人，占 19.7%；超重 1 人，占 1.6%；较低体重 23 人，占 37.7%，营养不良 5 人，占 8.2%。视力不良，轻度 4 人，占 6.6%；中度 15 人，占 24.6%；重度 17 人，占 27.9%，视力不良占七年级总人数的 59.1%。

七年级学生开学参与丰台区体质测查情况(小学一年级按要求不测)：体质健康检测常规项目有身高、体重、肺活量、立定跳、引体向上(女生为一分钟仰卧起坐)、50米往返跑；耐力项目为男生1000米跑、女生800米跑。60名学生参加测试，39人合格，21人不合格，合格率65%，平均分数为65.02分。全区检测的9所初中校的平均成绩为71.29分，我校距9校平均成绩相差6.27个百分点。初中学生毕业时合格率应达到85%，当时按照北京市有关要求，学生体测合格率要达到95%，入校的七年级学生体测离最低目标要求相差20个百分点，离合格率95%的要求相差30个百分点。

从学生体质健康情况分析来看，中小学生的肥胖、视力不良和体质较弱问题是学生健康工作的三大重点，在这方面，需要家校合作，重点抓好学生的防近视、饮食和体育锻炼等工作，以增强学生体质，保证其健康成长。

(二)学生兴趣爱好和特长诊断

一年级学生：通过对小学一年级89名学生的兴趣爱好进行调查，一年级学生的兴趣爱好分布如图1-1所示，占据前三位的分别是“绘画”“体育类活动”和“舞蹈”，占比分别是24.22%、18.36%和14.29%，合计达56.87%。这为学校开设相应的一年级的选修课程提供了参考。

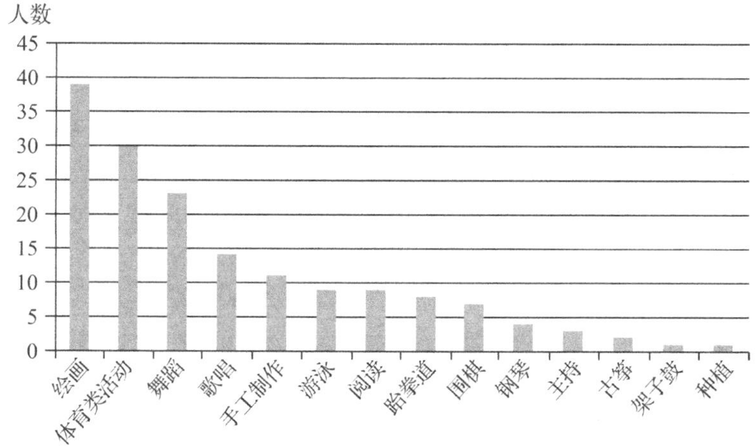

图1-1　一年级学生兴趣爱好人数调查

七年级学生：通过对七年级61名学生的兴趣爱好和特长进行调查，学生的兴趣爱好共涉及18个方面，球类活动占23%，乐器类占21%，舞蹈占9%，航模占7%，唱歌占6%，电脑编程占5%，雕刻占4%，科学实验占4%，绘画、数独、围棋、空竹、武术各占3%，软笔书法占2%，游泳、跑步、折纸和轮滑各占1%。这为学校开设相应的初中选修课程提供了参考依据。

七年级学生2(体育)+1(艺术)特长调查，分别统计出13项学生想要掌握的体育技能，篮球排第一位，占32%；羽毛球排第二位，占18%；足球排第三位，占17%；乒乓球排在第四位，占13%；游泳排第五位，占5%；跆拳道排第六位，占4%；跳绳、网球、棒球、跑步排在并列第七位，各占2%；武术、空竹、夹包排在并列第八位，各占1%。

本次调查统计出10项学生想要掌握的艺术技能，分别是绘画占28%，唱歌占26%，舞蹈占17%，吉他占5%，手工、书法、钢琴、雕刻、摄影和架子鼓各占4%。

二、父母与家庭教育情况调研诊断

(一)家长文化水平调查

148名父亲(有2人未参加调查)，小学毕业及以下的8人，占5.4%；初中毕业的41人，占27.7%；高中毕业的31人，占20.9%；大专学历的41人，占27.7%；本科学历的27人，占18.3%。

148名母亲(有2人未参加调查)，小学毕业及以下的16人，占10.8%；初中毕业的38人，占25.7%；高中毕业的32人，占21.6%；大专学历的41人，占27.7%；本科学历的20人，占13.5%；研究生毕业的1人，占0.7%。

(二)家长从事职业情况调查

父亲是公务员或在事业单位工作的25人，占16.9%；在企业工作的50人，占33.8%；个体经商的55人，占37.2%；无固定职业的18人，占12.2%。

母亲是公务员或在事业单位工作的12人，占8.1%；在企业工作的43人，占29.1%；个体经商的44人，占29.7%；无固定职业的46人，占31.1%；退休3人，占2%。

(三)家庭教育情况调查

1. 家庭教育认识情况调查

认为家庭教育和学校教育同等重要的有140人，占93.3%；认为家庭教育不如学校教育重要的有6人，占4%；认为家庭教育比学校教育重要的有4人，占2.7%。

2. 孩子和谁一起生活调查

和父母一起生活的孩子有133人，占88.7%；和祖父、祖母或外祖父、外祖母生活的有6人，占4%；和父亲或母亲一方生活的有10人，占6.7%；其他情况的1人，占0.67%。

3. 父母最看重孩子哪一方面发展的调查

看重孩子人格品质发展的有27人，占18%；看重孩子行为习惯培养的有15人，占10%；看重孩子兴趣和能力培养的有8人，占5.3%；看重孩子学业成绩的有5人，占3.3%；看重孩子全面发展的有95人，占63.3%。

4. 平时父母对孩子的教育方式调查

平时很少教育孩子的有9人，占6%；只有遇到问题时才教育孩子的有39人，占26%；主动教育引导孩子的有72人，占48%；经常陪伴孩子的有29人，占19.3%；有时打骂孩子的有1人，占0.67%。孩子遇到阶段性学习困难时：鼓励孩子的有130人，占86.7%；顺其自然的有6人，占4%；限制孩子做自己喜欢的事的有2人，占1.3%；批评、责备和打骂孩子的有12人，占8%。

从整体分析看，大多数学生家长对家庭教育的重要性有一个比较清醒的认识。但从大多数家长所从事职业的特点和开学对学生的观察来看，有近半数的学生没有养成良好的学习和生活习惯，总体来说，家庭教育普遍较弱，特殊家庭中尤为严重。特别指出的是，150个家庭中，看重学生全面发展的有95人，看重学业成绩的只有5人。从这一数字和学生实际学业成绩的测查来看，在培养孩子的问题上，家长对知识与能力和素质的关系比较模糊，在注重孩子全面发展的时候，却忽视了孩子对“双基”的掌握和能力的培养。这可能是导致学生语文、数学、英语“双基”成绩较差的原因之一。

三、开学初教师基本情况调研

开学之初，学校教师团队29人，除管理人员外，专任教师22人。22名专任教师中，男教师5人，占总数的22.7%；女教师17人，占总数的77.3%。24岁以下的2人，占9.1%；25～34岁15人，占68.2%；35～44岁5人，占22.7%；44～55岁1人，占4.5%。教师本科学历的11人，占总数的50%；硕士及以上学历的11人，占50%。初中专任教师中一级教师2人，占9.1%；二级教师2人，占9.1%。小学专任教师中一级教师2人，占9.1%；二级教师3人，占13.6%；未评职称的(应届毕业生教师)13人，占59.1%。

小学教师开设选修课调查：小学教师可以开设童话绘本欣赏、童话剧表演、儿童剪纸、儿童画、轻黏土、创意绘画、彩铅画、儿童音乐剧、钢琴、朗诵、国学、儿童剧欣赏、儿童文学阅读与欣赏、绘本制作、英语话剧表演、英语舞台剧、英语自然拼读、英语小游戏、英语配音、英语课本剧表演、数独、十字绣、烹饪、英语剧表演、英语棋、礼仪文化、足球、篮球、乒乓球等。

七年级教师开设选修课调查：语文教师可以开设话剧社团、经典阅读、演讲、趣味写作、诗歌、写作、表演课；英语教师可以开设英语美文诵读、探索世界视频赏析、英语歌曲跟唱课、英文戏剧、中西诗歌赏析、旅游英语课程；数学教师可以开设趣味数学、数学史；地理教师可以开设中国地方文化和旅游攻略、神话故事课程；校医可以开设近视防治、饮食健康、常见病预防常识课；历史教师可以开设中国社会生活史、茶道学习、礼仪文化；道德与法治教师可以开设模拟法庭课程、电影欣赏、美食文化课；生物教师可以开设趣味生物实验、健康教育；信息技术教师可以开设网络信息安全等。

第三节　SWOT 分析与办学理念的提出

SWOT 是英文单词 Strengths、Weaknesses、Opportunities 和 Threats 首字母组合而成的，Strengths 代表优势因素，Weaknesses 代表弱势因素，Opportunities 代表机会因素，Threats 代表威胁因素。由四个单词首字母组成的 SWOT 通常指 SWOT 态势分析法，它是一种基于内外部竞争环境和竞争条件下的态势分析，是一种能迅速掌握且容易使用的单位竞争态势的分析工具[①]，这一分析工具也是学校发展诊断常用的一种分析方法。它的作用在于能够帮助学校较为客观而准确地分析和研究发展的现状，进而为制定学校的发展规划与目标提供决策依据。

一、学校发展的 SWOT 分析

(一)学校发展的优势所在

一是作为丰台区和北京教科院合作创办的九年一贯制学校，丰台区教委的政策支持、北京教科院的智力支持和专家团队指导是学校办学的坚强后盾。作为东高地集群的成员校，可以充分借助航天科技的优势资源支持我校航天科技特色课程的开设工作。二是九年一贯制办学不仅有利于在统一办学理念下做好整体育人目标、课程及教学改革等的顶层设计，还有着学段贯通和学科融通的优势。三是作为新建校，没有既有传统教育观念和经验的制约，容易轻装上阵，学校可按照确立的尊重教育的办学理念，规划和实施好学校的未来发展，并建立自己的学校文化体系。四是新组建的年轻教师团队，学历层次高，知识结构新，工作热情高，接受能力强，大家有梦想、有追求、有热情，善学习，乐研究，敢创新，作为北京教科院的实验学校，教师培训层

① 张熙编著：《学校第一年》，北京科学技术出版社 2015 年版，第 45 页。

次高、学习机会多，有利于青年教师的专业发展并形成一定的教育科研能力。五是学校注重班本团队建设，实行小班化教学，有利于合作育人和个性化的教学指导工作。同时，整体上看，尽管大多数学生家长学历层次不高，但他们比较淳朴，也便于沟通与交流。

(二)学校办学的不利因素

一是由于是新建校，随着学校规模的不断扩大，每年都要招聘一定数量的新教师上岗，招聘的教师又多为应届毕业生，青年教师比例很高，缺少学科带头教师，教师队伍建设难度较大。二是北京教科院、丰台区教委和社会各界的高期望值和学校办学现实间存在的差距较大，这样给办学带来巨大挑战。三是学校阳光星苑校区所处城乡接合部，离地铁较远，交通不便；生源构成复杂，差异较大，初中非京籍生源占比较高(超过60%)，初中非京籍学生未来两年流动性较大。这些问题都会给学校教育教学及管理带来诸多不便和困难。四是家长的文化程度整体偏低，学生家庭背景参差不齐，多数家长忙于生计，对孩子的教育关注不多，有的家长甚至认为学习很苦，怕孩子受苦受累，想让孩子轻松快乐，还要学得好、成绩高、素质强。整体来看，学生家庭教育环境不够理想，给家校合作育人可能带来诸多困难。五是学校改造项目和现代化教育教学设施配备由于受政策变化的影响，难以加大资金支持，尤其是北校区尚未建好，初中理化生实验室只能临时使用小学的相关专业教室，这在一定程度上制约了教育教学质量的提高。六是学校周边环境不够优化，没有相应的配套设施和文化建设项目，缺乏文化气息。七是学校刚招生起步，建章立制、规范化运行、课程改革、风险防控等管理任务艰巨。同时，作为一所新建校，也缺乏一定的知名度和社会认可度。

(三)学校发展的机遇分析

一是丰台区教委和北京教科院非常重视学校的发展，这是学校实施高起点办学和高标准要求的重大机遇。二是作为新建校，在办学条件的标准化、现代化和信息化配备方面是个良好的契机。三是建校之初，正值北京市新义务教育课程改革、中考改革、初中综合素质评价等方案出台，这些都给学校的课程、教学和评价改革搭建了崭新的平台，也带来了新的机遇。四是学校纳入了东高地教育集群，作为其成员校，集群的航天科技优势教育资源为学校科技教育的发展提供了便利条件。五是长期以来南苑地区缺乏优质教育资源，这为学校的脱颖而出带来了机遇。

(四)学校办学面临的挑战分析

一是丰台区和北京的优质名校居多，它们教育资源丰富，办学底蕴深厚，知名度和社会认可度很高。在教育日益竞争激烈的首都办好一所新建校将面临着巨大挑战。二是受进京指标限制政策的影响和丰台区人才引进政策收紧的制约，人才引进难以实施，名特优和带头教师难以引进，这一政策变化给学校教师队伍建设带来巨大挑战。三是生源基础薄弱，差异较大，未来初中生源流动性强，这对于年轻的教师队伍来说，如何实现学生实际发展获得的最大化是一个很大的挑战。四是初中新校舍尚未建成，小学校舍办学条件的标准化配备尚未全部到位，在小学校舍开展九年一贯教育给学校发展带来了很大挑战。

二、尊重教育理念的提出

北京教育科学研究院方中雄院长提出的“学校是为孩子们办的，我们的实验校就是在北京普通的社区办不普通的学校，在普普通通的学校办不普通的教育”的办学定位，为学校发展指明了方向。在办学定位确定后，我们以什么样的理念来办好这所全新的学校呢？

从文化建设角度思考，一方面，作为一所新建校，新招聘的教师来自全国各省市，各地的风俗习惯和文化存在较大差异，要建设好这样的教师团队，就要倡导尊重的理念，教师间要相互尊重彼此的文化差异，做到相互学习、相互帮助、相互包容、相互理解。另一方面，我们办学必须立足中国大地办教育，必须贯彻党的教育方针，必须尊重中华优秀传统文化这个根，必须传承好红色基因，要教育孩子学会尊重历史、尊重社会、尊重自然、尊重他人。从教育本身思考，教育的本质是自我教育，学习的本质是自主学习，教育的最终目的是培养学生自主发展的能力。办学必须尊重教育教学的规律，尊重孩子身心发展的规律。作为一所九年一贯制学校，学生需要在校学习生活九年，这一学龄段正是孩子良好习惯、学习品质和学习能力形成的重要时段，也是孩子“扣好人生第一粒扣子”的关键时期。因此，必须教育孩子学会自尊、自信、自立、自强。从校本发展的实际思考，我们办学必须以“区”为本，尊重丰台南苑地区的文化现状和基础；必须以“家”为本，尊重南苑地区家庭教育差异较大的实际；必须以“生”为本，尊重所招生学生差异较大、基础相对薄弱的实际；必须以“师”为本，尊重新组建教师团队知识结构新、工作热情高、经验不足的现状。

正是基于以上思考，在广泛调研的基础上，我们提出了尊重教育的办学理念，并决定把建设尊重教育校本文化作为我们的主题文化。总体设想是通过构建尊重教育的课程体系、实施尊重的教育教学改革、打造以“学”为中心的课堂、推进尊重教育的发展性评价，力求为培养尊重自然、尊重社会、尊重他人和自尊、自信、自立、自强的社会主义事业的建设者和接班人奠定基础，以此来影响和带动一个充满尊重气息的家庭、社区和社会的形成。

三、尊重教育理念提出的依据

(一)尊重教育理念提出的理论依据

教育学生，首先应把学生看成一个自由、独立、完整且有其独特天性、有人格和尊严的人，一个发展中的具有独立意义的人，只有坚持以学生发展为本，无条件接纳、平等对待、理解和宽容学生，才能科学地引领学生健康成长，一句话，没有尊重就没有教育。世界上许多的心理学家和教育家都强调了尊重在教育中的重要性。

1. 马斯洛的需要层次理论

“尊重教育”是人心理发展的需要。著名心理学教授马斯洛提出了心理需求理论，即人的心理需求由低到高分别是生理的需要(Physiological Needs)、安全的需要(Safety Needs)、爱和归属感(Love and Belonging)、尊重的需要(Esteem)和自我实现的需要(Self-actualization)。其中“尊重的需要”既是人的本质需要，也是人的较高层次的需要。

在物质生活日趋丰富的当代社会，由于政策和其他社会原因导致的独生子女现象和生育率下降的状况，父母对孩子各方面成长的投入逐年增大，绝大多数学生的生理需求、安全需求、爱和归属感的需求都能够得到满足。因为学校空间的局限，以及学生在学校学习和生活的时间有限，学校是很难满足学生“自我实现”的所有需求的。但学校应该尽力满足学生高层次的尊重的心理需求，这其中就包括自尊和他尊。只有这一层次的心理需求得到实现，才能更好地引导学生实现“自我实现”的需要，成为理想中的自己，同时为社会做出贡献。“尊重教育”的实施，有助于在校园内，学生之间、师生之间、亲子之间和家校之间形成良好的尊重氛围，能极大地满足教师、学生和家长的尊重需求。

2. 卢梭的自然教育理论

法国著名社会学家、教育家卢梭的自然教育理论中也体现了“尊重教育”的思想。卢梭的教育思想是从他的自然哲学观点出发的。按照这种观点，他认为人生来是自由的、平等的；在自然状态下，人人都享受着这一天赋的权利，只是在人类进入文明状态之后，才出现人与人之间的不平等、特权和奴役现象，从而使人失掉了自己的本性。为了改变这种不合理的状况，他主张对儿童进行适应自然发展过程的“自然教育”。主张遵循自然的原则去培养“自然人”，让儿童接受自然的教育，让他们用自己想用的方法去看、去想、去感觉一切事物，教师应尊重儿童自然成长的规律，尊重每个儿童的个性特点，让儿童获得自然的、自由的成长。他对教育中的主观、机械、僵化、不平等和不尊重儿童的现象进行了彻底的批判。教育学、心理学以及其他科学的研究都表明，人的差异是客观存在的，而这种差异是不以人的意志为转移的。教育者应尊重学生的个性及优势智能差异，并且给每一个学生的个性发展提供帮助与支持。

3. 苏霍姆林斯基的教育思想

苏联著名教育家苏霍姆林斯基是一位具有30多年教育实践经验的教育理论家，他在帕夫雷什中学的教育实践探索中，撰写了《要相信孩子》《给教师的建议》《把整个心灵献给孩子》《我不是最弱小的》等著作。在他的著作中，“尊重教育”的思想无处不在，他强调教师要相信每一个儿童，还要让儿童自己相信自己，强调教师在教育儿童的过程中，要帮助儿童建立起自信心和自尊心。

在长期的教育实践中，苏霍姆林斯基认为教育的目标就是培养人全面和谐的发展。他强调教育是一个统一的整体，儿童的发展是整体的、和谐的、全面的发展。他认为每个儿童都是独一无二的生命个体，在教育中必须区别对待，尊重儿童的个性，发现每一个儿童的兴趣、爱好和长处，让每个儿童都得到充分的发展。①

4. 中国传统文化历来强调尊重

尊重教育是弘扬传统文化的需要。中国是礼仪之邦，五千年的灿烂文明蕴含着丰富的教育智慧。尊重教育就要从先贤的教育智慧中汲取营养，提升教育水平。荀子曰：“人无礼则不生，事无礼则不成，国家无礼则不宁。”(《荀子·修身》)孔子曰：“非礼勿视，非礼勿听，非礼勿言，非礼勿动。”(《论语·颜渊》)这里“礼”的核心就是尊重。人所处的位置不同，尊重的表现形式也不同。《大学》曰：“为人君，止于仁；为人臣，止于敬；为人子，止于孝；为人父，止于慈；与国人交，止于信。”孔子曰：“己所不欲，勿施于人。”这是指对他人的尊重。古代先哲多次提出的“格物致知”指的是对自然规律的尊重。“诚于中，形于外，故君子必慎其独也”，指的是对自己的尊重。古代先哲和文学经典为尊重教育的实施提供了丰厚的文化教育土壤。

5. 中国近代教育家的尊重教育思想

我国近代著名教育家蔡元培关于“培养全面和谐发展的人”的教育思想，他提出“知教育者，与其守成法，毋宁尚自然，与其求划一，毋宁展个性”②。他主张“尚自然、展个性”，极力反对违反自然、束缚个性的教育。在学校管

① [苏]B. A. 苏霍姆林斯基：《给教师的建议》，杜殿坤编译，教育科学出版社2000年版。

② 张景焕、朱德民主编：《尊重教育》，中国石油大学出版社2007年版，第23页。

理中，他强调“兼容并包”的思想，所有这些主张和观点都体现了蔡元培尊重人、发展人、成就人的“以人为本”的教育思想。

6. 中国当代尊重教育研究的启发

北京师范大学心理学博士生导师陈会昌教授考察了中外有关尊重教育的思想，并提出了“尊重平等教育”理论①，在“十五”期间，承担了“尊重平等教育与德育改革”的研究，他认为尊重教育的内容包括五个方面，即尊重自己、尊重他人、尊重自然、尊重社会、尊重知识。1995 年北京市西城区教委主持的“尊重：基础道德教育”研究课题，有众多学校的近千名教师参与研究，历时 9 年，也总结出尊重教育的五大维度，即“尊重自己、尊重他人、尊重自然、尊重社会、尊重知识”和“以自尊教育为起点，以情入手，以情感人，创设情境，促进发展”②的尊重教育策略与方法。陈会昌教授和西城区教委的研究尽管是从道德教育层面开展的研究与探索，但对学校开展尊重教育的育人模式探索和尊重教育校本文化的培育研究以很大启发，并提供了重要的理论依据。

(二)尊重教育的国内外研究状况

1. 尊重教育的国外研究

在世界近代教育发展史上，尊重教育成为一股思潮。无论卢梭的“自然教育论”、爱尔维修的“智力平等说”、狄德罗的“教育民主化与世俗化”主张、裴斯泰洛齐的“和谐发展思想”，还是爱伦·凯倡导的教育民主和自由、蒙台梭利呼吁的社会要尊重学生人格，无不把对学生的尊重看成教育成功的基本原则。

瑞士著名教育家裴斯泰洛齐认为，教育在于发展人的天赋的、潜藏在体内的能力萌芽。他提出了“教育心理学化”，创立了爱的教育理论和要素教育理论。他的“要素教育论”认为，教育应重视个人本质的和谐发展，按照儿童的天赋能力和力量的自然发展顺序进行。教师的作用不单是传授知识，首先应该真诚地热爱、尊重儿童。

意大利幼儿教育学家蒙台梭利认为一切教育活动的目的都在于促进儿童生命力的正常发展，呼吁社会尊重学生的人格，爱护他们纯洁而又敏感的心灵。

美国是最早对尊重及其教育进行系统研究的国家之一，他们从 20 世纪 20 年代起就对尊重给予了高度的重视，并且将尊重研究与学校教育紧密联系在一起。在研究的基础上，美国学校禁止教师打击和压制学生，禁止讽刺挖苦

① 张景焕、朱德民主编：《尊重教育》，中国石油大学出版社 2007 年版，第 15 页。

② 同上。

学生，禁止使用侮辱性语言对待学生；对违反纪律的学生，要求教师低调处理。

1994年夏季，在挪威的奥斯陆召开了第一届国际尊重大会，来自美国、英国等许多国家的心理学家和教育家就自我尊重与学校教育的关系问题进行了热烈的讨论。尽管与会者在文化背景、研究视角及对自我尊重的理解等方面各不相同，但他们普遍认为：尊重对学生的学业成绩和成长发展具有非常重要的作用。

在世界教育发展史上，尊重教育成为众多国家政府和社会的关注点。如英国学生发起了"尊重教育"运动，这股运动目前已经形成了世界性的尊重教育组织，旨在促进性别的教育平等、种族的教育平等和社会阶层的教育平等。美国国会1994年通过的修正案"改善美国学校法"(Improving America's School Act)明确要求，美国教育部每年可以给十个州发放经费推动品德教育。其品德教育包含思想自由、学会尊重两个层面。一个文明人首先要确立平等的观念，不受地位、权力、金钱、出身、知识、种族等的影响，尊重生命，尊重信誉，尊重公德。

2005年《联合国教育促进可持续发展十年国际实施计划》颁布实施，该《计划》中所倡导的核心价值观是"尊重"，即"尊重人、尊重多样性与差异性、尊重自然、尊重资源"。

2. 尊重教育的国内研究

尊重教育，以提升人格素质，塑造人格尊严。我国自古以来十分重视人格教育。根据张岱年先生考证，在中国古代，表示人格尊严的词语，是"志不可夺""高尚其事"思想，最早见于西周初年的《周易古经》蛊卦："上九，不事王侯，高尚其事。"孔子主张"因材施教"，就是要求教育尊重每名学生的个性和特长。他还提倡"不愤不启，不悱不发"，就是要求教育尊重学生的学习自主性。

关于"尊重教育"文章篇名在知网的期刊检索结果(见图1-2)表明，从1979年至2021年，我国尊重教育的研究与实践可以划分为三个阶段。

第一阶段经历了15年(1979—1993)，尊重教育期刊发表的文章只是零星地出现，普遍状态是每年发表的文献在6篇以下，累计期刊发表的尊重教育的文章共计35篇，显然尊重教育在我国教育界处于萌芽阶段。孙达伍1979年提出《回顾历史进程，尊重教育规律》①，成为改革开放以来全国探讨尊重教育的开山之作。随后研究者们分别探讨了尊重学生、尊重教师和尊重教育、

① 孙达伍：《回顾历史进程，尊重教育规律》，《扬州师范学院学报》(社会科学版)1979年第4期。

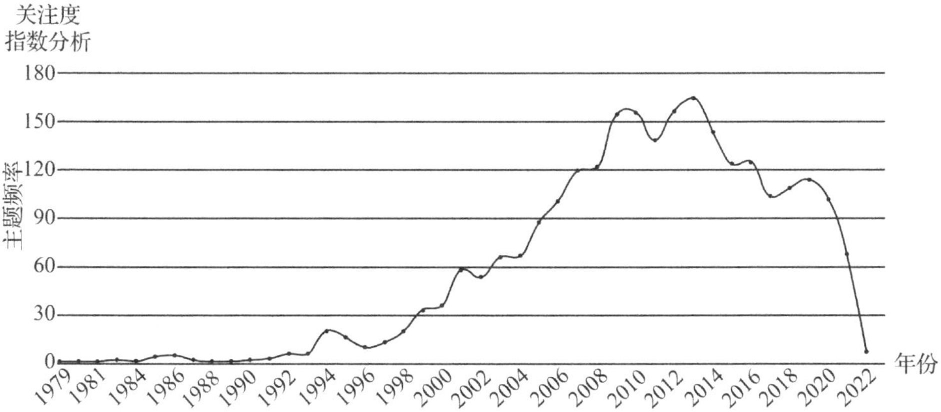

图 1-2　全国尊重教育研究期刊文献统计图(来源于知网)

尊重公德、尊重民族、尊重科学等主题。1992 年，中国共产党第十四届全国代表大会确立了社会主义市场经济体制。社会主义市场经济为尊重教育理念的发展和弘扬奠定了坚实的社会基础，于是教育领域尊重学生的主体性、尊重教育规律、尊重学生的人格尊严和个性引起了重视。

第二阶段经历了 11 年(1994—2004)，平均每年期刊发表的尊重教育论文超过了 35 篇，是第一阶段的 12 倍之多；累计达到了 393 篇，是第一阶段的 11.2 倍。可见尊重教育在我国进入了一个新的时期，即发展阶段。在这个时期，从探讨德育工作要尊重学生、教育教学工作要尊重学困生起步，扩大到了强调尊重学生的天性，或尊重学生身心发展的规律，乃至尊重人就是教育人的广度，提出要在尊重中教育、尊重教育是素质教育第一关等论点，尊重教育的内涵从尊重知识或尊重科学向尊重生命转变。

第三阶段经历了 17 年(2005—2021)，以平均每年超过 123 篇文献的速度发展着，17 年间累计发表了 2093 篇文献，无论是文献总量还是探讨领域都大大超越了前 26 年，显然尊重教育在我国进入了一个繁荣阶段。尊重教育的领域不断扩大，从尊重生命出发，完善尊重生命的内涵，强调不但要尊重自然生命，还要尊重社会生命，要尊重人格，维护人的尊严；从尊重个人发展到了尊重社会、尊重自然，不但要尊重公德，尊重法律，而且要尊重自然，包括尊重地球上的一切自然物以及整个宇宙，这些都是关乎人类尊重自身生命的环境，即尊重环境就是尊重自我。

3. 我国尊重教育的案例

自 1994 年北京市东城区教育委员会在本辖区实施“尊重教育”以来，我们目前掌握的情况是，全国有 50 多所大中小学明确以“尊重教育”作为其办学特色或办学理念。以这50多所学校为样本案例进行分析发现：从尊重对象范畴看，明确提出"尊重自我""尊重自己"和"自我尊重"的共计16所，即32%的学校将自尊纳入了尊重教育之中；明确把"尊重他人""尊重学生""尊重教师""尊重家长"等纳入尊重教育的共计44所，即88%的学校将"尊重他人"纳入了尊重教育之中；明确把"尊重社会""尊重自然"纳入尊重教育的学校分别只有8所和12所，分别只占总数的16%和24%。可见，绝大多数学校尊重教育关注的是"他尊"，尤其是"尊重他人"。从尊重内容范围看，明确将"尊重生命"纳入尊重教育，乃至以"尊重生命"为主的学校有10所，占总数的20%；明确把"尊重知识""尊重科学"纳入尊重教育的学校共计13所，占总数的26%；明确把"尊重差异""尊重个性""尊重规律"纳入尊重教育的分别有6所、6所和4所学校，占总数的12%、12%和8%。可见，尊重知识及尊重科学是目前我国中小学尊重教育的主要内容之一，之二是尊重生命。可见，尊重教育在教育实践活动中具有多维体现。

为了准确把握尊重教育在我国中小学实施及发展的现实状况，我们以"尊重教育"为主题词，在中国知网进行学术研究成果检索，同时采用多种搜索方式对全国范围内的中小学"尊重教育"办学理念公开信息进行搜索。结果显示：一方面，尊重教育的学术研究成果主体绝大多数为高校学者，另有一些研究成果是中小学校长的实践经验总结；另一方面，我们发现明确提出以"尊重教育"为办学理念的学校有6所学校，具体情况见表1-1。

表1-1　全国以"尊重教育"为办学理念的中小学概况(部分)①

序号	学校名称	核心价值观	提出时间	现任校长
1	宣武区师范学校附属第一小学②	承认和尊重生命的独特性，为生命独特性的实现创造条件，促进其成长、发展和完善； 办学目标：以人为本，促进师生共同发展。	2002年	杨英
2	顺义区高丽营第二小学③	尊重生和谐，和谐促发展； 尊重润心，管理于行。	2004年	田自泉

① 表中所呈现有关"尊重教育"的学校信息，皆是通过中国知网以及网络搜索引擎途径能够在网络上查到的公开信息，其他以"尊重教育"为理念但未在网络上公开宣传的学校未涉及。

② 王丹、王琪：《营造学校发展的和谐生态——北京市宣武区师范学校附属第一小学"尊重教育"扫描》，《人民教育》2010年第19期，第25页。

③ http://www.bjshy.gov.cn/Item/32713.aspx.

续表

序号	学校名称	核心价值观	提出时间	现任校长
3	朝阳区白家庄小学①	尊重自己 尊重所有的人(包括未来的人) 尊重事物的发展规律 尊重文化差异性和多样性 尊重资源和环境	2005年	祖雪媛
4	南京市第五十中学②	尊重教育规律 尊重学生生命 尊重教师价值 尊重管理法则	2008年	李宁贵
5	山东省潍坊中学③	尊重学生 尊重家长 尊重教师 尊重教育规律	2009年	王伟
6	北京市昌平区昌盛园小学	尊重所有人、尊重文化多样性、尊重自然、尊重科学	2015年	吴宝文

由以上6所学校的办学理念可知，尊重教育在教育实践过程中是具有可行性的，北京教育科学研究院丰台学校抓住新建校高起点办学的机会，从教育哲学层面解构"尊重教育"，构建校本化的尊重教育课程体系，阐释和表述有特色、合乎尊重本意又不雷同的尊重教育内涵。同时，通过积极推进尊重教育课程的实施与评价改革，着力培育尊重教育的校本文化，打造富有个性特色的尊重教育品牌。

① http://www.tfbx.net/portal.php?mod=list&catid=75.

② http://www.nj50z.cn/news_show.asp?id=1260.

③ 王伟：《"尊重教育"在学校教学管理中的实践》，《现代中小学教育》2011年第11期，第75—76页。

第二章　尊重教育的理念文化

学校文化是每个学校内部的教育力量、教育因素的集合，是学校教育活动的反映。学校文化是师生共同创造的，它一旦形成，又会作用于师生，成为影响师生生存和发展的外在环境力量和价值追求。一个学校的文化按其性质可分为物质文化、制度文化、精神文化和行为文化。精神文化是学校文化的主体和内核，是学校文化最本质的、深层的组成部分，它是由学校的教育者共同信奉的教育理想，共同具有的教育理念、教育态度、教育旨趣和教育内容等组成的。它决定着学校办学特色的形成。① 一个组织真实的道德与精神状态是不能简单在组织的某句口号、某篇文章中去寻找的，而必须在组织成员的做事方式与状态中去寻找。因此，物质文化、制度文化、精神文化、行为文化的建设中最重要的是组织成员对待物质、制度、精神、行为的方式和态度的不断改善。

第一节　尊重教育的阐释

“尊重教育”是一种理念追求，是一种教育精神和价值取向，这一理念既反映了深厚的中华文化底蕴，也承载着时代先进文化的气息。它是学校办学思想和教育价值观的集中体现。尊重教育作为一种精神力量，具有陶冶人、激励人的功能。尊重教育作为一种行为准则，能起到规范人、指导人的作用。尊重教育作为一种追求，需要秉持尊重的精神，培养我们的青少年维护自身的尊严，也要尊重他们的尊严，建设一个正义、公平、自由的社会。北京教育科学研究院丰台学校选择建设“尊重教育”的学校文化。

一、“尊重”的词义考究

《说文解字》中有言：尊同樽，樽(罇)为古代盛酒的器皿。字形采用“酋、廾”会义，像双手捧举酒坛。《周礼》提到六尊是：犀牛角做的酒尊、象牙做的

① 张广利：《学校教育生活的重建》，广西师范大学出版社 2011 年版，第 8 页。

酒尊、没有尊脚且尊底着地的酒尊、壶形的酒尊、太古的酒尊、刻画了山峦的酒尊，以备祭祀和宴请宾客时用作礼器。尊，这是由字演变而来的，字形采用“寸”作边旁。（“尊”字的字形演变见图 2-1）《说文解字》：重，厚也。从壬，乐声。凡重之属皆从重。[①]（“重”字的字形演变见图 2-2。）

《新世纪汉语大词典》对“尊重”一词解释为：①尊敬重视、尊敬看重；②常用作承认失败或表示顺从的一种谦卑态度；③自重，对自我的尊重。而《现代汉语词典》对“尊重”的定义是：①尊敬，敬重；②重视并严肃对待；③庄重（指行为）。另外，也有解释说：古语是指将对方视为比自己地位高而必须重视的心态及其言行，现在已逐渐引申为平等相待的心态及其言行。

图 2-1 “尊”字的字形演变

图 2-2 “重”字的字形演变

二、“尊重”的科学内涵

尊重，包括自尊和他尊两个层面（其价值与心理结构体系见图 2-3），具体化为四个向度，即尊重自我、尊重他人、尊重自然和尊重社会。自尊即尊重自我，包括认识自我、提升自我和表达自我，表现为自知自觉、自信和自强；他尊即尊重他人、尊重自然和尊重社会，表现为平等的心态、开放的信念、广博的知识和灵活圆润的社会生活技能。

自尊是他尊的基础，他尊是自尊的延展。自尊既是个人修养，也是社会行为，他尊既是自尊的社会实践，也是自尊的社会效果。

① 象形字典，http：//www.cidianwang.com/shuowenjiezi/zun988.htm.

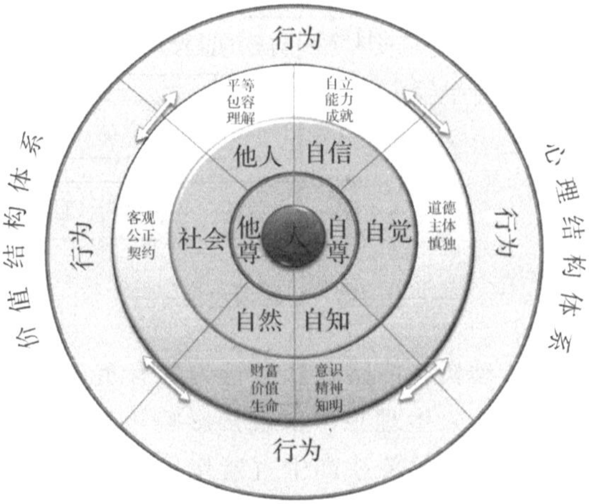

图 2-3　尊重的价值与心理结构体系

(一)自尊的科学内涵

自尊的获得一定是通过自己的行为与态度担当赢得了他人对自己的承认与重视的，而这个时候自尊才能真正地实现，自尊才能真正地产生自信、自立与自强。

自尊是人的潜在的、固有的力量，是一个多层次的、动态的同步信息加工系统。它由三个层次构成①：一是潜在的自尊，即本能欲望，与生俱来的维护自我的本能要求，属于自尊的基础；二是社会的自尊，即隐性自尊与显性自尊，隐性的自尊为人的精神层面的自尊需求，是自我对于外界评价的反应，包括对自尊的直觉、体验和态度，而显性的自尊为人的自我需求得到满足、自我价值得到认可、自我行为得到接纳，属于社会认知；三是元自尊，即调节与监控，包括对自尊的评价与调节，是自尊者的主动性、能动性、创造性的体现，直至达到自尊的最高境界——慎独。

自尊的三个层次(见图 2-4)之间是存在、相互促进的过程。这个过程是人的自尊不断接受外界信息，不断加工外界信息，不断完善自尊认知，不断调整自尊行为的动态过程。教育就是要激发人的潜在自尊，激活人的社会自尊，培养人的元自尊，使受教育者成为自爱、自觉、自信、自立和自强的人。

学生自尊的发展与培养是一个非常重要的问题，一方面自尊作为个体自我系统的核心成分之一，其发展状况不仅直接关系到学生的心理健康，而且对学生人格发展产生重要影响；另一方面，自尊作为一个起中介作用的人格

① 张景焕、朱德民主编：《尊重教育》，中国石油大学出版社 2007 年版，第 35—36 页。

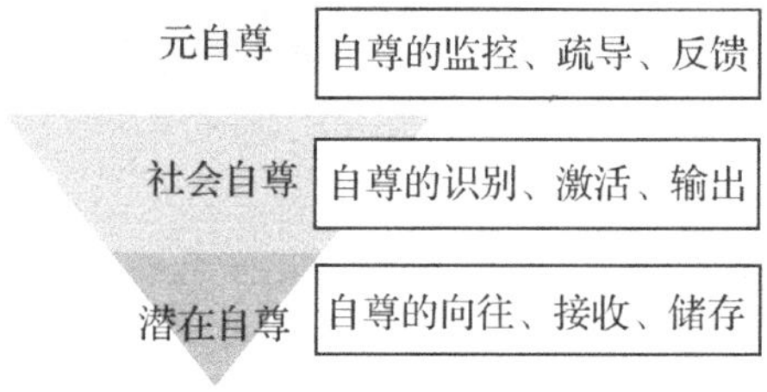

图 2-4　自尊层次图

变量，对学生的认知、动机、情感和社会行为均有重要广泛的影响，对于他们的学业乃至职业发展、人生理想产生直接影响，对于他们处理与同学、老师、家长以及其他社会认识的关系产生直接作用，即直接作用于他们的他尊态度和行为。

（二）他尊的科学内涵

他尊（见图 2-5），首要的是贯彻“以人为本”的理念，始终把人当作世界的主体，而不是自然、社会的奴隶，更不是制度的奴隶。在教育领域，教师、学生应当是知识的主人，而不是知识的搬运工和容器。其次是要求平等对待他人。因此，在教育中，首要的是平等对待每一个学生，尊重学生的人格、尊重学生的创新思维、尊重学生的个体差异、尊重学生多样化的学习与发展需求。

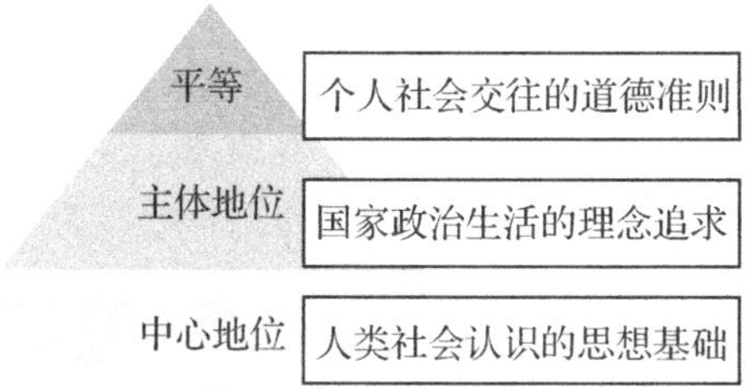

图 2-5　他尊的层次图

从上述分析可以看出，现代社会的尊重是在主体与客体的双向作用中形成的，即无论是自尊还是他尊都是在双向作用中形成的，这就是尊重的互动性和动态性，它是在相互平等、相互依存的条件下形成的。这显著区别于我国传统社会的尊重，诸如“尊老爱幼”“尊师爱生”“师道尊严”等，都是单向作用的。前者被哲学家皮亚杰看作“善良道德”的核心基础，后者为“责任道德”的核心基础。责任道德是低级道德，基于爱和害怕的混合，是次要者对更大的权威的单向尊重。但是，在复杂的人际关系里发展成熟的人，能够用善良道德克服责任道德，即从单向尊敬的不平等关系发展为相互尊重的平等关系。

三、尊重教育基本内涵的生成

（一）尊重基本内涵的生成

学校建设之初，我们提出尊重教育办学理念，并开展了一系列的讨论，“尊重教育”得到了师生的一致认同。全校教师在项目组织下先进行了两次讨论，讨论结果显示：在第一次讨论时，全体教师都认识到了尊重的一个重要方面——他尊，只有6%的教师认识到了自尊，对于自尊与他尊的关系基本没有人谈及。根据第一次讨论的结果，又组织了第二次讨论，项目组提供了尊重的结构图，于是全体教师都认识到了自尊，与此同时40%的教师对于自尊与他尊的关系有了一定的认识。由此可见，教师们对于尊重的基本内涵有了一定的共识，但是对于尊重的深层次认识，尤其是自尊与他尊的辩证关系还需要深化。

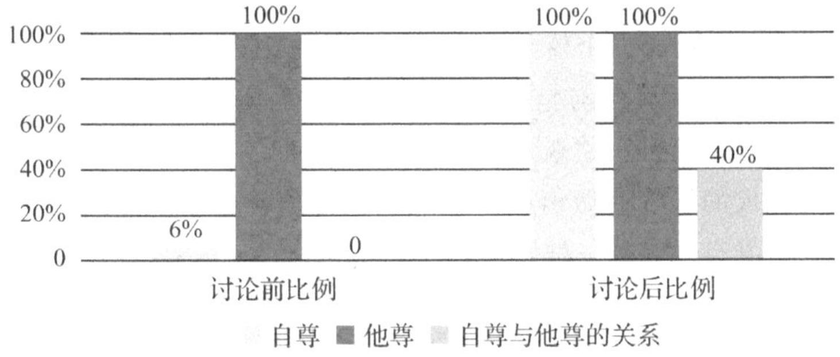

图 2-6 教师讨论尊重教育对尊重认识的比较图

（二）尊重对象基本认识的完善

对比分析前后两次讨论的统计结果发现，对于尊重教育的对象，全校教师发生了明显的变化，即从高度关注学生和教师扩展到了更加广泛的领域：首先是对于自我的认识（自尊）得到了比较普遍的加强，从原来的局限于职业角度的认识（教师、同事）转向了对于个体自己的认识；其次，对于社会、自然的认识也得到了比较普遍的加强；但是对于尊重家长、尊重学校的认识亟待深化。可见，实施尊重教育还需要深化对尊重教育对象的认识。

为此，我们在不断的讨论与实践探索中，加深着对尊重教育内涵的理解，在对每一名学生成长所遇问题的研究中践行尊重教育的理念，在定期的尊重教育故事演讲与展示中，从感性到理性，逐渐深化对尊重教育的本质认知，“尊重教育”的理念也逐渐深入人心，并引领着教师们的日常教育行动。

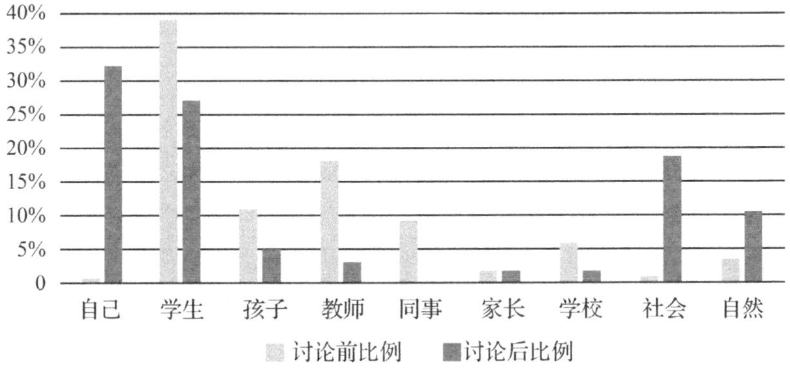

图 2-7　教师第二次讨论对尊重教育对象的认识比较图

四、尊重教育的科学内涵

“尊重”意味着对不同个体与群体的存在合理性予以积极理解并相互认同：在认知上准确把握其属性与呈现状态，在态度上体现出应有的理解与包容，在行为上能够展现出君子之风和文化涵养。所以，“尊重”并不是出于社会道德的约束与别人的祈求而做出的刻意展示，而是通达万物、心怀敬畏的一种人生境界，是发自内心的一种修为。

“尊重”这一概念以价值认同、和谐共生为内核，表达了人与人、人与自然、人与社会的一种相互理解与相互关联的存在状态。尤其在学校教育中，它是评判人与人相互关系的重要衡量因素，对人的行为与态度起着巨大的引导作用，懂得尊重并学会尊重是学生在现代社会环境下需要掌握的核心素养。

尊重教育，贯彻“以人为本”的教育理念，与“成功教育”“主体教育”“磨炼教育”“博雅教育”“和谐教育”“生本教育”“生命教育”“差异教育”“自主教育”等同属于亚层次的教育理念。

从范围角度看，尊重教育，以尊重为前提，营造尊重的教育氛围，以发展青少年的必备品格和关键能力为目标，培养他们尊重自我、尊重他人、尊重社会、尊重自然的核心素养。尊重自我是尊重他人、尊重社会、尊重自然的基础，尊重他人、尊重社会、尊重自然的本质是尊重自我。因此，自尊与他尊是辩证统一的，自尊教育与他尊教育也是辩证统一的，二者的辩证统一既是尊重教育完美实施的前提，也是尊重教育追求的完美目标。

从过程角度看，尊重教育由三个基本方面构成：一是在教育中讲尊重，坚持尊重，彻底贯彻“以人为本”的教育理念；二是在尊重中教育，以尊重强化教育，彰显人本教育的本质特性；二是教导尊重、培养尊重，以期健全人格，培养具有自尊品质、力行他尊，情商与智商协调发展的有益于社会的人。

从对象角度看，尊重对象具有自然、社会两大类属性。自然属性包括生命属性、非生命属性，对于具有生命属性的对象要尊重，对于虽非生命属性但对生命具有直接或间接价值的对象更要尊重。社会属性是以自然属性为基础发展而来的，是动物与植物、微生物的区别之一，是在一定自然条件下形成的一切社会关系的总和。

尊重教育，要以尊重生命自然秉性为基本出发点，以激发主体(学生、教师、家长)学习天性的需要作为教育的起点。需要学习是人的一种天性，这种天性是一种人类的生存逻辑，学习是人类自身的需要，是人类发展中产生和发展着的特性，学习有利于促进人的不断发展与完善。

尊重教育，更要以尊重人的社会属性为基本落脚点，要首先保障学习者包括学习权利在内的基本人权。其中学习权利可以划分为三种向度：一是指向具有从事学习活动的权利；二是指向具有选择和决定学习目的、内容以及学习途径和手段的权利；三是指向具有表达自己如何学习的权利。

尊重教育不同于传统教育把老师放在一个比学生更高的地位上。首先，教育的方式不是灌输和命令，而是强调与学生平等对话，让教师多站在学生的角度，学生也多体谅教师，互相理解，达成共同的进步。其次，教育的目的不再仅仅是追求知识的获得和分数的提高，更多的是让学生发现自己的兴趣、爱好和梦想，不是把学生制作成统一的工业产品，而是把每个学生都当成独一无二的生命个体，实现差异化、个性化的发展。

尊重教育就是学校教育整体育人功能的集中体现，是尊重自我、尊重他人、尊重社会和尊重自然的教育的整合与升级。尊重教育作为一种精神力量，具有陶冶人、激励人的功能。尊重教育作为一种行为准则，能起到规范人、指导人的作用。尊重教育作为一种追求，需要秉持尊重的精神，培养青少年既要维护自身的尊严，也要尊重他人的尊严，从而推进建设一个正义、公平、自由的和谐社会。

我们坚信，“尊重”的社会品质并不是自发形成的，而是学校教育的必然结果。人要形成“尊重”的社会品质必须通过学校教育的积极培养和引导，这也是儿童从“自然人”成长为“社会人”的必由之路。

第二节 尊重教育的发展愿景与目标

学校成立之初，在北京教科院、丰台区教委和有关专家的指导下，为认真履行新时代赋予教育“立德树人”的根本任务和使命，学校坚定贯彻落实党的教育方针，并紧紧围绕“办一所什么样的学校、如何以尊重教育理念办学、打造什么样的团队、如何带领这个团队办好这么一所尊重教育的品牌学校”等一系列问题进行了深入研讨，并最终确定了尊重教育的学校发展愿景、教师发展目标与学生的培养目标。

一、尊重教育的学校发展愿景

北京教科院丰台学校的办学定位是“在普通社区办不普通的教育”。按照这样的办学定位，我们研究确定的学校发展愿景为：坚持“在普通社区办不普通的教育”，创建“尊重教育”特色、树立“尊重教育”品牌，建设一所扎根普通社区、独具办学品质的优质学校，一所“学生喜欢、师生幸福、居民满意、社会认可”的高品质学校，一所“自尊自强、互尊共进、和谐民主、持续发展”的尊重教育品牌学校，建设一个尊重人、理解人、关心人、成就人的精神家园。

我们理想中的优质学校，是不断面向高度的现代化，持续追求质量的优质化的学校；是人人互尊互敬、自尊自信的精神家园；是人人互帮互助、求真向学的智慧学园；是人人互促共进、筑梦前行的成长乐园。

二、尊重教育的教师发展目标

2014 年第 30 个教师节前夕，习近平总书记考察北京师范大学，同北师大师生代表座谈时发表了《做党和人民满意的好老师》的重要讲话，在讲话中，习近平总书记提出了“四有”好老师的标准①，即“要有理想信念、要有道德情操、要有扎实学识、要有仁爱之心”。2016 年教师节，习近平总书记考察北京市八一学校，在与教师座谈时发表了重要讲话，讲话中又提出了“四个”引路人②：即“广大教师要做学生锤炼品格的引路人，做学生学习知识的引路人，做学生创新思维的引路人，做学生奉献祖国的引路人”，习近平总书记提出的

① 习近平：《做党和人民满意的好老师——同北京师范大学师生代表座谈时的讲话》，《人民日报》2014 年 9 月 10 日。

② 《习近平在北京市八一学校考察时强调 全面贯彻落实党的教育方针 努力把我国基础教育越办越好》，《人民日报》2016 年 9 月 10 日。

“四有”好老师和“四个”引路人，为教师的培养与专业成长指明了方向。

作为一所新建校，我们以总书记提出的“四有”好老师和“四个”引路人为指导，结合年轻教师队伍实际，研究确定了培养“敬业乐群、协同创新”的教师和建设“敬业乐群、协同创新”的卓越教师团队的发展目标。

敬业乐群。敬业是指教师对自己从事的职业要十分敬重，有一种崇高与神圣之感，有一种使命感；对自己的专业永无止境地精益求精。乐群是指教师积极地融入教师团队，与同事形成融洽的关系，工作上形成学习共同体，并通过交流研讨、相互协作、资源共享，助力其实现共同发展。

协同创新是指教师珍视自己的教育教学自主权，在教书育人的过程中，勤于思考，勇于实践，大胆改革，不断创新，充分发挥教师的主观能动性和教育的创造性，使教师“立德树人”的工作始终充满着创造活力。

尊重教育的学校文化建设最根本的目的，就是让学校里的每一个人在互相尊重的氛围下，充分发挥自己的创造性，尽可能展现真实的自我，从而得到自我价值的实现。

三、尊重教育的学生培养目标

我们认为：从培养方向来说，我们培养的学生必须具有中国情怀、中国信仰，必须以振兴民族伟大复兴为己任且放眼世界，能推进人类命运共同体的构建；从学生的成长规律来说，教育就是要培养学生自主、自信的主体精神，激发学生自我发展的内在动力，让学生的整个生命系统充满生机与活力，焕发出蓬勃的创造力，使每一个学生获得全面而和谐、自由而充分、独特而创造的发展。

正是基于以上思考，我们一切从北京市丰台南苑地区新建校的实际和在校学生差异较大的现状出发，瞄准指向学生必备品格、关键能力的实际获得和未来的后续发展，最终研究确定了培育“尊道敬学、立己达人”阳光少年的培养目标，力求尊重每一个孩子，激发每一个孩子的潜能，使每一个孩子成为最好的自己。同时，我们认为“尊道敬学、立己达人”阳光少年必须具备坚定的理想信念，深厚的传统文化素养、现代科技素养和开阔的国际视野，只有这样，他们才能立足中国大地并适应未来飞速发展的世界。

“尊道敬学、立己达人”有着深刻的文化内涵。“尊道敬学”出自《礼记·学记》中的“道尊而后民知敬学”，在尊重原有含义的基础上，结合时代和学校的需求，对其内涵进行了扩展。“尊道”指向的是对于学生的培养内容，而“敬学”指向的是对学生学习态度和方法的培养目标。“立己达人”出自《论语·雍也》中的“己欲立而立人，己欲达而达人”，指向的是培养目标最核心的育人目标。

“尊道敬学、立己达人”这一培养目标中的逻辑是层层递进的，要求学生先学习丰富的课程内容，尊重自然规律、社会规则、优秀文化传统和道德规范，并且在这一过程中树立正确的学习观念、培养良好的学习态度和学习方法。而“尊道敬学”本身不仅是目标，也是实现“立己达人”的手段，学习丰富的课程内容和养成良好的学习观念与习惯，最终都是为了让学生认识自己、尊重自己，自立自强，与他人良好相处，并有益于社会，成为“有理想、有本领、有担当”①的中华民族复兴大业所需要的一代新人。

“尊道敬学、立己达人”回应了“尊重教育”的四个基本向度，蕴含着学生全面而有个性发展的核心素养结构：①尊重自我的向度，要求学生具备勤学自爱、健康自信的素养；②尊重他人的向度，要求学生具备沟通交往、同情理解的素养；③尊重自然的向度，要求学生具备科学知识、信息技术的素养；④尊重社会的向度，要求学生具备人文艺术、社会伦理的素养。

第三节　尊重教育的校本文化设计

学校文化的核心是精神文化。精神文化的核心不是名言警句，而是名言警句的生成过程，是其在学校中的合理合法性，是人们对待名言警句的态度。学校墙上的名言警句可能只是学校的一厢情愿甚至是一种强加，只有经过师生讨论、认可，才能变成师生的自觉行为，才能改变师生的态度。因此，在学校标识和校训、教风、学风和校风的设计过程中，我们组织师生参与其中，通过讨论、征集、归纳、总结、反馈、提炼等环节，最终达成以下共识。

一、校训：尊道敬学、立己达人

所谓“尊道敬学、立己达人”，“尊道”就是尊重自然规律、社会规则、优秀文化传统和道德规范；“敬学”就是敬重学习，树立正确的学习观念，培养良好的学习态度和学习方法；“立己”即认识自我，尊重自我，进而培养自信、自强的品格；“达人”指的是尊重他人、关心他人，与他人能平等交往、友好合作，成为一个有益于社会的人。

校训基本内容与学校的育人目标一致，但是“尊道敬学、立己达人”上升到校训层次后，它不仅仅是对学生培养目标的要求，也是对教师和学校管理

① 习近平：《论党的青年工作》，中央文献出版社出版 2022 年版。

层的期待。期望老师和学校管理者做到尊重规律，热爱学习，自己不断提升和进步，绽放自我，以此点亮身边的同僚和学生，并促进全校形成“尊道敬学、立己达人”的文化氛围。

二、尊重教育的“三风”

(一)校风：友善互助、和而不同

校风展示了尊重教育理念下对他人的基本态度以及由此形成的学校整体风貌。

尊重教育理念基于对个体多样性的基本认识，认为人各不同，尊重首先要体现在对于每一个独立个体的人格、个性以及权利的尊重。在两千多年前，孔子就将“和而不同”看作君子应当具备的品行；在21世纪的今天，这一思想不仅成为个人行为的重要准则，甚至发展成为我国处理国际关系的重要准则。“和而不同”的思想是“和谐”这一社会主义核心价值观的重要理论基石。

尊重教育理念认为“友善”这一社会主义核心价值观是尊重的积极表现，它是与人相处的一种积极态度，而将这种积极态度体现在行为上则是给有需要的人以帮助，体现在团体中则是互助。

和而不同所体现的“消极的”尊重和友善互助所体现出的“积极的”尊重，共同构成了尊重这一基本理念在处理与他人关系的两个基本方面，它们同等重要，并没有层次之分。“和而不同”并不是“事不关己，高高挂起”；友善互助也并非“唯我独尊，施舍怜悯”，它们都是基于对他人自主性、独特性的尊重。

只有同时坚持“和而不同”和“友善互助”才能很好地实现社会公正。因为公平要求我们给每一个不同的人提供适合其发展的环境与条件；正义则要求我们给那些有需要的人特别是弱者以必要的帮助。

友善互助：作为校风，“友善互助”是指教师之间、师生之间、生生之间和家校之间相互理解、相互支持、相互爱护、合作互助的关系，以及以此形成的积极向上、共同发展的良好风尚。

和而不同：作为校风，“和而不同”是对学校“尊重教育”的具化与升华。学校在关注师生个体差异的前提下，提倡相互学习、取长补短、见贤思齐、共同进步。师生之间求同存异、增进共识，从而形成独立自信、彼此欣赏、协同共进的团结力量和“尊道敬学、立己达人”的文化氛围。

(二)学风：多一分敬念，增十分智慧

学风体现了尊重教育理念下每个学生对待知识和学习的态度以及由此形成的学生整体风貌。

基于当代心理学的研究，尊重教育理念强调学习过程中的态度、动机和精神面貌，认为良好的态度、动机和精神面貌的重要性甚至大于知识本身，它们是人能够终身学习的重要保证。

尊重教育理念主张，学习的目的不仅是扩展知识，而且是通过扩展知识增进智慧，而要实现这一目的，学习者就应有学习的主动性、自觉性，也就是内驱力，这种内驱力体现为对知识和学习的兴趣、热爱、专注、坚持，体现为对知识和学习重要性的高度认同，即我们所说的“敬念”。这种“敬念”本质上也是对知识的尊重、对学习的尊重，进而也扩大到对所有生产知识的人的尊重、对所有传递知识的人的尊重、对所有共同学习的人的尊重、对书籍的尊重以及对一切学习机会的尊重。

这里需要特别强调，尊重教育理念在学风上所强调的“敬念”离不开对现代科学知识、科学法则和科学精神的尊重。尊重教育理念鼓励大胆质疑、自由探索的科学精神，但反对任何迷信及不经证明的无根据猜想、对科学知识不负责任的攻击与消解，使儿童从小树立对科学的尊重意识。

多一分敬念：敬，是一种恭敬自觉的内心修养，是一种谦虚谨慎的做事态度。对人要恭敬礼貌，相互尊重；对事要严肃认真、一丝不苟。多一分敬念是指师生对学习要有自我告诫、自我反省之心，要敬重学习，树立正确的学习观念，培养良好的学习态度和学习方法，由此不断精进学业，始终保持积极进取的精神面貌。

增十分智慧：是指师生在学习中既有欣赏式的接纳与合作，还有热烈式的质疑和探讨。师生在尊重的课堂里展开合作式学习，自主思学、合作互学，多思多想、妙思巧想，在不断地思考交流与质疑探讨中，开发头脑中的思维，增添心灵里的智慧。

(三)教风：倾听每一种声音，呵护每一颗心灵

教风体现了尊重教育理念下每个教师对待学生的基本态度以及由此而形成的教师整体风貌。

与成人相比，儿童尚不成熟，他们还是一棵棵幼芽。在师生关系中，他们主要处于被帮助、被引导、被规训的地位。现代教育的理念普遍认为，尽管儿童还不成熟，也不应将其仅仅看作被动的接受者，看作被加工的对象，他们的人格应当得到尊重，他们的意见需要得到倾听，他们的内心世界需要得到接纳与理解，而这正是尊重教育理念所强调的核心。

尊重教育理念认为，成功的教育始于良好的师生关系，也在创造良好的师生关系，而良好的师生关系离不开尊重。同时，理想的教学也离不开对儿童发展规律的尊重，离不开对每个学生成长特点的尊重。要做到这种尊重，就要警惕单方面的教师本位与教师中心，而是要倾听每个孩子的声音，了解他们、认识他们、接纳他们、理解他们，这是对孩子最基本的尊重。

尊重教育理念认为，教师的职责不仅仅是提升学生的学习成绩，而是应当让每一颗幼小的心灵得到健全的发展。这就要求教师要以博大的爱心和高度的专业素养与能力去理解和发展每个儿童的精神世界，使他们的情感、兴趣、意志等心理品质以及道德得到充分发展。不仅使他们学习知识，也成为爱知识的人；不仅使他们身体健康，也成为热爱运动的人；不仅使他们习得规矩，也成为能够自我教育的人。

“倾听每一种声音，呵护每一颗心灵”是指教师要以“四有好老师”和“四个引路人”为指导，始终坚持以学生为本的理念，坚持把学生放在教育的正中央。尊重每一个学生的人格尊严和个性差异，做到因材施教、因势利导、循循善诱，助力每一个学生实现全面而有个性的健康发展。

具有本校特色的“三风”作为一种隐性的学校文化一旦形成，将会对学校的发展起到不可估量的推动作用。

三、学生誓言

我是一个有良知的人，我将无愧于父母的养育之恩，无愧于教师的良苦用心；

我是一个有骨气的人，我不会甘于平庸，碌碌无为，我将通过百倍的努力去改变人生，奉献祖国，创造辉煌；

我是一个有责任感的人，即使前进道路上布满荆棘，我也一定直面挑战，迎难而上，永不放弃；

我是一个潜力无穷的人，我的潜力就存在于我始终不渝，坚持不懈的努力之中。

四、尊重教育理念下的校徽设计

校徽造型源自丰台的“丰”字，抽象出大写字母“F”“T”的变形，又是一株蓬勃生长的树木，向阳而生。

朝阳与“丰”的三横共同构成激情向上、全力奔跑的孩童形象。

校徽中的橙色为初升太阳的原色，彰显着活力。蓝色博大、开阔。蓝色由浅入深，寓指学校立足本体、放眼全国、走向世界的国际视野和雄心壮志（见图 2-8）。

图 2-8　尊重教育理念下的校徽

五、尊重教育的校树选择

学校在征集全体师生建议的基础上，经讨论决定，最终选择了银杏树作为我校的校树。

银杏树是高大落叶乔木，这种树躯干挺拔，树形优美，适应性强，并具有极强的抗病害能力。因为其果实俗称白果，又叫白果树；因为这种树生长较慢，寿命极长，有“公种而孙得食”之义，所以又称“公孙树”。我们之所以选择银杏树作为我校的校树，是因为树如人生，人生如树。它是树中之寿星，寿龄绵长，几达数千年。具有坚韧挺拔、正直向上、独特苍劲、朴实无华、高雅圣洁、造福后人等可贵品质。

选择银杏树作为校树，意在号召全校师生学习银杏树的可贵品质，像银杏树那样坚韧挺拔，正直向上，直面人生的各种挑战；像银杏树那样独特苍劲、朴实无华，在工作和学习中，发挥自己的独特优势，脚踏实地，不断进取，勇于创造；像银杏树那样高雅圣洁、造福后人，做一个廉洁高尚之人，一个无私奉献、服务社会之人，一个尊道敬学、立己达人之人。

学校各校区的校园内都栽种了不同数量的银杏树，在南庭新苑校区，学校还建有银杏大道。在尊重教育校本文化的培育过程中，我们还通过举办银杏论坛，开展杏坛演讲，杏坛社团比赛，进行“银杏之星”评选等活动，大力弘扬银杏树的可贵品质，将这些可贵品质融入尊重教育校本文化的培育之中，并进一步丰富了校本文化建设的内涵。

第三章　尊重教育实施的基本原则

实施尊重教育必须始终秉持尊重教育的办学理念，坚持以人为核心，尊重人的主体地位，尊重人的成长规律，尊重教育的内在法则，让师生共享有尊严的教育生活，拥抱有尊严的幸福人生。基于这样的认识，我们认为实施尊重教育最重要的原则就是尊重学生、尊重教师和尊重规律。

第一节　尊重学生的原则

我们教育的对象是学生，教育的最终目的是实现学生主动和有意义的发展。在教育的过程中，若教育者没有对学生的尊重，就难对学生施加有效的教育影响。因此，为更好地完成“立德树人”的教育根本任务，我们必须始终把尊重学生贯穿于教育教学的全过程。

一、尊重学生的人格

尊重学生的人格是指“尊重学生作为‘人’所应该享受的权利与义务的资格”①。学生是一个有着被尊重需要的活生生的、具有独立人格的“人”，在人格上，学生与家长、老师都是平等的。在教育过程中，我们只有平等地对待每一名学生，才能与其进行有效的沟通，才能走进他们的心灵，并了解其丰富的内心世界，才能了解学生学习和发展的真实需求，只有这样，我们才能更好地帮助每一名学生，并及时教育和引领他们实现健康的成长。

二、尊重学生的个性差异

每名学生都是一个独立的生命个体，他们每个人都会呈现出不同的生理和心理特点，每个人的兴趣、爱好、能力、性格和气质都存在不同的差异性。在教育过程中，我们必须尊重学生的这些个性差异，针对不同学生的个性特点，尊重他们的不同学习需求和不同选择，尊重其不同的学习方式与思维方

---

① 张景焕、朱德民主编：《尊重教育》，中国石油大学出版社2007年版，第37页。

式，最大限度地满足不同学生的学习需要，与此同时，我们还要关注每一名学生的成功体验，做到因势利导，以激发其发展的内部动机，开发其潜能，努力做到因材施教，进而促进学生实现全面而有个性的发展。

三、尊重学生的发展基础

每一名走进学校的学生，即便是小学一年级的学生，由于受幼儿园教育、家庭教育和社会观察学习的影响，他们的发展基础也不是一张白纸，并已存在不同的差异性。尽管我们对小学一年级有实施零起点教学的要求，但在实施零起点教学时，我们不应只关注学生“双基”的零起点教学，还要面对每名学生成长中形成的习惯、情感、交往等的不同，要从每一个孩子的实际发展基础出发，在学习与生活习惯的培养和与同伴和谐共处等多方面，处理好零起点教学与因材施教的关系，这是落实教育公平理念的要求，也是实施尊重教育的应有之义。

第二节　尊重教师的原则

教师是教育活动的主要设计者和实施者，是教育的首要资源和决定性因素。教师工作的专业性、复杂性、教育性和创造性等特点也决定了教师在“立德树人”中的关键作用，因此，学校要充分发挥教师在教育教学工作中的能动与主导作用，就必须在管理中充分地信任教师、关心教师、激励教师、解放教师和发展教师，使教师在创造性的教学相长体验中实现与学生的共同成长。

一、尊重教师就要信任教师

学校管理者和教师两个群体都有将每个学生培养成才的良好愿望，培养好每一名学生，办好自己所在的学校，是管理者和教师的共同目标和愿望，这些都是建立信任关系的良好基础。一方面，教师都有施展自己才华的心理需要，都希望得到领导的赏识，这就需要领导要全面了解教师，在工作安排上要知人善任，用人所长。要善于发现每一位教师的闪光点，并及时给予充分的肯定和鼓励。另一方面，教师有强烈的主体与参与意识，这就要求学校管理者要依靠教师办学，工作中要坚持走群众路线，重大问题的决策必须按程序、分层次广泛征求教师的意见与建议，集教师的智慧办学，只有这样，教师才能产生强烈的主人翁意识，并促使其将学校工作的目标要求转化为个人的奋斗目标和工作行动，从而增强教师工作的主动性和创造性。

二、尊重教师就要关心教师

学校管理者要经常与教师进行心理沟通，在政治上关心教师的成长，鼓励教师不断进步，并引领教师走向成熟。在业务上关心教师的进步，引导教师制定自己的专业发展规划，并为教师的专业发展创造条件，提供机会，搭建平台，引领教师走向成功。关心教师的生活，及时了解教师生活和工作中的实际困难，最大限度地帮助其解决后顾之忧。关心教师的课余生活，满足教师文化娱乐的合理需要。关心教师的身心健康，引导教师做好自身的日常身心保健，定期为教师进行健康体检，为教师全身心投入育人工作提供良好的健康保障。只有真心实意地关心和帮助教师，满足教师被关心的心理需要，才能不断增强教师的集体归属感和工作的内驱力。

三、尊重教师就要激励教师

教师职业的专业性特点和热爱学生、望生成才的“向生性”特征，决定了教师教书育人的工作责任感和上进心。教师工作的自主性、创造性、长期性等特点和价值的迟效性，也决定了教师评价的复杂性。因此，学校管理者必须用专业的、发展的眼光看待教师与评价教师，对每位教师的工作要进行定量和定性的综合性与发展性评价，积极对教师实施科研引领、发展激励、权威授奖、期望激发、因势利导等多种激励方式，激发和强化教师的工作动机，以保持教师积极进取的良好工作状态。

四、尊重教师就要解放教师

教师工作的自主性、复杂性与创造性特点决定了教师管理具有一定的灵活性、开放性和发展性的特点。一方面，教师工作在时间与空间上具有延伸性的特点，教师的教育教学工作不仅体现在课堂上，而且还体现在课下对学生的辅导、答疑和课后服务时间所组织的各种教育活动中，体现在工作之余的备课、上线答疑、与学生和家长的微信沟通、家访和对学生的教育上。在工作的场所上也并不局限于课堂和学校，教师为了备课可以通过多种途径在各种场所查阅资料，为了教育好孩子，不仅在办公室、课堂，还可以将教育的地点延伸到社会和家庭，在某种程度上说，教师的工作场所也具有一定的延展性。因此，在教师时空的管理上，要充分给予教师更多自由支配的时间与空间，鼓励其根据实际情况，合理、有效地安排好自己的工作，最大限度地发挥潜能。另一方面，由于教师受过系统的专业训练和教育，视野比较开阔，思维比较活跃，大都善于思考，勤于动脑。教师的这一特点和其教育对象、教育情景、教育方法的不同，使得在教学手段的使用和教学方法的选择方面也要有一定的自主性和开放性，因此，需要尊重教师工作的独创性，以发挥其创造力。

五、尊重教师就要发展教师

教师历来倡导“淡泊明志，宁静致远”的工作境界，他们度过的是一种平静而恒定的专业生活。每位教师从踏上工作岗位的那天起，都有成长、发展、成功和实现人生价值的良好愿望。“学然后知不足，教然后知困”的职业特点也决定了教师具有强烈的求知欲和上进心。作为管理者，必须了解和重视教师的这种心理需要，必须不断研究和满足教师的发展需求，并把教师强烈的求知欲和渴望成功的良好愿望转化为教师不断研究、反思、改进和提高的工作内驱力，转化为促进其自身不断发展的内在动力。因此，学校管理者必须一切从教师的不同发展需求出发，帮助教师规划好“职业谋生、育人成才、事业成名、专业成家”的职业生涯发展轨迹，积极实施“青蓝工程”“逐光工程”和“名师工程”，为教师实现专业成长与发展搭建平台。同时，还要建立与完善具有本校特色的梯级骨干教师培养、管理与激励机制，加速教师由经验型向研究型、专家型教师的转变，逐步引领每一位教师走向专业发展的最高境界。

第三节　尊重规律的原则

规律就是客观事物之间客观存在的、内在的、本质的必然联系。我们只有掌握了客观事物的这种内在的必然联系，才能真正按照客观规律办事。尊重规律就是要尊重客观事物之间的这种内在的必然联系。这里我们讲的尊重规律的原则主要是指尊重教育教学的基本规律和尊重学生个体身心发展的基本规律。

一、尊重教育教学的基本规律

教育教学有其内在的规律性，这种内在的规律性存在于教育教学过程的构成因素的关系之中。教育教学通常有六大基本规律，即思想品德知、情、意、行互动发展规律，教与学的辩证统一的规律，间接经验（知识）与直接经验（知识）相结合的规律，掌握知识与提高思想觉悟相统一的规律，掌握知识与提高能力相统一的规律和集体教学与个别化教学相结合的规律。[①]

① 项俊明主编：《教育学原理》，高等教育出版社 2019 年版，第 265—266 页。

（一）尊重思想品德知、情、意、行互动发展规律

德育过程本质上是培养学生知、情、意、行的过程，是培养学生道德行为、道德行为习惯和道德品质的过程[①]。这一规律揭示了学生的思想品德是知、情、意、行的统一体。“知”即道德认识，是指学生对道德行为准则及其执行意义的认识；“情”即道德情感，是指根据道德观念来评价他人或自己行为时而产生的内心体验；“意”即道德意志，是指学生自觉地调节道德行为，克服困难，以实现道德目标的心理过程；“行”即道德行为，是指实现道德动机的行为意向及外部表现。知、情、意、行是相互作用、相互联系又相对独立的，在具体的教育实践中其发展是不协调的，也就是说，并不是都按照知、情、意、行的顺序发展的。因此，在育人过程中，我们既要遵循这一规律，又要依据实际，从学生品德形成的知、情、意、行的某个薄弱环节入手开展教育。总之，“对学生进行思想道德教育，就是要努力提高学生的道德觉悟和认识，陶冶其道德情操，锻炼其道德意志，树立其道德信念，培养其道德品质，养成其道德习惯，最终使他们的行为符合社会所倡导的道德规范和准则。”[②]

（二）尊重教与学的辩证统一的规律

教学论中对教和学关系的争论一直不断[③]，有专家提出过双主体论、主体论、主导论、主导主体论、主体互动论等，著名教育家陶行知说：“先生的责任不在教，而在学，而在教学生学。”[④]陶行知告诉我们教学就是教学生“学”。谁教呢？当然是教师“教”了。谁学呢？当然是学生“学”了。所以，教离不开学，学也离不开教，教学过程是教师和学生共同活动的过程。在这一教学过程中，教师发挥着主导的作用，学生发挥着主体的作用。教师的“主导”作用并不意味着否定学生的“主体”作用，教师的责任主要是“主导”而不是“主宰”。何为“主导”？主导就是“把握引导”，因此，“主导”要为“主体”服务，即教师的“教”要为学生的“学”服务。

建构主义理论认为，“学生是自身学习和意义的建构者，教师则是学生主动建构意义的帮助者、促进者和学生学习的辅导者”[⑤]，“学”为主体强调的是“学生”是学习的主人，是学生学习而不是其他人学习，任何人也不可能代替学生学习，因此，我们强调要尊重学生学习的主体地位，发挥学生学习的主

---

① 陈桂生：《中国德育问题》，福建教育出版社 2006 年版，第 246 页。

② 项俊明主编：《教育学原理》，高等教育出版社 2019 年版，第 165 页。

③ 张广利：《教育是明天》，福建教育出版社 2013 年版，第 46 页。

④ 方明编：《陶行知名篇精选》（教师版），教育科学出版社 2006 年版，第 1 页。

⑤ 项俊明主编：《教育学原理》，高等教育出版社 2019 年版，第 262 页。

体作用，即发挥学生学习的主观能动性，但这并不意味着否定或不要教师的“教”，因为离开了教师的“教”，就很难实现学生真正的“学”。在教学过程中，我们必须深刻理解教师的“教”和学生的“学”之间的辩证统一关系，教师要努力将自己“教”的意图转化为学生“学”的意图，并推动学生积极行动，进而培养学生主动学习和自主学习与发展的能力。

（三）尊重间接经验与直接经验相结合的规律

“直接经验（知识）是个人通过直接参与实践而获得的经验，间接经验（知识）是从书本上或从他人那里获得的经验。”①学生的学习主要是以学习学科知识为主，以直接参与社会实践活动学习的直接知识为辅的。众所周知，学科知识是人类通过实践获得的直接经验，而对于学生来说则是间接经验。这一规律要求我们必须以间接经验学习为主开展教学活动。在教学过程中，为了帮助不同年龄阶段的学生理解学科的概念、定理、原理和公式等这些抽象的知识，教师就要从学生的实际认知基础出发，尽量联系学生的生活经验、学生熟悉的生活情境或引导学生参与科学实验等，将抽象的学科知识转化为一系列感性的认识活动，这样给学生以支架，才能更好地帮助和促进学生学习并达到理想的教育教学效果。

（四）尊重掌握知识与提高思想觉悟相统一的规律

赫尔巴特认为教育的目的是要通过各门具体的科目学习来达成的②。因此，可以说没有“教育”的“教学”是不存在的。在教育教学过程中，教师不仅要教学生掌握系统的学科知识、培养学生的能力，而且还要对学生进行思想品德教育，做到既教书又育人。我国社会进入发展的新时代，我们更加强调学校和教师必须认真贯彻和落实党的教育方针，必须把“立德树人”的根本任务贯穿到教育教学的全过程。因此，教师在教育实践中，必须坚持“为党育人、为国育才”的正确方向，秉持尊重教育的理念，正确处理好引导学生掌握知识和提高思想觉悟的关系，聚焦学生适应未来社会发展的必备品格和关键能力，努力培养担当民族复兴大任的时代新人，只有这样，我们才能更好地履行教师“立德树人”的职责与使命。

（五）尊重掌握知识与提高能力相统一的规律

知识和能力既有区别，又有联系。一方面，掌握知识的目的是为了发展能力，而且知识是能力发展的基础，能力是在掌握知识和技能的过程中发展起来的。另一方面，能力是掌握知识和技能的前提。一个人如果没有一定的

---

① 项俊明：《教育学原理》，高等教育出版社 2019 年版，第 266 页。

② 余文森：《有效教学的理论和模式》，福建教育出版社 2011 年版，第 10 页。

认知能力，就不能很好地掌握知识与技能，在某种程度上说，学习能力越强，学习和掌握知识与技能也就相对越容易。

任何知识都不会自动形成能力，知识向能力的转化是需要一定的条件的，其中，最重要的条件就是善于迁移，即学生要善于把学习的知识有变化地运用到新的情境和实际问题的解决之中，将学、思、用有机结合起来。为此，我们的尊重教育倡导尊重学生的个性特点，鼓励学生进行创造性的学习，在教育教学过程中，教师必须正确处理好教学生掌握知识和提高其能力间的关系，聚焦学生思维品质提升，积极推进以"学"为中心的思维教学改革，通过引导学生发现问题、质疑问难、主动思考、合作互学，有意识地提高学生的思维品质和实际解决问题的能力。

（六）尊重集体教学与个别化教学相结合的规律

布卢姆认为①，学生在学习能力、学习速率、学习动机等方面，并没有多少大的差异。只要有适合学生特点的学习条件，也就是说，教师从教法、态度和教学时间上为学生提供适当的条件，90%以上的学生都能达到掌握的水平。在现实的教育实践中，造成学生学习结果巨大差异的原因主要是学生前提行为②（包括认知基础、学习动机等）、教学适应学习者的程度存在的差异所致。由此，他提出了"掌握学习的理论"。所谓掌握学习③就是在"所有学生都能学好"的思想指导下，以集体教学（班级授课制）为基础，辅之以经常、及时的反馈，为学生提供所需的个别化帮助以及所需要的额外学习时间，从而使大多数学生达到课程目标所规定的标准。根据布卢姆的这一理论，在教学过程中，我们必须将集体教学与个别化教学有机结合起来，才能更好地面向每一位学生，使每一位学生在原有基础上都有所获，并获得更好的发展。

二、尊重学生身心发展的规律

尊重学生身心发展的规律是指尊重学生个体身心发展的顺序性、阶段性、互补性、不平衡性和差异性的特点④，在教育教学过程中，我们必须遵循学生个体身心发展的以上特点，并组织和实施自己的教育教学活动。

（一）尊重学生个体身心发展的顺序性

学生个体身心发展的顺序性是指学生身心发展由低级到高级、由简单到

① 余文森：《有效教学的理论和模式》，福建教育出版社2011年版，第38页。

② 同上。

③ 张桃梅：《布鲁姆"掌握学习"理论述评》，《西北师大学报（社会科学版）》1990年第2期，第74页。

④ 叶澜：《教育概论》，人民教育出版社1991年版，第213—215页。

复杂，由量变到质变的特点。这一特点告诉我们，在教育教学过程中，我们必须坚持循序渐进的教学原则。坚持循序渐进的原则就要求教师备课前必须全面了解学科知识和学生认知能力发展的顺序，结合学生年龄和认知特点，将课程内容进行统整设计，一方面按照确定的教学目标设计好教学内容的顺序，另一方面，分清教学的重点和难点。在教学实施的过程中，教师要按照由近及远、由易到难、由浅入深、由简到繁的原则组织实施好教学活动，对于学生掌握不好的地方，要结合个别化教学和课后个别化辅导答疑，及时帮助每一名学生弥补当天学习的薄弱环节，不让一名学生掉队，只有这样，才能最大限度地避免或延后两极分化的现象。

(二)尊重学生个体身心发展的阶段性

学生个体身心发展的阶段性是指不同年龄阶段的学生有着不同的特征和不同的发展任务。布鲁纳认为，“在发展的每个阶段，儿童都有他自己观察世界和解释世界的独特方式。给任何特定年龄的儿童教某门学科的任务，就是按照这个儿童观察万物的方式去表现那门学科的结构。”①因此，教育教学就得考虑学生身心发展的阶段性特点，将学科内容改造成为一种与相应阶段儿童智慧发展相适应的形式，从相应阶段儿童的认识基础和认识水平出发开展教育教学的活动，这样，才能提高教育教学内容的适切性，才能取得良好的教育教学效果。

(三)尊重学生个体身心发展的互补性

学生个体身心发展的互补性是指学生在身心发展中生理与生理的互补和生理与心理方面的互补。如：盲人，但听力特别好。这一特点给我们的启示是，当我们看到随班就读学生某一方面的缺陷时，不能因他(她)们有某一方面的缺陷而失去对其教育和培养的信心，要相信学生在某一方面有缺陷，而在另一方面一定有其过人之处。在教育教学过程中，我们必须坚持扬长避短、长善救失的原则，善于发现学生的优势，充分发挥学校资源教室的作用，为各年级随班就读的学生提供良好的学习环境，并帮助他们逐步克服困难，使其优势潜能得以开发，进而引领其实现更好的发展。

(四)尊重学生个体身心发展的不平衡性

学生个体身心发展的不平衡性是指学生个体身心的同一方面和不同方面在不同的时期发展速度的不平衡，表现为时快时慢。正因为如此，我们把发展比较快的时期称为发展的关键期。拉格斯大学的神经系统科学家 Paula

① 余文森编著：《有效教学的理论和模式》，福建教育出版社 2011 年版，第 30 页。

Talla研究认为[①]，这种关键期或关键的学习机会是每个人都应该拥有的，比如：在10岁以前，孩子学习一种乐器或者一门外语会比其他任何阶段学习都容易得多。她说“不要等待，你不可能再得到这样一个机会了”。因此，在教育教学过程中，我们要善于抓住这样的关键期适时而教，以便更好地开发每一名学生的潜能，以促进其全面而有个性的发展。

(五)尊重学生个体身心发展的差异性

学生个体身心发展的差异性表现在性别、气质、兴趣、爱好、基础、特长等诸方面。面对学生个体间身心发展的差异性，在教育教学过程中，教师必须落实因材施教的原则。一方面，对每年入学的学生教师都要通过问卷、访谈、观察等多种方式，全面了解每一名学生的发展现状和个性差异，在此基础上，制定和实施分类指导、因材施教的策略；另一方面，根据学校尊重教育课程建设的原则，结合学生不同的兴趣爱好与特长，通过开发拓展型和个性化课程，不断丰富学校的课程供给，满足学生不同的发展需要。同时，我们要处理好照顾学生个别差异和面向全体学生的关系，在面向全体的前提下，尽量照顾到个别学生的个性化的学习需要，以便为每一名学生的学习与发展提供更加精准的指导与帮助，这样才能最大限度地遵循学生个体身心发展的差异性，促进每一名学生在原有的基础上获得更好的发展。

---

① ［美］Eric Jensen：《适于脑的教学》，北京师范大学脑科学与教育应用研究中心译，中国轻工业出版社2005年版，第39页。

第四章　尊重教育的校园环境文化建设

学校环境是展现学校文化、体现办学理念的一个重要舞台。在校园环境文化建设的过程中，学校师生积极参与，共同设计传达和塑造尊重教育校本文化的具体符号、作品、主题展示区、活动剪影、理念名言等环境文化，突出了校园环境文化建设的人文性和教育性特点，力求“让学校的每一面墙都开口说话”，着力建设“自尊自强、合作共进”的校园环境文化，充分发挥了校园环境文化潜移默化的育人作用。

第一节　富有尊重文化气息的主体建筑与校园环境

学校物质文化是经过“人化”的、体现着学校教育精神的物质力量。我们习惯上所说的物质文化，它是一个组织中的人对待物质的态度和方式，如：学校的建筑、公共设备和校园环境是物质，但它不是物质文化，人们是否爱护公物、环境，这就是一种文化问题。因此，从筹建之日起，我们就带领新组建的教师团队积极参与到校园的设计和建设之中，并结合尊重教育的办学理念、课程建设与实施，给建设和改造施工方提出了各种相关的意见与建议。

一、阳光星苑校区的人性化建筑设计

阳光星苑校区位于丰台区南苑街道嘉则路 1 号，占地 12000 平方米。该校区的校园主体建筑是一栋四层高的“回字形”教学楼，建筑面积为 10280 平方米。教学楼分为四面，一面是行政区，一面是大型活动场馆区，一面是专业教室区，一面是教学区。行政区包括学校行政人员的办公室、图书馆、教师之家、党员活动室和校本研修室；大型活动场馆区有学术报告厅、羽毛球与篮球体育馆；专业教室区包括美术、书法、音乐、合唱、科学、舞蹈、劳技、计算机、科技(尊道馆)、团队活动、心理健康(立己馆)、阅览室(研修室)、太空种子种植等 16 个专业馆室；教学区包括 26 个标准教室和部分教师办公室；教学楼一楼还有阳光餐厅，地下一层建有乒乓球馆和服务中心供应物品库。教学楼是一个整体，各区之间打通互联，方便了师生员工在校的工

作与学习生活，省去了奔波的辛苦，加强了学校成员之间的联系，整个校园宛若一个温馨的家园。

除了主体建筑，学校还有一个200米环形跑道的运动场，中间配备足球场、篮球场。在运动场的西南边设置了单双杠和乒乓球台，旁边还建有一个弧形的半圆形休息长廊，葡萄树爬满了整个长廊，长廊的内侧是航天科技文化介绍，弧形长廊的圆心处建有“神五”的发射模型。运动场周边还设置了木质长凳供师生休息，运动场的西北侧是学生的游戏区和观赏台，分布在木质台上的圆桌与木质凳子为师生学习、交流、畅谈提供了一个优雅的场所；操场东北侧是学生的攀岩区，供学生活动之用。

二、南庭新苑校区的人性化建筑设计

南庭新苑校区位于丰台区槐房西路318号院7号楼，占地24301平方米。该校区的校园主体建筑是一栋4层的“凹字形”教学楼，建筑面积为14412.65平方米。教学楼分为北、南、中三个区。北区楼道北侧(含一层南侧)是音乐、美术、书法、舞蹈等专业教室，资源教室，劳技教室，太空种子种植实验室，数字实验室和理、化、生实验室的区域，二至四层南侧为普通教室；南区一至三层南侧也是普通教室，四层楼道两侧为行政办公区，一至三层北侧是课改实验室等多功能专业教室；连接南北两区的中间区一层是大厅、卫生保健室和视频监控室等，二至四层分别是敬学馆(图书馆)、尊道馆、立己馆、达人馆和团队活动室、校本研修室、家校社合作办公室等。北区的西边是学术报告大厅和阳光餐厅。教学楼南北中三区分区明确，又连为一体，各区之间互通互联，为方便随班就读学生和教职员工上下楼，还安装了电梯，教职工在楼内办公、学习与工作极为方便，整个建筑设计和布局安排宛若一个温馨的家园，体现了学校愿景建设的理念。

除了主体教学楼建筑，学校还有一个300米环形跑道的运动场，中间配备四个足球场，运动场西侧建有舞台和液晶显示大屏，运动场东侧建有四个篮球场和两个网球场，还有一排六张乒乓球台。操场周围栽种着法桐、银杏、杜仲、玉兰等上百种植物，校园里还建有专门的银杏大道，一排排粗壮高耸的校树——银杏，成为校园一大景观。阳光餐厅的西侧建有学生的劳动基地，各种蔬菜地、小麦地和阳光餐厅也成为学生从播种、观察发芽、浇水施肥到蔬菜生长与收获，再到食堂加工的全过程劳动的体验基地和学农基地。教学楼的南侧还建有专门的中草药园，在这里学生可以通过种植中草药，了解中草药的种植技术和其药用价值。校园内的林荫大道两侧的木质长椅也为学生休息、读书交流提供了别致的场所。

三、多样化的校园绿化设计

学校南北两个校区，根据学校尊重教育校园环境文化设计、课程资源开发需要和北京市的气候与土壤条件，种植了各种树木和花卉。一是种植了校树——银杏。在阳光星苑校区，种植的直径35厘米的高大银杏是学校的标志校树，操场北侧的看台两侧，也分别种植着银杏。在南庭新苑校区，穿过一楼大厅，向西的大道两旁种植了直径25～40厘米的银杏，形成了一条长100多米的银杏大道，在300米环形跑道操场南侧、东南侧与东侧，沿跑道外侧种植着大小不等、错落有致的银杏树。此外，在校门口两侧和校园的四角处，还种植着四季常青的雪松。在校园中，当学生看到一棵棵的银杏树和四季常青的雪松时，会时常提醒自己学习银杏坚韧挺拔、正直向上和雪松不怕严寒、顽强生长、积极向上的优秀品质。二是两个校园的围墙四周种植了北海道黄杨和一排排法桐。法桐树形优美，枝叶茂密，法桐树下的木质连椅，为学生营造了夏天乘凉与读书交流的良好环境。步入夏季，学生们在活动之余，可以坐在树下连椅上乘凉、读书、研讨。三是在校园有限的空地里，我们还种植了品种不同的桃树、雪梨和杜梨树，以及山楂、石榴、葡萄、海棠、苹果、杏树等，每到春季，果树次第开花，芳香四溢。老师指导学生们观察、记录、陪伴各种果树从开花、结果到成熟，收获着劳动的喜悦，品尝着果实的甘甜，体验着个中幸福。在这一过程中，教师也享受着桃李芬芳的职业幸福感。四是校园中还种植着榆叶梅、白玉兰、紫玉兰、木槿、碧桃、月季、金边菊、凤仙花、鸢尾花、连翘、迎春花等各种花卉和冬青、黄杨、槐树、椿树等。校园四季常绿，三季有花，在每个季节都有可以欣赏的花卉和绿植，可以说形成了一个良好的植物生态系统。

除观赏外，这些植物资源还紧紧与学校的课程建设相结合，我校生物教师孙健、鲁玉霞和吴阳等老师带领学生编制了两校区的植物志，每一种植物上边都挂有精致的木质简介牌和二维码，只要用手机一扫，就能非常便捷地查阅到植物名字、特点和用途等信息，整个校园成为学生学习与实践的场所，也为学生的科技、人文、传统文化、绿色生态学习和开展美育、劳动教育、生态文明教育、生命教育等提供了非常丰富的课程资源。

第二节　尊重教育的空间设计

学校不仅是一个物化的空间，更重要的是一个成长的空间，一个生命的集合体，学校空间也是学生学习的课程资源。因此，我们把学校空间与环境建设纳入文化与课程资源建设之中。

一、教学楼大厅空间设计

阳光星苑校区的大厅设计。从大厅北侧进入，大厅的正面是尊重教育的育人价值结构图和心理结构图，背面是联合国的标志，标志下方是“和谐、共生”的理念。从大厅南侧进入，大厅的东侧是以“希望”为主题设计的镶嵌在墙壁上的中国地图，它向每一位师生表达了这样的教育意义，即“每一位儿童是学校的希望，是祖国的希望，是未来的希望”。表达了我们以学校为起点，践行尊重教育理念，用我们自己的双手去托起明天的希望。南侧入厅的西侧是以“成长”为主题设计的镶嵌在墙壁上的蒲公英图案，蒲公英代表着学生在宽松愉悦的环境中自由、开放和有个性地发展，具有传播载体的特性，每粒种子即是每个人，身处学校尊重教育的环境之中，经过学习而成长，经过成长而自知，终会带着学校的尊重教育理念去感染和影响周围的人，从而把尊重教育的文化传播到远方。南侧入厅的大厅正南方上侧设计了镶嵌在墙壁上的篆体的学校印章，寓意为学校扎根中华优秀传统文化育人，扎根中国办教育。

南庭新苑校区大厅的设计。进入大厅，西南侧空间以“尊重的力量”为空间主题，以学校出版的《尊重的力量——一所学校的教育价值追求》中的尊重教育故事为展示内容，每块翻板都放置一段故事，增强了空间设计的互动性，使尊重教育的理念有更多、更生动的表现形式。同时，空间内设立了一些休闲装置的坐凳及书柜，便于师生、来访家长翻阅和学生在此处阅读时的交流。大厅的西北侧空间则以“我们的故事”为主题设计，墙面上的每个盒子是可以翻开的，里面有各年级班级的合影，有我们师生的感人故事。发光的区域是互动显示屏，动态展示着学校各班级的班级文化。为了把空间利用起来，同时在该区域还设立了艺术造型沙发、书柜，书柜上摆放供学生分级阅读的各种图书，这样的设计极大地方便了学生的阅读、学习和交流。

二、学生教室空间设计

我们首先根据北京市中小学教室的卫生健康标准要求，对教室的灯光、温度、声音、布局和颜色等物理元素进行了标准化的设计。与此同时，我们通过开展学生心中的理想教室问卷调查，把学生的意见和建议融入教室的设计之中。教室的布局和文化设计充分体现了不同年龄段学生的特点和已有的生活经验，给学生以充分的展示空间，取消了教师的讲台和讲桌，每间教室多媒体黑板的前面成了每天学生展示的“舞台”。没有了讲台，教师讲课时，不仅拉近了师生彼此间的心理距离，也大大方便了学生走到教室前边进行展示、演讲，甚至代替教师讲课。我们还依据学科特点和学生发展需求设计了各种学科教室和选修教室，并把学生理解的学科元素融入其中。在普通教室里的墙壁上，除张贴有北京市中小学生守则和规范、社会主义核心价值观的内容外，在多媒体触摸屏黑板的一侧是课程、时间、选课的提示表，另一侧则是课堂改革的理论依据——金字塔学习理论的图解；教室的后边一侧是班级的图书角，图书角中摆放着语文课程标准要求阅读的各种名著和班级学生喜欢的从学校图书馆借来的各种图书，供同学们在课间、午间或下午活动时间随时阅读，也可借回家阅读。另一侧是学生放卫生工具的橱柜，方便学生定点存放。教室的后墙和北侧是用扎板制作的展示区，用来展示学生的活动剪影、各种获奖、多元之星风采和学生研究性学习的成果等，扎板上侧张贴着各班学生经过班会讨论总结出来的课堂学习理念。如2018年各班教室的课堂学习理念，一年级(1)班：我倾心、我思考、我表达；(2)班：我参与、我表达、我展示；(3)班：我思考、我体验、我成长。二年级(1)班：快乐中学习、合作中共进；(2)班：快乐学习、微笑成长；(3)班：参与中求知、体验中收获。三年级(1)班：认真倾听、主动交流；(2)班：我参与、我思考、我快乐；(3)班：快乐中学习、思考中收获。四年级(1)班：我思考、我体验、我收获；(2)班：课堂大舞台、自主展风采；(3)班：我参与、我思考、我快乐；(4)班：主动思考、善于表达。七年级(1)班：静心思考、有效合作；(2)班：互学互助、共享共进。八年级(1)班：参与中求知，思考中收获；(2)班：我主动、我体验、我成功。九年级(1)班：课堂我做主，人生我把握；(2)班：我思考、我展示、我提高。每学年教室调整后，各班及时更换，都把自己的课堂学习的理念张贴在教室后面的扎板上侧。类似于“我主动，我体验，我成功”“我参与，我表达，我展示”等的理念，使整个教室充满了浓厚的尊重教育的文化气息，也时刻激励着每一位学生积极奋进。

三、主题空间的环境设计

学校还提供各种空间和设施来丰富师生的课余文化生活。走进教学楼大门，有一架钢琴陈列在一楼大厅，课间和午休的时候，经常有学生来这里小露一手，大厅里萦绕着悦耳的琴声。

教学楼二楼北侧以“太空”为主题设计了“益智互动区”，益智区的东侧有一面魔方墙、许多航天模型和数学游戏圆盘；西侧很多益智方面的书籍整齐摆放在书架上，格物架上更是摆满了学生科技、艺术和航海建模的作品，最令人瞩目的当属初中学生运用数学“轴对称”原理制作的各种青花瓷瓷盘图案；益智区的顶部设计的是星空，呈现着太阳系中神秘的太空。学生们每每来到这里，都可开动脑筋，启迪智慧。

教学楼的三层南侧以“棋”为主题设计了棋智区。棋智区的天花板以象棋棋盘的形式装饰，棋智区中央设有围棋、象棋、五子棋、军棋等多种棋盘；棋智区的南侧书架上摆有各种棋类的书籍，东侧墙壁上则是棋类文化区，展示着围棋棋圣聂卫平、吴清源、柯洁、罗洗河等高手的事迹和各类棋的简介；西侧是一面镶嵌着中国棋类文化的珠帘，拉开珠帘，便会看到开放阅览的图书馆与师生阅览大厅，图书馆藏书颇丰，可供师生自由阅览，以丰富其精神生活。大课间、午间和下午课后服务时间，有时甚至放学了，还经常看见学生在这里对弈厮杀。

四楼北侧是以“科技”为主题设计的科技露台。露台中央设计了一个圆形水晶影像观察装置，学生透过这一装置可以看到立体化的画面展示；科技露台的东西两侧墙面，一面是中国航天梦想的画面，一面是太空种子的种植技术介绍；露台内的格物架上放着各种机器人模型和航海模型，地面上摆放着两套轨迹不同的机器人赛车轨道；里面还设置了高倍望远镜，供学生瞭望星空使用，科技露台的顶棚设置了电动自动开窗，只要一按按钮，顶棚就会自动打开，高倍望远镜可直接探出顶棚瞭望星空。

四、学校虚拟空间的设计

搭建师生间、生生间、学生和社会资源单位间的信息沟通平台，畅通沟通的信息渠道。让学生参与尊重智慧校园建设，在学校网站开辟了学生活动的各种板块并引导其参与管理；建立红领巾广播站，由学生主持每天的校园新闻、国内外时事等广播。通过信息平台与其他地区，甚至与国外学生建立联系，互通有无，建立友谊。结合疫情防控和“双减”改革实施的课后服务，学生可以通过市、区、校搭建的信息化平台和大量网上优质学习资源实现在线学习，教师们则通过这样的信息化平台实现在线学生答疑、在线辅导和在线上课。

总之，我们按照尊重教育的文化理念，设计了门厅阅览区、教室读书角、互动益智区、棋艺展示区、开放性实验室、走廊展示区、科技露台区、绿色休闲区和各种艺体活动场所等。这种形式多样、功能各异的空间设计很好地满足了学生对空间的不同需求，有力支撑着学生全面而有个性的发展。

第三节 尊重教育的设施与环境设计

在设施和环境建设方面，我们在广泛征求师生建议的基础上，把尊重教育理念下的文化价值追求融入了学校设施和环境的设计之中，充分尊重了师生的基本需求，体现了对师生的人文关怀和学校尊重教育校本文化的价值追求。

一、人本化的设施设计

在阳光星苑校区，我们对学校现有的不适合学生年龄特点的设施、场所，如厕所、洗手盆、进楼的台阶、专业教室的水池等进行了人文化的改造；教室的地面将地砖改造成有弹性的绿色产品——亚麻地板等。通过广泛征集学生设计方案的方式，学生参与到教学楼走廊展示区、餐厅的桌椅和装饰、多功能演出大厅、门厅阅览区等公共环境的设计和改造之中，力求建设一个学生喜欢且有助于其成长的物理环境。此外，教学楼内有 4 部楼梯，南庭新苑校区还设置了专门的电梯，在教学楼的每一个位置都可以快速疏散。每一层楼都配备 3 间洗手间，充分满足师生的基本需求，不存在上厕所排队的现象，而且每间洗手间都配有绿植、镜子、洗手液、卫生纸和文明提示语。每层楼装有 3 架多功能饮水机，可随时提供凉水、温水和热水。这些细节无不体现着对师生的尊重和关心。而且学校每一层楼在明显处都设置了疏散标志和导引标识，对于第一次来学校的外来人士来说，按照导引标识的温馨提示，就可以随时到达要去的地点。学校遇上突发事件，师生可根据平时的演练，按照疏散标志的指引，紧急有序撤离。

二、教师的办公与休闲文化设计

学校为每一间教师办公室都配备一台打印机，方便教师的日常工作。南庭新苑和阳光星苑校区分别在教学楼三楼、四楼建有温馨的教师之家，教师可以在此休闲、交流与研讨。工会为教师们配备了咖啡机、按摩椅，以及各种书籍和报刊，教师在繁忙的工作之余，可以在此稍作休息。

此外，两校区还分别建有爱心母婴室，母婴室配备有冰箱和各种母婴设施，墙面上有母婴健康的相关知识，爱心母婴室的设立为哺乳期上班的教师营造了一个温馨的家园。

三、校园的环境文化设计

学校环境要体现出对人的尊重，特别是要突出对学生的尊重。学校环境文化的设计不仅是从学生的视角出发，处处从学生的视角进行设计，符合学生的心理发展规律，呈现出直观性和生动性的特点，更重要的是体现尊重教育的文化特色并让学生成为环境文化设计的主人。

在阳光星苑校区环境文化设计时，广大师生都参与建设了不同的环境文化区域。如：行政区的楼梯墙面设计了校史展区，该展区展示着建校以来的一些重大事件，这样，师生每天路过都能看到学校从起步、发展到壮大的发展历程。在这里，每天都悄无声息地进行着校情的教育，进行着学校建校期间团结协作、直面挑战、奉献拼搏、协同创新精神的教育。教学楼的楼道墙面是由学生参与设计的展示学生风采的各种区域，多展示学生的书法、绘画、板画、手抄报、手工制作等作品，以及学生参与各项活动的照片。教学楼南侧东楼梯是科技文化展示区，展示着孩子们选出的新中国成立以来我国有突出贡献的钱学森、袁隆平、于敏、屠呦呦、钟南山、孙家栋、张伯礼等科学家的照片及其贡献介绍，也有学生科技活动的缩影。教学楼南侧的西楼梯是艺术展区，主要展示着学生自己的绘画等艺术作品，体现了学生发现美、欣赏美和创造美的价值追求。教学楼的主楼梯是书法展示区，该展示区展示着各种书法名家的字帖、学生的硬笔和软笔书法作品，除此之外还展示着伟大领袖毛泽东主席的书法和语录——“好好学习、天天向上”，学校“尊道敬学、立己达人”的校训也张贴在主楼梯的显要位置，时时提醒着全校师生铭记校训并不断践行。

在南庭新苑校区，校门两侧围墙下边种植着冬小麦，并树立了冬小麦的简介标牌，标牌上设有二维码，扫二维码就可听到冬小麦种植面积与全球小麦产量等的音频介绍。校园错落有致的绿化带里，放置着形状不同的山石，山石都是独一无二的，象征着生命个体的独一无二。在每一块山石上，都镌刻着尊重教育文化的关键词，字体各不相同，有楷书、隶书、篆书、行书、草书等，并选自颜真卿、舒同、李旭科、米芾、王羲之、赵孟頫等书法名人的字帖组合而成，蕴含着深厚的传统文化根基和多元文化的内涵。进入校门左方，首先映入眼帘的是魏碑“尊重”二字，趋步向前看到的是行楷“赏识”，在教学楼南侧中草药园两侧的山石上镌刻着隶书“和谐”和行书“共生”。从教学楼大厅穿过，在后花园两侧的山石上能够目睹到米芾体的“自立”与“自强”，继续前行，左侧花园的立石上，有著名教育家魏书生老师给学校题写的隶书校训——尊道敬学、立己达人，右侧的阳光餐厅和教学楼出口处的山石上，呈现着狂草“创新”和“创造”。继续前行，便来到了学校的耕耘园，这里有学生的劳动基地，各班在这里种植了玉米、茄子、黄瓜、西红柿、芸豆、西葫芦、韭菜、花生、南瓜、香菜等，劳动基地的北侧山石上镌刻着李旭科草书“耕耘”，南侧有一块金字塔似的小山石，在不同的侧面刻有颜体“呵护”和舒同体“发现”，在劳动基地拐角处的山石上刻有兰亭体“民主”的字样。学校运动场东南角的大银杏树林下，是学生单双杠的活动区域，此处的草地一侧有一块形状不规则的山石，写着毛泽东书体“自信”二字，预示着学生强健体魄，自信成长。漫步在校园，到处散发着尊重教育校本文化的气息，感受到“爱”与“尊重”和“创新”与“创造”的力量。

学校校园环境的一些设计学生也参与其中，例如上文提到的名匾的题字，以及校训碑之类的设计都征求了学生们的创意和意见。学校课桌椅的采购也充分考虑了学生使用的舒适性和实用性，各年级桌椅的尺寸和大小根据需要随时进行调整。教室和专业教室的装修尽量用木材等材料装饰，减少或杜绝塑料和胶类等材料的使用，改造完毕的教室等场所都做了空气质量检测，检测达到标准后方可使用。在使用的过程中，学生还将参与的空气质量检测作为研究性学习的内容，并给学校提出各种好的建议。学校根据班额和全校学生规模的状况，还在室内、走廊内设计了师生休息、谈话和活动的空间，有效安排图书角，精心设计和布置图书馆。楼内设施和装饰均体现了以人为本的尊重教育校本文化的价值追求等。

四、阳光餐厅的文化设计

学校阳光餐厅为师生提供了不同的健康营养食谱，每周都进行公示，自觉接受师生监督，餐厅管理人员定期通过微信群发到各班家长群，接受来自家长的监督。与此同时，后勤服务中心定期征求师生、家长对营养食谱的意见与建议，并及时进行反馈与调整。学生伙食委员会还定期召开会议，征求各班学生就餐管理的意见与建议。食堂大厅张贴着“光盘行动”的提示语，时刻提醒师生勤俭节约、避免浪费，并积极推动“光盘行动”。餐厅的立柱上，在学生的建议下，专门为他们设计了测量身高的刻度计，可供大家就餐时随时使用。

尊重师生，意味着要关注师生的生活、饮食和身心健康，为其提供安全、宽松、充满积极向上氛围的育人和学习环境，以提高师生的生命质量，把校园建设成一个温馨的大家庭，让每一名师生都有安全感、荣誉感和归属感的体验并真正爱校如家，共同构筑尊重教育校本文化的精神家园。

第四节　环境文化的符号化与人文景观

学校文化首先体现在学校的校园环境之中，学校处处是教育，学校处处有教育，校园环境具有非常重要的育人功能，尤其是学校的符号化和人文景观设计。为营造充盈着“自尊自强、合作共进”氛围的文化环境，我校组织师生对校园的每一个角落都进行了精心设计。

一、校园环境文化符号化

一进校门，就可以看见一块镌刻着由著名教育家魏书生老师为我校题写的校训“尊道敬学、立己达人”的乳白色大理石，厚重平实，时刻提醒全体师生不忘“尊重教育”的初心。大理石背面还刻着梁启超先生的《少年中国说》——“少年智则国智，少年富则国富，少年强则国强，少年独立则国独立，少年自由则国自由，少年进步则国进步；少年胜于欧洲，则国胜于欧洲，少年雄于地球，则国雄于地球。红日初升，其道大光。河出伏流，一泻汪洋。纵有千古，横有八荒。前途似海，来日方长。美哉我少年中国，与天不老！壮哉我中国少年，与国无疆！”这些警句时刻在激励着每一位师生为中华民族的伟大复兴而发愤图强。

学校的图书馆命名为“敬学苑”，阅览室命名为“尊道馆”，心理健康室和团队活动室等分别命名为“立己馆”与“达人馆”等，学校的校树是银杏树，因此，学校就有了杏坛演讲比赛等活动。这样的符号化设计与释义及其延伸性的教育活动，使尊重教育理念作为“印记”融汇到我们的教育教学与师生的学习、生活之中，并产生着潜移默化的教育作用。

南庭新苑校区的一层大厅较高，我们围绕尊重教育理念进行了整体化设计，门厅正面主题墙以一本翻开的书为造型，两侧内容分别为尊重教育理念和党的教育方针，正上方为世界地图剪影雕刻，寓意教育要面向世界，培养具有国际视野的人才，正中是学校的标识和尊重教育的“价值结构体系”图，正面主题墙背景以米色石材为底，结合模块化内容进行了分割设计，突出了整体的立体感，带来较强的视觉冲击力。正中上方使用了关于尊重的近义词、同义词和具有同等价值观维度的词语作为点缀，以活字印刷术铅块的形状呈现，采用阴刻及阳刻的方式表现。大厅的南侧上方以尊重理念的“四个向度”为凸显内容，门厅南侧下方围绕书香校园的理念设计了多组书柜，书柜提升了学校藏书的空间，便于随时翻阅，同时也强化了“学校是求知学习的地方”这一寓意。随着互联网的发展，信息的碎片化获取已成主流，越来越多的人似乎遗忘了书本。我们通过在门厅这样人流比较集中的位置设立读书空间，以达到潜移默化影响孩子的效果，使孩子发现书本，阅读书本，了解读书的益处。大厅东侧玻璃窗处设立了一组多面翻转展示墙，这面墙作为互动展示区，同时也可以作为阅读休闲区，还放置了一组吧台便于学生阅读和歇息。北侧上方为“个性化课程”的内容。北侧下方为文化展示区，主要是为展示学生丰富的艺术作品而设计的，整体展示区域打造了一个层次分明、个性突出的多功能空间。展示的内容包括立体手工艺品、书法作品、油画作品等，结合U字形设计，使有限空间得到充分利用，并便于常换常新。门厅主题墙背面展示内容节选自《少年中国说》，使学生感受强烈的爱国情怀，提升学生的价值观，激发学生为实现中华民族伟大复兴而积极进取的精神。背景设计加入中国元素，凸显中国文化。门厅北侧放置联合国徽章造型与“和谐”“共生”的理念，门厅南侧放置“尊重教育”的课程结构图，采用“矩阵”式的设计形式，清晰明了。

学校还设计了与尊重教育校本文化相关的室外宣传橱窗，内容涉及社会主义核心价值观、中小学生守则和规范、办学理念、学校愿景、一训三风、名师展示、丰富的选修课程、以“学”为中心的课堂改革、综合实践活动、多元之星评选、新时代好少年、优秀学生作品展、学生风采、研究性学习成果展和艺术节、读书节、体育节、跳蚤市场、达人币评比等剪影，这些橱窗的内容设计，每学期从师生中征集并定期更换。

二、尊重教育的人文景观文化

我们根据学校所处的东高地集群的航天特色，在阳光星苑校区操场边的休息长廊两侧，布置了航天文化与科学知识展板，内容展示了从嫦娥奔月、女娲补天、大闹天宫、鲲鹏展翅、鲁班造木鸟、飞天梦想到当今我国火箭发射、载人航天、国人探月、太空站建立等航天科技发展的光辉历程，尤其是神舟飞船系列发射的辉煌成就时刻激励着学生为实现中华民族伟大复兴的中国梦而勤奋学习，不断探究，并激励着师生共同为我国科技事业的发展贡献力量。

阳光星苑校区的教学楼大厅有联合国公约、尊重教育价值结构图、尊重教育办学理念释义、尊重教育课程图谱等内容展示。教学楼一层走廊是以“尊重自我”为主题设计的学生展区，有认识自我、爱上音乐等板块；教学楼二层走廊是以“尊重他人”为主题设计的学生展区，有携手他人、走进IT、十佳少年、我的书法等板块；教学楼三层走廊是以“尊重自然”为主题设计的学生展区，有走近自然、探秘物理、我爱劳技、红色传承、心理驿站等展区；教学楼四层走廊是以“尊重社会”为主题设计的学生展区，有走进社会、爱上舞台、志愿者活动等展区。教学区的走廊则是班级文化展示的平台，由每个班的学生自行设计。二楼图书馆门口的过道全面展示着学校的办学理念，充分体现了学校“尊重教育”的内涵，加深了学校成员对于尊重教育校本文化的理解。

三、丰富多元的校园色彩设计

尊重教育倡导平等地对待每一名学生，尊重每一名学生的个性差异，让每一名学生实现多元而和谐的发展。

为凸显学校自身的办学文化特色，我校校园主建筑的外墙统一使用了中国红为主色调，寓意我们扎根中国办教育，落实党的教育方针，传承红色基因，培养学生的爱国情怀，培育立志为中华民族伟大复兴而奋斗的社会主义事业的建设者和接班人。教学楼内的墙面，使用了北京教科院实验校联盟的标识蓝绿色调，一层和二层，使用了浅绿色，浅绿色寓意为清新、健康、希望，是生命的象征，代表着安全、平静、舒适；三、四层使用了浅蓝色，浅蓝色代表着童真、明亮、干净、透明，是智慧的颜色。浅绿和浅蓝在这里寓意着生机与成长，代表着青春和希望，给人以清新、明亮、安全、舒适、平静之感。而办公区则是以白色为主色调，代表着学校管理者以公正、廉洁、透明、公开的作风辛勤工作，全心全意为师生发展服务，并以博学、专业、启迪的方式引领学校发展。学校外观红白相间，与校园的绿色相呼应，室内则是浅绿、浅蓝和白色相间，内外整体的色彩体现了“和谐、共生”的主题，进一步诠释了我校尊重教育校本文化的内涵。

我校校园文化的布置不仅体现了学校尊重教育办学理念的展示，还体现了对所处地区发展特色的尊重，以及班级个性的尊重，而且处处彰显着尊重教育校本文化的价值追求。这样的文化布置不仅使建筑成为凝固的历史，体现学校文化的积淀，而且还传承学校的价值理念，突出了育人的功能，并不断提升着学校尊重教育的办学形象。

第五章　尊重教育的课程文化构建

学校是孩子们的学校，课程是学生的课程。学校最好的教育方式和方法，就是顺应学生的天性，融课程于生活，以学生成长和学习需要的课程开展教与学的活动，并为其提供各种认识社会、接触社会和参与实践的机会，让每一个孩子经历更多的“第一次”，不断丰富其经历，使其在这样的教育中与自我对话、与他人对话、与世界对话，不断完善自我，优化他我，认可群我，这样才能使学生在各种事情的经历中得到历练，收获成长，使其更好地完成社会化的进程，并自信地走向未来。

第一节　尊重教育课程建设的指导思想、原则与目标

课程是学校文化的重要载体之一。要形成自我特色的学校文化，就必须长远规划好学校的办学特色，开发并实施富有校本特色、体现学校尊重教育理念的课程体系。我校按照尊重教育的理念，在科学解构“尊道敬学、立己达人”阳光少年的培养目标内涵的基础上，依据核心素养构成的要素，建构了尊重教育的课程体系，并充分体现了课程的全面性、适切性、个性化和选择性的特点，着力培育“全面＋特色”的课程文化。

一、尊重教育课程建设的指导思想

坚持以习近平新时代中国特色社会主义思想为指导，认真贯彻落实党的教育方针，坚持“立德树人”育人使命，依据尊重教育理念，按照“在普通社区办不普通的学校，在普普通通的学校办不普通的教育”的办学定位，瞄准指向学生必备品格和关键能力的实际获得与学生未来后续发展；落实国家和北京市中小学课程计划，凸显丰台区地方课程特色，借助北京教科院智力支持和学校年轻教师队伍优势条件，为实现“培养‘尊道敬学、立己达人’的阳光少年”的育人目标，建构彰显学校文化特色的尊重教育课程体系，创建“尊重教育”特色，树立“尊重教育”品牌，努力建设一所“自尊自强、互尊共进、和谐民主、持续发展”的优质学校。

二、尊重教育课程建设的原则

(一)尊重主体的原则

学生是学习和发展的主体。在课程建设中，我们必须尊重和凸显学生的主体地位，珍视学生的生存状态与发展姿态，尊重每个学生的学习和思维方式，关注学生学习与生活的心理感受，给予学生自主学习、自由争鸣和个性发展的舞台、机会和时空，激发学生终身学习的愿望和主动探究的意识，为他们全面而和谐、自由而充分、独特而创造的发展创造条件、搭建舞台，并不断激励其进步，只有这样，才能更好地助力学生实现能动的主体发展。

(二)尊重差异的原则

在课程建设中，我们要重视学生不同的学习需求，尊重和满足学生多样化的学习需要，尊重学生的课程选择权，为学生提供丰富的课程供给。在课程实施中，尊重学生间的个性差异，坚持以“学”为中心，关注学生的“在学习”和“真学习”，尊重学生自主学习的权利，尊重学生多样化的学习方式，为每一个学生的健康成长提供指导、帮助和服务。在课程评价上采用生成性、过程性、多元性、鼓励性等发展性评价措施，体现出对学生个性的尊重，以激励每个学生实现全面而有个性的发展。

(三)尊重规律的原则

学校课程建设必须遵循学生的年龄特点、身心发展规律和课程建设规律，必须尊重学科或其他课程领域的特点与规律，体现社会、文化以及现代科技发展的时代特征与未来趋势；遵循国家课程标准，以科学的精神和严谨的态度，做好课程整合和二度开发，切实解决课改推进中遇到的实际问题，边实施边总结，不断丰富和完善尊重教育课程体系。教师在课程二次开发的过程中，开发的每一门课程必须与相应学段学生的身心发展特点相适应，课程的难度与学生的实际学习基础和学习能力相匹配。开发的选修课程必须与学生的兴趣特长相对接。让学生在自主学习中不断增强自信，以激发其兴趣，培养其志趣，并逐步培养学生未来发展的必备品格、关键能力和远大志向。

三、尊重教育课程建设的目标

基于新建校实际和学校的长远发展规划，根据学校课程建设的指导思想和发展目标，我们提出了如下的课程建设目标：

(一)任务目标

坚持“立德树人”教育根本任务，践行尊重教育理念，逐步构建有利于科学素养与人文精神相得益彰、传统文化与现代文明交相辉映、个性发展与团体合作相互支持的“尊重教育”课程体系。

（二）“十三五”期间的目标

第一步：利用1～2年时间，做好课程开发和实施的调研工作，广泛征求教师意见，借助专家资源优势，初步完成尊重教育课程体系的顶层设计，并着手特色课程的开发与实施工作。

第二步：再利用1～2年时间，按照尊重自我、尊重他人、尊重自然、尊重社会的维度，开发并实施好尊重进阶和学思维等特色课程，建立配套制度，进一步完善课程设计，优化管理，全面做好尊重教育课程体系的落实工作。

第三步：到“十三五”末，建立比较完善的尊重教育课程体系，有效促进育人目标的实现。

（三）“十四五”期间的目标

“十四五”期间，学校在夯实第一个五年课程实施基础的同时，全面加强教师队伍融合发展、专业发展和梯队建设，按照核心素养背景下的义务教育新课程标准，进一步丰富与完善尊重教育课程体系，重点完善特色课程的开发与实施工作，加强学生思维品质、创新精神培养和未来教育研究，做好“减负提质”工作，大力推进学校高品质发展，做大做强尊重教育品牌，建立跨区域的尊重教育联盟，力争到2025年建设一所具有“自尊自强、互尊共进、和谐民主、持续发展”特点的区域一流的尊重教育品牌优质校，并在北京乃至全国形成一定的影响力。

第二节　尊重教育课程体系的构建

在尊重教育课程体系的构建过程中，我们对尊重教育理念和培养目标的内涵进行了认真研究和科学的解构，在此基础上，将支撑学生发展的文化基础、自主发展和社会参与的三大核心素养有机整合到了学校的育人目标之中。

一、尊重教育课程体系构建的基本思路

以国家课程改革“全科育人、全员育人、全程育人”的理念为指导，根据尊重教育理念和“培养‘尊道敬学、立己达人’的阳光少年”这一育人目标，从尊重教育内涵的四个向度提炼出学生发展的素养结构，每个向度都从两个方面予以描述。以该素养结构为导向，将相关课程予以匹配和开发，并在每一个向度上将课程划分为基础型课程、拓展型课程和个性化课程三个板块。将学校所有课程进行了梳理和分析，逐一配置到对应的板块之中。最终形成了

“一元目标、二重素养、三种类型、四个向度”①的“一二三四”的课程结构。以该结构为依据，对学校课程进行通盘开发和整合调整，最终形成了学校特色化的尊重教育课程体系。

二、尊重教育课程结构图谱及分析

根据上述思路，我们研究确立了如下的尊重教育课程体系图谱(图 5-1)。

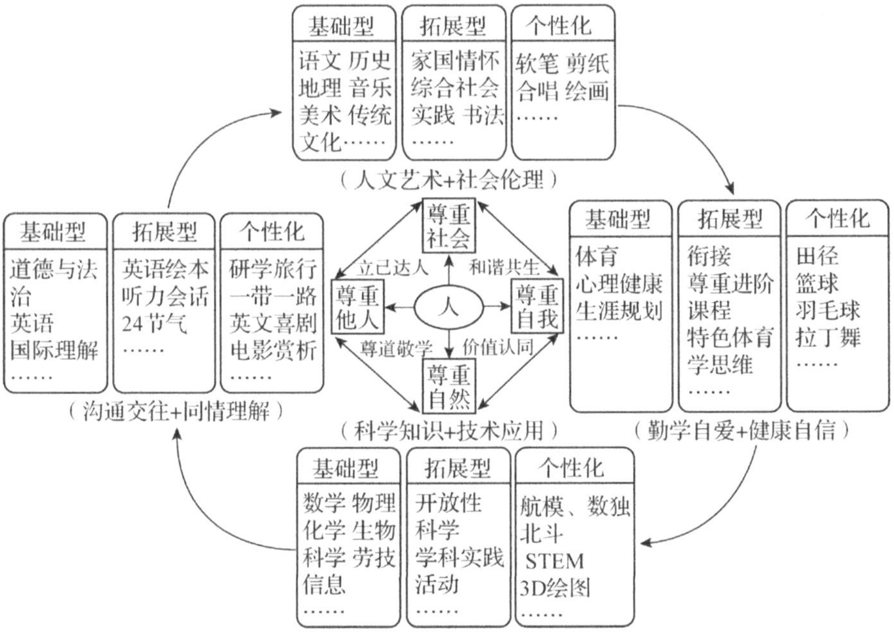

图 5-1　尊重教育的课程结构图谱

(一)“一元目标”

学校在各个领域的育人追求集中表现为一元的育人目标，即“培养‘尊道敬学、立己达人’的阳光少年”。

(二)“二重素养”

用二重素养来描述尊重教育的每个向度对学生发展的要求。它涵盖了学生发展的六大核心素养(人文底蕴、科学精神、学会学习、健康生活、责任担当、实践创新)，是对尊重教育育人目标的具体化描述，即：①尊重自我——勤学自爱的素养、健康自信的素养；②尊重他人——沟通交往的素养、同情理解的素养；③尊重自然——科学知识的素养、技术应用的素养；④尊重社

① 张广利：《尊重教育校本课程的建构与探索》，《中小学校长》2020 年第 3 期，第 50 页。

会——人文艺术的素养、社会伦理的素养。

(三)“三种类型”

三种类型的课程不是从课程管理上进行的划分，而是从课程育人功能和课程实施的角度对国家课程、地方课程和校本课程进行通盘设计整合，在尊重教育的每个向度上都进行对应的课程设计，形成三种基本的课程类型，即基础型课程、拓展型课程和个性化课程。

(四)“四个向度”

从四个方向描述尊重教育的具体内容，即尊重自我、尊重他人、尊重自然和尊重社会。不同向度间的课程与学生核心素养的对接并不完全是一一对应的关系，它们间既有主要的对应关系，也有交叉关系。在同一向度中，基础型课程、拓展型课程和个性化课程体现出不同的课程价值和育人功能，但在促进核心素养发展方面可以形成合力，通过不同类型的课程共同培养学生的核心素养。

三、三种课程类型及分析

(一)基础型课程

其功能是体现国家教育的意志和新课改的理念，为学生提供公共性和基础性的科学文化素养，涵盖绝大多数国家课程和少部分地方和校本课程的公共必修部分，是落实尊重教育办学理念的最基本的课程形态。在课程实施上，基础型课程面向全体学生，属于必修课程。

具体的课程门类包括：语文、数学、英语、物理、化学、科学、生物、历史、地理、音乐、体育与健康、美术、道德与法治、信息科技、劳动、传统文化、书法、心理健康等。

(二)拓展型课程

其功能是在学校层面上对基础型课程的拓展、延伸、具体化与实践化。它是基于学生发展的核心素养和学校育人目标，在学科课程范围内对相关课程在内容广度和深度上进行的调整和拓展，以升级学科课程的教育价值与育人功能，此外还涵盖国家课程的综合实践活动和部分地方和校本课程的公共必修部分，是实现尊重教育的重要途径和手段。在课程实施上属于必修，但部分课程内容上属于选修。必修类课程着力落实综合社会实践、开放性科学实践(内容可选择)和学科实践课程，主要体现为学科实践活动设计和跨学科主题实践活动设计；可选修的课程内容主要是根据学生不同的学科认知基础而设置的差异性课程。

具体的课程门类以必修类为主，包括：综合社会实践活动、开放性科学实践活动、学科实践活动课程(含研究性学习)、书法、国学诵读、微写作、悦享经典、小学科技游戏、小学英语绘本、英语听力与会话、水仙雕刻、家国情怀课程(中国梦、我们的城市、我爱丰台、探索丰台)、幼小和小初衔接课程、生活德育课程(含生活技能课程、安全教育等)、专题教育课程(含预防艾滋病、预防毒品、反欺凌等)、特色体育课程(体育舞蹈、啦啦操、弹力带操、花样跳绳等)、职业生涯规划、学思维课程、国际理解课程等。课程内容选修包括：二十四节气系列课程、小学科学探究、分级阅读、文言之趣、理化实验探究、数学思维训练、数学史、趣味数学等。

(三)个性化课程

其功能是为学生的个性化发展提供机会，满足学生个性化的学习需求。它是基于学校发展特色和学生学习兴趣而开发的校本化社团课程，是实现尊重教育的具体保障。在课程实施上，它面向全体学生，属于选修课程。

具体课程门类包括：数学荣耀、非常数独、魔方、七巧板、涂色、英文戏剧、北斗启航课程、STEM 课程、航海模型、健康指导、视频编辑、3D 绘图、电影赏析、软笔书法、拉丁舞、田径、篮球、羽毛球、乒乓球、绘画(国画、中国工笔花鸟画)、超轻黏土、动漫鉴赏、合唱、剪纸艺术、研学旅行、传统戏剧、“一带一路”文化等。

四、课程体系及具体设置

遵循“厚基础、活拓展、显个性”的基本原则，根据“一元目标、二重素养、三种类型、四个向度”的课程结构，对学校课程进行整体化设置，由此形成尊重教育课程体系，具体如表 5-1 所示。

表 5-1　2019—2020 学年尊重教育课程具体设置

尊重教育的向度	对应的课程设置								
	基础型课程			拓展型课程			个性化课程		
	课程名称	开设年级	学习形式	课程名称	开设年级	学习形式	课程名称	开设年级	学习形式
尊重自然	数学	1～9	必修	趣味数学	1～9	必修	航海模型	3～5	选修
	物理	8～9	必修	开放性科学实践活动	7～8	选修	视频编辑	5～8	选修
	化学	9	必修	学科实践活动课程	1～9	必修	数独	7～8	选修
	科学	1～6	必修	科技游戏	2～5	必修	数学王者	7～8	选修

续表

尊重教育的向度	对应的课程设置								
	基础型课程			拓展型课程			个性化课程		
	课程名称	开设年级	学习形式	课程名称	开设年级	学习形式	课程名称	开设年级	学习形式
尊重自然	生物	7～8	必修	水仙雕刻与养殖	7	必修	航天科技STEAM课程	7～8	选修
	劳动	1～9	必修	小学科学探究	1～5	选修	北斗启航	5～8	选修
	信息科技	3～8	必修	数学思维训练	1～5	选修	建筑模型	3～5	选修
尊重社会	语文	1～9	必修	微写作	1～5	必修	立体纸工	3～5	选修
	历史	7～9	必修	国学诵读	1～9	必修	课本剧	3～5	选修
	地理	7～8	必修	悦享经典	1～9	必修	合唱	3～8	选修
	传统文化	1～9	必修	家国情怀	1～8	必修	京剧表演	3～5	选修
	美术	1～9	必修	综合社会实践课程	7～9	必修	二胡	2～5	选修
	音乐	1～9	必修	学科实践活动课程	1～9	必修	超轻黏土	1～5	选修
	书法	3～7	必修	红色文化之旅	6～8	必修	沙画	1～2	选修
	—	—	—	—	—	—	高效阅读	3～8	选修
	—	—	—	—	—	—	演讲与口才	1、3～4	选修
	—	—	—	—	—	—	手作羊毛毡	7～8	选修
尊重自我	体育与健康	1～9	必修	学科实践活动课程	1～9	必修	红十字	3～5	选修
	心理健康教育	3～9	必修	幼小、小初衔接课程	1、6～7	必修	田径	3～8	选修
	职业生涯规划	8～9	必修	尊重进阶课程	1～9	必修	篮球	3～8	选修
	—	—	—	特色体育课程	1～6	必修	羽毛球	3～8	选修
	—	—	—	学思维	1～8	必修	乒乓球	7～8	选修
	—	—	—	—	—	必修	足球	6～8	选修
尊重他人	道德与法治	1～9	必修	学科实践活动课程	1～9	必修	英语戏剧	2～5	选修
	英语	1～9	必修	尊重进阶课程	1～9	必修	红色电影	7～8	选修

续表

尊重教育的向度	对应的课程设置								
	基础型课程			拓展型课程			个性化课程		
	课程名称	开设年级	学习形式	课程名称	开设年级	学习形式	课程名称	开设年级	学习形式
尊重他人	班团队会	1～9	必修	英语绘本	1～5	必修	动漫鉴赏	5～8	选修
	—	—	—	听力与会话课程	7～9	必修	二十四节气系列课程	1～6	选修
	—	—	—	国际理解课程	5～9	必修	日语	7～8	选修

每学年开学前，学校都会依据尊重教育的课程体系和入学新生的兴趣、爱好和特长调研，结合学生对上一学年的选修课进行评估，对选修课尤其是个性化课程做必要的调整，目的就是提高课程的适切性和多样性，以更好地为学生发展服务。

第三节　课程建设的配套制度

建立与完善学校课程建设制度，通过明确的概念和指令，强势、有力地推进象征性行为、事件与故事等的变迁对课程文化的改造通常是很有效的，但它的影响毕竟是象征性的，而课程文化有很强的稳定性、持久性。要进行课程文化建设，必须建立与完善相关的课程建设制度，通过新建、修改与完善课程管理制度，使其更好地适应学校课程文化建设的需要。为此，在构建尊重教育课程体系，推进课程实施的过程中，我们建立与完善了课程开发、课程实施与课程评价等方面的制度，用制度保障尊重教育课程体系的有效落地。

一、尊重教育课程开发评价标准

每学年开学之前，在教师对自己开发实施的拓展型和个性化课程进行自我评价的基础上，中小学课程中心都要组织教师学术委员会成员，并外聘专家对教师开发的课程进行审核与评价，在评价时，专家重点从教师撰写的开发课程纲要和课程目标、课程内容、课程实施和课程评价等方面对教师开发的课程进行评价。表 5-2 是评价的标准。

表 5-2　拓展型与个性化课程开发评价标准

项目	内容	分值	自评	校评
课程目标	1. 依据学校培养目标，科学定位课程，制定《开发课程实施纲要》； 2. 课程纲要中的课程目标设置要科学合理。	20		
课程内容	1. 内容选择具有针对性和综合性，即适合学生认知水平与年龄特点、多学科综合、内容设计有弹性； 2. 内容符合尊重教育课程体系建构的有关要求，并彰显学校特色或师生的个性特点。	30		
课程实施	1. 教师须制定学期课程实施纲要，撰写课时教学计划； 2. 教师应按学校课程安排上课，达到规定的课时与教学目标要求； 3. 教师应保存学生的作品或其他学习成果及在活动竞赛中取得的成绩等资料。	30		
课程评价	1. 拓展型课程和个性化课程不采用书面考试或考查，但要做好考勤、学生参与学习、实践操作、成果展示等评价记录； 2. 教师根据课程目标进行评价，按“优秀”“良好”“合格”“待改进”评定等级，作为优秀班级、优秀学生评比的重要依据之一； 3. 学生成果通过实践操作、作品鉴定、竞赛评比、汇报演出与成果展示等多种形式，成绩优秀者将其成果上传初中学生综合素质评价平台，小学学生记入综合素质评价手册。中小学生的成果都记入学生个人成长档案。	20		
总评等级		总分		

（备注：90 分以上为“优秀”，80～89 分为“良好”，60～79 分为“合格”，60 分以下为“待改进”。）

二、课程实施与评价制度

（一）课程实施管理制度

结合国家和市、区有关课程实施的要求，学校一切从尊重教育课程实施的实际和学生的实际认知基础出发，对基础型、拓展型和个性化课程实施的管理提出了如下要求：

1. 按照“低难度、缓坡度、慢速度、勤反馈、个性化、多鼓励”的策略开展各类课程的实施工作，以此提升课程的适应性和实施效益。

2. 坚持科学管理，中小学课程中心要平等看待各类开设的课程，不得随意增减课时或调课。若教师因事因病请假，中小学课程中心要按照学校调课管理办法进行调课，以维护课程表的严肃性。

3. 小学一年级设置过渡性活动课程，注重做好幼小衔接，并严格按课程标准实施"零起点"教学；其他年级按照学期课程纲要开展课程教学，严禁违反学期课程纲要安排的教学计划加快教学进度、增加教学难度，在课程实施的过程中，必须遵循教、学、考、评相一致的原则。

4. 遵循教学规律和学生认知与成长规律，加强教、学、评一体化研究，努力提高课堂教学质量，积极推进基于核心素养发展的大单元教学，探索项目式学习，优化学生学习过程，以培养学生核心素养为出发点，发挥学科育人功能，落实"立德树人"根本任务。

5. 教师开展教学工作要遵守学校的教师教学常规和课堂教学基本规程，并严格依据课程方案、课程标准和以"问题导学、少教多学、自主思学、合作互学"为特征的以"学"为中心的课堂教学要求，积极推进教学改革，努力培养学生的思维品质。

6. 依据课程纲要的计划和目标，安排好自习课，保证学生自习质量。严禁利用晨检、午检或自习课开展学科教学，严禁利用寒暑假、周末和法定节假日组织学生开展任何形式的集体补课。

7. 重视运用情景教学、任务驱动教学和小组互助学习等教学方法，积极倡导并践行"自主、合作、探究"的学习方式，引导学生在解决实际问题中学习知识、掌握方法、提高素养。积极推进大数据、人工智能等信息技术在教学中的应用，精准分析学情，深入开展课堂教学诊断与改进研究，促进精准化、个性化教学。教师每学期都要积极参加以"学"为中心的"一人一课"主题研讨与展示活动。

8. 建立班级作业统筹管理机制。统筹调控不同年级、不同学科作业数量和作业时间，促进学生完成好基础性作业，强化实践性作业，探索弹性作业和跨学科作业，并做到管理公开，总量控制，不断提高作业设计质量。各年级可开展跨学科、跨年级的综合类、探究类作业改革，倡导布置实践性、探究性和体育锻炼等多样化的作业，积极推进学生自主作业改革工作。

9. 规范线上教学管理。充分利用信息技术，提升教育教学水平和教育管理能力，积极推进师生网络学习空间建设与应用，教师通过网络对学生进行教学和辅导答疑的，要以学科备课组为单位提前向中小学课程教学中心申请备案，并确保网上教学内容科学、准确。鼓励生成性课堂，严格控制预设性内容的数量，杜绝视频、网络、讲义、PPT 的过度使用，指导学生正确使用并保护视力。

10. 贯彻“健康第一”理念，开好小学体育和初中体育与健康课程。充分利用体育学时、早操、课间操、课外体育活动和体育社团等形式，让每一名学生掌握1～2项运动技能，保障中小学生每天体育锻炼时间不低于1小时。健全学生视力健康干预体系，保障学生充足睡眠时间。

11. 中小学课程中心要优化校内课后服务组织安排，按照学校整体规划设计的体育、美育、劳动教育、主题教育活动、实践活动及课业辅导等课程内容，打破班级界限，突出学生自主选择，做到因材施教。同时，提供丰富多彩的社团活动，确保每名学生都有机会参与，不断丰富课后服务供给。

(二)学生课程学业评价制度

对学生课程学业评价，教师要贯彻落实好及时性评价和鼓励性评价的原则、过程与结果评价相结合的原则、等级评价与多元评价相结合的原则等。对学生的课程学习实施综合的发展性评价。

1. 基础型课程学业评价

基础型课程学业的评价采取形成性评价和学期、学年终结性评价相结合的方式进行。每学期或学年的过程性评价采取灵活多样的方式进行，占每学期或学年总评价的30%；学期或学年终结性评价占总课程评价的70%。英语、语文等学科可开展听、说、读、写的分项评价。最终评价按照学校制定的《北京教科院丰台学校学生学业成绩等级评价办法》实施，以十二等级评价的方式呈现。评价结果填写在学生综合素质评价手册之中。

2. 拓展型课程学业评价

拓展型课程学业的评价由任课教师参考基础型课程学业的评价方式进行。考核形式以多样化的作业、设计、学习体会(收获)、表演、成果展示等形式呈现。评价按照学校制定的《北京教科院丰台学校学生学业等级评价办法》中的规定执行，以等级评价的方式呈现。评价结果填写在学生综合素质评价手册之中，并按学校的要求及时上传至规定的中小学综合素质评价平台。

3. 个性化课程学业评价

一是学生自评：让学生自我评价自己在个性化课程学习中的得失，特别强调在学习过程中的深刻体会和感悟，我们主要是从学生主体性的体现、参与程度与态度、体验感悟的深度与广度、相互协作与资料收集整理情况、学习成果等方面进行评价。

二是同伴互评：同伴互评是指同学间的互动评价，通过学生之间互动评价，不但有利于促进学生反思，促进同学间的互尊互学，而且也有利于团队合作精神的培养，并促进学生携手共进。

三是教师评价：教师针对学生的学习兴趣、学习习惯和成果展示三方面对学生进行多维度评价。评价可以采用动手制作、实验或小论文、小制作、表演、才艺和成果展示等多种方式。

四是其他人员评价：其他人员评价可以是学生家长，也可以是与该类课程实施相关的合作单位的老师或其他参与课程管理的人员。最终评价结果填写在学生综合素质评价手册中，并按学校要求及时上传至规定的中小学综合素质评价平台。

三、学生作业管理制度

(一)学生作业管理责任

中小学分管教育教学的领导是中小学学生作业管理的第一责任人，中小学课程中心主任分别是中小学学生作业管理的直接责任人，各年级组长是本年级学生作业管理的第一责任人，学科教研组长或备课组长是本学科学生作业管理的直接责任人，各班班主任是本班学生各学科作业协调管理的第一责任人，任课教师是本学科作业管理的直接责任人。

(二)学生作业管理机制

学生作业的管理要纳入备课组、教研组、年级组和班级管理的学期计划之中。学科作业的管理要纳入任课教师学期学科课程纲要的重要内容，学期初任课教师要做好本学科学生作业的规划。中小学课程中心学期初要检查教师学科课程纲要中单元作业的规划设计情况，学期中检查学生的作业情况并做好及时反馈，学期末要组织学生的优秀作业展评活动。平时要加强年级组、班级和学科组的作业统筹协调，合理确定各学科作业比例结构，并做好作业总量审核监管和质量评价反馈工作。

(三)落实作业育人功能

中小学课程中心要严格执行课程标准和教学进度计划，落实好小学一年级“零起点”教学，做好小初衔接工作，要在课堂教学提质增效的基础上，切实发挥好作业的育人功能，布置科学合理的有效作业，帮助学生巩固知识、形成能力、培养习惯，帮助教师检测教学效果，指导教师做好质量检测的结构化分析，精准分析教情和学情，不断改进教学方法。

(四)严控书面作业总量

1. 小学一、二年级可在校内安排适当巩固练习，不布置书面家庭作业。小学其他年级每天书面作业完成时间平均不超过60分钟。①

① 《教育部办公厅关于加强义务教育学校作业管理的通知》教基厅函〔2021〕13号，2021年4月8日。

2. 初中每天书面作业完成时间平均不超过 90 分钟。[①]

3. 周末、寒暑假、法定节假日中小学各年级都要控制书面作业的时间总量。

(五)提高作业设计质量

学校的各学科组要将作业设计作为校本教研的重点，系统化选编、改编、创编符合学习规律、体现素质教育导向的基础性作业。教师要提高自主设计作业能力，针对学生不同情况，精准设计作业，根据实际学情，精选作业内容，合理确定作业数量，作业难度不得超过国家课程标准要求。定期组织开展优秀作业评选与展示交流活动，加强优质作业资源的共建共享。

(六)科学布置作业

中小学两部各年级要根据学段、学科特点及学生实际需要和完成能力，合理布置书面作业、科学探究、体育锻炼、艺术欣赏、社会与劳动实践等不同类型作业。鼓励布置分层作业、弹性作业和个性化作业，科学设计探究性作业和实践性作业，探索跨学科综合性作业。切实避免机械、无效训练，严禁布置重复性、惩罚性作业。各班要在本班教室黑板的一侧建立相对固定的学科作业公示区，教师每天布置的作业要写在班级作业公示区内进行公示，自觉接受大家监督。

(七)加强作业完成指导

教师要充分利用课堂教学时间和课后服务时间加强学生作业的答疑与辅导，培养学生自主学习和时间的管理能力，“指导学生充分利用自习课或课后服务时间，小学生基本在校内完成书面作业，初中生在校内完成大部分的书面作业。”[②]

1. 认真批改反馈作业

一是教师要对布置的学生作业全批全改，不得要求学生自批自改，强化作业批改与反馈的育人功能。二是作业批改要正确规范、评语恰当。通过作业精准分析学情，采取集体讲评、个别讲解等方式有针对性地及时反馈，特别要强化对学习有困难学生的辅导和帮扶。三是鼓励教师科学利用信息技术手段进行作业分析诊断工作。

2. 不给家长布置作业[③]

一是严禁给家长布置或变相布置作业，严禁要求家长批改作业。二是各

---

① 《教育部办公厅关于加强义务教育学校作业管理的通知》教基厅函〔2021〕13 号，2021 年 4 月 8 日。

② 《教育部办公厅关于进一步加强中小学生睡眠管理工作的通知》教基厅函〔2021〕11 号，2021 年 3 月 20 日。

③ 《教育部办公厅关于加强义务教育学校作业管理的通知》教基厅函〔2021〕13 号，2021 年 4 月 8 日。

班班主任和任课教师要引导家长树立正确的教育观念，切实履行家庭教育主体责任，营造良好的家庭育人氛围，合理安排孩子课余生活，与学校形成协同育人合力。引导家长督促孩子回家后主动完成学校布置的作业，引导孩子从事力所能及的家务劳动，激励孩子坚持进行感兴趣的体育锻炼和社会实践。三是班主任要教育引导家长不给孩子布置额外的家庭作业。

四、课后服务管理制度

(一)课后服务原则

1. 面向人人

坚持义务教育的基础性和普遍性，课后服务的对象是校内全体中小学生，课后服务的各类育人活动要面向所有学生全面平等开放。

2. 整体设计

把课后服务纳入学校尊重教育课程的整体规划，坚持系统设计、整体实施，统筹安排好学校教育教学和课后服务活动。

3. 提高质量

课后服务要坚持五育并举，以学生需求为导向，加强投入保障，努力提升组织管理水平和服务育人质量，增强学校课后服务对学生的吸引力。

4. 突出重点

学校将统筹资源，开展内容丰富、形式多样的课后育人活动与课程学习，尤其要做好课业答疑、辅导、巩固和提高工作，使学生的学习活动回归校园。

(二)课后服务的时间与任务①

1. 全覆盖开展课后服务

一是时间段要全覆盖，新学年开学第一天开始，每周周一至周五每天下午都要开展课后服务。二是学生要全覆盖，课后服务要面向所有学生提供，不能只为少数学生服务。要通过积极开发和引进校外优质课程资源，丰富课后服务活动内容，提高课业辅导质量，增强学校课后服务的吸引力。

2. 保证课后服务时长

学校每天课后服务至少开展 2 小时，结束时间不早于 17:30。对个别确有需求的学生，学校将在和家长协商一致的基础上，适当延长课后服务时间。

3. 提高课后服务质量

学校结合尊重教育课程体系的完善与实施，充分发挥资源优势，根据学

---

① 参考中共北京市委教育工作领导小组关于印发《关于进一步做好义务教育阶段学校课后服务的实施意见》的通知，2021 年 9 月 7 日。

生学习和成长需求进行整体规划、系统设计课后服务内容，特别是要增加课业辅导答疑内容，切实增强课后服务的吸引力和有效性。一是组织开展体育锻炼，落实学生每天1小时体育锻炼的要求。当天没有体育课的学生，必须在课后服务时间段安排参加体育锻炼。二是开展综合素质拓展类活动，坚持“立德树人”根本任务，围绕理想信念、爱国主义、中华优秀传统文化等，开展德育主题教育活动。鼓励开设学习方法、学科思维方法和学科思想方法类拓展型课程。组织学生完成值日等必要的校内劳动，每周五集中安排一次保护校园环境的劳动教育。安排学生做作业、自主阅读，开展丰富多彩的艺术、科普活动以及娱乐游戏拓展训练、社团、兴趣小组等活动，促进学生全面健康成长。三是把开展课业答疑、辅导作为课后服务的重点做实做细。答疑活动可打破班级、年级界限，设立专门答疑教室，明确答疑科目、时间、地点，供学生自主选择。辅导要准确定位参与学生群体，既要解决当天学科教育教学中存在的问题和指导完成作业，也可面向尚有进步空间、学有余力的学生，开展课业拓展与提高，尽最大努力满足学生的不同需求。四是不得利用课后服务时间讲新课。中小学要分别制定专门的课业辅导工作方案，要细化到每一天每一个年级的安排。初中可在工作日晚上开设自习班，但不得集体讲授新课。

4. 坚持学生自愿参加

中小学两部要按照学生自愿、家长同意、班级确认和学校统一实施的原则，细化课后服务工作流程。在全校范围内，向全体学生公开菜单式课表，包括服务内容、任课教师、时间、地点等，由学生根据实际、兴趣自主选择确定。不得强制学生参加课后服务，也不得拒绝学生参加或引导学生不参加课后服务。

5. 拓宽课后服务渠道

参加课后服务的教师原则上以本校教师为主，校级干部、中层干部和党员教师带头参加，高级教师、市区级骨干教师等要积极承担课业辅导任务。学校将充分利用东高地集群课程和其他社会资源，发挥好少年宫、青少年活动中心等校外教育单位在课后服务中的作用，与此同时，在条件允许的情况下，学校聘任优秀的退休教师、具备资质的社会专业人员或志愿者参加课后服务，以更好地满足学生多样化的学习需求，并确保服务质量。

五、中小学社团管理制度

(一)社团的组建与审批

1. 中小学依据师资情况和学生需求组建学生社团并安排辅导老师。每学期初欲组建社团的教师必须填写学校社团审批表，经学校中小学课程中心批准后方可开展活动并统一纳入中小学课程管理范围。社团名称由学生和辅导老师共同讨论确定。

2. 支持学生自发组织社团并聘请辅导老师，学生自发组织的社团统一由校团委和少先大队负责管理与考核，并到中小学课程中心备案。

3. 若教师不足，需要外聘社团指导教师的，由中小学课程中心和团委、少先大队按规定加强对外聘指导教师资质、师德表现等方面的审查，审查合格的方可到校指导。

(二)社团的招募管理

学校每学期初一般都进行社团招新和人员调整，并按照“自愿参加”和“双向选择”的原则，社团老师和成员一经确定，无特殊情况一学年内不再变更。

(三)社团活动的监管

1. 各社团制订科学合理的活动计划，每周按计划坚持开展活动，并做好记录。活动时间为下午放学后的 4:30—5:30，地点要相对固定。各班主任要熟知本班参加各社团的学生名单和活动时间，并通过致家长的一封信、短信、家长会等途径将学生参加的社团名称、辅导老师和活动时间告知家长。

2. 各社团成员和辅导老师要按时到指定地点集合，不迟到，不早退。学生因事因病不能参加活动的要提前请假。辅导老师活动前先点名，如人数不全务必核查原因。活动中加强学生管理，学生有事要向教师请假。

3. 班主任要主动配合做好相关工作，合理安排课外辅导和卫生值日，督促学生按时参加社团。因班级事务、课业辅导、病假事假等原因不能按时参加社团活动的学生，班主任要主动和社团老师进行沟通。

4. 社团活动结束后，辅导老师要组织学生排队放学，清点人数无误后统一离校，并在离校登记表上签字。

5. 社团老师因病因事请假或因工作原因不能开展社团活动的，要于当天中午前通知相关班主任，并由班主任传达给学生和家长。因学校统一安排活动须取消社团活动的，先由学校中小学课程中心通知社团老师和各班班主任，再由班主任老师通知学生和家长(同样要在当天中午前传达到)。

6. 指导教师要认真组织每次活动，注意文明礼仪、纪律卫生，加强安全教育，避免发生安全事故。

7. 各社团不得收取任何费用，需要购买学习用品的，坚持自愿原则，提倡家长自行购买。

(四)社团的考核与评价

1. 中小学课程中心平时要加强对各社团开展活动情况的检查，发现问题及时改进，对社团活动指导教师的履责情况通过学生评价、巡回指导等方式进行督查与指导，并将教师的履责情况纳入年级团队的考核评价。

2. 各社团指导教师要积极组织学生参加各级比赛，为学生特长的发展寻找坐标、搭建平台、激发动力。学校每学期末举行社团成果展演，并开展优秀社团、优秀成员的评选表彰活动。

3. 在职正式教师社团辅导的工作量计入课后服务激励发放范围。校外聘请的社团指导教师的辅导工作量按照事先签订协议中的有关条款规定执行。

4. 在检查和考核中，若发现不符合有关要求的社团活动，学校将按要求及时通知有关教师终止其指导工作。

第四节　尊重教育课程的实施与管理

学生是具有独立人格的学习者，他们是学习的主体，因此，课程的有效实施必须建立在学生自身主观能动性的基础之上。学生能否积极主动地参与到课程学习之中、能否在主动学习中获得更好的发展是课程有效实施的标志。

一、尊重教育课程的实施

在保证开齐开足国家课程、落实国家课程标准的基础上，我校保证各类课程的开设和学时要求，确定整体课程安排，制定学科课程纲要，针对本校招生的学生实际认知基础相对薄弱的情况，科学开展课程整合，并采取了“低难度、缓坡度、慢速度、勤反馈、个性化、多鼓励”的策略开展课程实施工作，以此提高了课程的适应性和实施效果。

(一)基础型课程的实施

基础型课程主要是按照国家课程标准要求开设的必修课程。其实施主要是按照“课程目标、课程内容、课程实施、课程评价”四要素相一致的原则，通过组织教师对国家学科课程标准的解读、研究和具体化，编写学科课程纲要，细化课程教学目标，开展教师课程纲要编写培训，指导教师以编写学期或学年学科课程纲要为载体，依据学生的实际认知基础，进一步细化和具化学科课程标准要求。在国家课程标准允许的前提下，我们采取删、减、增、合等课程整合方式，在北京教科院专家的指导下，通过校本教研、集体攻关对基础型课程进行了结构化改造和二度开发，建立了基础型课程学科资源库，实现对基础型课程有“根”的再造。

在课程实施过程中，我们坚持以学生发展为核心，以学生学会、会学、学好并促进学生核心素养的发展为目的，认真研究学生的认知基础和学习需要，积极开展教育教学改革，激发学生的学习动机，满足学生的多样化学习需求，为课程校本化和生本化实施提供了有力保障。

案例一：音乐教师田也撰写的六年级音乐课程纲要

教学材料：人民音乐出版社 义务教育教科书《音乐》六年级上册

授课时间：18 课时。

课程教学背景分析：包括课标分析、课程教材分析和学情分析。

1. 课标分析

平等和谐师生关系的核心是师生间的相互尊重。学生通过音乐课程学习和参加丰富的艺术实践活动，掌握必要的音乐基础知识和基本技能，探索、发现、领略音乐艺术的魅力，激发学生对音乐的持久兴趣，并涵养其美感、和谐其身心、陶冶其情操、健全其人格，与此同时，还可培养学生的欣赏能力、表现能力和创造能力，并逐渐提高学生自身的音乐核心素养。

小学高年级学生有自己的主见，有较强的体验感受与探索能力。教师要以学生为主体，尊重并鼓励学生大胆创新。在音乐知识技能方面，应进一步丰富教学曲目的体裁、形式，增加合唱、乐器演奏及音乐创造活动的分量，以生动的教学形式和艺术魅力吸引学生。本年级需要特别注意的是，部分学生逐步进入变声期，应适当渗透变声期嗓音的保护知识。

2. 课程教材分析

本课程教材共分为七课，每一课均包含了聆听、演唱、知识与技能、编创与活动的学习内容。聆听要求学生在听音乐时感受音乐情绪情感，掌握音乐的整体结构；演唱则要求学生能用正确的演唱方法演唱一定数量的歌曲，在背唱曲目的数量上有所增加；知识与技能的学习可以帮助学生准确识读乐谱，本阶段学生可以独立完成对新乐谱的学习。除此以外，教材中还包括了“音乐宫”和“欢乐谷”的单元模块，使同学们在做练习的同时，巩固所学知识。

本学期的教材，在外国音乐作品方面的比重明显增加，有利于培养学生对不同音乐文化的包容性。大量的乐曲欣赏可以开阔学生视野，加强学生对不同地区、不同国家音乐文化的探索。在演唱曲目中，大多赋予了微笑、和谐、友谊等正能量的内容，使学生在学唱歌曲中形成对美好生活的向往。

根据学校尊重进阶课程的设置，在音乐课教学中融合“成长中的新问题”“自信的我”“社会文明大家学”“携手共创和平”“昼夜交替与四季轮回”“人无诚信不立”等包含悦纳自我、携手他人、探究自然、感受社会的四大主题。

3. 学情分析

六年级的学生随着年龄的增长、见识的扩展，自主意识不断增强，特别是受流行音乐的影响，已经不满足于课堂教学中的曲子，他们对音乐课的兴趣逐渐减弱，他们渴望音乐，却不喜欢书本上的歌曲。因此，培养对音乐课的兴趣和热情一日不可懈怠，让学生转为从心底真心喜欢音乐，并具有一定的辨别优劣作品的能力刻不容缓。尤其是要注意音乐课基本常规和学生音乐欣赏能力的培养；良好的歌唱习惯、歌唱方法的指导；形成良好的持续发展状态。所以本学期继续加强对学生坐姿、唱姿、合理呼吸的培养，通过对综合课、唱歌课、欣赏课、器乐课以及歌舞唱游课的教学培养学生的学习兴趣，灵活处理、自由整合教材内容，适当引入带有正能量的流行音乐，不断提高他们的音乐综合素养，并在教学中渗透人文思想，使其得到高尚的音乐情操熏陶。在唱歌课、欣赏课与尊重进阶课程教学中需注意以下几个方面：

(1)在唱歌、视唱和听音练习方面，大部分同学基础不好，但每班还有个别音乐上的后进生五音不全，我需要多给这些学生一些关心和爱心，使他们尽快喜欢音乐，尽快摘掉“乐盲”的帽子。

(2)在欣赏方面，大多数学生图个热闹，而对曲目的主旋律不熟悉或知之甚少，学生不知道音乐美在哪儿，就很难激发学生欣赏音乐的情感，达不到预期的目的。因此，需要学生先熟悉旋律，再做欣赏。

(3)在尊重进阶课程方面，作为学生学习活动的组织者、引导者与学习伙伴，教师在教学中需要时刻尊重学生的主体地位，积极引导学生参与教学活动，以发挥学生的主体作用，让学生自己动脑、动口、动手，学会领会与感悟，在学习中体验成功的愉悦，让学生真正成为学习的主人。

4. 课程目标

六年级的学生相较于低年级的学生，其生活范围和认知领域进一步扩展，学生的体验感受与探索创造的活动能力增强。教师需要注意引导学生对音乐的整体感受，丰富教学曲目的体裁、形式，增加合唱、乐器演奏及音乐创造活动的分量，以生动活泼的教学形式和艺术魅力吸引学生。要求学生保持对音乐的兴趣；培养学生的音乐感受与欣赏能力，初步养成良好的音乐欣赏习惯；能自信地、有表情地演唱，乐于参与演奏及其他音乐表现、创造活动；培养艺术想象力和创造力；培养乐观态度和友爱精神，增强集体意识，培养合作能力。具体可包括以下几点：

(1)学生通过学习，掌握浅显的音乐基本知识和简单的音乐技能，具有认识简单乐谱的能力，提高音乐感受与评价鉴赏的能力，初步养成良好的音乐欣赏习惯。

(2)增进学生对音乐的兴趣，使学生关注并参与音乐活动。

(3)突出音乐学科的特点，把德育渗透到音乐教育之中，通过音乐课程的学习，启迪智慧、陶冶情操，培养其审美情趣，使其身心得到健康发展。

(4)突出尊重教育的特点，让学生在课程与师生关系中，感受尊重教育的力量，引导学生尊重自我、尊重他人、尊重自然、尊重社会。

(5)了解我国各民族优秀的民族民间音乐，加强对祖国音乐艺术的感情、民族自豪感与自信心。

(6)在接触外国的优秀音乐作品中扩大视野，培养学生感受音乐、表现音乐的能力。

5. 课程内容

表 5-3 音乐课程内容

单元	演唱	聆听	尊重进阶	知识与技能
第 1 课 (2 课时)	1.《拉库卡拉查》 2.《红河谷》	1.《化装舞会》 2.《卡门序曲》	《“择地而居”的植物》	1. 打击乐器伴奏 2. 合唱
第 2 课 (3 课时)	1.《银杯》 2.《我抱着月光，月光抱着我》	1.《二泉映月》 2.《万马奔腾》	1.《昼夜交替与四季轮回》 2.《月有阴晴圆缺》	1. 马头琴 2. 二胡
第 3 课 (3 课时)	1.《滑雪歌》 2.《Do Re Mi》	1.《爱是一首歌》 2.《两颗小星星》	《成长中的新问题》	1. 电影音乐 2. 演唱形式
第 4 课 (3 课时)	1.《歌声与微笑》 2.《明天会更好》	1.《海德薇格主题曲》 2.《碟中谍主题曲》	《自信的我》	1. 音乐主题 2. 合唱
第 5 课 (3 课时)	1.《一把雨伞圆溜溜》 2.《榕树爷爷》	1.《守住这一片阳光》 2.《生命》	《携手共创和平》	领唱与合唱
第 6 课 (2 课时)	《同一首歌》	1.《装扮蓝色的地球》 2.《红旗颂》	1.《我做合格小公民》 2.《社会文明大家学》	1. 管弦乐 2. 反复记号
第 7 课 (2 课时)	1.《友谊地久天长》 2.《我相信》	1.《告别时刻》 2.《欢乐颂》	1.《人无诚信不立》 2.《月有阴晴圆缺》	1. 二重唱 2. 混声合唱

6. 课程实施

(1)教学方式：充分利用“班班通”等资源，采用直观演示，启发讲解，师生互动交流，教唱与视唱结合等方式进行教学。

(2)学习方式：通过体验、模仿、小组交流、合作探究等学习方式进行学习。

(3)实施对策：①利用多种形式引导学生积极参与音乐体验，鼓励学生对音乐有独立的感受与见解。②引导学生喜爱音乐，加深对音乐的理解，充分挖掘作品所蕴含的音乐美，用自己对音乐的感悟激起学生的情感共鸣。③通过音乐感受与鉴赏、表现、创造以及音乐与相关文化的学习，培养学生的审美感知，丰富审美情感，发展审美想象，深化审美理解，有效地提高学生的审美能力。

7. 课程评价

(1)学生学习过程的评价：通过对学生音乐的兴趣爱好与情感的反应，音乐活动中学生的参与态度、参与程度、合作愿望及协调能力，音乐的体验、模仿与表现能力，探究音乐的态度与创编能力，对音乐与相关文化的理解以及审美情趣的形成等过程，采用观察、谈话、提问、讨论、抽唱等方式进行评价。

(2)学生基础知识和基本技能的评价：音乐的基础知识和基本技能的教学内容被有机地渗透在了音乐活动之中，在教学中可以利用观察、谈话、提问等方式进行评价。

(3)学习成果的终结性评价：在学期末通过测试及演唱展示等方式，对学生进行一个学期音乐学习的总体综合性考核评价。

(4)教师教学行为的评价：对教师的评价主要是教育思想、业务素养、教学态度、教学方法和效果、教学业绩，以及在与学生的交往和沟通中是否爱护和尊重学生等进行评价，通过教师的自评、师生之间和教师之间的互评等方式进行评价。

案例二：杨丽君老师的九年级化学“微观世界里的ABC”大单元教学设计

单元指导思想与理论依据：义务教育阶段的化学课程以提高学生的科学素养为主旨，倡导学生在课堂中更多地参与体验科学探究过程，从而激发学生学习化学的兴趣，在知识形成过程中树立正确的科学态度，学会“有理有据”地分析问题，逐步提高分析问题、解决问题的能力。

单元教学背景分析之教材分析：在本单元学习之前，学生对于物质理解停留在宏观物质的性质与变化层次，基本没有微观的理解。但学生已有足够的生活经验，比如春天可以闻到花香，通过气味判断物质种类；水要一口一口地喝，即便一滴，也是水；物质可以热胀冷缩，但物质种类没有改变等。这些日常生活中的实例是学生打开微观世界大门的钥匙。通过对这些生活经验的设问，学生会一步步理解物质是由微观粒子构成的这一重要事实结论，从而逐步理解并建构自己的微粒观。

微粒观的建立是初中化学教学一个重要的目标。本单元中原子结构，分子、离子的形成，化合价，以及化学变化的微观本质等都是学生较难理解的内容，但是这些理论观念的形成，对学生认识物质、学习物质性质、理解物质变化规律都有不可替代的作用。

人教版九年级化学，从第三单元开始逐渐向学生渗透物质的微粒观，涉及第3单元、第4单元、第5单元、第9单元和第10单元，学习内容包括微粒种类、微粒形成、微粒模型、水中微粒存在状态，化学变化中的质量守恒等内容，内容多、范围广。因此，本单元旨在将微粒相关的内容以主题形式呈现，强化学生理解，帮助学生构建合理的微粒观。

单元教学背景分析之学情分析：在实施本单元教学时，学生已完成了教材中第2单元及之前的内容学习，没有微观粒子的概念。对于物质化学式不熟悉，还未学习物质化学式的概念，在教学过程中以“物质的特定符号”对化学式进行说明。

小学和初中物理也学习了物质三态变化和热胀冷缩等知识。另外，就化学学科的角度而言，学生已从宏观的角度了解了物质变化的过程，知道物理变化和化学变化的本质区别，能够对简单的物质变化过程进行分辨，这些都是学习本单元的知识基础。对物质微粒的性质、微粒的构成和种类，以及微观粒子在变化过程中的“表现”，学生将通过本单元的学习了解。宏观的现象和微观的本质之间的对应关系，是学生学习本单元的主要难点。

教学方式：在教学过程中，采用实验和小组合作的方法，充分调动学生学习的积极性。通过让学生画出不同过程的微观粒子图，帮助学生理解物质是由微观粒子构成的，并通过此种形式评价学生的微观理解程度。通过小组合作，帮助学生在讨论交流的过程中，形成正确的微观构成的观念。

教学手段与技术准备：多媒体、教学PPT、卢瑟福粒子实验简易模仿装置(自制)、原子核模型(自制)。

单元教学目标：

1. 认识物质的微粒性，能说出物质是由分子、原子等粒子构成的。

2. 会用分子、原子观点解释一些生活中的现象。

3. 学生通过观察身边物质、实验现象获取信息，从而运用想象类比、分析归纳等方法处理信息。

4. 能在教师的启发和指导下，对有疑惑或有价值的问题进行探究，实验中注意观察与思考结合，对实验的结果和分析能用文字、图形及化学语言进行表述和交流。

5. 认识科学研究方法——假说与模型的方法，体验探究的艰辛与快乐。

6. 建立“静止是相对的，运动是永恒的”辩证唯物主义认识观。

单元教学过程设计：本单元教学以构成物质的微粒为主题，以“物质构成的奥秘”为题。本单元由5节课组成，分别是物质都是由微观粒子构成的、微粒的种类1、微粒的种类2以及化学变化中的微粒，其中微粒的种类1在实施过程中用2课时完成。大单元课程内容结构化设计如图5-2所示。

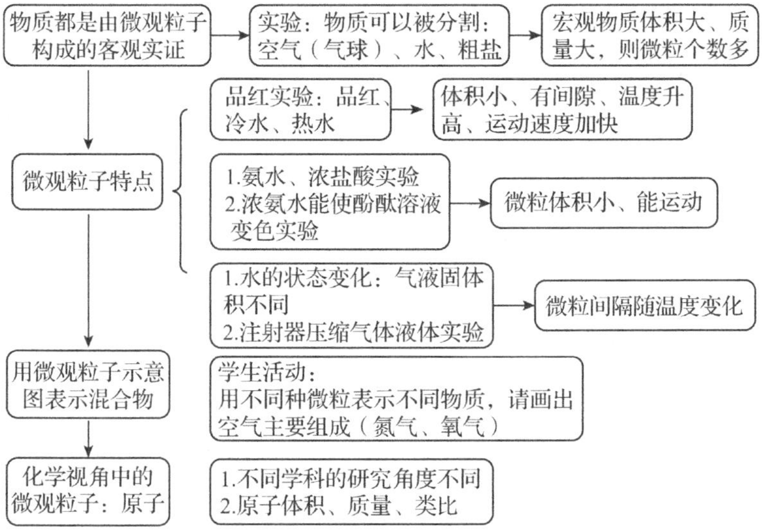

(a)物质都是由微观粒子构成的

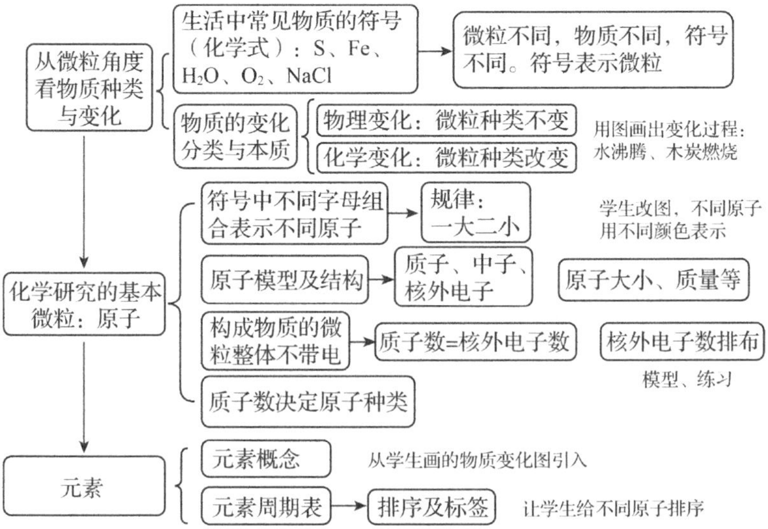

(b)微粒的种类1

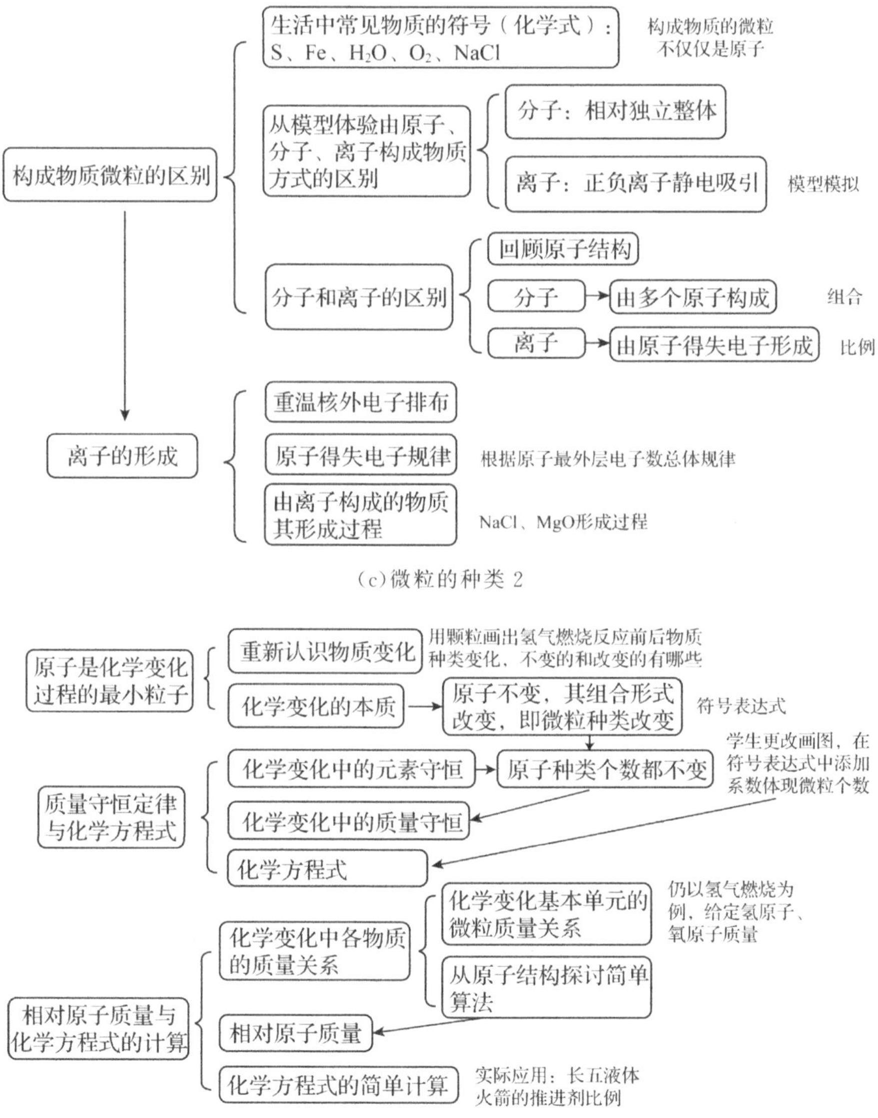

(c)微粒的种类 2

(d)化学变化中的微粒

图 5-2　大单元课程内容结构化设计思维导图

本单元在教学设计过程中，将九年级化学涉及的多数微观粒子相关内容包含在内。本节内容主要包括物质变化的微观理解、元素概念及元素周期表以及原子模型等。让学生从不同物质的微观粒子表示，到物质符号(化学式)与微观粒子的关系，再到原子种类的决定因素和元素概念，引导学生从熟悉的情境，一步步进入到化学微观粒子的学习中。

学习效果评价及作业设计：评价方式，以纸笔画图方式检测。

1. 用不同微粒表示不同物质，请画出空气的微观粒子示意图。

2. 水沸腾、木炭燃烧两个过程的微观示意图。

3. 根据物质符号细化上述两个过程图。

4. 1～20号元素原子的原子结构示意图。

5. 火箭发射的液氢液氧反应的过程微观示意图。

6. 火箭发射过程中，液氢液氧的质量关系。

单元教学评价量规：

1. 能正确表示出物理变化、化学变化过程的微观本质。物理变化过程为微粒的间隔改变，化学变化过程为微粒的种类变化，此时不要求学生画出准确的微粒结构。

2. 能够根据物质的符号(化学式)准确表示物质的微粒，知道物质的符号和微粒结构是一一对应的关系。不同物质的微粒不同，用不同符号表示。

3. 通过对原子结构的学习，要求学生能够准确画出1～20号元素的原子结构示意图，明确原子核结构、电子分层排布规律。

4. 通过对火箭发射过程中液氢液氧反应微观粒子图的绘制，加深对化学变化微观本质的理解。

5. 通过对火箭发射过程中液氢液氧的质量关系计算，从微观角度理解化学变化过程中物质质量关系和化学方程式的简单计算。

本单元教学特色分析：

本主题教学中将初中化学里涉及的化学变化过程包含在内。在本主题教学之前，学生对微观现象只有感性认识，没有理性认识，分子、原子和离子也是学生首次接触到的微观粒子。本单元由5节课组成，分别是物质都是由微观粒子构成的、微粒的种类1、微粒的种类2以及化学变化中的微粒。

本主题的单元教学过程中，将微粒相关知识和考试常见题型结合起来，通过让学生画微观示意图的形式，帮助学生将以往“只可意会不可言传”“看不见摸不着”的微粒形象化，在学生探讨微粒示意图的画法过程中，把微观粒子的性质、特点及构成和物理变化、化学变化以及化学式结合起来，使抽象的知识形象化，更有助于学生正确理解抽象的微观知识和化学变化的本质。在化学变化中的微粒这一课时中，在本单元第二课时学生画出的化学变化过程中微粒的变化图的基础上，帮助学生从微观的角度理解相对原子质量以及化学变化过程中各物质的质量关系。

通过本单元的主题学习，学生能够更加正确地、科学地、形象地理解物质构成的奥秘。

在基础型课程校本化和生本化实施过程中，我们遵循“先学后教、以学定教、以教导学、以学改教”的课改理念，按照“问题设计为主线、自主学习为主体、小组互助为载体、交流展示为平台、能力提升为根本”的基本要求，建立与完善了学生互助学习管理办法，积极构建以“问题导学、少教多学、自主学思、合作互学”为特征的以“学”为中心的课堂。借助每年北京教科院基教研中心的教学视导，开展了深卷入、主题式、跟进式的“一人一课”展示与校本研究活动，从改变课堂组织形式、课堂结构和实施深度教学三方面入手，把“关注学生的学习状态、学生思维品质培养、学生发展的实际获得”放在首位，借助学思维课程的实施，教师以情境与问题为导向，启发学生主动思考，并给予学生自主学习、主动思考、合作互助、交流提高的时间，让学生真实参与到课堂学习之中，通过思维碰撞和问题解决，培养了学生良好的思维品质。创建了“每个学生动起来、思维活起来、效果好起来”的课堂学习样态，真正实现了教学改革由“教”向“学”的转型升级。

（二）拓展型课程的实施

拓展型课程依据课程方案要求属于必修，部分学科加深或拓宽的内容可进行选修。拓展型课程中的必修部分，如：生活德育课程中的生活技能课程属于必修课，主要由班主任负责安排，家长配合实施，一般通过活动的形式进行，实践放在课余时间进行。学科实践活动课程也是必修课。此课程由市、区和学校三级采取1∶2∶2的模式共同组织落实。我校的学科实践活动按照市级建设课程占学科实践活动总学时的20%，丰台区和学校建设的课程分别占学科实践活动总学时的40%进行管理和运行。各学科平均应有不低于10%的学时用于开设学科实践活动课程，在内容上以某一学科的内容为主，开设学科实践活动课程；也可选择某个主题，综合多个学科内容，开设跨学科的主题实践学习课程；在课时安排上，与劳动技术、信息技术、研究性学习、社区服务和社会实践活动、地方课程、校本课程的学时等统筹使用。拓展型课程中部分学科加深或拓宽的内容，学生可以依据自己不同学科的基础情况进行自主选择学习。开放性科学实践活动课程则是学生根据自己的选择，到社会资源单位或在学校的实验室进行自主学习，按要求完成相应的学习任务后将自己学习的成果上传至北京市统一管理平台的学校管理栏目，由教师对其选学情况做出评价。这样，教师通过尊重差异，落实分层、分类施教和个别化指导等措施，满足不同基础学生的不同学习需要，并确保了课程实施的效果。

我们支持与鼓励教师从本学科的拓展出发，研发并实施了综合社会实践主题课程、语文分级阅读、英语听说会话、旅游、体育舞蹈、数学史、航模、演讲与口才等系列课程。如：我们开发和实施了“跟着二十四节气去旅行”的综合性项目学习，经过实践，已形成二十四节气的拓展型课程。后续又开发了传统节日课程。重阳节来临，组织学生开展以敬老爱老活动为主题的综合性项目学习。这样的学习基于学科又超越学科，又是一种与真实世界和生活实际紧密联系的学习。

又如：北京教科院基教研中心刘宇新、王彤彦老师结合具体课例对我校初中语文组分级阅读项目进行了指导。我们制定了分级阅读标准，并积极开展了打卡升级活动。这一活动的开展与语文课堂教学有效衔接，教师通过对文本的研读，进一步明确具体阅读层级的教学目标，设计了有梯度的问题和真实的课堂情境来达成目标。张艳英老师的《桃花源记》一课重点落实了信息提取、整体感知和解释说明这三个层级。霍莹老师的《卖油翁》一课重点落实了感悟品味、评价鉴赏这两个层级。老师对文本阅读层级的把握各有侧重，找到了达成层级目标的切入点和突破口，有力推进了学生的阅读层级水平。

再如：综合性项目学习课程。我们在开展这一课程学习的过程中，渐渐摸索出如下模式(见图 5-3)。

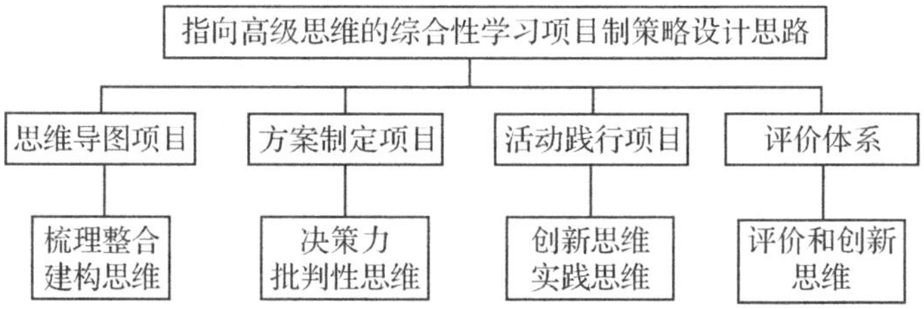

图 5-3　指向高级思维的综合性学习项目制策略设计思路图

综合性项目学习在推进任务完成的过程中，教师积极引导学生开展深度学习活动，深度学习时教师为学生搭建了各种“成长的支架”，并为学生提供了各种学习资源、学习工具和学习策略。一是言语图式支架。采访、策划书、倡议书、剧本、赠言、书信、演讲稿等多种文体，有各自不同的写作结构图式、语言图式，教师在学生“自学、尝试”的基础上，进一步规范、细化与提升，指导学生在不同文体的言语实践中实现听、说、读、写能力的综合发展。在举一反三的练习中，促进了学生对核心知识的深刻理解和对方法策略的深度练习。二是思维图式支架。面对复杂多样的信息资料，教师指导学生借助思维导图、维恩图、表格等，找出它们之间的结构关联，建立清晰明确、彼此联系的结构图，发展联结思维，整合利用资源，就这样，学生在真实问题的驱动下，主动参与项目化深度学习，锻炼并促进了学生的逻辑思维、整体思维、形象思维、创意思维、跨越式思维的协同发展。综合性项目学习变原来的线性教学为项目制的板块推进。在持续互动中学生经历复杂推理、思辨决策、远端迁移等综合性、复杂性的问题解决过程，获得知识与技能，实践应用能力、迁移创新能力、跨领域合作沟通能力等不断发展，学科思想观念与方法、高阶思维能力逐渐形成。

(三)个性化课程的实施

个性化课程是基于学生兴趣、爱好和特长培养而开发实施的社团课程和其他的选修课程。每学年教师按照学校课程方案中规定的学段课程要求和个性化课程的开设原则，自己申报开发个性化课程，编写课程纲要，在学校课程委员会审定通过后，组织课程开发，最后由中小学课程中心组织验收，并为新学年开学做好准备。开学后，在学生选择的基础上，学校以学习班为单位，采用走班上课的方式，组织该类课程的实施工作，该类课程的实施主要以课后服务时间为主，也占用部分校本课程的实施时间。上课教师担任每个学习班的辅导员，全面负责学生的学习与管理工作，并通过对学生的学习出勤、学习状态及成果展示等情况开展对学生个性化课程学习的评价。

每学年，我们通过学生的兴趣爱好调研，通过组织教师研发、购买社会服务和家长志愿者提供服务等途径，开设了86门个性化社团课程，最大限度地满足了学生的兴趣爱好与特长的学习，促进了学生的个性特长发展。

案例：体育教师结合学生的特长爱好开设体育社团、民族体育项目等。根据学生选项同时开设足球、篮球、羽毛球、健美操、乒乓球、体育舞蹈、花样跳绳等课程。表5-4是李蒋老师的羽毛球课程单元设计。

表5-4 羽毛球课程单元设计

主题名称	羽毛球				
学科	体育与健康	学段	初中	年级	八年级
相关领域	羽毛球课程				
主要教材	《体育与健康》 出版社：北京出版社 出版日期：2014年7月				
单元(或主题)指导思想与理论依据					
根据中学《体育与健康》课程标准的基本精神，坚持以“健康第一”为指导思想，以学生发展为中心，制定单元目标；遵循体育教学规律和运动技能形成规律，选用教学手段和方法，坚持由易到难的教学原则，促使学生从实践中获得知识和技能；基于对学生创新思维的培养，努力创新体育教学方法和思路，突出学生的主体地位，强调学生的自主、合作能力；关注个体差异，塑造学生人格，培养学生的责任心和克服困难的意志品质；通过多元评价体系，帮助每一位学生体验成功的喜悦，让学生学有所获。					

续表

单元(或主题)教学背景分析
一、教学内容分析及课时分配 在七年级所学技术的基础上，按照循序渐进的教学原则，熟练技术动作，逐步提高技术在对抗中的运用能力；在教学内容上，采用大单元教学形式，每学期12课时，共24课时；第一学期主要进行技术动作的学习和局部比赛场景的还原，体会技术的运用方法；第二学期以熟练技术动作、技术动作组合运用和教学比赛三部分进行教学。羽毛球的学习，对于增强学生体质、促进身心健康、提高学生体育活动的参与意识，具有重要意义。 二、学生情况分析 八年级学生正处于运动技术的形成期，通过七年级一年的羽毛球学习，有了一定的技术基础，因为脱离实战比赛，所以学生不理解技术的运用方法，在练习中很容易反复出现错误动作；通过八年级的羽毛球教学，把技术动作融入比赛之中，学生通过对比赛的理解，提高技术和运用方法的熟练性。
单元(或主题)教学目标、教学过程设计

整体目标	课时目标	课时	教学环节	教学活动	设计意图
学生能够掌握击球技术动作，提高运用技术的能力；理解简单战术在比赛中运用的时机；发展学生的灵敏性、耐力等身体素质，促进身体全面发展。	掌握击球技术动作，提高学生身体素质。	14	教师讲解单一技术动作方法，学生合作练习。	学生固定击球点，重复技术动作，多球练习。	学习基本技术并熟练掌握击球方法。
	理解技术动作在比赛中的运用，提高学生身体素质。	8	教师讲解技术组合练习方法，学生合作练习。	模拟教学比赛情景，组合技术练习。	理解技术动作在比赛中的运用。
	技术动作准确、熟练，能够在比赛中合理运用；提高学生身体素质。	2	教师组织教学比赛，学生相互练习。	羽毛球场地内一对一教学比赛。	技术动作熟练，能够在比赛中合理运用。

单元(或主题)学习效果评价及结果分析
评价方式： 通过学生自评、互评、教师评价等方式对学生的技术运用、课堂学习态度、练习时的参与度以及相互学习的情感和合作进行多方面评价。

技能	A	击球动作正确，技术运用合理，比赛中熟练运用。
	B	技术动作合理，身体协调发力，比赛中合理运用。
	C	技术动作不稳定，用力方法不协调，比赛中技术动作变形。
	D	技术动作不熟练，用力方法不协调，比赛中技术动作变形。

续表

态度与参与	A	主动参与，认真学练，积极性高，自觉遵守纪律，自信心强。
	B	学练比较认真，能遵守纪律，基本能按要求完成，有一定自信。
	C	学习练习不够认真，不够积极，纪律性不强。
	D	学习练习不认真，不积极，不遵守纪律。
情感与合作	A	自练积极性高，并主动与同学交流，相互纠正动作。
	B	能进行自主练习，并能与同学一起配合练习。
	C	自主练习积极性较差，与同学配合练习不积极。
	D	自主练习积极性差，不能与同学配合进行练习。

第 17 课时的教学目标、教学重点和难点

教学目标：

1. 认知目标：知道中场平抽球的动作方法、击球要领和在比赛中的运用方法。

2. 技能目标：掌握中场平抽球的动作要领，击球点准确，身体协调发力；通过手臂、手指、手腕击球，控制回球高度；提高身体协调性。

3. 情感目标：培养学生学习主动性，克服困难的意志品质，同学间互相帮助，树立信心。

教学重点和难点：

重点：击球动作准确，控制回球高度。

难点：击球点和击球时机准确，手指、手腕发力短促。

第 17 课时的教学过程

教学阶段	教师活动	学生活动	设计意图
开始部分（2 分钟）	1. 集合整队，检查人数。 2. 师生问好，检查服装。 3. 宣布本课任务及要求。 4. 安排见习生。	1. 学生右手拿羽毛球拍，体操队形四横排。  2. 向老师问好。	1. 调整学生情绪，进入上课状态。 2. 明确学习目标和学习方向。 3. 合理着装，保证练习中的安全。
准备部分（8 分钟）	组织学生练习基本准备活动。 1. 膝绕环。 2. 腰绕环。 3. 肩绕环。 4. 肘关节绕环。 5. 肩部拉伸。 6. 脊柱拉伸。 7. 体前屈。 8. 八字绕环脚踝练习。	1. 学生成练习队形散开。 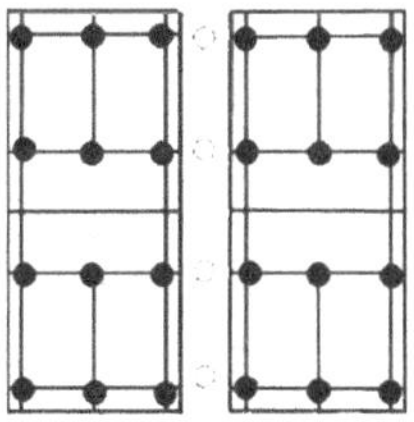 2. 按照教师口令和示范要求练习。	由下到上活动身体的各关节和韧带，使运动系统和内脏充分活动起来。

续表

教学阶段	教师活动	学生活动	设计意图
准备部分 （8 分钟）	组织学生练习专项准备活动。 1. 原地小步跑（15 秒）。 2. 原地起动步（30 次）。 3. 连续侧压腿（8 ～ 12 次）。 4. 下蹲弓步跳（8 ～ 12 次）。	1. 学生成练习队形散开。 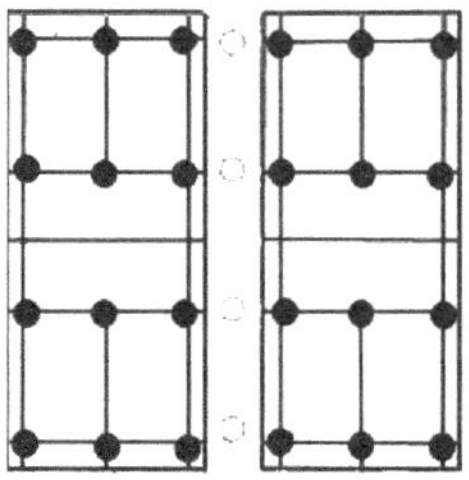 2. 按照教师口令和示范要求练习。	通过辅助练习，提高肌肉温度，使身体适应练习强度，为技术学习创造条件。
基本部分 （27 分钟）	1. 讲解正手平抽球动作方法。 2. 示范正手平抽球动作，通过道具讲解回球高度和动作发力技巧。 3. 组织平抽球、高远球练习。 4. 巡视、纠正。 5. 安排示范生。	1. 移动中练习平抽球动作。 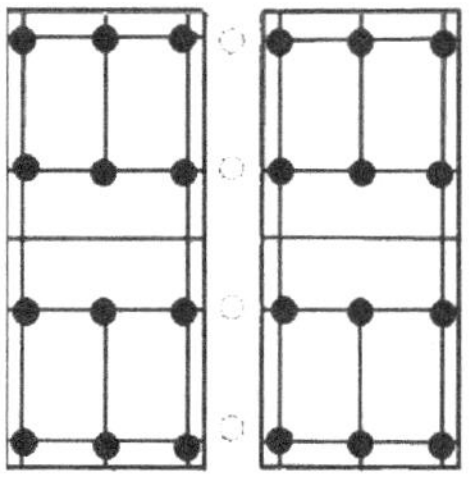 2. 分三块场地，前场两组练习平抽球、后场三组练习高远球。 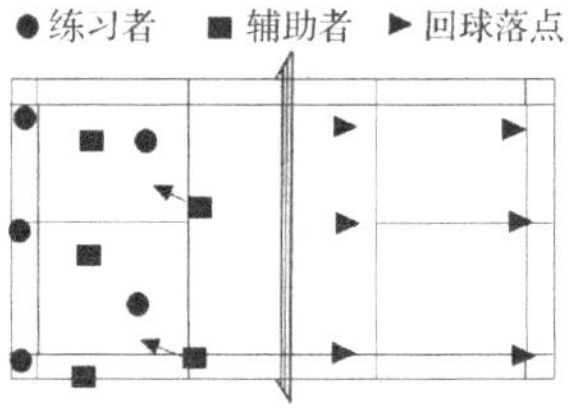 3. 优秀生示范平抽球。	1. 熟练击球动作。 2. 朝向一个方向击球，避免移动击球中脚踩羽毛球，排除隐患。 3. 分组练习，提高练习效率，新旧知识同时练习。 4. 在指定位置练习，有助于学生理解技术的运用方法。 5. 平抽球练习组数少，有利于教师指点和纠正。 6. 通过道具控制回球高度和落点的准确性。
	1. 组织学会分组对抗。 2. 讲解对抗方法：将学生分成 8 组，隔网相对，两人一组从发球开始，利用所学技术，相互击球，直到一方失误后再换人。	1. 分组对抗练习。 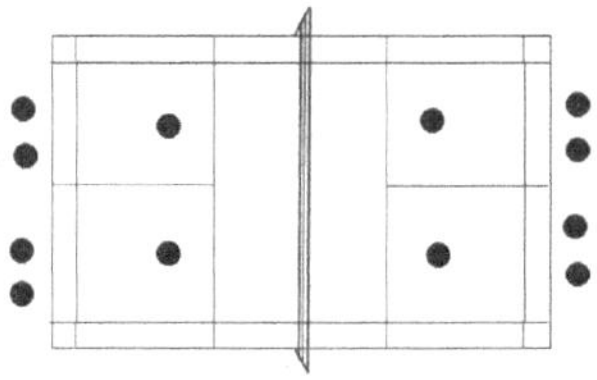 2. 场下的学生练习启动步。	1. 通过教学比赛提高学习兴趣和技术运用能力。 2. 提高运动强度，保证所有同学都在运动。

续表

教学阶段	教师活动	学生活动	设计意图
基本部分 (27 分钟)	1. 讲解示范四点步法练习方法。 动作方法：由中点准备，交叉步上网，交叉步后退；在 4 个点分别放置 1 个羽毛球，练习者手持 1 个羽毛球到达位置后，与地上羽毛球互换。  2. 要求等待的学生练习弹力带。 ①臂屈伸 20 次； ②手臂肩绕环 15 次； ③手腕屈伸 20 次。	1. 组长放置 4 个羽毛球。 2. 学生分 4 组练习。 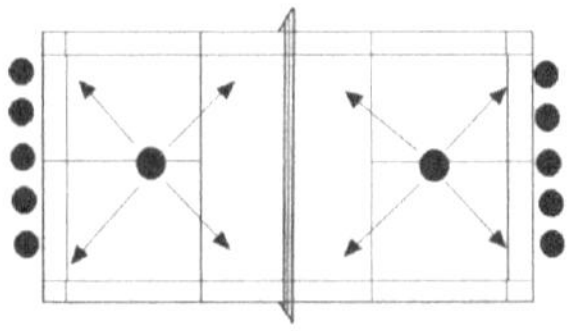 3. 场下的学生练习弹力带。 4. 所有学生将球拍放在羽毛球网下。	1. 通过教学比赛反馈步法移动的重要性，掌握移动方法。 2. 弹力带增加身体上肢力量，保证本节课身体练习平衡。 3. 提高运动强度，保证所有同学都在运动。
结束部分 (3 分钟)	1. 集合整队。 2. 放松整理。 ①手指手腕放松。 ②手臂放松。 ③肩关节放松。 3. 课后小结。 4. 宣布下课。 5. 收放器材。	1. 学生成训练队形集合。 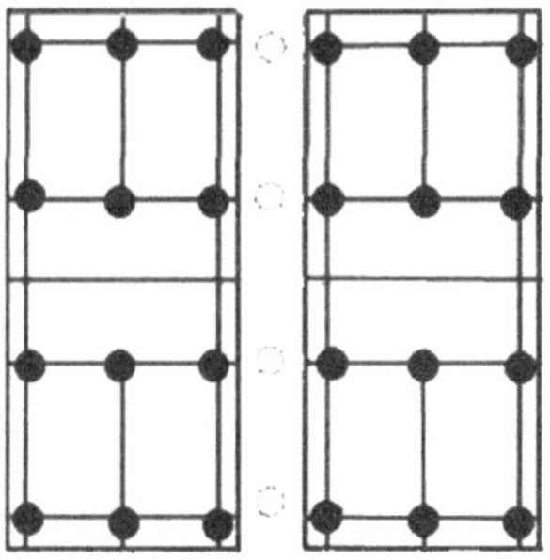 2. 按要求拉伸放松。 3. 听老师进行课后小结。 4. 按要求收放器材。	1. 解除疲劳，肌肉放松和心理放松。 2. 总结、提高加深对技术动作的理解。 3. 宣布下节课内容，提前做好学习准备。

羽毛球单元教学的反思：

1. 发现问题，解决问题。循序渐进安排教学内容，根据学生具体问题设置教学重、难点和教学方法；做到了学练新知与复习旧知相结合。

2. 学练积极，效果明显。通过大单元教学，教学内容上下衔接，教学方法循序渐进。通过固定的教学环节，学生养成了良好的学习习惯；在技术学习中，通过技术图解或观看视频，建立动作表象；练习中及时发现学生的问题，进行个别和集体纠正，提高了练习效果。

3. 保证安全，提高效率。在练习中，通过合理的场地分配，学生统一面向一个方向练习，分组学习，多项练习内容同时进行并相互轮换，提高了练习效率，保障了练习的安全性。

4. 教学比赛，加强理解。通过教学比赛，让学生体会技术动作的运用，增加对抗环节，培养羽毛球意识和学习兴趣。

5. 少教多学，合作互学。教师通过简练的语言讲解和规范的示范动作，给学生留出更多的练习时间和思考空间，促进学生间合作互学；在练习中，辅助学生扔球的准确性决定了练习者击球的效率，扔球的环节还需要提高，课上课下要引导学生在学练中达成相同的目的，才能产生合作的效果。

二、尊重教育课程实施的管理

1. 对具有弹性学时的基础型课程，学校根据实际情况、学科课程的特点和课程学习的内容等因素，采用长短课、大小课相结合的方式进行课程安排，这样进一步优化了课程的时空管理。周总学时时长(时长单位以分钟计算)控制在相应年级规定的学时总量之内。

2. 在七、八年级开设“开放性科学实践活动”课程，重点提高学生的科学探究能力。建立“开放性科学实践活动”课程的资源准入、选课、记录、评价与认定机制，将学生课程学习情况的认定，作为中考综合实践课程成绩的计入依据，并规范其管理。

3. 传统文化课程包括书法、北京市地方课程中的中华优秀传统文化等，家国情怀课程包括中国梦、我们的城市、我爱北京等市级地方课程和丰台区地方课程的“我爱丰台”“探索丰台”，一至八年级每周安排1学时。小学国学经典诵读与市级中华优秀传统文化专题课程进行整合，利用地方课程时间实施。市级地方课程——职业生涯规划和道德与法治课进行整合实施。学校自主开发与实施的课程，小学在三至六年级开设英语绘本，一至六年级开设学思维、尊重进阶等课程，每周安排1学时；中学分别开设经典阅读、英语听力、学思维、尊重进阶等学科拓展课程，每周安排1学时。此外，结合“双减”课后服务的实施，学校根据实际，可安排更多的尊重教育课程体系中的个性化课程的实施。

4. 根据学校教师的实际情况，对北京市的有关专题教育课程，依据内容相近的原则分别与相关学科和综合社会实践课程内容进行整合。将毒品预防、预防艾滋病专题、礼仪教育、安全自救互救教育、健康教育等专题教育课程和道德与法治课程或思想品德课程进行整合，环境与可持续发展与小学科学、初中地理、生物学科进行整合，其他学科做好相关渗透教育工作。

5. 整合少先队教育和主题班队会课程，并采取实践育人的方式，在规定的地方课程学时中，统筹落实少先队教育每周1学时的要求。

6. 贯彻“健康第一”的理念，开好小学体育和初中体育与健康课程。学校将充分利用体育学时、早操、课间操、课外体育活动、课后服务体育社团等形式，保障“中小学生每天体育锻炼时间不低于1小时”的要求落实到位。

7. 每学科10%课时的学科实践活动课，结合每学期综合社会实践和开放性科学实践活动课程的实施，按照跨学科主题学习的方式开展，由负责跨学科主题学习的教研组长负责召集，定期开展集体教研和备课，一起研究设计、实施并做好评价工作。

8. 一至六年级要在课内留有作业时间。低年级作业要在课内完成，不得布置课外书面作业；其他年级书面形式的课外作业，原则上一周布置一至两次，且教师全批全改。实践类课程中，小学各年级开展跨学科、跨年级的综合类、探究类作业改革。初中的课后作业严格控制在规定的时间之内；同时倡导布置实践性、探究性和体育锻炼等多样化的作业，积极推进学生自主作业改革。

9. 面对常态化疫情防控形势，教学进入“线上与线下”相结合的教学混融共生，即“双线混融教学”的新阶段①。一是依据改革需要，学校与时俱进修改中小学教学常规，科学制定并有序实施每学年尊重教育各类课程的课程纲要，同时制定教育教学应急预案。借鉴空中课堂和线上课程资源，丰富学校各类课程的资源包，保证线上线下即时切换、无缝衔接，优化教育教学管理。二是搭建网上选课平台，研制学生网上选课系统，进一步丰富了学校的个性化课程供给，并积极推动学生自主网上选课工作。三是加强“双线混融”教学研训，改变教师传统的“加法思维”，即“线上教学＋线下教学”，打破“双线教学”存在的彼此分离和割裂状态，促进教师由加法思维走向融通思维，促进常态化疫情防控背景下的双线教学方式逐渐走向混融共生。四是针对“双线混融教学”所带来的教学内容、教学方式的改变和师生关系、家校合作关系的转变，以学科教研组和备课组为单位，按照落实、落地、落小的原则，加强教学实践中的问题解决和对策研究，促进教师间研究成果的共享和教师“双线混融”教学能力的提升。五是积极探索常态化疫情防控背景下的实践性和个性化课程的实施路径，加强学校个性化社团建设，丰富个性化课程的供给，为学

---

① 李政涛：《基础教育的后疫情时代是“双线混融教学”的新时代》，《中国教育学刊》2020年第5期。

生全面而有个性的发展搭建平台，创造条件。六是进一步完善1～9年级的尊重进阶课程、综合实践课程体系，科学规划学校劳动教育课程，并采取校内外结合、家校社合作的方式，积极推进了劳动教育课程实施的有效落地。

三、尊重教育课程实施管理案例

(一)尊重学生认知基础和学习需要的案例

为落实教育公平理念，实现公平均衡编班和有针对性地开展教育教学工作，2015年6月，我们对七年级入学学生的语文、数学、英语进行了学业调查，语、数、英平均成绩分别为D等(44.6分)、D等(53.6分)和C等(68.5分)，语、数、英最低成绩分别为D等的15分、11分和21分，总评在D等50分以下的学生有18人之多。于是，我们开始对新生各学科的学习难点进行调研。调研显示，有些不是难点知识，却因为学生的生活经验欠缺，形成了难点。不同家庭里的孩子，生活经验差异较大，教师用同样的教学资源上课，就很可能无法满足所有学生的认知需求，这可能是形成难点的重要原因。

它让我们思考：在一个校园里，当我们把众多学生均衡分班以后，只是实现了“教育机会”的公平，而不是“学生成长”的公平。真正的教育公平，还需要研究和尊重学生的原有基础，并基于学生进行课程的再造，使他们在自己认知的基础上学习，在这样的学习中去体验成功、增强自信，才能促进其自信地成长。

于是，我们开始了基础型课程的二度开发，寻找每个学生的难点，研究难点背后形成的原因，找到解决的有效途径和方法。开始开发引桥课程，实施基础型课程的校本化和生本化改造，并建立学生学习共同体，这样，引桥课程、课程整合、个性化课程开发、小组互助学习、梯式分层练习、选课走班、个性化辅导、个别化教学、多元评价等，就成了我校课程二度开发与实施的重要载体和举措。就这样，我们从尊重学生的实际认知基础出发，通过提供适合学生实际基础和兴趣爱好的课程学习，激发学生的学习欲望，体验学习进步的愉悦，增强学习与发展的自信，推动了每一个学生实现全面而有个性的发展。

(二)尊重学生选择权利的案例

教研活动的方式有很多种，我们常常用同课异构课，来分析教师个性化教学带来的差异。一次数学研讨，教研组设计了五个题目作为习题讲评课的内容。汪继清老师把五个习题分作不同的等级，把学生分为四人一小组，每个小组包括不同层次的学生，运用小组互助学习的方式，让学生自主做题，展示做题过程，生生间互讲，教师只是点拨，从低难度的习题向高难度上升，基础好的学生跨越的等级多，基础薄弱的学生在课上也有所得；而另一位老师则是从开始讲起，一直讲到下课。两节课上完，我们进行当堂达标测试。汪老师的课上优秀率50%，另一老师的只有35%；及格率也相差11个百分点。同样的内容，何以这么大的差异？调研学生，学生的回答几乎一致：我们的基础不同，老师讲的只能对应一部分学生，我们更喜欢小组内的互相讲评，那样更容易听懂。

它让我们思考：在一个校园里，教育公平首先应该体现在课程的实施中，主要体现在课堂上。教育是一个过程，机会的公平也应该贯穿于教育的全过程中。学生的学习基础不同，经历不同，教师一个人的讲授无法满足每个学生的需求，课堂上要实现学习的公平，就应该先从落实"学生的学"开始。

于是，我们开始探索从"分班而教"到"选班而学"，对学生进行分类指导，并大力推动以"学"为中心的课堂改革，由教师"讲"为主走向以学生"学"为主，教师的讲堂变成了学生的学堂。这样，我校以"问题导学、少教多学、自主思学、合作互学"为特征的以"学"为中心的课堂范式逐渐诞生。

在以"学"为中心的课堂改革推进过程中，我们结合新建校实际，落实"专家＋教师＋反思＋改进"的校本教研措施，对每年新招聘的教师进行分类指导，聚焦教师课程实施能力的提升，坚持每学期常态课的自我反思和主题式教研"一人一课"达标展示与研讨交流活动，引导教师上好达标课、研讨课、示范课、公开课等，经过一轮一轮的研究与实践推进，我们发现，落实课改举措到位的老师，学生学得轻松，学得主动，课堂教学质量也最高；对以"学"为中心的课堂改革认识不到位，改革不主动，落实课改措施打折扣的教师，学生的学习主动性和课堂教学质量也会打折扣。在调研中，学生告诉笔者："校长，教师的讲课让我们听得懂、学得会，我们才会有信心！"是啊！学生的心里话更加坚定了我们改革的方向，并给予了我们持续改革的勇气和力量。

随着学校规模的不断扩大和学校的整合，为全面推进以"学"为中心的课堂改革，我们又将教师校本研训的重点放在了新加入团队的教师身上，积极推行"专家＋骨干＋新加入团队教师＋反思＋改进"的校本研训模式，力求使所有教师的教学方式都适合于学生的学习基础与认知特点，因为只有所有教师教学方式的转变，才能助力每一名学生实现更好的自主发展。

(三)尊重学生的兴趣爱好的案例

七年级有一名学生A，刚入学时，他的语文、数学、英语学业调查的成绩都属于D等，成绩分别是15分、12分和34分，平均分也是D等，刚到20分。后来，学校地理老师陈旭开设了一门旅游课程，他非常喜欢，便由此产生了浓厚的兴趣，期末检测，他的地理学科成绩竟然达到B+等级(80多分)，老师和同学们都很惊讶和佩服，认为他是一个与众不同的人。在这门学科的影响下，他渐渐找到了学习的自信，后来，他的生物学科成绩也在班里名列前茅，让人惊叹。再后来，他的语文、数学和英语成绩也实现了不同程度的提高。2018年中考，他的语、数、英学科分别考了76、46和71分，三科平均分达到了C等，超过64分，总分考了418分，超过了中考的合格标准，并顺利考取了自己理想的高一级学校继续学习。不仅如此，他还阳光、乐于助人、尊敬老师、团结同学，并充满了自我发展的自信。

还有一名学生B，学习成绩要比学生A好一点，语文、数学和英语入学测试的成绩刚及格，他性格偏内向，思想活跃，成熟度高，对事情也有自己的看法与主见，上课从来不好好听课，老师也难以管理。后来，老师通过了解才得知，他小学时参加过某电视剧片段镜头的拍摄，他十分崇拜那些电影明星并想为之努力。所以他上课经常分心，时不时就沉浸到电视剧某个片段之中。针对这一情况，为更好地发挥他的特长，学校与家长共同协商，为他特制了上课的时间和课程表，他也选择了自己喜欢的戏剧、舞蹈、经典阅读、演讲与口才等课程的学习，还在校外选修了武术、街舞、声乐、表演等课程，他参加电视剧和电影的拍摄作为一种综合社会实践课程的学习予以认可，并对他的表现给予鼓励和表彰，老师还将他拍电视剧的剧照挂到学校走廊的学生风采展示区中展示。这样一来，学生B的积极性更高了，尽管他参与拍摄经常请假，但他的学习似乎并没有受到多大影响。有一次期末测试，他的文科类课程成绩还有了很大提高。几年后，他已经参与了《小熊的夏天》《大爱回家》《雏鹰》《大话西游之成长的烦恼》等六部电影和两部电视剧的拍摄，并成了小有名气的儿童演员，还经常与其他著名演员参加全国或国际性的各种晚会，有时还担任主持人。后来这名学生以优异的成绩升入了自己理想的高中。

它让我们思考：在一个校园里，践行尊重教育理念，就不能以学生实际的认知基础去评价学生，给他过早地下定论，要尊重学生的实际认知基础，尊重学生的兴趣爱好，尊重他们的个性发展需求，要以多元的视角和发展的眼光去看待每一名学生，要看到学生有着无限的发展潜能和各种发展的可能性，不断开发其潜能，让他成为他自己，成为一个个性突出、优势明显的人。

于是，我们通过调研学生的兴趣和爱好，不断给孩子们搭建丰富多元的成长平台，开设了航海模型、STEM课程、北斗起航、水仙雕刻、拉丁舞、合唱、二胡、篮球、羽毛球、跆拳道、书法、超轻黏土、英文戏剧、京剧等个性化的选修课程，成立了十几个学生社团，并结合综合社会实践和开放性科学实践课程的开设，组织学生去天安门看升旗，到抗日纪念馆、各种博物馆、科研院所、航天科技中心和创新型企业等参观，每学期学生在校外课程资源基地选修食品安全检测、雷达机器人、火车运动装置、激光应用、消防安全救护等60多门开放性科学实践课程，丰富的课程资源和社团活动的开展满足了每一名学生的多样化发展需求，而学生的综合素质评价又使得拓展型、个性化选修课和社团能够常态开展，尤其是实施“双减”改革后，课后服务的全覆盖又为此提供了时间和制度化的保障，这样一来，学校的个性化课程的供给更加丰富，学生也在学习自己选修课程的过程中享受着学习的乐趣并实现着更好的发展。

是的，我们给学生适合的发展空间，学生就会给我们以无限的惊喜。

（四）为学生创造平等参与机会的案例

校园首届艺术节开始了。舞台上，那些经过层层筛选的学生或载歌载舞，或弹说表演，大放异彩。舞台下，有的学生在观看表演，有的学生则对表演漠不关心。小雯（化名）是一个热爱表演的孩子，但在选拔中被淘汰了，因此，她在艺术节的观众席上表现得分外沮丧。小雯的妈妈是学校首届家委会的成员，她也应邀参加学校首届艺术节的活动。当她看到小雯沮丧的状态时，就找到班主任问道：“艺术节不应当是每个孩子的才艺表演吗？为什么只有那些被选拔出来的孩子才有机会走上舞台呢？”

这位家长的质疑引发了我们的思考：在一个校园里，尊重学生不仅意味着提供条件、搭建舞台、实现学业发展机会的均等，更意味着尊重学生参与活动的权利，为学生创造平等参与的机会，以帮助每一名学生实现能力的锻造和素质的提升。

于是，我们用机制来尊重和保障每一名学生参与活动的权利：梳理一个学年所有的学生活动，把活动整合并纳入了实践活动课程，同时，在举行类似的艺术节、新年联欢等活动时，我们采取以班为单位，人人参与的方式进行，最大限度地为每一名学生提供展示的机会。为了尊重每一名学生的个性发展，我们还对实践活动课程进行了系统化和个性化的设计，学生自主选择参加，这样为每一名自主参加的学生提供了公平的参与机会。我们还规定，学生在校必须参加一定数量的综合实践活动课程学习，获得学分，方能毕业。当活动走向课程时，就保障了每名学生公平参与活动的权利。

适合的活动课程，促进了学生素质和能力的全面提升。

这样的故事还有很多很多……

在故事中，学校尊重教育的体系诞生了。尊重教育就是尊重学生人格、尊重学生成长背景、尊重学生实际基础、尊重学生个性差异、尊重学生学习与发展权利、尊重学生身心发展规律的教育，就是努力为每一名学生提供适合发展的教育。

在课程实施的过程中，老师们坚持践行尊重教育理念，并以尊重、平等、呵护、关爱、帮助、指导、陪伴、肯定、鼓励和引领的形象展现在学生面前，用爱心、耐心和责任心与学生一同成长。他们重视学生不同的学习需求，尊重和满足学生多样化的学习需要，尊重学生的课程选择权，为学生提供了比较丰富的课程供给。教师们尊重和凸显学生的主体地位，尊重学生自主学习的权利和多样化的学习方式，尊重学生间的个性差异，坚持以“学”为中心，关注每一位学生的学习与生活心理感受，让每一位学生真正实现了“在学习”和“真学习”。就这样，老师们不断激发着学生的学习兴趣、学习愿望和探究意识，逐步培养学生的志趣和志向，使其不断体验着收获的快乐和成长进步的愉悦，在这样的成长环境中，学生的自信心不断得到增强，他们也在不断增强的自信中阳光地走向未来。

第五节　综合实践活动课程

综合实践活动课程是我校拓展型课程中的必修课程，旨在使学生通过亲身实践，综合培养学生的人文与科技素养，培育和践行社会主义核心价值观，提高学生综合运用知识解决问题和交流合作等能力。在该课程实施过程中，我们把各种专题教育与综合实践主题有机结合，把学科实践与综合社会实践活动结合，通过行前课准备、行中课体验和行后课展示等环节，促进了综合实践活动课程的有效落地。

一、综合实践活动课程的主题与方案设计

实施综合实践活动课程前，我们组织教师认真学习、研究国家义务教育课程标准和学校尊重进阶课程纲要，整体把握课标的核心内容和尊重进阶特色课程各阶段的主题设计。

在选择综合实践活动课程主题时，我们立足学生动手实践能力和创新能力的培养，按照尊重教育课程的尊重自我、尊重他人、尊重社会、尊重自然四个向度进行选择确定，如：尊重自我向度，我们从认知(高认知思维)、情绪(积极心境)、动力(内部动机激发)及行为(提出问题、动脑思考、解决问题)领域选择，着力培养学生的问题意识、创新意识、多样接纳与发散思维等。在尊重他人和尊重社会向度方面，我们从同伴、教师、家长和学校、社区、社会规范、社会热点等领域进行选择确定，着力培养学生的社会责任感、服务意识、合作精神、人际沟通、社会规范、社会主义核心价值观等。在尊

重自然向度方面，我们从动物、植物、自然现象、天文地理等领域选择和确定主题，着力培养学生的环保意识、与自然和谐共生的价值追求等。

在此基础上，广泛征求学生的意见与建议，发挥师生的创造力，共同研发和建构了适合不同年龄特点的综合实践活动主题课程，制定综合实践活动主题课程流程和行前、行中、行后的学习任务书，并组织编写了不同主题的综合实践活动主题课程指导手册。

(一)小学综合社会实践活动架构(简版)

表 5-5　小学综合社会实践活动架构

学期	活动地点	活动主题	活动内容	活动评价
一上	世界花卉大观园	感受种植乐趣，体验自然神奇	参观世界花卉大观园	记录活动手册，种植一棵植物，观察它的生长，并用图画记录
一下	自然博物馆	走进自然，拉近你我距离	参观自然博物馆	手抄报、绘画、游览手册、交流汇报等形式自选
二上	北京京剧院	品国粹经典，践文化传承	欣赏京剧的经典剧目《报灯名》；体验不同角色的扮相；参观戏台、化妆间、练功房等场所	基本了解并能表演不同行当的身段
二下	海洋馆/海底世界	爱护海洋生物，共创美好家园	观看海洋生物，了解动物的习性特点	将听到或是看到的小常识记录下来与同学分享
三上	北京汽车博物馆	畅游汽车王国，感受汽车文化	通过聆听讲解、看展品介绍等途径，简单了解汽车发展史	观察了解自己喜欢的一辆汽车，把它画下来，举办"我喜欢的汽车"作品展
三下	颐和园	走进颐和园，感受古代园林之美	参观并了解佛香阁、长廊、石舫等景点的名称、特点、用途等	以小组为单位交流汇报，手抄报、绘画、游览手册等形式自选
四上	中华航天博物馆——东高地科技馆	憧憬蓝天，航空报国，筑梦新时代	参观航天博物馆，了解我国航天科技与其他国家的差异，领会科教兴国的战略决策	参与体验式的实践活动，完成活动手册，尝试制作一个简易的航天模型

续表

学期	活动地点	活动主题	活动内容	活动评价
四下	南苑种植/垃圾分类基地	一米菜园，播种希望	种植农作物、蔬菜、花卉等	认识不同植物的种子，知道它们的大小、形状、颜色等外部特征各不相同。尝试写植物生长观察日记
五上	圆明园	观园以明志，知史更惜今	参观圆明园，了解建筑特色	体验清宫文化，完成活动手册
五下	中国人民抗日战争纪念馆	铭记抗战历史，弘扬民族精神	参观抗日战争纪念馆，了解日本侵略者的罪恶行径及中国人民反抗日本侵略者的历史	学习利用图片、资料等多种渠道收集、筛选、整理有用的信息。能利用相关资料编写并讲述发生在卢沟桥畔的抗日故事
六上	故宫博物院	见字如面，对话先贤	参观故宫武英殿、文华殿、珍宝馆，借助讲解了解历代书画作品及其背后的文化内涵	交流汇报、手抄报、摄影、书法创作等形式自选
六下	园博园	畅游园博园，以园林圆梦	参观燕台大观、风篁清听、云台叠翠、云飞霞起、绿屿花州、林天霞影、采芳云径等特色景点	举办“我的园博园”作品展

(二)初中综合社会实践活动课程的主题设计

表 5-6　初中综合社会实践活动课程的主题设计

初中综合社会实践活动课程				
学期	相关学科	模块	主题	实施评价
七上	道德与法治	乐于参加团队活动	同心协力共成长	以“团队合作游戏”为主要活动形式
	地理	学会自我保护	灾害无情人有智，有备无患是共识	以地震防灾手抄报的方式对研究成果进行展示
	历史	加强国家认识	爱我祖国，走进自然	探访名胜古迹，以完成任务单的形式进行
	德育	认同中华文化	悦享经典，礼敬先贤	孔子诞辰日纪念活动暨颂扬优秀传统文化主题班会

续表

学期	相关学科	模块	主题	实施评价
七下	道德与法治	勇于面对挫折	战胜逆境，自强不息	以“故事分享会”为主要活动形式
	地理	厉行勤俭节约	关注水资源，让碧水常绿	小组代表宣传节约用水小使者，进行各组成果展示
	历史	感知悠久历史	民族泪，英雄魂——林则徐与虎门销烟	以舞台剧的形式展现这段历史
	德育	言行文明有礼	做文明的中学生	以“做文明的中学生”为主题，开展文明用语、文明举止的展演活动
八上	道德与法治	敬爱父母、长辈	我为父母做点事	分享交流会。
	地理	勤于探究实践	我的祖国——画中国，话中国	以“美丽中国”为主题，以地图为载体，通过绘画的形式表达对美丽中国、美好家乡的赞美和热爱，对和谐世界的憧憬与向往
	历史	了解中国国情	我的家史	通过学生向家长了解自己家史的形式，了解改革开放以来我国的政策以及带来的变化
	主题教育活动	树立远大理想	少年中国梦	以“少年中国梦”为主题的全年级书法比赛
八下	道德与法治	强化法治意识	我是社区普法宣传员	制作法律常识宣传画在社区进行宣传
	地理	开阔国际视野	我是国际小导游	以世界地图为依托，开展“我是国际小导游”的演讲活动，积极感受和平美好生活是全世界的共同理想
	历史	促进民族团结	文明中心我来讲	以舞台剧和探究的形式展现近代社会生活的变迁，认识历史变化的实质
	主题教育活动	学习先进榜样	“我身边的好榜样”主题班会	通过雷锋的生平简介及其真实的故事，使学生知道雷锋全心全意为人民服务的一生。结合革命传统教育，培养青少年关爱他人、服务社会的优良品质

续表

学期	相关学科	模块	主题	实施评价
九上	道德与法治	能够明辨是非	明辨是非，争做阳光学生	分享交流会
	地理	增强国防意识	关注国防，就是关心自己的家园	了解国防概念，在全民国防教育日开展校内宣传教育活动
	历史	支持自主品牌	人类科技的进步与挑战	组织参观中国科技馆，以“我国科技成就”为主题开展电子报制作与交流活动，了解科学技术发展对人类历史进步的推动作用，形成尊重科学、崇尚科学的意识，树立求真、求实和创新的科学态度
	主题教育活动	参与环境保护	“垃圾分类，从我做起”主题班会	召开主题班会，树立垃圾分类的意识，掌握垃圾分类的知识，并带动和影响周围的人
九下	道德与法治	积极调节情绪	我的情绪我做主	以“我的情绪我做主”为主题的讨论活动，了解调节情绪的方法
	地理	增强责任意识	怎样做一个负责任的公民	开展“责任调查”活动，分析自己在家庭、学校和社区中的不同责任，就“怎样做一个负责任的公民”开展主题讨论会
	历史	热心社会公益	我是社区志愿者	参加集体和同学自发组织的公益服务、义工服务、志愿者服务等活动，申请做志愿者，在博物馆、纪念馆等社会大课堂基地做义务讲解员
	主题教育活动	合理利用时间	“时间都去哪了”主题班会。	中考临近，学会合理利用时间，更高效地学习、生活和锻炼

(三)开放性科学实践活动课程安排和选课情况一览表(以七、八年级为例)

1. 七、八年级开放性科学实践活动课程安排

表 5-7　七、八年级开放性科学实践活动课程安排

年级	学期	类别	授课形式	完成次数	学习过程及完成时间			学校统管
					选课	上课	上传资料	
七年级	第一学期	集体选课	送课到校或外出	2	9月前两周	10～11月	12月	12月底 每个学生5学分
		自主选课	自主选课自主上课	3	9月后两周	10～11月	12月	
	第二学期	集体选课	送课到校或外出	2	2月底	3～4月	5月	5月底 每个学生5学分
		自主选课	自主选课自主上课	3	3月初	3～4月	5月	
八年级	第一学期	集体选课	送课到校或外出	2	9月前两周	10～11月	12月	12月底 每个学生5学分
		自主选课	自主选课自主上课	3	9月后两周	10～11月	12月	
	第二学期	集体选课	送课到校或外出	2	2月底	3～4月	5月	5月底 每个学生5学分
		自主选课	自主选课自主上课	3	3月初	3～4月	5月	

注：两学年内同一资源单位或同一课程最多只能选择两次。

2. 七、八年级开放科学学生自选课程一览表(部分)

表 5-8　七、八年级开放科学学生自选课程

序号	课程	序号	课程
1	奇幻影像空间	7	挑战三维空间
2	户外求生之神奇的沙漏	8	斯特林发动机
3	红外遥控小车制作	9	科技萌工厂——我的动画电影世界
4	芦荟凝胶的制作	10	变形花盘
5	户外寻宝——结晶法回收氨氮	11	会倒车的机器人
6	蓝牙音箱制作	12	激光的应用

续表

序号	课程	序号	课程
13	模拟火灾报警器、声光报警	39	不燃纸
14	小型无人机组装及飞行训练	40	足球机器人——挑战 C 罗！
15	解密望远镜	41	铁甲钢拳——机器人对抗
16	能源崛起——太阳能	42	能源转化科学探究实验
17	清华电子鸟	43	摩斯密码传情
18	相机的世界——DIY 复古双反相机	44	神奇的 3D 打印——太空打印
19	VR——虚拟现实的成像	45	自制扬声器
20	能源崛起——太阳能	46	看得见的声波
21	PM2.5 侦查员	47	绿色环保——竹子自行车 DIY(双语教学)
22	送料小车的自动控制	48	住进蜗牛壳——仿生建筑
23	宠物犬训导体验	49	欢乐转盘
24	芬芳的化学反应	50	C60 晶体结构
25	模拟飞行与真实飞行区别的研究	51	可“吃”的水
26	火眼金睛	52	三维画笔——3D 打印笔
27	我是车长——地铁列车	53	疯长的晶体
28	趣味化学实验(10 个项目可选)	54	神奇齿轮的巨力
29	奇妙的昆虫舞步	55	地震成因及避险自救知识
30	激光切割与激光打标艺术设计与制作	56	停电我不怕之自制手摇发电机
31	无线手机充电器的制作	57	人脸识别探秘
32	木工小创客之“魔法小屋”	58	淋不湿的秘密
33	无人机创新实践	59	谁是吸水王
34	驱逐舰模型制作课程	60	古代投石机
35	小零食中的大学问	61	火车运动装置
36	雷达机器人	62	看似洁净的水如何甄别对人体的益与害
37	斯特林发动机	63	奇妙的路灯
38	食育中的生物——泡菜中的亚硝酸盐		

(四)初中故宫主题社会实践活动设计案例

1. 活动课程设计依据

依据《完善中华优秀传统文化教育指导纲要》和学校尊重教育课程体系之尊重进阶课程要求，开发“大朝千秋世，探微紫禁城”为主题的综合社会实践活动课程。旨在为学生提供更丰富、更个性化的学习方式，真正实现体验性学习，以培养学生的实践能力和综合素养。

2. 活动课程的设计

“大朝千秋世，探微紫禁城”主题综合社会实践活动是以故宫博物院考察为主的体验性学习活动，涉及语文、数学、英语、历史、地理、政治、物理、化学、生物、美术、传统文化、信息技术等学科。

3. 活动课程目标

(1)学生可以从中获得对故宫文化的整体认识，理解作为皇宫的故宫、作为博物馆的故宫、作为世界文化遗产的故宫的社会价值和文化价值。

(2)学生通过参观故宫，知道故宫是中华传统文化的一个载体与中华文明成就的一个标志，丰富学生的文化积累；通过对故宫不同视角下的考察，了解故宫的历史与现状，以及存在的社会问题，丰富学生的生活积累。

(3)通过对故宫工作人员和游客的访问，准备访谈的材料，掌握访谈的技巧，深化对故宫文化的探索，丰富学生的社会阅历，加深对活动主题的认识和理解。

(4)通过制作美术、手抄报、摄影、PPT 等形式多样的作品，增强学生的动手能力、现代信息的应用能力，通过展示交流自己的作品，提升学生的写作能力、合作交流与表达能力，提高审美情趣，进而促进学生的全面发展。

4. 活动课程的实施

依据我校的九年课程方案规划，统筹初中三年的综合实践活动的整体设计方案。活动与评价过程分成五个阶段：制订计划、行前课阶段、行中课阶段、行后课阶段和拓展延伸阶段。每一个阶段都贯穿有评价。

第一阶段：制订计划。学校成立工作小组，总体方式采取自上而下、自下而上的工作方式。自上而下传达综合实践活动实施的具体要求，重点在尊重教育理念下，坚持“立德树人”的根本任务；培育社会主义核心价值观。由教师结合本学科课程标准和学生的实际，设计多个与本学科相关的基本实践活动方案，经年级组讨论形成综合实践活动课程实施方案。

工作小组教师以年级组为单位，依据学校课程方案，设计综合活动中本学科或与本学科相关活动的任务单和评价表，完成行前、行中和行后课的教学设计，并责成专人统计学生的评价结果。任务单收集成册。

第二阶段：行前课。各位教师以“接力”形式准备行前、行中和行后课的相关资料和课件。各科教师完成行前课，下发任务书并讲解有关要求。班主任进行思想教育，强调小组活动的要求和评价方法。

教师指导学生根据活动手册中的要求，确定学科小组的研究方向，鼓励学生从多角度观察、思考，提出有价值的问题，小组研究讨论确定本学科的研究主题。围绕主题活动，多种途径查找、收集故宫相关资料，完成学生部分的行前课内容，在行前课部分与同学互动。

第三阶段：行中课。学生以小组为最小活动单位，在整个活动过程中，基于行前课的铺垫准备，在故宫中实地体验，学生通过完成各个学科设计的活动手册中的任务，学会沟通，提高语言表达能力；亲身体验故宫的历史文化；通过参观、考察故宫及对相关人员的访谈，体验故宫文化的博大精深，感受中华文明的古老深邃。活动结束时，全部完成实践活动手册中规定的学习与探究任务。活动中每位学生都有教师负责，记录活动中的学生表现及学习效果，客观完成过程性评价。

第四阶段：行后课。学生返校后，按照要求教师为学生间分享交流提供平台，并开展汇报展示活动。汇报展示时，由各小组的学生代表通过演讲，分享准备工作、参观、考察和访谈的体验感受，交流成功的经验，反思存在的不足，记录成长的历程；此外，学校还组织统一展览，展出学生绘画、摄影、模型等优秀作品，以及创作理念与感想；记录学生活动的体验感悟与历程。

各班组织好班内的活动成果展示和交流分享活动，活动结束后由教师总结点评，并提醒学生留好相关资料，以备上传至综合素质评价平台。

第五阶段：拓展延伸。结合北京市关于优秀传统文化的宣传活动，学校通过班会、学校网站、微信公众号等平台和组织学生走进社区，开展“故宫大讲堂”志愿者宣传活动，把综合实践活动的体验和认识进一步深化。

二、综合实践活动课程的实施

在实施综合实践活动课程时，我们按照事先制定的主题实践活动课程安全方案和应急预案，明确教师责任分工，严格按照主题实践活动课程探究项目和规定流程组织实施工作。在各项目学习中，教师及时跟踪指导，了解学生的学习情况并根据实际做出适当调整。主题实践活动结束后，教师根据规程分别上好行后课，学生通过课件、总结报告、发表体会、展示制作的作品、知识竞赛等多种形式进行展示活动。每次实践活动课程学习结束，老师针对教学内容的选择，行前、行中和行后课的学习效果与改进，实践活动后的总结性反馈与方案改进等，进一步征求学生的意见和建议，并做好修改完善工作。在实施过程中，学校还注意统筹与整合不同单位、不同学科、不同教学内容，使之成为从易到难、由浅入深的有梯度的学习材料，同时，配合不同学科的穿插渗透，以求取得更好的综合实践活动课程学习效果。

案例：初中“徜徉紫谷花海”主题综合社会实践活动课程实施案例

一、活动目的

活动旨在增强学生体质，磨炼学生意志，培养学生良好的意志品质。同一环境和同一目标下，通过观察学习、探究活动，深刻认识人类与自然环境和谐共处的重要性，增强学生的环保和团队合作意识，培养学生的动手实践和创新能力，提高学生的自我管理、自我约束和野外生存能力，培养团结合作、勇于拼搏、超越自我、永不言败的精神。

二、活动时间与地点

1. 时间：2019 年 10 月 9 日。

2. 地点：紫谷青少年活动基地。紫谷青少年活动基地选址于美丽的永定河堤岸，毗邻古岸长堤，地理位置优越，距市中心仅 20 千米的距离，距驰名中外的卢沟桥只有 4 千米，西五环、京港澳和京开高速等多条交通干道从此通过。紫谷伊甸园以薰衣草观赏为主题和特色，每年的 5 月至 10 月，园内几十种花卉与薰衣草竞相开放、争奇斗艳，绵延如浪的薰衣草花海与错落有致的欧式建筑遥相呼应，极富艺术气息的喷泉广场、风车长廊更是典雅别致。另有约 16 公顷生态园林供游客漫步休憩，树下播种着菊花、二月兰等地被花卉，身在其中会让您感受到天人合一、相互交融的浪漫与美丽。

三、活动提示

本次活动我们需要完成以下主要内容：

1. 了解我国现阶段环保的政策背景，生态恶化的趋势，环境保护所面临的新挑战，增强环保意识，养成“环境保护，从我做起”的好习惯。

2. 自主式学习“紫谷”地区的特色植物，体会植物的生长与环境之间的密切关系，更加热爱生物和环境。

3. 收集抗日红歌、唱抗日红歌，感受抗日红歌中的力量与精神。

4. 了解紫谷内各种名花的英文说法，积累词汇，尝试运用按主题记单词的学习策略。

5. 通过小组合作学习，共同探究问题，增强班集体的内部凝聚力，培养学生的责任感。

四、活动实施

(一)行前课：活动前的准备

1. 小组学习的分组准备

组名					
分工	组长	组员	组员	组员	组员
姓名					

2. 信息收集与材料准备

(1)学生提前收集关于“七七事变”和红歌的相关资料。

(2)网络搜索关于花卉的英文名称和图片资料。可准备相机、手机进行拍照。

(3)学生自带笔、纸；按照小组学习模式分组，认真听取老师讲解活动规则。

(4)收集有关卢沟桥美景的诗句并整理……

3. 行前课后我学到了如下知识

(1)紫谷实践活动基地重点典型景观植物有____________________。

(2)团体活动中我最感兴趣的是____________________________。

(3)为了保证户外安全，我们应该这么做：

____

我们不应该这么做：

____

10月8日下午，我们以学生为主体组织实施了行前课。首先九年级学生通过知识问答和播放视频的形式向其他同学介绍了紫谷伊甸园和园内主要植物的大致情况。接着八年级(2)班的学生通过两个小组展示了部分活动环节，然后八年级(1)班的学生以生动有趣的舞台剧的形式提醒其他同学第二天出行的注意事项。最后，活动负责人孙健老师介绍了此次主题实践活动课程学习的全部流程并重申了注意事项。此次行前课从知识内容、活动形式和注意事项三个方面为实践活动课程学习的实施做了充足的准备。

附：学生查阅的相关背景知识

卢沟桥，亦称芦沟桥，在北京市西南约15千米处，丰台区永定河上。因横跨卢沟河(即永定河)而得名，是北京市现存最古老的石造联拱桥。

卢沟桥全长266.5米，宽7.5米，最宽处可达9.3米。有桥墩十座，共11个桥孔，整个桥身都是石体结构，关键部位均有银锭铁榫连接，为华北最长的古代石桥。1937 年 7 月 7 日，日本帝国主义在此发动全面侵华战争。宛平城的中国驻军奋起抵抗，史称“卢沟桥事变”（亦称“七七事变”）。中国抗日军队在卢沟桥打响了全面抗战的第一枪。

1937 年 7 月 7 日在卢沟桥发生的“卢沟桥事变”，成为中国展开全国对日抗战的起点。中华人民共和国成立后，在桥面加铺柏油，并加宽了步道，同时对石狮碑亭作了修缮。1961 年卢沟桥和附近的宛平县城被公布为第一批国家重点文物保护单位。1971 年为保护卢沟桥减少其运输量而建立的卢沟新桥完工，但卢沟桥仍然继续承担交通运输任务。1986 年卢沟桥历史文物修复委员会成立，目的在于恢复卢沟桥原貌，工程拆除了 1949 年后铺设的柏油和 1967 年加宽的步道，恢复了古桥的原貌，同时将机动车的通行移至紧邻的卢沟新桥与之后修建的京石高速公路。

（二）行中课：活动的项目与任务

项目一：植物观赏

任务 1：学生以小组的形式自主学习紫谷地区的特色植物，准确描述各种特色植物的外形特点；通过光照、温度、湿度、土壤等环境参数，深入了解植物生长的环境，共同探究环境与植物生长的密切关系和特色植物的具体药用价值。

我观察到的植物名称：________________

观察地点的环境：光照________________温度________________

湿度________________土壤________________

植物的药用价值：________________

任务 2：在紫谷青少年活动基地，学生拍照，并对比英文名称，简要书写植物的特点，包括颜色、大小、花瓣、清香与否等内容。

项目二：环保宣传

植物种类		第一种	第二种	第三种	第四种
植物名称	中文				
	英文				
植物颜色	中文				
	英文				
花瓣大小	中文				
	英文				

任务：紫谷青少年活动基地环保宣誓，参观环保知识长廊，征集环保好

点子，让同学们开动大脑，想想我们自己能为地球母亲做些什么。

我们的誓言：______

我们能为地球做什么：______

项目三：拓展体验

任务：分组参加森林足球、车轮滚滚、毛毛虫、众星捧月、晃桥、平衡木、独木桥、天梯、孤注一掷、指压板闯关、环保大灌篮等项目。

我参加的活动有：______

项目四：手工实践——风筝彩绘

任务1：分组发给风筝与颜料，分小组确定主题。

任务2：开始在空白的风筝上画上与卢沟桥有关的纹样并涂色。

项目五：学农实践

任务：体验田园生活，体会收获的辛苦与喜悦。以小组为单位，分配土地，采摘红薯，并共同探究红薯的成长过程。

项目六：抗战胜利70周年纪念活动——参观卢沟桥

任务1：到卢沟桥参观，听讲解员的讲解，结合自己课前准备的知识，感悟历史细节，想象历史现场，重归历史。感悟抗战英雄的气节，中国军民的困苦。

任务2：在参观卢沟桥的过程中，通过对历史知识的学习，结合前段时间纪念中国人民抗日战争暨世界反法西斯战争胜利70周年的一系列活动，理解当时红歌产生的背景、原因，以及红歌在抗战时期的作用，并至少能唱1～2首。

任务3：在活动过程中，根据收集的诗句边游览边吟诵相关诗句。

任务4：以小组为单位，共同探究中国抗日战争胜利的原因。

项目七：Write a passage about your trip to Purple Valley Eden. You need to write at least 40 words and your passage need to cover the following information.

1. Where did you go?

2. When did you go there?

3. How did you get there?

4. What did you do there?

5. How did you feel?

6. What interests you most?

______

______

活动当天上午，在进行环保宣誓后，同学们分为10个小组进行了时长150分钟的素质拓展活动。素质拓展活动包含“唱响红歌”“精准投递”“传递正能量”“表情包大作战”“约定紫谷”“挖红薯学农实践”等数十项既有趣又有意义的任务。这些任务不仅丰富了学生的课外知识，还提高了学生的沟通和团队协作能力。最后，通过小组积分累加的方式，评出优秀团队，并对优秀团队进行了表彰。

（三）行后课：活动成果展示

主题实践活动课程学习结束后，每名学生上交自己的学习成果，成果的内容包括学生对主题实践活动课程学习的自我评价与分析、收获与不足、改进的措施等。成果的呈现形式多样化，可以是电子文档，可以是PPT，也可以是纸质的文稿。本次实践活动课程学习成果应包含以下内容：

1. 请以小组的形式应用信息技术制作本次活动的纪念相册，并进行汇报。

2. 作为地球上的一员，请你为如何保护环境写出几点好的建议。

3. 请以小组为单位展示手绘风筝，与各科教师一起拍照分享。可以将风筝带走留念。

4. 请以照片和图表的形式汇总紫谷地区的特色植物和其生长环境的具体信息，与同学一起探究其药用价值。

5. 以小组为单位一起探究中国抗日战争胜利的原因，并有感情地、有激情地演唱抗日歌曲。

6. 请你尝试运用按主题记单词的学习策略进一步积累词汇，利用照片并辅以文字进行海报制作。

7. 请你根据这次活动的拓展内容，结合第一课所学内容写一些感悟。

8. 以小组的形式对收集的诗歌进行吟诵，并交流分享感悟与体会。

在当天的行后课上，老师和同学们一同分享了活动的感想与收获，并通过小组讨论解决了实践手册上的问题。行后课让同学们对本次实践活动的意义有了更深刻的认识。此次实践活动内容丰富、形式多样，切实提高了学生的环保意识、实践动手能力，增强了学生的形象思维和创新思维意识，培养了其爱国主义情感和团队合作精神。

三、综合实践活动课程的评价

我校综合实践活动课程的考核主要由学校课程教学与学生发展中心、年级与班级组织，并随着行前课、行中课和行后课的教学过程逐步开展。依据活动主题从活动资料准备、活动成果呈现及小组合作表现等方面对学生进行综合评价。考核方式也灵活多样，不同的考核内容、活动形式可采取不同的考核方式，注重考查学生参与态度、主动程度、创造性完成任务情况或学习的效果。采取过程记录、影像纪实、交流汇报、作品呈现等多种方式对学生参与综合实践活动的情况进行有效评价，鼓励教师、同学、家长和学生本人多元主体共同参与评价，发挥了评价的引导和激励功能。学校将学生综合实践活动考核纳入学生综合素质评价，组织有关学科教师对学生进行表现性、过程性和综合性评价，指导学生在任务书上客观真实记录自己的学习过程，将有关信息录入“北京市综合实践活动管理服务平台”，并对每位学生进行评价考核。

综合实践活动课程的三项评价贯穿了学生行前、行中和行后课的全过程。

(一)开发实践活动手册

我校综合实践活动配有教师开发的校本实践手册，在手册编写过程中，除了为学生提供相应的知识资源外，各科教师还针对不同的活动主题，为学生设计了相关思考问题，学生到活动场馆等资源地点学习时，边参观边思考，并随时记录自己的发现与感悟，相关课程教师会对这些题目的完成情况进行检测、评价、反馈，完成过程性评价，从而更好地达成活动课程的目标。

手册的完成是评价学生实践活动完成情况的重要文字材料，也是留给学生的一份重要的学习记忆。

图 5-4　实践活动手册

(二)学生自评与他评相结合

在综合实践活动中，学生的自我评价与他人评价相结合非常重要。如：在“大朝千秋世，探微紫禁城”主题实践活动手册中，我们编制了实践活动评价表，不仅有教师评价、小组同学相互评价，同时还包括学生的自我评价。这样学生可以较为客观、全面地总结主题实践活动课程学习的收获与不足，从而促进其进行反思并不断改进。

（三）学生成果的交流展示

对于学生的优秀作品，学校安排专门的交流展示活动，让小组学生代表进行交流，分享体验感受，总结各自的收获，反思存在的不足，同时充分展示综合实践活动过程中完成的相关绘画、摄影、模型等作品。

综合实践主题活动课程这种多学科、跨领域、重实践、多探究、勤动手、有体验的学习过程，不仅开阔了学生的视野，激发了学生的兴趣与探究欲望，而且通过这一课程的实施，促进了学生其他课程的学习，优化了其成长过程，培养了其动手实践和创新能力，有力支持了学生的主动发展。

第六章　尊重教育的教师文化培育

在尊重教育教师文化的培育过程中，我们聚焦“敬业乐群、协同创新”的教师文化和团队精神的培育，从教师践行尊重教育理念的象征性行为、事件、故事和榜样入手，发现并不断放大这些行为、事件、故事和榜样的闪光点与影响力，并强势引领教师从育人实践的问题研究出发，合作攻关、交流研讨、互助共享，从而增强了团队的合作意识、集体荣誉感和教书育人的使命感，逐步培育了“敬业乐群、协同创新”教师团队文化基因。

第一节　尊重教育教师文化培育背景与内涵解读

教师的工作是一种以人格培育人格，以灵魂塑造灵魂的创造性劳动。教师是教育发展的第一资源，是学校发展的核心力量，教师队伍的发展是学校建设的关键所在，而教师队伍发展的关键又是教师发展文化的培育。因此，建校初期，新教师团队组建后，我们就把新教师团队的文化培育放到了教师队伍建设的首位并进行了持续推进。

一、新时代对教师队伍建设提出的新要求

2016 年 9 月，中央组织部、教育部党组联合印发《关于加强中小学校党的建设工作的意见》，北京市出台《关于加强北京市中小学校党的建设工作的意见》，均指出了中小学党建工作的路径。2018 年 1 月 20 日，中共中央、国务院颁布《关于全面深化新时代教师队伍建设改革的意见》，明确提出要突出师德建设，把提高教师思想政治素质和职业道德水平摆在首要位置。习近平总书记号召广大教师要做“有理想信念、有道德情操、有扎实学识、有仁爱之心”的“四有好老师”①，要“做学生锤炼品格的引路人、做学生学习知识的引路

① 习近平：《做党和人民满意的好老师——同北京师范大学师生代表座谈时的讲话》，《人民日报》2014 年 9 月 10 日。

人、做学生创新思维的引路人、做学生奉献祖国的引路人”①，习近平总书记对教师队伍建设的要求引领着新时代教师队伍建设的方向，是新时代中小学党组织加强师德建设的根本遵循，是新时代的最强音。为此，我校党组织从学校开始筹建时，就把师德和文化建设纳入重要议事日程，并积极探索新时代学校教师文化建设中发挥党员模范带头作用的有效策略与方法。

二、学校青年教师队伍建设的迫切需要

学校的办学地点在丰台南苑地区，处于城乡一体化建设区域，不具备区位优势。2015 年 9 月正式办学起步时，教师团队 29 人，专任教师只有 22 人。新教师团队主要来自校园招聘、社会招聘、军属招聘和外校调入。从教师年龄看，平均年龄只有 31 岁，多为独生子女的青年教师，他们知识结构新、工作热情高，但教育教学和合作育人的经验不足，因此实际教师团队的教育教学能力亟待提高。由于新建校没有一个固定成型的校风、师风承袭，这就需要学校一切从新组建的教师队伍实际情况出发，在尊重教育的办学理念下，明确教师队伍建设的价值理念，着力建设尊重教育的教师文化。同时，随着新时代教育改革与发展的步伐加快，新时代对教师“立德树人”的育人使命也提出了新的要求，习近平总书记深刻指出，“教师是人类灵魂的工程师，是人类文明的传承者，承载着传播知识、传播思想、传播真理，塑造灵魂、塑造生命、塑造新人的时代重任。”②年轻的教师要承担起这一时代重任，就必须从一开始就做到高起点站位、高起点起步，必须从落实党的教育方针的高度去看待自己所从事的教书育人工作和神圣事业，必须从心理上做好承担这一重任的各种准备。

为此，结合新时代对教师发展的新要求，学校对年轻的教师团队提出了“三高、三情怀和三气”建设标准要求，“三高”即教师要“政治站位高、道德境界高、育人学识高”，“三情怀”即教师要有“家国情怀、教育情怀、孩子情怀”，“三气”即教师要有“正气、大气、书卷气”，“三气”合为一气，即教师从教的底气。

三、尊重教育的教师文化内涵解读

尊重教育的教师文化建设目的就是要充分尊重教师教育教学的自主权，

① 《习近平在北京市八一学校考察时强调　全面贯彻落实党的教育方针　努力把我国基础教育越办越好》，《人民日报》2016 年 9 月 10 日。

② 教育部课题组：《深入学习习近平关于教育的重要论述》，人民出版社 2019 年版，第 5 页。

尊重教师工作的复杂性、专业性与创造性特点，积极鼓励青年教师在各自的育人岗位上，不拘一格，大胆创新，创造性地履行好“立德树人”的教育使命。因此，我校结合新时代对教师队伍发展的新要求，以习近平总书记提出的“四有好老师”和“四个引路人”为指导，按照学校教师队伍建设的“三个三”标准要求，提出了着力培育“敬业乐群、协同创新”的教师文化，并致力于建设“敬业乐群、协同创新”的卓越教师团队的教师队伍建设目标。

“敬业乐群、协同创新”的教师文化。敬业是指教师认真对待自己的工作，有责任心，有耐心，对学生有爱心，并专心致力于“立德树人”的本职工作，敬业体现了教师对待教育教学工作的一种积极态度和对工作的责任感与使命感。乐群是敬业的手段之一，是指教师之间在共同的育人目标下互帮互助，真诚合作，交流分享，取长补短，相互赋能，协力同行，并形成学习与发展共同体。协同创新是指教师为更好地完成“立德树人”的根本任务，紧紧围绕育人的困惑问题，一起动脑思考，一起研究攻关，集大家智慧创造性地解决教育教学中的问题，并在这一创造性解决问题的过程中，实现与同伴和学生的共同成长。

第二节　青年教师专业发展调研分析

从 2014 年筹建初期到 2015 年 9 月正式开学，我们通过访谈、座谈的方式，深入了解青年教师的专业发展需求，面对新建校教师编制紧张、人少工作多的现状，干部和教师都兼任着多种角色并履职尽责。在这一艰难的起步阶段，教师们以校为家、无私奉献、团结合作、奋力拼搏，遇到困难，一起面对，共同研究创新对策，一起直面着新建校的各种挑战，使学校顺利度过了起步阶段的办学困难期，并树立了良好的办学形象，在这一过程中，也诞生了“敬业乐群、协同创新”的教师文化。为更好地发扬这种精神，并持续推进尊重教育教师文化的培育工作，2018 年 2 月，我校专门组织了 35 岁以下青年教师发展状况的问卷调查，调查情况分析如下：

一、青年教师的基本情况分析

我校有青年教师 34 名，其中 20～25 岁的教师 7 名，26～30 岁的教师 17 名，占青年教师数量的 50%，31～35 岁的教师 10 名。男女比例是 2∶15，其中，本科学历占 52.94%，硕士学历占 47.06%，大约 90%的教师入职年限小于 5 年，有 88%的教师是初级职称，仅有 11.76%的教师是中级职称。从以上数据看，可得出以下结论：一是青年教师的学历较高，发展空间很大；二是男女比例严重失调，从事教师职业的男教师很少；三是青年教师的职称大部分停留在初级职称，急需向上发展。

二、青年教师发展的内需分析

1. 从职业态度看

热爱和比较热爱教师职业的占91%，有3名教师对职业充满不确定性，渴望重新选择职业。

2. 从个人规划和发展愿景看

82%的教师认为职业规划能促进自己的专业发展，有6名教师不清楚职业规划和个人发展的关系。在“您是否了解教师专业发展的方式和方法?”一题中，有大约80%的教师明白专业发展的路径和方式，而有7名教师需要指导。有47.06%的教师能持之以恒地完成自身的专业发展任务。

同样，在“您是否有三年的职业规划？是否按规划进行?”一题中，表现一致的百分比关系：有规划并且能按计划实行的教师仅有40%。

对于“您是否有反思的习惯?”一题中，所有教师都有反思行为，但每天都有记录的教师仅有3%，大部分教师反思没有记录。

在“您会积极参加区级市级比赛吗?”一题中，70%的教师会看时间安排，有17%的教师很积极，每项比赛都会参加，大约11%的教师不会参加比赛，因为很忙，有点无暇顾及。

对于教师发展领域的问题，大约52%的教师愿意在教学业务上发展，32%的教师愿意在教学兼德育方向上发展，15%的教师表示出迷茫。

3. 从青年教师个人备课方面看

在“您是否清楚教学设计的一般流程和设计意图?”一题中，76.47%的教师表示很清楚，而23.53%的教师认为不太清楚。对学校的公开课任务，64.71%的教师每学期做一节课，21%的教师每学期两节课，9%的教师不承担公开课任务。

在“您对自己的备课满意吗?”这一问题中，大约10名教师对自己的备课表示不太满意，原因是时间紧，备课无法深入，还有2名教师感觉似乎没有时间备课。

在“任教以来，自己的教育、教学水平和能力有多大提高?”一题中，大约50%的教师认为有了明显的进步与提高，也有50%的教师认为提高比较缓慢。

4. 从青年教师个人阅读规划看

大部分教师每学期阅读1～5本书，更有教师阅读10本以上，说明教师的专业发展基础很好。从书的种类上分析，61.76%的教师热爱阅读教育类的书籍，52.94%的教师还喜欢阅读文史类的图书，而教科研和科学类的书籍阅读人数较少，军事类只有1名教师喜欢阅读。

三、青年教师发展的外因分析

1. 目前困境

在“您认为目前学校教师可持续发展的主要障碍”一题中，超过半数的教师认为是繁重、琐碎的事务性教育教学工作和超负荷的教学压力。而也有部分教师认为有个人努力程度不够或者家庭负担过重的原因。

在“您对学校在青年教师培养上还有何其他建议和要求?”一题中，部分教师认为目前的青年教师团队的培养针对性不够强，平台较少，认为应该立足课堂，做更多的教学实际问题研究，以解决青年教师教育教学工作中的一些困惑问题。

表6-1　学校教师可持续发展障碍问卷结果图(多选)

选项	人数	比例
A. 超负荷的教学压力	19	55.88%
B. 较大的教研压力	5	14.71%
C. 急功近利、学术浮躁情绪影响	9	26.47%
D. 个人缺乏学术发展后劲	10	29.41%
E. 个人缺乏崇尚学术、追求真理的努力	4	11.76%
F. 沉重的家庭负担及劳务负担	2	5.88%
G. 繁重、琐碎的事务性教育教学工作	22	64.71%
本题有效填写人次	34	

2. 培训和发展方向

在“您认为加强青年教师队伍建设采取的关键措施”一题中，有64.71%的教师认为教师专业成长需要个人努力和学校提供系统的青年教师培训体系，有58.82%的教师认为学校应从顶层设计上进一步重视青年教师发展，进一步完善激励机制和提供相应的帮助。

表 6-2　青年教师队伍建设采取措施问卷结果图(多选)

选项	人数	比例
A. 领导需从战略角度更加重视青年教师队伍建设	20	58.82%
B. 学校需制定相关扶持政策和完善配套的激励机制	20	58.82%
C. 学校需建立更加系统的青年教师培训体系	22	64.71%
D. 学校需再加大经费投入	14	41.18%
E. 教师本人必须奋发自强、努力完善自我、提高自我	22	64.71%
F. 学校需进一步营造并形成青年教师成长的浓厚人文氛围	16	47.06%
本题有效填写人次	34	

另外，在“您认为您现在最需要的教师专业发展的方式”一题中，项目研究、专家培训、教研活动、课堂研讨、老教师传帮带的票数最高。其中，导师带教和做公开课是老师们最认同的提高教学水平的方式。

四、教师个人特色思考

对于“您在工作中是否思考过自己的教育或教学特色？如果思考过，您认为可以在哪方面发展？”一题中，大部分教师考虑到刚参加工作时间短，还没有思考过个人的教育教学特色的问题，有 2 名教师认为特色体现在语文课堂的思维性和课题深入研究两个方向。

针对调研情况，一方面学校进一步完善了青年教师队伍建设规划，指导教师完善各自的专业发展计划，建立教师学习与发展共同体，大力开展尊重教育理念下的课例、教育教学问题、案例和项目等研究，结合不同教师的情况进行分类指导，因材施教，以改善教师的心智模式，提高教师的组织学习力；另一方面，结合学校开展的教师尊重之星、师德先锋和新秀教师、骨干教师等评选，为年轻教师团队的发展不断注入新的生机与活力，助力教师在自我超越中实现自身专业发展的不断突破。

第三节　尊重教育的教师文化培育措施

我们结合调研问题先后召开了青年教师、老中青教师座谈会，就教师们关心的发展问题和学校尊重教育的教师文化培育措施等广泛征求了教师的意见与建议。在教师文化培育的过程中，我们以教师学习与发展共同体为依托，开展基于项目研究的行动学习、基于案例研究的情境性学习、基于改进的反思性学习和以学生满意度为动力的问题式学习，通过专家引领、同伴互助、反思合作、行动研究，实施师德赋能、研究赋能、创新赋能和团队赋能，充分发挥了每一位教师和教师团队的创造性，并着力培育“敬业乐群、协同创新”的教师文化，建设“敬业乐群、协同创新”的卓越教师团队。

一、强化师德赋能，坚定教师专业发展的职业信念

我们以习总书记提出的“四有好老师”和“四个引路人”为指导，以确定的“三个三”的师德师能建设要求为目标，并以师德师风建设为切入点，以“微党课、微讲座、师德微报告”为主要内容的思政课为引领，以“践行师德，创先争优”“我身边的感人故事演讲”“尊重故事分享”等主题教育活动为依托，以师德先进教师、师德标兵、学生最喜爱的老师和“爱心奖、特别奉献奖”及“优秀教师团队奖”评选为抓手，充分发挥学校党组织的战斗堡垒作用和党员干部的榜样示范作用，不断引领青年教师强师德、铸师魂，坚定其职业信念。与此同时，学校制定教师自评、同伴互评、过程考核的师德师能考核办法。建立完善师德承诺制，规范全员廉洁从教管理，畅通学生、家长、社会参与的师德师风评价机制，严格落实评优、晋职、晋级师德一票否决制，全面加强了师德师风建设，师德赋能的以上措施有力促进了教师队伍职业境界的整体提升。

（一）讲好尊重故事，彰显尊重的力量

案例一：这个字你写得很认真

学校尊重之星张莉莉教师班里有个男孩学习习惯不好，比如写作业字迹潦草、卷面不整洁。为了纠正这些问题，张老师苦口婆心地跟他讲道理，也没少批评他，可是他依旧我行我素。有天中午，这位学生拿着作业本来找张老师批改，一看到他那擦得黑乎乎的作业本、潦草的字迹，张老师就无名火突起，忍不住想训斥他。可是，这次张老师转念一想，以前对他批评总是收效甚微，是不是自己的教育方式也有问题，何不换个方式呢？这时，张老师想到了心理学上的罗森塔尔效应，抱着试试看的态度，张老师努力地在这位

学生的作业本上搜索着，终于找到了一个写得比较认真的字。这时，张老师便指着那个字微笑着对他说："你瞧，这个字你就写得非常认真，老师很喜欢，如果你能把字都写得这么认真，老师就特别开心。"这位学生低下头看了看，有一丝兴奋又有些忐忑地问："写成这样就可以了？"张老师坚定地对他点了点头，他顿时雀跃道："那还不简单！"说着拿起作业本就要走，张老师摸了摸他的头说："听这话，你很有信心哦，老师好期待，加油！"……自那以后，张老师一直坚持给他以肯定、鼓励和表扬，慢慢地这位学生就真的在各方面发生了改变，并像张老师期望的那样表现得越来越优秀了。张老师的做法向我们展现了赏识的教育力量。

案例二：画出独特的自己

学校区级语文骨干张艳英老师曾遇到这样一名学生，不太与同学交往，很少交作业，经常在作业本上乱涂乱画。张老师看到这位学生画得还可以，也没有批评她，反而表扬了她，说她画得很好。张老师还与其他老师商议，特例批准这位同学可以发挥自己的特长，将各科作业设计成海报。这样一来，她一改不交作业的习惯，做作业的热情很高，还在画的旁边配上了文字说明，后来，这位同学还因此参加了学校的美术社团，并取得了很大进步。张老师针对这位学生的特点，通过特批她上交个性化的作业的方式，极大地激发了她学习的热情，使该同学在教师的肯定与鼓励下，逐渐爱上了学习，并发展了她的兴趣爱好与特长。张老师善于发现学生的闪光点，打破常规，因势利导，因材施教的专业精神为教师们树立了榜样。

案例三：用生命影响生命

学校区级英语骨干王眈老师在遇到一个爱插话又容易与同学发生冲突的学生时，她并没有指责和训斥学生，而是从学生愿意干的小事入手，对学生的积极表现及时予以充分的肯定。在此基础上，让学生多做自己喜欢的事情，让学生获得成就感从而完成了自我肯定。王老师用各种方法充分保护学生的自尊心，并最终成功地帮助该学生向着积极、阳光的方向发展。在这一过程中，王老师所表现出的爱心、耐心和博大胸怀，树立起了一位用生命影响生命，用爱温暖学生心灵的优秀教师的光辉形象。

案例四：在尊重中把控情绪

面对课堂上发脾气的学生彭彭（化名），学校尊重之星王柳洁老师没有与她发生正面冲突，而是运用冷处理的办法，给她留有自我反思的时间。在与彭彭沟通的过程中，王老师能够像朋友一样坐下来和她面对面地交谈与沟通，营造了安全、平等的良好氛围，这样，让彭彭感受到了来自教师的尊重，使其敞开心扉并深刻认识到自己存在的问题。这时，面对学生的一丝变化，王老师也寻找到了真正的教育起点和有利的教育契机。王老师的做法体现了尊重和平等对话的重要性，师生在相互尊重中相互理解，在彼此真诚的交流与沟通中，教育就这样悄然发生。王老师面对课堂上学生发脾气的状况，冷静面对，并通过课下与学生平等对话的方式解决了教育学生的问题，让我们看到了尊重的教育力量。

案例五：宽容的力量

学校区级骨干叶凤杰老师，一次进班辅导，看到班里小小(化名)同学躺在地上睡觉出洋相，叶老师没有在全班同学面前批评他，也没有把睡觉的小小叫起来，而是让他睡在椅子上，还给他盖好大衣。叶老师处理这一突发事件时充分顾及了学生的自尊，并引发了小小的自我反思，小小感到有点过分并很不自在地主动回到了座位上。在之后的相处中，小小从内心深处接受了叶老师，之后，也再没有给叶老师出"难题"。叶老师对这一突发事件的处理，不仅体现了她对学生关心、关爱和尊重的高尚师德，而且也体现了她多年研究学生心理变化，陪伴学生成长的许多教育智慧。叶老师的做法展现了宽容的教育力量。

案例六：一次聊天课

在班会课上，学校骨干教师张楠作为一个倾听者出现在学生面前，她把班会课上的时间、发言权、对事件的评判权、处理的表决权等统统交给了学生，让闹矛盾的孩子们自己陈述自己的事情，并在大家的帮助下促进当事人进行自我反思，在教师的启发下，引导其思考解决问题的方法并当场解决了班级发生的问题。整个过程没有指责、没有批评、没有说教，有的只是引导、启发、反思。正像张老师说的那样："尊重孩子认知，耐心等待；鼓励孩子反思，保护自尊；引导孩子包容，培养他尊；满足孩子需求，体验成长。"在这样的教育过程中，陪伴孩子一步步走向了进步与成长。张老师的做法让我们看到了尊重、包容、等待的教育力量。

……

每个人都希望得到他人的尊重、肯定与鼓励，以体现自身的价值，孩子自然也不例外。当我们不断地就某个问题批评一个孩子时，我们会发现，这个孩子的缺点会不断地蔓延，不断地扩张，甚至一些原本良好的行为习惯也会随之改变。因此，教师不应因孩子的不足而"当头棒喝"，而应给予更多的宽容和等待、更多的引导和帮助，积极寻找其"闪光点"，并抓住机会对其"闪光点"给予及时的肯定、表扬和鼓励，这样，慢慢地等待花开，学生们一定会给我们以惊喜。

（二）选树典型，榜样引领

教师师德标兵评选条件：

1. 服从工作安排，爱岗敬业，团结合作，认真履行岗位职责，并模范遵守《中小学教师职业道德规范》。

2. 能自觉按照“四有好老师”和“四个引路人”的标准要求自己，自觉践行学校提出的“三高、三情怀和三气”的教师专业发展要求。具有强烈的事业心、责任感和较强的开拓进取、改革创新和团队合作精神。

3. 教育教学业绩突出，在教师、家长、学生中反响好，满意度高。

教师尊重之星申报条件：

1. 以“四有”教师为目标，自觉遵守教师职业道德规范，践行社会主义核心价值观，努力争做学生健康成长的“引路人”。

2. 具有终身学习意识，在教育教学的过程中自觉践行尊重教育的理念。

3. 工作中尊重同伴、乐于分享、勤于沟通、善于协作。

4. 遵循教育规律和学生个性差异，面向全体，有效实施个性化教育，师生关系和谐，教育教学成绩突出。

5. 尊重家长，在教育孩子方面与家长能够实现有效沟通。

6. 语言文明规范，仪表得体。悦纳自己，潜心工作，热爱学生，享受教育。

学校每学期都开展教师尊重之星评选，每学年开展师德先进教师和师德标兵评选，每两年开展一次校级骨干教师评审……伴随着评选与评审，我们一直在寻找践行尊重教育的教师、寻找他们的尊重故事、寻找尊重的教育行为……寻找并不断弘扬这种敬业、乐群、创新的精神，在这一过程中，教师们的职业境界也得到了不断提升，其职业信念也更加坚定。

二、制定专业发展规划，增强教师专业发展的动力

美国学者柏林纳和司德菲等人通过研究，根据教师教学知识和技能的学习与掌握情况提出了教师专业发展的五阶段理论①，这一理论告诉我们：一名教师的专业发展需要经历新手阶段（1～2 年）、熟练新手阶段（2～3 年）、胜任阶段（3～4 或 5 年）、业务精干阶段（5 年及以上）和专家阶段（8～15 年）。依据这五阶段理论，我校对教师的专业发展提出了“入格—合格—出格—升格—风格”五个层级，并依照这五个层级，建立了教师梯级发展的激励机制（见

① 肖丽萍：《对教师发展阶段问题的理论思考》，《太原师范专科学校学报》2001 年第 3 期，第 72—74 页。

图6-1)，并进一步完善了教师专业发展的制度设计。

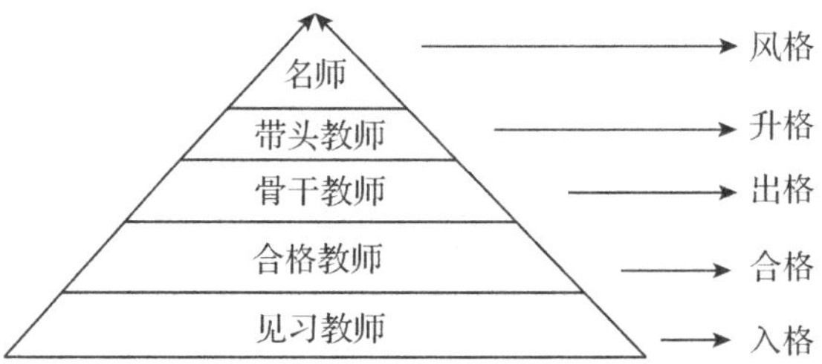

图6-1　教师专业发展梯级进阶图

在此基础上，我们指导所有教师制定了三年专业发展规划。教师个人发展规划包括个人简介、今天的我、明天的我、专业发展规划的年度目标分解、执行与反馈情况五部分。个人简介含基本情况、学习经历、工作经历、我的教育价值观、三年专业发展目标、我的教育格言等。自我分析部分(今天的我)主要是结合家庭背景、成长经历、工作岗位和工作环境，客观分析自己的知识能力、性格品质和专业素养，进行个人发展的综合分析，主要从个人发展突出优势、目前尚存在的不足、面临的发展机遇和挑战等四个方面进行分析。个人专业发展规划部分(明天的我)，主要设定自己内心的发展愿望、追求目标，期望达到怎样的职业发展及职业幸福状态，展望“明天的我”，含专业理念与师德、专业知识、专业能力三部分。

专业发展规划的年度目标(分为三个学年)分解是针对个人愿景，思考怎样做才能使“明天的我”成为现实。具体而言，就是在业绩上教师想取得什么样的成果？为了达到这些成果，自己应该做什么？为了保证业绩成果，需要展现什么样的态度和期望？年度目标的执行与反馈情况是指针对组织的帮助和个人的努力，教师每年需要进行的回顾、总结与展望，并针对自己的规划与措施进行必要的改进和修正，学校给予必要的指导、支持和评价，执行与反馈每学年进行一次。

在教师制定自己的专业发展规划时，我们还结合新建校教师编制紧张和学校尊重教育的基础型、拓展型和个性化课程实施的实际需要，激励中小学教师制定一专多能的复合型发展规划，积极实施教师专业发展1+1发展工程(即教师除教学一门基础型课程以外，至少还要学会教学一种拓展型或个性化的课程)，进一步完善了教师梯级发展和复合型教师发展的激励机制。

三、深度教研赋能，不断增强教师专业发展的自信

校本教研简单地说就是基于校本的实际教学问题，在真实的教学情境之

中，通过教学实践探索开展的行动研究。

实施尊重教育理念下的校本教研时，我校结合办学伊始阶段教师队伍年轻、规模不大、编制紧张、同学科教师人数不多的实际，借助中国教科院、教育部课程中心、北京师范大学、北京教科院基教研中心和北京教育学院丰台分院的专家力量，采取“专家＋教师”的教研模式，聘请的专家与教师直接结对指导与帮扶。结对指导与帮扶主要是采取互动式、螺旋式的校本研课方式进行的，这种校本教研的方式把教学研究的重心置于尊重教育理念下的具体教学情境之中，强调在真实的教学情境中发现问题、研究问题和解决问题。

校本教研前：教师自主申报研课主题，按照学校尊重教育以“学”为中心的课改要求，通过研读课程标准，认真分析学情，确定教学目标和教学重点、难点，初步做好教学设计。

校本教研中：第一阶段是集体备课。学校同学科或相近学科教师与课程中心一起研讨。一般是教师先按照自己的准备说课，然后校内开展研讨，大家提出修改意见，同时征求结对专家的意见，之后教师修改教学设计。第二阶段是讲研讨课。结对指导的专家和相关教师一同深入课堂进行观课，学校同时录课。第三阶段研课与指导。专家结合观察课堂情况对教师的研讨课开展结构化的分析探讨与指导，专家先从分析课程标准和学生开始，看教师三维目标的设计与表述，看教师从低认知问题到高认知问题设计的逻辑性，看是否形成了有效的问题链，看教师重点和难点的设计与突破措施是否一致，看学生的状态、参与程度、思维的活跃程度、课堂的生成问题处理、课堂的目标达成度等。

校本教研后：一是教师结合专家的指导意见，再对照研讨课的实录进行反思，在此基础上，进一步修改研讨课的教学设计方案。二是专家指导该教师在一定范围内上一节示范课，专家对示范课再给予指导。三是教师反思自己从备课、上研讨课到上示范课的这一过程，反思从中的收获、进步与待改进之处，哪些问题解决了，哪些问题还没有解决？为什么没有解决？寻找原因，在进行深度反思后写出校本教研的反思。

在完成第一轮校本教研后，再进入下一轮的校本教研。在第二轮校本教研的研课中，原则上在第一轮校本教研中已解决的问题，不应再出现在新一轮的研课之中，就这样环环相扣，螺旋上升。在这一校本教研的过程中，教师全身心投入思考、备课、研课、反思之中，反思是否体现了以“学”为中心，是否做到了“问题导学、少教多学、自主思学、合作互学”，反思每一个学生是否听懂了、理解了、学会了、会学了、学好了、会用了等。

在校本教研过程中，教研的导向从一节节课的研究延伸到学生学习的整个过程，从学生学习双基延伸到能力提升和发展学科核心素养。在这样的互动螺旋式校本教研中，教师不断体验着成长，不断增强着自身专业发展的自信，同时，师生也实现了共同成长。随着校本教研的不断深入和年轻骨干教师的成长，我们校本教研的模式也从一开始的“专家＋教师”结对帮扶模式逐步转变为“专家＋骨干＋教师”的团队成长模式。

附：北京教科院丰台学校“逐光”工程实施方案(节选)

培养目标

通过“逐光”培养工程，进一步发挥经验丰富的老教师和骨干教师的辐射带动作用，引导中青年教师不断丰富和提升教育教学理论，提高教师课程实施能力，以适应新课改和学校改革发展的需要，努力为学校打造一支理念先进、品德高尚、意识超前、业务精良、创新实干的梯队型教师队伍。具体目标为：

1. 热爱教育事业，具有强烈的事业心和责任心，具有高尚的职业道德修养，爱岗敬业，教书育人，为人师表。

2. 具有扎实的教学基本功，能熟练运用现代教育教学手段。

3. 具有扎实的教育理论和专业知识，能够独当一面，具备一定的教科研能力。

4. 具备较强的教育管理能力，能胜任学科教学、班主任工作。

5. 促进中青年教师在课堂教学、教学评价、教育科研、课程资源开发与利用、拓展型和个性化课程开发等多方面得到提升与发展。

研训内容

1. 学习与践行尊重教育理念，掌握尊重教育课程体系，践行“问题导学、少教多学、自主思学、合作互学”的课改要求和“班风正、学风浓、发展好”带班要求，积极推进课堂教学改革或班级管理改革，努力提高育人质量。

2. 解决实践中的困惑与问题。坚持尊重教育理念和以“学”为中心的课改要求，在骨干教师的指导下参与备课、说课、上课、听课、评课、班级管理等实践活动，解决尊重教育实施中遇到的问题与困惑，满足成长提升需要。

3. 提高课程实施能力。通过观察、模仿、诊断、借鉴、反思提升教育观念，掌握方法策略，不断丰富教育教学管理经验，提高尊重教育课程的实施能力。

指导教师职责

骨干教师要坚持尊重教育理念，带头实施尊重课堂改革，积极实施班级管理创新，指导被带教师熟悉各教学环节，了解教学规律和教学规范，掌握基本教学技能。通过座谈交流、现场技能指导等，加强切磋与交流，指导被带教师熟悉教学研究基本程序和方法，提高其专业素养和职业能力。具体完成以下任务：

1. 和培养对象保持经常性的思想交流、沟通，督促其树立良好的师德师风。

2. 根据被带教师的特点和培养需求，制订指导工作计划，并具体实施。

3. 有计划地安排被带教师定期听课、辅导、熟悉教学环节。被带教师新开课后，应跟踪课程，指导备课，随堂辅导，帮助其提升教学质量。

4. 指导被带教师确立教育教学研究方向，熟悉教学研究的一般程序和方法，积极推进课程改革和深度教学的实施。

跟学教师职责

1. 跟学教师在校内确定一位指导老师作为求教对象，请对方指导自己的教育教学工作。

2. 加强教学研究，坚持以“学”为中心，将常规教育教学落实到位，自觉实践“问题导学、少教多学、自主思学、合作互学”教改要求，提高教育教学质量。

3. 自觉与求教对象加强联系，每周听课至少2节，每月交流1～2次；求教要有针对性内容，力求实效。

4. 求教工作中，要做好记录，勤于反思，勤于实践，勤于总结，每年至少撰写1～2篇教育教学随笔或论文。

5. 求教情况在每学年度结束时进行总结，对自己所完成的教学、科研工作、培养收获等进行总结，向学校汇报。培养周期内至少面向组内上一节汇报课，面向全校上一节汇报课。

四、工作坊赋能，建立教师学习与发展共同体

在引领教师专业发展的过程中，我们依托北京教科院基教研中心、德育中心基础教育研究所先后建立了王建平英语名师工作站、北京市中小学优秀班主任成长项目基地校等平台，并聘请著名特级教师吴正宪、张立军、刘延革、连中国等名师，到校跟踪指导青年教师课堂教学和发展共同体工作，在名师的引领下，青年教师得以快速成长并成为区校级骨干力量。下面以中小学班主任工作坊为例，呈现教师学习与发展共同体建设的实践样态。

（一）中小学班主任工作坊

我们在教科院德育中心谢春风主任和全国十佳班主任、优秀班主任研究室马金鹤主任的引领下，建立了中小学两个班主任工作坊，小学班主任工作坊由北京市“紫禁杯”优秀班主任一等奖获得者李文洁主持，初中班主任工作

坊由北京市“紫禁杯”优秀班主任二等奖获得者张艳英老师主持。中小学班主任工作坊在两位主持人的带领下，分别组建了有经验的班主任老师组成的指导教师团队，全校所有在任的青年班主任和副班主任为工作坊成员。

班主任工作坊的目标：坚持“立德树人”根本任务，践行尊重教育理念，结合学校尊重教育校本文化培育的探索，按照“班风正、学风浓、发展好”的班级建设目标，完成班级文化建设的顶层设计并付诸实施，在专家的指导下，努力培育各具特色的班级文化，结合学校每学年开展的“学生最喜爱的班主任”和“优秀班主任”评选活动，激励班主任的专业成长与发展，逐步培养具有个人特质和人格魅力的研究型、思想型和智慧型班主任团队。

班主任工作坊研修方式：工作坊采用“名师引领＋自主研修”的方式，将集中学习和分散自学相结合、自主研修和专家引领相结合，通过阅读、讲座、研讨、交流、参观、沙龙、汇报等多种形式，提升工作坊成员的专业素养和育人能力。

班主任工作坊研修任务：一是研修有关班级文化建设、班级管理理论和儿童发展心理学等，如：研读《魏书生班主任工作漫谈》《第 56 号教室的奇迹》《正面管教》《勇于管教》《非暴力沟通》《心灵写诗——李镇西班主任日记》《班主任兵法》《教育从尊重开始》《做一个专业的班主任》《魅力班会是怎样炼成的》等，要求每位成员每学期精读 1～2 本专著或书籍，并撰写读书心得，开展读书交流活动。二是加强对学校尊重教育理念文化、尊重进阶课程的学习等，班主任工作坊成员完成班级文化建设的顶层设计，开展班级文化建设创新研讨与交流，总结班级文化创新的成果。

工作坊学员的考核：工作坊学员每学年至少参加 8 次工作坊活动（含培训、交流、讲座等），研读专业书籍 2～4 本，撰写论文、案例或教育随笔 2 篇，开展 2 次汇报交流，完成 1～2 次主题班队会或活动设计，完成 1～2 节尊重进阶课程设计。

每项学习与交流活动 3 学分，每篇案例、随笔或设计 3 学分，参与项目研究 5 学分，班级管理考核评价 5 学分。学年末根据学分评选优秀学员（星级学员 50 分合格，60 分优秀；拓展学员 30 分合格，40 分优秀）。

（二）班主任工作坊的活动与成效

在班主任工作坊活动中，我们采取任务驱动的策略，按阶段、分专题的方式螺旋推进研修，并做到学以致用，收到了很好的研修效果。如：组织工作坊学员听了全国十佳班主任马金鹤老师的《如何进行班级文化建设》之后，老师们重新审视自己的班级文化建设方案，带领同学们共同学习研究，并着手布置教室的各项陈设……

俗话说“无规矩不成方圆”，要想打造一个“班风正、学风浓、发展好”的班集体，班规的树立显得尤为重要。修订班规成为班级文化建设的一项重要内容。

在各班修订的班规中，有的阐述清晰、具体可行；有的要求明确、奖惩分明；有的图文并茂、生动活泼；有的对仗工整、朗朗上口。2020级三年级(2)班班规以公约的形式呈现，既是同学们共同的约定，又体现出班级的特色，更有班级文化的凝练！正、勤、雅、韧，在“四字精神”的引领下，同学们更加明确自己的奋斗目标。2020级二年级(3)班的班规中既有所有“家族”成员，又呈现出“星宇班”的文化特色，红黄相间闪耀的班徽时刻传递着集体的精神与凝聚力……

在班主任工作坊的研修过程中，工作坊的学员用心思考，用心感悟，让教育智慧升华，炼就一双慧眼，发现学生“那一点点光”，感受每一个鲜活生命的独一无二和与众不同，并不断创新着班级育人的策略，建设了各具特色的班级文化。与此同时，我们依托班主任工作坊，通过设置“星级学员”逐步形成了以典型班主任为龙头，构建完善了校级骨干班主任—区级品优班、区级优秀班主任—北京市“紫禁杯”优秀班主任、北京市先进班集体的班主任梯级成长的激励机制。

校级骨干班主任评选条件：参加校级骨干班主任评选须为担任过两年及以上班主任的现任班主任，每周课时不少于满工作量的70%，教育教学成绩较好。且满足以下条件：一是师德高尚。①认真遵守教育法律法规和《中小学教师职业道德规范》。服从学校工作安排，爱岗敬业，团结合作，有创新精神，有一定的教育、教学组织管理能力。②能自觉践行学校提出的“三高、三情怀和三气”的教师专业发展要求。③具有高度的事业心、责任感和较强的开拓进取、改革创新和团队合作精神，自参加工作以来，在教师、家长、学生中反响较好，无违反师德规范行为。二是师能凸显。①注重班集体建设，教育理念先进，教育方法科学，具有较强的班级建设能力。重视法制、安全教育，家校社协同工作效果良好，班级文化建设具有特色，班集体凝聚力强。所带班级成效突出，荣获校级及以上优秀班集体称号。所带班级家长、学生满意度高，受到多方肯定。②近2年内，承担过区级及以上主题班(队)会、心理健康教育课等学术研究活动的展示课、研究课，主题班会设计或实录获得区级及以上奖励；注重班主任工作研究与实践，有关班级管理创新的论文获区及以上奖励或在区级及以上刊物发表；或主持校级德育课题、承担项目研究或参与区级德育科研课题的研究，并取得成效。③有指导青年班主任的经历和能力，对学校班主任队伍有辐射带动作用，参加过校级及以上班主任典型经验交流，能带领本校班主任开展德育研究工作，解决教育实际问题。④积极参加各种形式的继续教育学习，注重教师专业发展，不断更新知识结构和教育观念，继续教育考核合格。三是成绩突出。在教育教学实践中，具有较强的尊重教育理念践行意识，坚持以学生发展为本的理念，班级常规管理落实到位，并能深刻理解和实践学校提出的"班风正、学风浓、质量高"的班级建设标准要求，所带班级学生发展状态好，成绩较为突出，学生喜欢程度和家长满意程度较高(参考学校每学期的满意度测评成绩)。

案例一：杨亚琴老师的"点线面"班级管理策略

杨亚琴老师是一位年轻的数学教师，她结合数学的特点，在班级管理的策略上实施创新，总结出了"点线面"的班级管理策略。她认为，在数学中，"点"是最基本的图形，由"点"绘出各种"线"，再由"线"构成各种面。但是一个班集体中，虽然学生是基础，与数学中不同的是，她认为班主任是"点"，各科老师、班委、小组、班规是"线"，全体学生是"面"。《孙子兵法》云："上下同欲者胜。"以共同目标为纽带，班主任作为"点"，牵动各条"线"，从而带动整个"面"，建成一个"点线面"的共同体，"点""线""面"相辅相成，达到"1+1＞2"的效应。"1+1＞2"效应是一种协同效应，协同效应原本是一种物理化学现象，是指两种或两种以上的组分相加或调配在一起，所产生的作用大于各种组分单独应用时作用的总和。在一个班集体中，师生配合可以达到教学相长的效果，生生合作可以产生"三个臭皮匠顶一个诸葛亮"的效果，凝聚而成的"效应"作用于每位学生。

案例二：杨丽君老师的景行班育人方略

"高山仰止，景行行止"原出于《诗经·小雅》，有"喻以崇高的品行"之意；杨丽君和全班学生讨论，他们以景行班作为班名，并提出了班级高山文化建设的构想并付诸实施。该班以"高山"来比喻一个学生的才学和品德。其中"才学"的发展包括了五育中的智育、体育、美育；"品德"的发展则以德育、劳育和心理建设为主。六个方面相辅相成，只有全面发展，才能造就健全的人格。因此，他们有了以下的设计(见图6-2)。

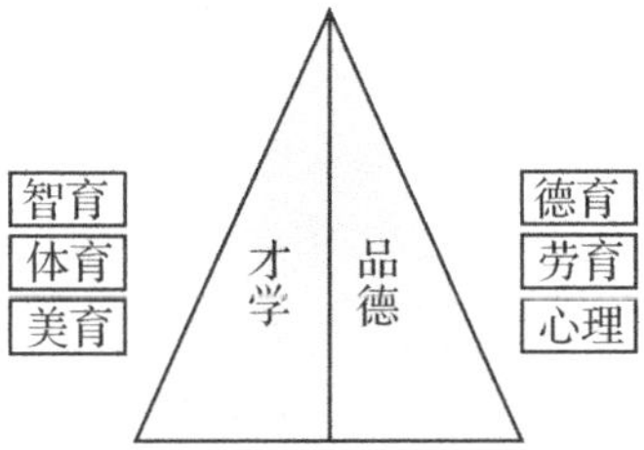

图6-2 景行班育人方略简图

案例三：吴双鹤老师赏识激励的管理

吴双鹤老师在班级管理中，开展了每月给班里所有学生找优点活动，在这一活动中，第一步是先由学生为自己找出10个优点，然后再提交到小组里交流、评议优点。活动开始时，有一些学生就找到吴双鹤老师说："老师，我找不出自己那么多优点，其实我能找出我的许多缺点。"吴老师说："我们的活动是找优点，不是找缺点，我帮你找一找，例如你乐于助人，时常主动帮同学打饭；你交作业很及时，你见了老师总是主动问好……"就这样，在吴老师的指导下，完成了学生找优点和各小组交流评议优点的工作。第二步，小组派学生代表在全班交流优点，教师点评、鼓励并指导。下个月，学生自查自己的优点坚持了没有，哪个坚持得好？哪个没有坚持？为什么没有坚持？还发现新优点了吗？自查后再到小组交流评议，之后各组代表交流发扬优点的情况后，教师点评并给予鼓励性评价。不仅如此，吴老师还在家委会的协助下，在家长中开展给孩子找优点活动……在这样循环往复的找优点、坚持优点、肯定优点、鼓励优点、表扬优点的过程中，学生的学习状态和精神面貌都发生了很大变化，良好的班风和学风也逐渐形成，"班风正、学风浓、发展好"的班级建设目标也逐步成为现实。

案例四：白茹老师班级的班名、班训和班徽征集活动

产生背景：自2016年9月七年级(1)班成立，经过一个学期的熟悉与了解，白老师对班级25名学生的性格特点与成长背景得以知晓。对于"零零后"新生代的他们而言，以自我为中心，不考虑他人体会，语言太过随意，不会在言行中给人传达尊重与敬意。在日常的学校学习与生活中，班级中学生时常会出现小摩擦、小争执。追根溯源之后，学生能够很快意识到他们自身存在的问题，即"不会使用文明用语，待人处事不够礼貌"，因此，才会出现诸多摩擦。结合我校尊重教育的理念，亦经过与班级家委会成员的讨论与交流，学生家长和白老师对"创建一个明礼班"达成了共识。一致认为，在教育孩子学习知识、形成能力的同时，一定要教会孩子如何待人和如何做人。

产生过程：作为班主任，处理每天班级日常事务占据了太多时间与精力，白老师发现，若没有一个明确的班级指引，只会达到"事倍功半"的结果。为此，从本班实际出发，开始设计班名、班徽、班训。首先，召集了班委成员，采用小组讨论、自由发言的方式，使经常因为缺乏礼貌而导致学生间发生矛盾的现象浮出水面，由此，白老师深感"文明有礼"对于改善本班学生目前现状的重要性与必要性。因此，便着手以"礼"字为核心建设七年级(1)班的班级文化。

班名与内容释义：明礼班。荀子有云：人无礼则不生，事无礼则不成，国家无礼则不宁。可见“礼”对于中小学生的健康成长是多么重要。在24字社会主义核心价值观中，“文明”被明确而清晰地提出。文明是社会进步的重要标志，也是社会主义现代化国家的重要特征。它是社会主义现代化国家文化建设的应有状态，是面向现代化、面向世界、面向未来的要求，是民族的、科学的、大众的社会主义文化的概括，是实现中华民族伟大复兴的重要支撑。在学生日常生活中，“明礼守法讲美德”就显得尤为重要。

班训与内容释义：谦谦君子，温润如玉，明礼七一，砥砺前行。《诗经·卫风》中讲到“有匪君子，如切如磋，如琢如磨”。意思是君子要做到谦虚而又严格要求自己，像玉一样温润。在班级学生的日常相处中，教师最希望见到的情形即是如此，女生如淑女、男生如绅士。在文明有礼的环境中，学生能够崇尚美德，确立更高的人生目标并为之不断奋斗。

班徽图案设计与释义：

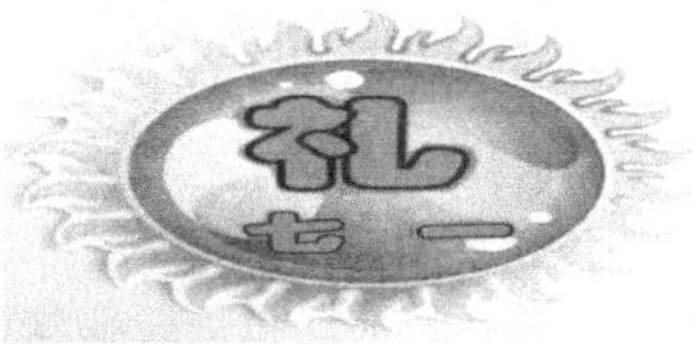

图 6-3　七年级(1)班班徽设计图

明礼班的班徽设计：在象征着光明、希望与未来的太阳的大背景上，赫然出现一个清晰的“礼”字，以引导学生在待人处事和学会做人的实践中成长，在阳光、积极、明礼、崇德的文化氛围中健康发展。

效果与体会：“明礼”班养成记

故事一：口头禅的悄然变化——不再“他、他、他”

记得2021年9月初的一个中午，自由活动时间刚过，班里两个男生拿着篮球、喘着粗气、涨红着脸、大汗淋漓地冲进我办公室的那一幕。A学生还没等我从堆满作业与练习册的办公桌上抬起头，就已经开始了他的诉说：“白老师，他打篮球时撞到我了！他还用手挠我！他还拽我衣服，您看，都脏了！他——”A同学的这一连串的控诉被B同学“无情”地打断了。“白老师，是他！是他先撞的我！是他先骂的我脏字！是他用脚绊我的！您看，我的衣服都让他弄脏了！”听了这两段“声情并茂、纵声绘色”的“独白”之后，我先是脑袋一大，“嗡”的一声炸开了。随后脑海中一闪而过了一个他们在自述中的关键词，也是高频词——“他、他、他”。抓到了问题的重点，就一定不能放过这个教育契机，我心中默默地告诉自己。定了定神之后，我微笑了一下，拿来两个纸杯，接了温开水，领着这两个“针尖对麦芒”的学生来到了一间选修教室。在我示意他俩面对面坐下之后，对他俩说道：“请两位回想一下自己刚刚对白老师说的对事情经过的描述，你对对方的称谓是什么？”他俩顿了一下，之后回答说“他”。我接着说道：“现在两个人静下心来，每个句子都要以‘我’做主语去描述这件事情。五分钟之后，我回来。”时间一分一秒过去，我在走廊中来回踱着步，很快，两名学生打开教室的门，对我说：“白老师，我们解决了！”我欣然一笑，随即进入选修教室，和他们一起坐下，倾心交谈到底是什么灵机妙想引导他俩这么快解决了矛盾。在第二天的班级晨会上，这两名学生共同走到了教室前边，和同学们分享了一个字——“礼”，并分享了一个人称代词“我”。这个“礼”字不是简单的礼貌，而是文明有礼、如同君子、如同淑女一样的气质。这个称谓“我”讲的是在矛盾、分歧与争执中，如何从我的角度出发，切实去反思、回想与梳理自己言行对事件推进的影响，继而达到心平气和解决问题的目的。

自那以后，同学们很少再用“他”去描述同学间的矛盾冲突了，也很少再去指责别人的不足了，看到这样的变化，我更加坚定了尊重教育理念下的“明礼”教育。

故事二　七(1)班——“懂事”班 美名传

七年级上学期期末前夕，七(1)班的学生突然发现了历史课马老师的“变化”，往常高跟鞋、塑身美衣是必备，现如今怎么天天运动鞋、宽松毛衣？原来马老师怀了小宝宝。这件喜事很快传遍班级的每个角落，大家都跟着兴奋。在上历史课前，总会有这样一种情形，即教师还没有走进课堂喊“上课”，同学们已经整整齐齐地站了起来，等到马老师带着“不解”的声音喊“上课”后，学生们恭敬问好，再坐下。等到下课时，班长一声令下“起立”，再按照常规喊过“老师再见”后，又整整齐齐声音嘹亮地加了一句“老师，您辛苦了！”这之后，从历史课到任何一节课，课后起立与老师再见时，班里同学都会这样整齐地跟一句“老师，您辛苦了！”自此，“懂事”二字就在各位教师对我班学生的评语中出现了。

回想起来，这一声声“老师，您辛苦了”绝不仅仅是口头上的一个礼貌性的表达，而是发自同学们对老师真心诚意的敬意与感恩。这不正体现了“明礼”班的特征吗？

作为班主任，我通过日常教育，看到的是学生点滴的进步与变化，这不正是教育的意义所在吗？自这以后，我能深切感受到学生离班主任、离任课教师的心理距离不再那么遥远，“礼”字也成了我们班级文化的标志。

白茹老师在建设“明礼”班的实践探索中，不但发生着许许多多的尊重与感人的故事，而且她还带领班本团队的老师们在教学楼的走廊和楼梯间，开辟了一片片展示区，定期展出学生的书法、绘画、手工、摄影、陶塑、作文等多种形态的作品，把学生的作品也变成了学校环境文化的一部分，展出的这些作品处处体现着班本团队的老师对学生差异化和多元发展的关注和尊重。就这样，白老师与班内25名学生一起，一直践行着“明礼崇德”的理念，并在不断的进步中持续砥砺前行。2019年毕业时，全班学生均以优异的成绩毕业并各自考入了理想的学校继续深造。

张涵双老师在班级管理中实施的“解忧杂货店”在师生间搭建起了心理沟通的桥梁；申雪老师组织的亲子间互写书信活动促进了亲子关系的和谐；王耽老师的学生人生规划设计与实践活动增强了学生发展的内动力等，在工作坊这个家中，大家共同探讨教育中的问题、交流经验、感受温暖、蓄积能量，持续研究与实践，班主任也实现了自身的专业成长。白茹等3人在北京市“紫金杯”班主任基本功大赛或班会设计评比中获一、二等奖，5名班主任被评为区级优秀班主任，2名班主任成长为校、区级骨干。

五、项目研究赋能，协同创新助力教师专业发展

学校实施项目带动策略，制定项目研究管理办法，以项目研究为依托，组建教师项目研究团队，推进教师学习与发展共同体建设。

项目设立的原则。项目的设立应坚持以学生发展为本的原则，一切从尊重教育理念下的教育教学的实际问题出发，本着有利于推进课程与教学改革，有利于激发学生学习动机，调动其学习积极性，有利于学生发展的实际获得和促进师生共同成长的原则，做好立项项目的选择与申请备案工作。

项目内容的确定。原则上以学校发展规划、年度计划的改革内容为依据，由教师结合自身教育教学中的实际问题和自身的优势提出，报学校学术委员会审批。项目内容主要涉及学校管理、教育科研、课程整合、课程开发、课堂改革、评价改革、学科深度教学等方面。学校教师可以自己单独申报项目，也可以和其他教师合作申报，每个项目设定负责人一人。项目负责人的确定采取自荐和推荐相结合的方式，由学校研究后公布。刚入职的教师原则上不单独申报(有能力承担的除外)，但在工作中应尽快找准自己课程实施的项目方向，为尔后申报打好基础。

项目的管理与奖励。一是项目负责人负责制订项目实施计划或方案，属于课程开发的须撰写课程纲要，计划、方案或纲要在充分研讨后，报学校审定后实施。二是学校专门成立项目推进工作领导小组，由校长任组长，成员由中层以上干部和教研组长组成。根据上报的项目，领导小组成员将进行具

体分工，并按照职责分工分别抓好项目实施的推进工作。三是每学期学校通过举办以“微论坛、微报告”为主要内容的交流分享活动，推进项目实施工作，期末由项目负责人对项目实施情况和新学期的推进措施进行汇报，汇报时须用PPT的形式进行。四是学校据项目推进的情况给予评价，评价分为优秀、良好、合格和待改进四个等级。五是学校对项目的实施所需的经费给予保障，项目实施完成后(一般1～2年时间)，学校将根据项目的实施取得的成果进行评价，并分别给予不同的奖励，一般以项目为单位进行奖励，项目的奖励从年度绩效工资总量中列支。

以下是教师开展的部分项目研究案例：

语文分级阅读项目。学校语文组在区级骨干教师张艳英老师的带领下，以语文课程标准为准绳，按照1～2年级、3～4年级、5～6年级、7～9年级四个学段学生的智力和心理发育的程度，围绕语文核心素养，从认读感知、推理解释、评价鉴赏、质疑探究、拓展应用五个能力层级设计了合格、良好、优秀三个评价等级的阅读内容及课程。阅读的内容分为古诗文阅读和名著阅读两大部分，大体按课上示例领读精讲和课下自读写作两种类型实施。实施的方式是多样的，如开展阅读交流会，举办辩论赛，竞选阅读小达人、智闯名著王国等。教师评价学生阅读所达到层级的方式也是多元的，如可以开展识字竞赛，以表现性评价的方式来了解学生识字量所达到的水平，运用阅读策略，监控阅读过程及阅读达到的层级，运用问卷调查和课堂即时性评价等。

通过实施语文阅读项目，学生阅读古诗文的兴趣、读名著的兴趣、批注阅读和写读书心得的习惯有了很大改观(见图6-4)，学生语文阶段性检测成绩也有了很大提高，初中语文质量也由全区中游水平跨入全区前列，学生阅读能力和语文核心素养也有了较大提升。

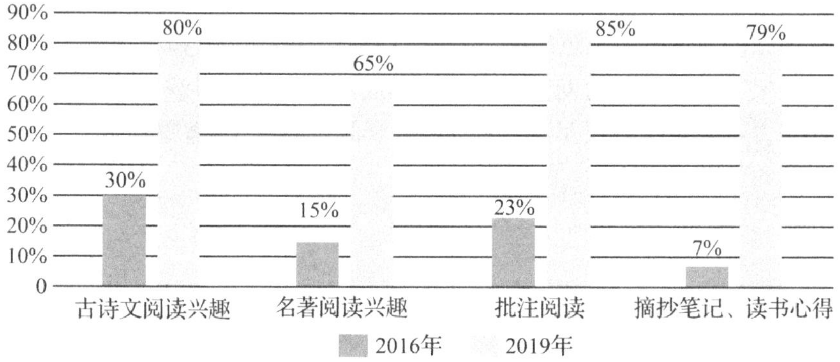

图6-4　2016～2019年分级阅读实施前后的调查对比图

小学英语绘本教学研究项目。在北京教科院的支持下，学校成立了小学英语名师工作站，基教研中心王建平副主任带领我校英语教师团队分别参与了教育部“十二五”和“十三五”规划课题英语分级阅读体系研究。在研究实践中，教师将具身认知理论研究成果应用于英语绘本教学，调动学生多感官同时参与英语学习，激发了学生学习英语的浓厚兴趣，有力促进了学生实际应用英语能力的提高。同时，通过研究，教师也收获了专业上的成长，英语组参与的教育科学“十二五”规划教育部重点课题子课题“低年级借助绘本感知音素”被评为全国优秀研究成果一等奖。李颖姣、穆晓超和申雪老师分别在市、区级英语教学比赛中获得一、二等奖，并多次在区、市和全国执教公开课并做经验分享。

A-S-K 课程①研究项目。A-S-K（Attitude、Skill、Knowledge）课程特别之处在于通过一系列丰富、高效的游戏与活动，帮助学生突破学科学习中平时难以接受的重难点，培养学生的学科思维和核心素养。在北京教科院的支持下，学校聚焦 A-S-K 课程主题，积极开展了小学低段数学、科学学科重难点的突破策略的研究。如：针对低年级学生经常在图形与几何的认识方面出现困难，王若愚老师带领数学备课组研究设计了一年级的“平面图形”A-S-K 课程，让学生利用纸、笔、印章、橡皮泥等生活中常见的物品，以小组合作的方式尝试将立体图形上的一个面单独制作出来，通过这个小游戏让学生体会“体”和“面”之间的关系，体会到“面从体来”的概念，从而实现了教学难点的突破，并培养了学生小组合作、探索规律、归纳推理等能力。王若愚老师的课例被评为教育部 2018 年度“一师一优课、一课一名师”活动部级优秀课。

“学思维”课程②应用推广项目。该课程以思维方法为主线，以学生日常生活经验和学科知识为载体，以激学导思、展学反思、拓学创思为活动学习方式，活动内容由浅入深、由易到难、由简单到复杂，让学生在参与愉快的活动中掌握思维方法，提升思维品质。如：课程实施中，教师指导学生在“学会倾听脚手架”（见图 6-5）的助力下，逐步养成良好的思维习惯，通过实践体验，激发内驱力，让课堂真正呈现出“民主、对话、生成”的智慧课堂样态，使学生真正成为学习的主人。

---

① 张熙，等：《A-S-K 课程的理论与实践——核心素养培养的实验研究》，中国人口出版社 2017 年版。

② 胡卫平主编：《学思维活动课程》，外语教学与研究出版社 2011 年版。

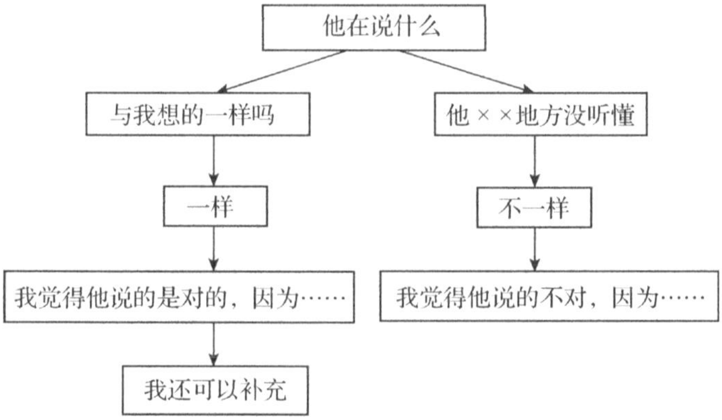

图 6-5　学会倾听脚手架示意图

老师积极引导学生运用思维导图厘清各个知识点之间的关系，让学生的思维可视化，把零散的内容绘制到一起形成系统性思维，逐步提升抽象能力及概括能力。与此同时，还组织开展了一系列的趣味活动，以培养学生思维的灵活性。

一是在分“数”中提升分类能力。分类是以比较为基础，根据研究对象的相同点和不同点，把事物分门别类的思维方法。事物之间存在着各种各样的相同点和不同点。人们常常根据研究和学习的目的，以某种特征为标准将对象归入不同的类别；在同一类别中，又根据对象不同点将它们划为下一层次的较小类，将事物划分成具有一定从属关系的等级系统。

如：“分‘数’”是七年级的一节活动课。活动目的是通过分“数”活动，让学生明确分类标准，做到不重不漏。通过小组合作学习，掌握比较和分类的方法，提高思维的深刻性与灵活性，并养成把事物分门别类、区分事物主次矛盾的思维习惯。课上，教师从学生实际生活入手，举例垃圾分类、小组分类、考试学校分类等，感受分类标准不是固定的，目的不同，角度不同，可以有不同的分类标准（见图 6-6、图 6-7）。然后引导学生从数学课的角度，让学生发散思维写出学过的“数”，以组为单位，尝试对列举的“数”进行分类，让学生明确对数进行分类的过程其实也是一个归类的过程，借助已知的数字类型，确定分类标准，还要明确为什么会出现这样的分类（见图 6-8）。

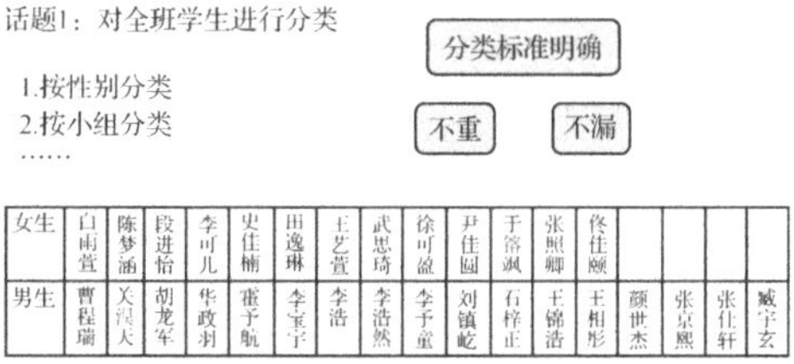

图 6-6　学生分类导入图

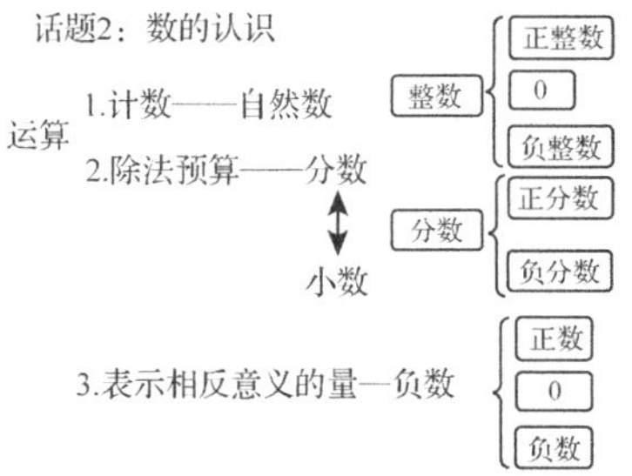

图 6-7　已有认知思维导图

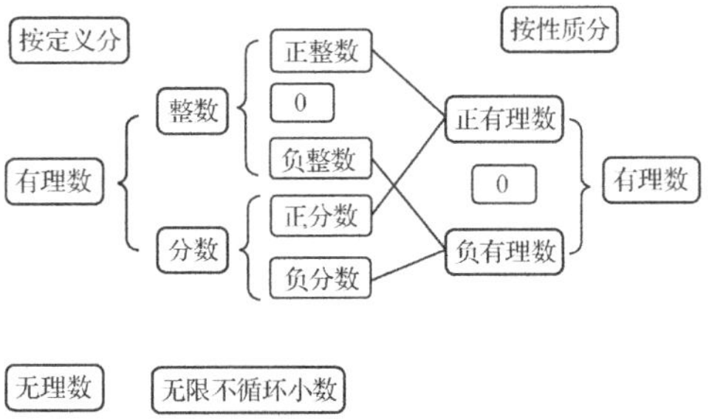

图 6-8　数的分类思维导图

最后在活动分享环节，引导学生明确分类标准无好坏，分类要遵循三个原则：第一，分类必须按照一定的标准进行；第二，分类要遵循穷尽性原则，即划分出来的子项外延之和必须等于母项的外延；第三，分类要反映事物的层次和次序。分类时可以从不同的角度思考，如还可以分成汉字和阿拉伯数字等。

二是在分析思辨中培养学生推理能力。推理是由一个或几个已知的判断（前提），推导出一个未知结论的思维过程，主要有归纳推理和演绎推理。归纳推理的具体步骤为：第一，搜集材料，通过观察、实验等方式获取大量的感性材料；第二，整理材料，将材料归类，并得出反映事物外部特征和条件的判断；第三，抽象概括，通过分析、综合、比较等，排除无关的、非本质的因素，抽象出各个本质因素，从而概括出一般性的规律。

如："真真假假"是四年级上册的教学内容，故事由判断"井水能喝吗"引入。旅行者来到了一个奇怪的村子旅游，这个村子一半人只说真话，一半人只说假话。这名旅行者感到口很渴，想喝水，但是他不知道井里的水到底能不能喝。当他正在犹豫的时候，他看到了阳光明媚的天空，有了一个好主意。他见到了一个村民，他说："今天的天气真好呀！"村民说："是的呢！"旅行者说："这口井里的水能喝吗？"村民回答说："能喝！"由此教师追问"你觉得旅行者能喝井里的水吗？"

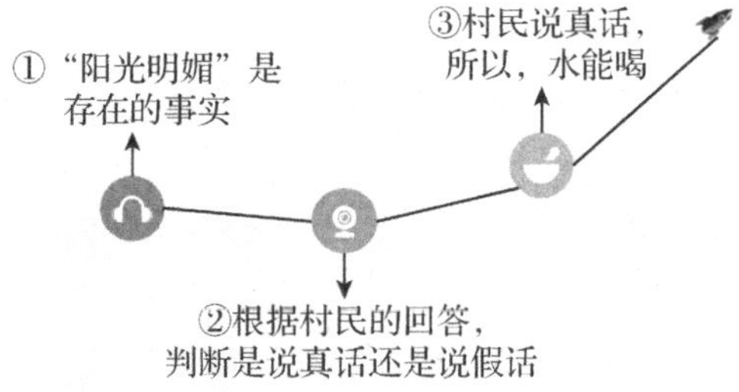

图 6-9　"真真假假"思维导图 1

教师精心预设环节，层层深入，引导学生通过任务单工具，逐步掌握推理步骤(陈述、关键词、条件)以及推理的方法：假设法。在小组合作探究中分析逐步由模糊到清晰，提升思维的批判性、深刻性。

在推断“谁是盗窃犯”活动中，让学生讨论如何帮助法官做出正确判断，运用“矛盾法”锻炼提升推理能力。

活动结束前，引导学生总结推理活动感受及方法，明确推理要有依据，要按照一定的逻辑厘清题目中的各种前提、条件和依据等，从而做出正确的判断。

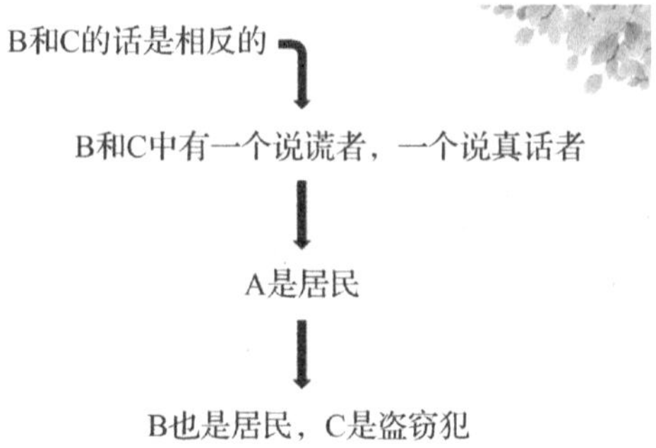

图 6-10 “真真假假”思维导图 2

三是在类比想象中培养学生创新思维能力。类比是根据两个(或两类)对象在某些属性上的相似，推出它们在另一些属性上也可能相似的一种推理形式。创意设计是创造性地综合处理信息的过程，通过融入某种与众不同的理念，把简单、寻常的想法不断延伸、变换，用图形、语言、符号等形式形成的一种独特表达。

“开心名片”是一节关于设计名片的活动课，目的是引导学生在活动中突破传统名片的限制，运用类比的方法描述自己各方面的特点，进行类比的创造性应用。通过观察、比较，动手操作等活动，提高类比思维、创新思维能力，提升思维的深刻性、灵活性。

在制作创意名片过程中，教师引导学生运用比喻的手法，根据自己某方面的特征，将自己比作另一种事物，并运用多元表现形式制作出与众不同的名片。“开心名片”的制作放飞了孩子们的想象力，学生在小组合作中制作，在分享中想象、说、写，思维能力得到了进一步提升。

剪贴式：

图 6-11　学生创意名片作品

教师还鼓励学生将思维方法迁移到具体情境，引导学生在具体的、操作性的活动中创新方法，锻炼思维的灵活性。在一次参加“航空模型”比赛中，学生用一次性塑料桌布制作火箭的降落伞，需要把它裁成一个圆形，还要找到16等分的位置，但因手边没有圆规而制作受阻。在教师“有没有不用圆规也可以得到16等分的办法”的问题引导启发下，学生将数学课圆面积推导的方法迁移到火箭制作上，采用多次对折的方法找到等分点，顺利完成制作任务，创造性地解决了突发问题。

六、协同创新赋能，为教师专业发展注入活力

学校建立了鼓励教师协同创新制度，积极引导教师对课程开发、教学模式、作业设计、增值评价和班级管理方式等进行改革与创新，并通过开展基于项目的行动学习、基于案例的情境学习和基于改进的反思性学习，充分发挥了教师的教育创造性，有力促进了“敬业乐群、协同创新”教师文化的形成。

书法教学创新案例：书法教师王亚男结合小学生对图形、色彩、动画、故事讲解等形象生动的载体感兴趣的特点，陪伴学生开展了形式多样的有关甲骨文的研究性学习，创办了实践体验式“甲骨文文创乐园”，以甲骨文为创意元素，植入美术、语文、手工、泥塑、传统文化等进行多学科融合。通过“谜语猜字”感悟汉字文化；“甲骨文彩塑”体验象形之趣；探索“制作青花瓷”感受汉字艺术造型之美。充分发掘书法的学科美和艺术美，激发学生对甲骨文的创作欲望。如：学生尝试以甲骨文为主要元素，辅以淡墨、水彩、画笔、朱砂、胭脂等独具意趣的国画颜料，将甲骨文以或大或小、亦正亦邪的方式绘制在古风古韵的宣纸上，点缀以碎花、溪流、古城等背景，大胆发挥想象

力和创造力制作独具特色、金石雅趣的信笺，提升学生的中国古典文化审美和格调。

王老师还根据甲骨文以象形文字居多的特点，借助超轻黏土在木板上塑造出相关的甲骨文，结合象形文字的图画象形功能，阐释字源字义，组合成学生喜欢的古诗古文，形成“亦诗亦画亦字”的美好境界（见图 6-12）。如：

日、云、舟、人、水、鱼——朝辞白帝彩云间，千里江陵一日还。

鱼、米、人、子、禾、日——锄禾日当午，汗滴禾下土。

山、舍、门、花、子、人、马、日、米、鱼、水——桃花源记，怡然自乐。

门、犬、风、雪、夫、月——柴门闻犬吠，风雪夜归人。

水、莲、舟、女、鱼、石——江南可采莲，莲叶何田田。

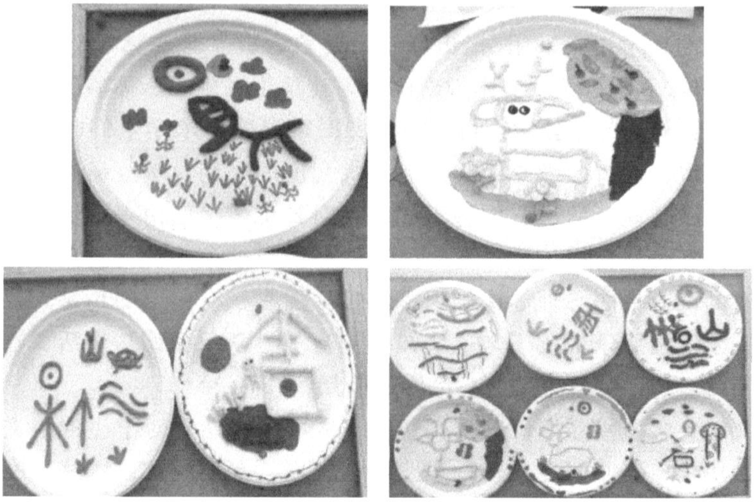

图 6-12　学生创意甲骨文作品

“以文会友，以墨达情。”丰富多彩的甲骨文文创作品点缀整个校园，形成独具文化特色的“墨韵”书画长廊、“怡然”书法墙。书法与美术的融合，文字学与艺术学的渗透，新奇有趣又略微晦涩难懂的甲骨文文创作品引来学生们的围观与好奇。为此，书法社团专门成立甲骨文化志愿者讲解团，自主讲解该作品中甲骨文字的含义、渊源、造字法，并定期举办甲骨文化小讲座，普及甲骨文化，在全校范围内形成高昂持续的甲骨文化浪潮。甲骨文化宣讲团的设立，既能帮助小小志愿者巩固甲骨文化知识，传承书法源流，又能普及传统文化，传承文字源流，还能得到家人、同学、朋友的赞赏和钦佩，有效提高了学生文化自信和中华文化自豪感。

小学数学教学创新案例：李建丽老师结合二年级学生好动好玩的特点，在教学“元、角、分”时，设计了“买文具”的游戏。老师请一位学生当店主，其他学生是顾客，到文具店来买东西。学生热情高涨，买东西的积极性很高，因为这一场景真实地再现了孩子们的生活，望着“商店”里的东西，迫不及待，快乐之情溢于言表。正当学生踊跃表现时，李老师及时地把“商店”里的物品变成简单的元、角、分的换算，让学生看着标出的价格和手中的钱进行计算，从而准确地买到自己想要的东西。这种联系学生生活经验的游戏设计，使学生在真实的情境中学会了元、角、分的使用，提高了学生解决实际问题的能力。

小学美术课程教学创新案例：王斐洋老师在美术教学中，针对学生对塑造形体有着浓厚兴趣这一情况，结合超轻黏土的可塑性、定型之后的稳定性和创作灵活度高的特点，开发实施了深受学生欢迎的轻黏土课程。刘振华老师在小学美术教学中，采用“走出课堂”“学科融合”“趣味活动”和“善用多媒体”的四种方法，积极开展美术教学改革，让学生发现美、体验美、欣赏美和创造美。如：刘老师在教学《向日葵》一课时，课前要求学生们收集大量关于向日葵的知识，进行归纳总结。课上提供交流的空间，学生畅所欲言，围绕向日葵这一主题，有的说它的科学知识：向日葵名字的由来、什么叫植物的向光性、向日葵的食用价值；有的说它的品德与社会知识：向日葵种植的历史；还有的说有关的心理健康知识：向日葵拥有积极向上的精神，要向它学习，做一个健康快乐的孩子。这些知识涵盖了科学、品德与生活、心理健康知识，同时渗透了社会主义核心价值观教育。

语文综合素质积分评价案例：初中语文罗怡雯老师对学生的语文课堂表现、团结协作、作业表现、学科实践活动表现、专项测试、情感态度等多方面进行了积分评价，积分既计入个人积分档案，也算入小组的评价积分。学生的每一次积分都有清晰的标签标明原因，积分情况学生和家长都可见。家长也可以针对自己孩子在家的一些表现，例如作业完成情况、亲子共读等方面，进行积分评价。积分评价以过程性、形成性、多维度、积累性评价为主，所有的积分都通过“班级优化大师”App进行操作，过程对所有学生、家长透明。分数能够累计，也能够查看特定时期的积分。每周老师会根据每位同学的表现进行鼓励或者针对性谈话，两个月进行一次总结。老师为每一个同学根据多方面表现和积分实际情况撰写评语，并展示在综合素质平台上。这一评价基于证据，而不是主观评价；是基于学生的综合评价，而不是单一的学业评价；是对学生发展的全过程评价，而不是阶段性评价，这样的评价设计和有效实施，有力地促进了学生语文综合素质的提升。

思维导图在英语教学中的应用案例：白茹老师在初中英语复习时，通过运用思维导图，以话题为起点，以完成话题任务为终点，突破不同学段，巩固已学语篇，建构一个话题下多语篇的关联网络。她在备课时不以模块为中心，而是以话题为中心点，对学过的语言知识进行全辐射激活。以九上教材中 Module 10 Australia 为例，教师结合八上、八下教材中的相关话题语篇进行整体分析，梳理思维导图。

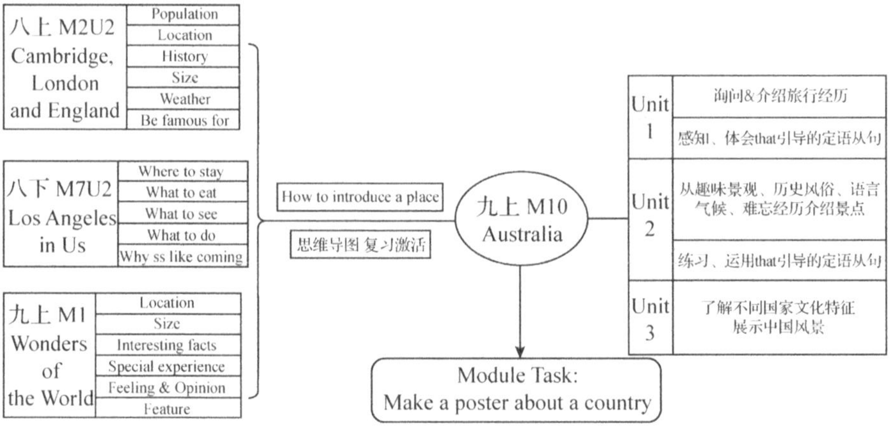

图 6-13　Module 10 Australia 的思维导图

通过突破学段，以三年初中英语教材为一个大循环进行备课，借助思维导图的系统性、结构性、发散性特点，提升了教师备课的实效性、教学目的设定的准确性、教学活动的递进与多样性。

白茹老师在进行英语词汇复习时，通过运用思维导图，引导学生对孤立、零散的单词进行整理和反思，运用思维发散和联想、关联，根据主题相关性和层次包含关系共同组成词汇网络群，最后形成一张便于自己记忆、提取和再现的认知结构图。在对学生进行指导时，教师引导学生扩充话题词汇数量，彰显同一话题下的不同板块的词汇关系，给予学生自主创新思维导图的空间和自由，包括图片、简笔画或是特殊符号的运用。以九年级上册英语教材第八模块 Sports Life 为例，在对“运动”话题进行词汇巩固时，以思维导图的形式，鼓励学生在“内容密实”“结构鲜明”的原则下大胆创作。

基于“运动”为起点的词汇思维导图，学生会依据所学逐层递进，延伸到一级中心词：竞赛、学校运动、锻炼习惯、运动精神、运动项目展开；以竞赛为二级中心词的起点，从角色、赛事、荣誉展开；接着，以赛事为例，推进到奥运会、残奥会以及亚运会；再以奥运会为起点，扩充到举办城市的信息、奥运会赛制以及强调品质。通过鼓励学生自己概括词汇巩固思维导图，

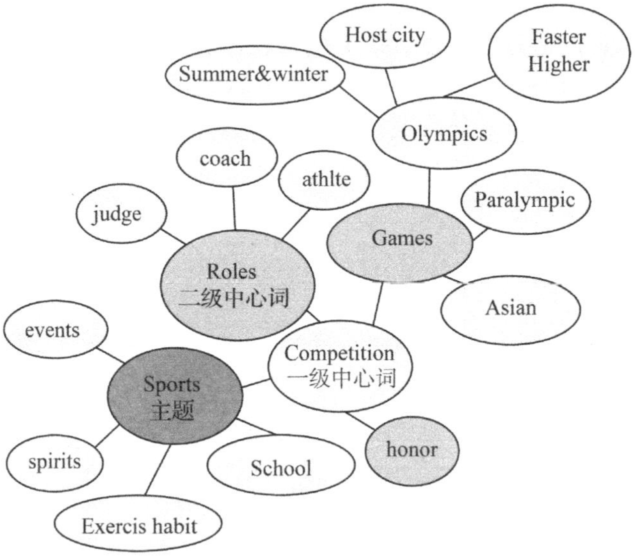

图 6-14　基于“运动”为起点的词汇思维导图

给予其足够的信任和自主的空间，助力其编织属于自己的认知结构图，完善对语言知识的巩固与夯实。

对学生而言，在绘制思维导图的过程中，学生的记忆理解能力得到增强，思维想象力得到发展。在利用思维导图学习新知、加深理解、迁移运用的过程中，可以在一定程度上培养学生积极探索的精神，这种探索能够让他们变被动学习为主动学习，使自主学习能力得到增强，继而养成独立解决实际问题的能力。

像这样教学创新的事在学校各年级、各类课程实施中时时发生，每一位教师都是研究与创新的主体，老师们在实践中发现问题、分析问题、合作研究、解决问题，在这样的循环往复中，不断助推着教师实现专业发展的突破，也逐渐形成了“协同创新”的文化。

七、建立骨干教师评选机制，为教师专业发展搭台助力

学校建立与完善了定期的骨干教师(含青年新秀教师)培养与评选制度。

教师参加校级学科骨干教师评选须担任过 2 年及以上班主任工作(含年级组长和团、队干部及学校统一纳入课程计划的音体美等社团经历)，每周课时不少于满工作量的 70%，教育教学成绩较好。且满足以下条件：一是师德高尚。①认真遵守教育法律法规和《中小学教师职业道德规范》，服从学校工作安排，爱岗敬业，团结合作，有创新精神，有一定的教育、教学组织管理能

力。②能自觉践行学校提出的“三高、三情怀和三气”的教师专业发展要求。③具有高度的事业心、责任感和较强的开拓进取、改革创新和团队合作精神。自参加工作以来，在教师、家长、学生中反响较好，无违反师德规范行为。二是师能凸显。①在本学科专业领域具有扎实的理论基础和教学基本功，有与时俱进的教育理念，对课程标准理解把握深刻，有较强的教材分析和处理能力，有较强的教学设计和教学实施能力，具有一线教育教学经验。在校、区范围内有较强的示范和辐射作用。近2年内，承担过校级及以上学术类比赛、学术类活动(公开课、研究课等)，取得优异成绩，得到专业部门的认可；或举办过教学教研辅导讲座、教学经验介绍等专题活动。②具有一定的教育教学研究能力，近2年内，承担校级项目研究任务，承担或参加校级及以上科研课题研究并取得成效；或在区级及以上刊物发表本人撰写的本专业文章；或本专业论文在上级教育部门或教育学术团体组织的论文评选中获区级及以上奖励。③掌握现代教育技术，具有较广的学术视野及了解学术前沿的意识。能运用先进教学方法和手段，运用现代教育技术辅助教学，熟练使用本专业常用的计算机软件开展教育教学工作。④积极参加各种形式的继续教育学习，注重教师专业发展，不断更新知识结构和教育观念，继续教育考核合格。三是成绩突出。在教育教学实践中，具有较强的课程标准意识和尊重教育理念践行意识，坚持以“学”为中心，常规教学落实到位，并能深刻理解和实践学校提出的“问题导学、少教多学、自主思学、合作互学”教学改革要求，教育教学效果良好，所带班级学生发展状态好，学科成绩较为突出，学生喜欢程度和家长满意程度较高(参考学校每学期的满意度测评成绩)。

评选程序和办法：一是个人自主申报。个人按要求整理申报材料，撰写写实性述职报告，并制作PPT，在规定时间内上交学校教师发展中心。二是评审小组组织评审。评审实行百分制，教师述职考核成绩占80%，教师获奖和指导学生参赛获奖占10%(按照标准计分)，教师评议测评占10%(分数计算去掉两个最高分和两个最低分，取其平均成绩为其该项得分，保留一位小数)。学校组织参评教师进行述职，每人述职时间10分钟，评审小组成员依据教师的实际表现和述职情况进行打分(分数计算去掉一个最高分和一个最低分，取其平均成绩为其该项得分，得分保留一位小数)。以上三项考核成绩相加为参评教师的考核总成绩。三是教师学术委员会依据考核成绩，结合教学视导专家对教师教学的指导与评价意见和所带班级教学质量，择优确定骨干教师人选。

骨干教师的职责和待遇：一是学校骨干教师须承担学校的有关项目或课题研究任务，积极推进课程改革和深度教学的实施；承担校内师带徒任务，指导新入职教师尽快适应教育教学工作，并提高其课程实施能力；每学期在学校讲1～2节公开示范课；每学期开展学科主题教研2～3次；每年参加上级业务评选并获奖，至少发表一篇学科教研论文(含教育随笔、课例等)。二是学校积极搭建学术交流平台，优先外派参加专业化研训，优先为其提供外出展示与交流的机会；推荐丰台区骨干评选，从学校骨干中产生；教师岗位晋级和职评，在同等情况下优先推荐；特别优秀的可以成立由教师名字命名的名师工作室，学校给予一定的经费支持；骨干教师每年享受一定的内部津贴待遇。

骨干教师的考核管理：学校骨干教师的评选原则上每两年评选一次，实行动态管理，在培养期内，教师发展中心按照“课题带动、任务驱动、考核促动”的工作思路，实施骨干教师研训行动、导师带教计划，落实师带徒、青蓝结对等措施，积极支持教师参加区级“春苗、春雨、春风和春晖”行动计划、市区级“一师一优课、一课一名师”和“青蓝杯”“师慧杯”“创新杯”等比赛活动，全方位、多层次、多渠道开展骨干教师的培养工作。学校每学年对骨干教师的师德表现、履职情况、发挥示范引领情况等进行考核。考核以个人自评、工作小组考核、领导小组复核相结合的方式进行，考核合格者享受骨干教师津贴。

八、关心教师的非专业生活，为教师专业发展创造良好环境

我校教师群体整体呈现年轻化的特点，走上工作岗位的时间都不长，同时面临着教师职业发展和个人生活之间难以平衡的问题。针对这一特点，我们努力为教师营造温暖的工作环境，尊重并关心老师的非专业生活，积极组织一些非强制性、具有鼓励性且有趣的业余活动。学校工会每学期组织教师的健步走活动，小型多样的球类运动、跳绳、摄影等比赛，举行插花、游园活动、文艺联欢、红十字会急救培训、健康讲座等，开展教师生日祝福活动，组织教师和学生们一起参加体育活动。这样，不但使教师得到了体育锻炼，还增进了师生间的情谊。另外，学校领导经常在一些非正式的场合与教师沟通、交流与谈心，关心教师的生活，舒缓其工作压力，理解教师的发展需求，并及时采取措施满足教师的个性化发展需要。此外，学校还建立温馨的教师之家、书吧、母婴室等，有针对性地为年轻教师全身心投入工作提供支持与帮助。

通过以上措施，提升了教师的幸福感和对学校的归属感、认同感。教师感到了幸福，学生的校园生活才有了更多的幸福体验，在这一过程中，不断建设一个尊重人、理解人、关心人、成就人的精神家园。

第四节　尊重教育教师文化培育的成效

教师要从根本上解决职业倦怠心理对专业发展带来的负面影响，治本之策在于信念，信念支撑在于研究。研究是教师工作的幸福源泉。教师的根本职责是在育人，而不仅仅是在教书。教师只有发自内心地关心所教的学生、真诚对待每个学生时，学生才会接受教师的教育和引导，教育学生的难题才会迎刃而解。这样教师才能在教学相长的互动中走向专业化发展之路。

一、教师职业幸福感不断增强

面对教育深化综合改革所带来的压力，教师变压力为动力，勇于直面改革的挑战，保持了良好的学习和工作状态，并在愉快、和谐、互相关心的氛围中敬业乐群、协同创新、积极工作、潜心育人。教师之所以有这样的精神状态，一是得益于教师职业信念的日益坚定，读书、学习、研究、工作浑然一体，这种专业性活动和积极向上的工作状态对教师们的人格修炼、人文素养提升、心理素质健全、高雅情趣培养、乐观向上态度的形成都起到了十分重要的作用。二是得益于教师每天面对心理复杂、不断发展变化的学生，能够带着研究的思维、新的视野去洞察学生的变化，激发学生求知的欲望，创造各种机会让学生展示自我，并创造更多的条件使他们体验成功。老师们从学生身上看到了生命的活力，从充满生机与活力的课堂中体验到生命的张力，在这种永不停滞的生命体验中，不断实现着教学相长，教师在这种探究和不断的成功体验中感受着职业的幸福感。教师的教育教学状态逐渐实现由“年年岁岁花相似”到“岁岁年年人不同”的转变。

二、教师专业发展取得了丰硕成果

自 2018 年以来，我校有 15 位教师在区、市或全国研讨会执教公开课或做典型发言，有孙健等 4 位老师被聘为丰台区核心教研成员。教师参加“北京市教学设计”“京教杯”“e 师杯”“首都原创课程资源评选”“联盟校教学展示”等教学评选活动，21 位教师参与了“一师一优课”录课，为 106 人次搭建提升平台。在北京市教师“基本功与专业能力”教育教学科研成果征文中，有 14 位教师分获一、二、三等奖，李爽等 3 位老师在北京市“四个一”课程方案评比中获二等奖，王柳洁、白茹和赵玮老师指导的作品《藏在心底的那道光》荣获丰台区第七届校园心理剧大赛二等奖，张艳英被评为 2020 年北京市“紫禁杯”优秀班主任，杨亚琴荣获新教师“春苗杯”一等奖，霍莹、李爽、李建丽、张楠、张涵双被评为丰台区优秀班主任。在教科院的支持和研究项目的带动下，一个由357名市区校骨干和新秀教师组成的年轻教师团队得以快速成长，自建校以来，教师参加区级及以上业务比赛或评比就有1119人次获奖(见图6-15)。

图6-15　建校以来师生参加区级及以上评比或比赛获奖示意图

除了获奖，2019年5月，学校将教师们能集中体现学校课堂文化的教学设计集结成册——《真实的学习&灵动的课堂——以“学”为中心的课堂设计成果集锦》，这是我校以“学”为中心的课堂改革和课堂文化培育探索中取得的阶段性成果。2020年8月，学校汇集教师关于尊重教育校本文化培育的教育叙事和案例研究，编著出版了《尊重的力量——一所学校的教育价值追求》一书，展示了学校尊重教育的价值追求。2022年3月，张广利校长又系统梳理和总结了北京教科院丰台学校尊重教育校本文化培育的实践探索经验，形成了这一阶段性的尊重教育校本文化培育的成果。

三、形成“敬业乐群，协同创新”的教师文化

在尊重教育校本文化培育的实践探索中，学校充分尊重教师工作的专业性、复杂性和创造性的特点，使教师在履职尽责和与同事的合作研究中获得了自主发展的主动权，逐渐找到了自己的专业发展目标，主动制定专业发展规划，并积极投身教育教学实践中的学生成长问题研究、案例研究和项目研究。教师有研究大单元教学的，有研究班级管理与文化建设的，有研究学生微写作的，有研究语文分级阅读的，有研究学科分项评价的，有研究单元作业设计的，有研究综合实践活动课程开发的，有研究跨学科主题综合学习的，有研究亲子沟通的，有研究非暴力沟通的，有研究预防校园欺凌的，有研究

学生心理健康的，也有专门研究学困生学习障碍的……就这样，通过实践、发现、研究、再实践、再发现、再研究，教师寻找到适合自己发展与自我完善的路径和策略方法，在这种互动、对话、交流、反思和实践、研究中，教师一次次地实践，一次次地体验，一次次地感悟，一次次地互动，一次次地发现，一次次地实现着自我成长的突破和超越，一步一步地逼近自己专业成长与发展的目标，并在这一过程中享受着成功的喜悦，使自己逐渐进入"追求从教自为境，行到工作儒雅时"的境界，并纷纷走上了协同创新和个性化发展的道路，逐渐成长为市、区和校级骨干教师。学校目前已拥有市、区和校级骨干教师 35 人，市、区级"紫金杯"班主任、优秀班主任 10 人。

这些骨干教师通过项目研究、校本培训、学科教研、主题研课与交流等方式，对学校的全体教师发挥了很好的示范和引领作用，让青年教师焕发出发展的激情，主动报名参加各种项目培训、课题研究、公开课展示和教学竞赛等活动。初步形成了"敬业乐群、协同创新"的教师文化。一支年富力强、充满活力、甘于奉献的"敬业乐群、协同创新"的卓越教师团队已成长起来，并成为支撑学校发展的核心力量。

第七章　尊重教育的课堂文化培育

课堂是学校教育的主阵地，是实施课程教学的主渠道，教师课堂教学的理念和教学方式直接决定着课堂文化的建设方向。我校实施尊重教育，教学坚持“先学后教、以学定教、多学少教”的理念，课堂教学主张以“学”为中心，即以“学生的学习”为中心，突出学生在课堂教学中的主体地位，发挥学生在课堂学习中的主观能动性，着眼于学生未来发展的必备品格与关键能力，着力培养学生的思维品质。为此，围绕这一改革目标，通过改革着力实现课堂教学从“教”堂到“学”堂的转变①，着力培育了以“学”为中心的课堂文化。

第一节　尊重教育的课堂文化内涵

上课是以实现学生“学习”为目的的，课堂教学改革的目的就是让学生更想学、更会学、学得更好。为此，我校站在学生学习与成长的角度重新定位教学目标、教学内容、教学过程和教学评价，并结合我校学生基础相对薄弱、差异性较大的特点，依据尊重教育理念和金字塔学习理论②，提出了以“问题导学、少教多学、自主思学、合作互学”为特征的以“学”为中心的课堂③改革思路。在改革推进的过程中，教师以“问题导学”为主线，在贯彻“问题导学”的过程中落实好“少教多学、自主思学和合作互学”的改革要求，并按照“低难度、缓坡度、小步子、慢速度、勤反馈、多鼓励”的原则，坚持把时间还给学生、把课堂还给学生、把学习的权利还给学生，着力创建真实学习发生的灵动课堂。

一、问题导学

纽厄尔和西蒙对问题做了这样的定义：“问题是这样的一种情景，个体想

① 尤小平主编，崔允漷主审：《学历案与深度学习》，华东师范大学出版社2017年版，第5页。

② 金字塔学习理论是美国学者、著名的学习专家爱德加戴尔1946年首先发现并提出的一种现代方式的理论，它用数字形式形象显示了：采用不同学习方式，学习者两周后的平均学习保持率不同。

③ 张广利：《突出“学”为中心，把课堂还给学生》，《教育家杂志》2021年第10期，第33页。

做某件事，但不能即刻知道做这件事所需要采取的一系列行动。”[①]张心怡老师对问题则有自己的理解：“问题是当前状态与目标状态之间存在的差距的状态，这种差距状态只能通过思考与行动才能解决。”[②]

“问题导学”要求教师站在“立德树人”的高度，从发展学生核心素养入手去认真研究所教课程内容和学生的这种差距状态，设计好教学目标和重难点，依据学生已有知识经验，针对学生学习过程中将要产生或可能产生的困惑，也就是学生的差距状态，把教学内容再转化为层次鲜明、具有系统性的一连串有价值的教学问题，以问题为主线开展教与学的活动，并引导学生通过问题解决学习知识、形成能力，进而培养学生的创造性思维品质。在课堂教学中，教师要通过有梯度的提问或不断追问，启发学生思考或研讨，学生也可提出问题，大家一起研讨交流，在这样的课堂教学的样态中，不断培养学生质疑问难和创造性思维的能力。按照布鲁姆认知分类法，设计的问题可以分为识记性问题、理解性问题、应用性问题、分析性问题、综合性问题和评价性问题，评价性问题是最高级的认知水平问题。在问题设计时，教师要注意多提出高级认知水平问题，将所教内容设计成问题串，形成问题链。问题的设计要体现层次性、递进性和启发性，设计问题时要注意防止设计一些无效问题，如：“是不是”“对不对”“有没有”“好不好”等，也不能过多设计一些低认知的知识记忆性问题，教师要尽量设计一定的高认知问题，即体现学生思维品质的高阶思维问题，设计问题要注意梯度和问题的价值。

问题导学中的“问题”是教师在备课中预设的。上课时，一般以教师为主，提问启发性的问题，也让学生思考寻找问题。无论是教师提出的带有启发性的问题还是学生提出的疑问，只是起到引发学生用心学习与思考的作用，即目的是引导学生主动学习与思考。在课堂上防止出现教师由原来的“满堂讲”变为“满堂问”，也防止教师与学生之间的一对一问答式教学。

问题导学从开始的创设情境、问题导入、激发学生学习动机到围绕有价值的问题让学生展开自主、合作、探究的学习，再到迁移应用、巩固拓展和小结升华等各环节，始终以问题为主线展开教与学的活动，问题始终起着启发、引导的作用，学生学习的主体地位始终要得到彰显并有效落实。

如：《梯形的面积计算》一课，主要是引导学生从已有经验出发，尝试对一个新的平面图形的面积计算方法进行自我探究。为更好地对学生的探究进

① 张心怡：《高中思想政治课教学中“问题链”设计研究》，四川师范大学硕士学位论文，2021年。

② 同上。

行引导，王若愚老师围绕“梯形面积的计算方法和梯形面积公式背后的算理”进行了问题链条设计：

首先王若愚老师对内容进行了结构上的划分，并设计了四个核心问题，一是面对梯形这一新图形应该如何学习？二是梯形应当如何进行转化？三是梯形与转化得来的平行四边形又有哪些联系？最后是学完梯形面积公式的推导后，你还想解决哪些问题？接下来王老师将核心问题一分解为3个子问题，即“在此之前，你学习过、认识过的平面图形有哪些？”“这些平面图形中，你会计算哪个图形的面积？”“学习一个新图形的面积计算方法，你有哪些探究经验？”。通过这3个子问题，意在充分调动学生已有的探究经验，引导学生学会利用已有经验尝试解决新的问题，主要设计意图是在此过程中培养学生学习的自信心。

接着通过核心问题二，引导学生进行自主探究，学生在探究的过程中会不断地产生新的问题，老师主要负责将这些问题进行梳理、归纳，形成核心问题二的子问题，预设为“将梯形转化成两个三角形是否可行？”“将梯形转化成长方形加三角形是否可行？”“将梯形转化成平行四边形是否可行？”。在此过程中，学生通过对子问题的回答，不断调整自己的探究方向，最终慢慢地向正确方法靠近。

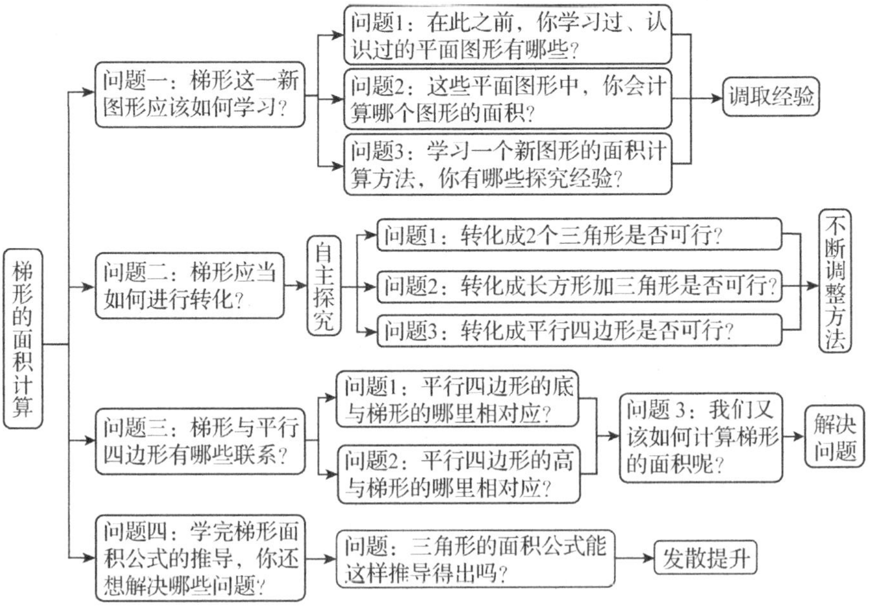

图7-1 梯形的面积计算内容结构

对于核心问题三，老师将其拆解为两个子问题，分别是“平行四边形的底与梯形的哪里相对应?”“平行四边形的高与梯形的哪里相对应?”，将复杂问题进行拆分，学生通过解答这些基础问题，就会慢慢地体会到梯形与平行四边形之间的联系，并最终借助平行四边形面积计算公式推导得出梯形的面积计算公式，从而解决本节课的根本问题。

最后一个核心问题意在发散学生的思维，让学生体会数学探究思想是通用的，可以利用本节课的探究方法去探究新的问题。本环节老师抛出了“三角形的面积公式能这样推导得出吗?”这个问题，将本节课的学习进行了延伸，学生在课后认真思考，可以为接下来的学习做好铺垫。

又如：初中地理“自然环境和农业发展”是七年级下册第八章第一节《北方地区》中第一课时的教学内容，是对北方地区这一地理区域的具体描述，教材中采取了自然与人文融合的方式，因此在设计本堂课的过程中，依照课程标准，按照范围和地理位置会影响自然环境特征，从而影响农业发展的逻辑关系提出了以下问题链：首先，明确本堂课的三个核心主问题，一是如何描述北方地区的范围和位置，二是如何描述北方地区的自然环境，三是北方地区的自然环境对农业发展会产生什么影响。其次，根据三个核心问题，分别设计了子问题，将核心问题一分解为北方地区的范围是什么，以及北方地区的地理位置如何描述 2 个子问题，其中对地理位置进行讲解时又将其分为纬度位置、海陆位置和相邻位置三部分；将核心问题二分解为 5 个子问题，首先从三大地形区、地形以什么类型为主、地势特征 3 个方面将北方地区的地形特征这一问题分解，其次从气温和降水 2 个方面设置“北方地区的气候特征如何”这一问题，地势和气候会影响区域内河流的水文特征，因此在对地形和气候的分析后，引出北方地区的河流有什么特征，以及北方地区的土壤以什么类型为主和北方地区的植被以什么为主；对于核心问题三，自然环境特征影响着人类生活和生产的方方面面，课堂采用了小组合作探究的方式引导学生解决。图 7-2 是马慧老师设计的该节课的问题链思维导图。

再如：汪继清老师在教初中“分式复习”一课时设计的问题链(见图 7-3)。

老师们在问题链的设计中，特别注重了问题情境的创设和学生高阶思维的培养。如“小数乘小数”一课，问题情境是：爸爸买了 0.4 千克草莓，每千克草莓 9.9 元。针对这一场景，教师设计如下问题链：①你从中了解到什么信息？提出什么数学问题？②请你根据情景内容，计算这盒草莓的总价，如何列算式呢？③待学生列出算式后，教师引导：请大家看这个算式，比较一下和我们之前学过的乘法有哪些不同呢？④这个算式都是小数，应该如何计算？(学生相互讨论，试着算一算，再全班分享自己的方法)⑤听了这么多种

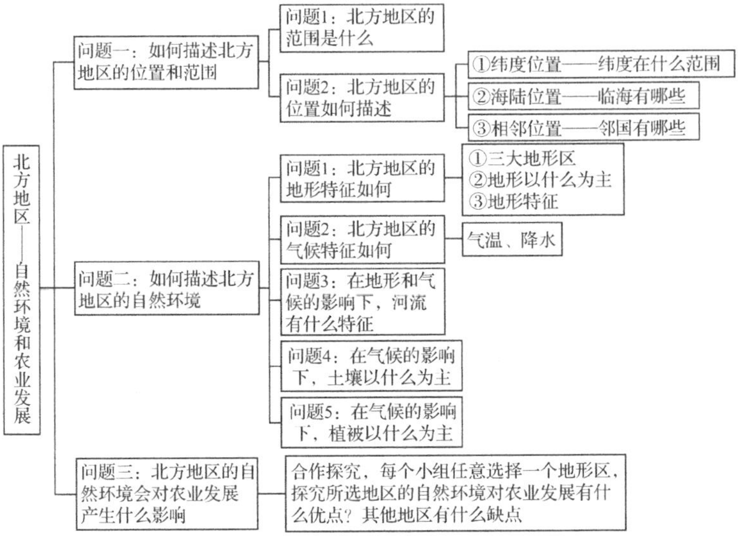

图 7-2　问题链思维导图

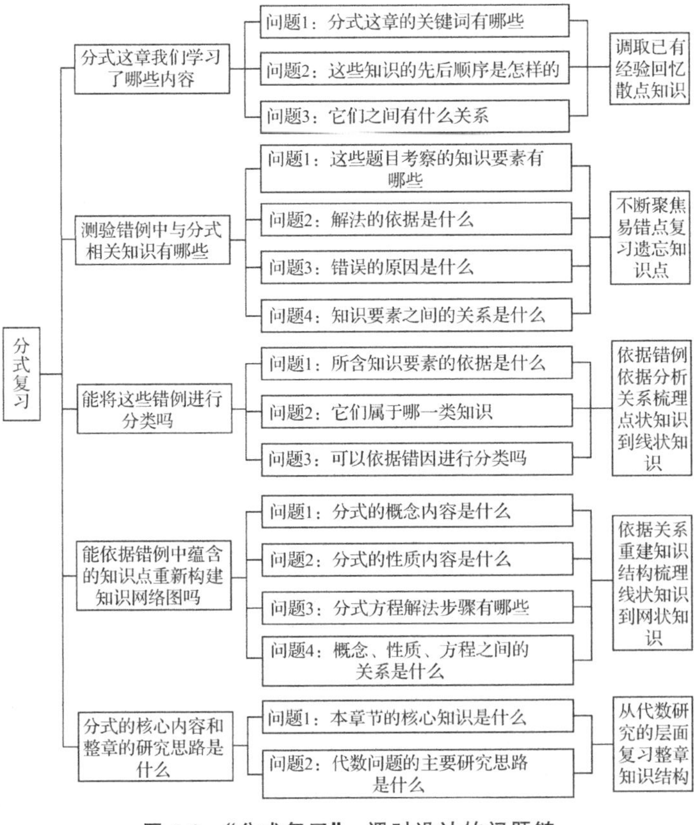

图 7-3　“分式复习”一课时设计的问题链

方法，能总结小数乘法计算的步骤吗？上述问题链中，第一个问题是第二个问题的前提，第二个问题是第三个问题的铺垫与阶梯，依次顺延下去，层层铺垫，环环相扣。前两个是初步的了解、理解和运用的问题，属于低阶思维层级。从第三个问题开始，观察、比较、分析、评价、创新，是高阶思维问题。老师们不断实践、不断摸索，提炼出思维学习从环境、行为、能力、信念与价值观、身份到精神的由低到高的六个层次。问题链的有效设计不仅可以提升学生数学思维的高度，还可以提高学生自主探究学习的有效性。

二、少教多学

好的教学可以说就是“少教多学”。少教的“教”是指教师要在学生最近发展区之内，面对有难度、有挑战性的学习任务，帮助学生作为主体去挑战困难和克服困难，帮助学生从现有水平走向未来水平。因此，这种“教”对教师来说，也是有挑战性的，教师要在帮助学生挑战和克服困难中发挥主导作用。教师要完成这样的“少教”，就要站在学生学习与成长的角度，站在“立德树人”的高度去思考问题和用心备课，在课上要求教师不讲废话、不讲无用的话，只讲画龙点睛的话。

“多学”是指学生在最近发展区内，在教师的指导下，以主体的方式，集中精力，用心主动地学习与思考。在“多学”的课堂里，我们倡导把学习的权利、学习的时间还给学生，给学生以独立思考的时间和空间，在学生思考与讨论时不随意打断学生。在这样的课堂中，教师不会因为“多学”就让学生纯粹地自学，也不能因为学生学习有困难就无限度地降低难度，更不能因为“学习是学生的学习”而将自己置于教学活动之外，教师要对“多学”活动进行指导、启发、帮助、调控和评价。

如：小学科学杨博文老师在设计三年级“做一顶帽子”一课时，设计了三个环节：一是聚焦。通过问题“你能用不同材料做出不同功能的帽子吗?”引导学生思考不同材料具有不同的特点，不同情况下需要不同功能的帽子。二是探索。以“任务驱动”的方式引导学生“做帽子，开展示会”。三是研讨。引导学生思考自己(或其他同学)做的帽子是不是根据功能与用途选择的材料，还有哪些需改进和完善之处。杨老师运用 STEM 的理念与工程设计的思想，通过创设情境把项目要求、自主实践及交流反思几个环节整合，最终实现初步建构起材料特点、帽子功能与特定环境相适应这一概念，同时也发展了学生的动手实践与创新思维能力。课上三分之二的时间学生自学，三分之一的时间教师点拨、引导和讲评。

三、自主思学

自主思学是指学生在教师的启发与引导下，在课堂上积极主动地围绕有价值的问题进行独立思考与学习。学生的学习活动通常有两种表现形式："我要学"和"要我学"。自主思学既是一种主动学习，又是一种独立学习，独立性是自主思学的核心品质，如果说主动性表现为"我要学"，那么独立性则表现为"我能学"。每名学生都有一种表现自我独立学习能力的欲望，因此，教师要尊重学生学习的独立性，积极鼓励学生独立思考和独立学习，并为学生独立思考和学习创造机会、搭建平台，启发引导学生独立解决学习中的困难，帮助其提高独立解决问题的意识与能力，以增强其自信心和自尊心，使他们通过自己的思考与努力，改进学习方法，达成学习目标，从而在发挥其自主性的过程中，培养学生独立思考与学习的能力。

由于学生个体的差异性，学生在自主思学的过程中，选择的学习目标、学习内容以及达成目标的时间和程度等存在着差异性，教师应充分关注学生的个体差异，及时调控、引导和帮助学生通过合作互学或在教师的指导下解决学习中的困难与问题。

如：在小学英语绘本教学中，为了达到让学生爱上英语绘本阅读、掌握常用的阅读方法并能读懂这一目的，教师反复实践与研究，开发并运用一些教学工具为学生提供支架。教师针对不同的绘本内容和想培养的思维领域，选取不同的可视化工具。现在使用比较多的是思维导图(Thinking Map)，绘制思维导图可以很好地反映出学生对文本的理解是不是透彻。学生将阅读的信息转换成思维导图可以帮助学生梳理绘本的信息，了解信息之间的内在联系，还能够帮助学生养成正确的思考方法。信息组织图(Graphic Organizer)和思维导图比较接近，都具有将信息可视化的特点。思维导图展现的是发散性思考的过程，而信息组织图则是帮助人把一大堆散乱的知识转换和压缩成结构化的图表信息，用简单的方式体现复杂的知识。

申雪老师执教的非故事类绘本 *Pet Cat*，*Big Cat* 时应用信息组织图。教师在本课利用韦恩图对大小猫进行比较与对照。首先在师生共读 Pet Cat 环节，教师与学生共建板书梳理 Pet Cat 信息，突破重难点后，学生独立阅读 Big Cat，巩固 hiss and spit，cross，hunt 的发音，自主梳理 Big Cat。教师以问题为导向：They are all from the Cat Family. What do they in common in this book? 引导学生思考，同时在韦恩图的交集部分画上问号。学生再读绘本，从文本结构的视角重新审视绘本，对信息进行重组，找出大小猫的相同之处。通过韦恩图，帮助学生不断内化巩固知识结构，有效梳理文本结构。

在不断的比较和筛选中，学生通过观察，把知识、逻辑、思维视觉化地呈现出来，还可以让学生们学会整理思路，帮助记忆。

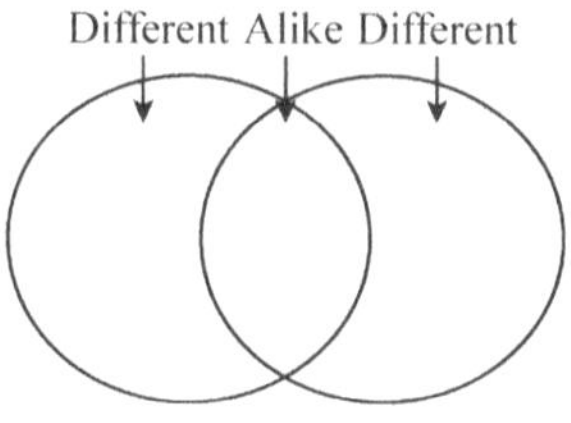

图 7-4　韦恩图

小学语文组在组长孟宪洁老师的带领下，开展了“整本书阅读成长计划”。教师选取适合学生阅读的书目，采用“给任务、给时间、给方法”的策略进行指导阅读，学生配合“读书闯关、思维导图、讨论”等方式，通过听书或读书的方式来完成阅读。教师在导读课上介绍阅读内容，在阅读汇报课上采用“3—2—1”策略，引导学生完成三点收获、两点创新、一幅思维导图，总结所得。整本书阅读汇报需要学生动脑思考，在头脑中组织自己的语言进行解释和说明，整个过程体现了对学生观察、重组思维、发散思维、联想与想象、分析综合等思维能力的培养，同时，教师通过加强对学生阅读策略的指导，有效提高了学生的多种思维能力和阅读理解能力。

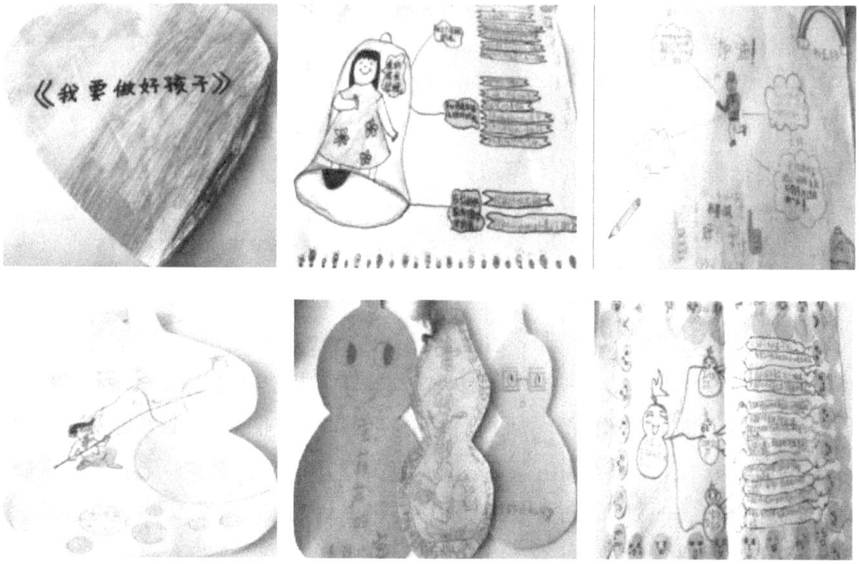

图 7-5　学生思维导图作品

四、合作互学

合作互学是指在面对挑战性问题，学生自主思考无法完成，找不到答案时，在学习小组内大家相互启发、相互交流、相互研讨，从而得到有益的帮助，共同完成学习的任务。

合作互学一般可以通过小组学习来实现，小组的划分可以是同桌之间的互学，也可以是教师按照异质分组分好的学习小组中的互学。学生的学习小组一般是异质分组、分工合作、人人参与、资源共享，在这样的学习过程中，学生都在积极主动地忙碌着、参与着，自愿学习，没有被逼迫的感觉，每个学生相互发言、相互鼓励、相互帮助、相互理解、耐心聆听、积极探讨，以共同完成学习任务。成功的合作不但培养了学生人际交往技能，使学生学会交往、学会参与、学会倾听、学会尊重他人，而且还有助于培养学生的合作能力与团队精神。此外，这种合作互学也弥补了教师难以面向有差异的众多学生教学的不足，从而真正实现了面向每一个学生，促使每个学生学有所获的发展目标。

如“长方形和正方形的面积”一课，学生在探究过程中教师有意设置障碍，待测图形有大有小，测量工具有多有少，导致有的小组工作量很大，有的小组测量工具都不够用，最终学生克服了重重困难，找到只摆轮廓、画图补齐、摆满等多种摆放策略并解决了问题，发展了学生的创造性思维。随着小组合作学习的不断深入，教师提供的信息越来越少，问题的开放性越来越强。又如，在探究“圆的面积”时学生基于分割、转化的思想创新出了多种思路，体现了思维的深刻性和灵活性。可见学生的学习不是记忆大量的事实，是通过主动活动去把握知识的本质。知识的本质需要通过典型的变式来把握。本质与变式需要学生对学习对象进行深度加工。这是深度学习特别需要重视的地方。

教师在推进这一课堂改革的过程中，结合核心素养背景下的课程改革要求，积极推进集体大单元备课，在此基础上，教师再结合所教学生的实际基础，依据课堂改革的“16 字方针”要求，分课时进行单课时的课程教学设计。在开展教学设计时，教师依据新授课、复习课、作业讲评课等课型和具体教学内容的要求，设计契合学生学习实际的教学方案并付诸实施，并通过每学期的主题式“一人一课”教研活动和跟踪改进行动，促进了教师教学方式和学生学习方式的转变。教师在教学方面，变单纯的“依‘预设’开展教学”为“依‘预设和学情’结合进行教学”，变传统的“多教少学”为“少教多学”，变原来的“提问优秀生”为“提问小组或后进生”，变原来的“导教”为“导学”，变单纯的

“课后培优补差”为“课上关注个体培优扶弱”和“课后培优补差”相结合，变“加工学科成绩”为“发现学生优势，激励学生进步”。学生在学习方面，突出了学习的主动性、自主性和探究性，变原来学生的“被动学”为“主动学”，变原来的“少数人学”为“人人都学”，变原来的“边玩边学”为“紧张地学”，变“在学校和家庭学”为“时时处处学”，变原来的学生“听学、坐学、独学”为“自主、合作、探究学习”。就这样，我们努力构建“问题导学”的课堂、“少教多学”的课堂、“自主思学”的课堂和“合作互学”的课堂，让课堂动起来、学生的思维活起来，在这样的课堂中，学生的学习得以真实发生，每一位学生都学有所获，学生思维能力和思维品质也同步得以提升。

第二节　以“学”为中心的课堂文化培育

以“学”为中心的课堂文化由理念生根，通过课堂小组合作的滋润，经过“尊重、自主、合作”的课堂行为规范的修剪，以及课堂评价标准的引领，逐渐在学校的课堂中蓬勃发展，并实现着教学方式的转变，改变了学生课堂学习的状态，使每一名学生的思维活起来，让每一名学生的学习在课堂上真实发生并实现了增值。现选取一部分课程教学的精彩设计、实施与反思案例，以期对学校尊重教育的课堂文化有一个全景、立体和生动的展示。

一、以“学”为中心的语文《昆明的雨》教学设计案例

表 7-1　《昆明的雨》教学设计案例

<table>
<tr><td>授课学科</td><td>语文</td><td>选用教材</td><td>人教版</td><td>授课教师和年级</td><td>霍莹、八(2)班</td></tr>
<tr><td>课题</td><td colspan="5">昆明的雨</td></tr>
<tr><td colspan="6">指导思想与理论依据</td></tr>
<tr><td colspan="6">《义务教育语文课程标准(2022 年版)》中指出：“语文课程应引导学生热爱国家通用语言文字，在真实的语言环境中，通过积极的语言实践，积累语言经验，体会语言文字的特点和运用规律，培养语言文字运用能力；同时，发展思维能力，提升思维品质，形成自觉的审美意识，提高高雅的审美情趣，积淀丰厚的文化底蕴。”“语文课程实施从学生语言生活实际出发，创设丰富多样的学习情境，设计富有挑战性的学习任务，激发学生的好奇心、想象力、求知欲，促进学生自主、合作、探究学习。”
新课标指出第四学段(7～9 年级)的学生欣赏文学作品，有自己的情感体验，初步领悟作品的内涵，从中获得对自然、社会、人生的有益启示。能对作品中感人的情境和形象，能说出自己的体验，品味作品中富于表现力的语言。</td></tr>
</table>

续表

教学背景分析
《昆明的雨》没有用大量笔墨直接写雨，而是从一幅画写起，将记忆中昆明雨季的景、物、事一一展开。信笔所至，天马行空，无拘无束，看起来有些“散”，但始终贯穿一条情感的主线，那就是对昆明生活的热爱与念想，描绘出鲜活、立体、明亮、丰满、使人动情的昆明雨季，让人流连其中。作为一篇自读课文，学生在七年级、八年级已经学习过散文，知道散文的特点。在一定的散文知识的沉淀和铺垫中，学生通过小组合作、圈点批注、反复朗读加以品味和学习本篇课文。
教学目标
1. 了解雨的特点，体会凡人小事寄寓深情，整体感知景情关系。 2. 梳理文章的情感线索，体会其“形散神聚”的特点，把握散文的脉络。 3. 理解文章展现的风土人情，体会文章平淡质朴的语言风格，提升语言建构能力。 4. 感受作者的诗意情怀，学会在平淡的生活中发现诗意与美，提升审美鉴赏能力。
教学重点和难点
教学重点： 1. 了解昆明雨的特点，体会凡人小事寄寓深情，整体感知景情关系。 2. 梳理文章的情感线索，体会其“形散神聚”的特点，把握散文的脉络。 教学难点：体会文章平淡质朴的语言风格，学会在平淡的生活中发现诗意与美，提升审美鉴赏能力。
教学资源和方法
教材：部编语文(八上)(2017 版) 教学方法：讲授法、任务驱动法、讨论法 教学资源：PPT

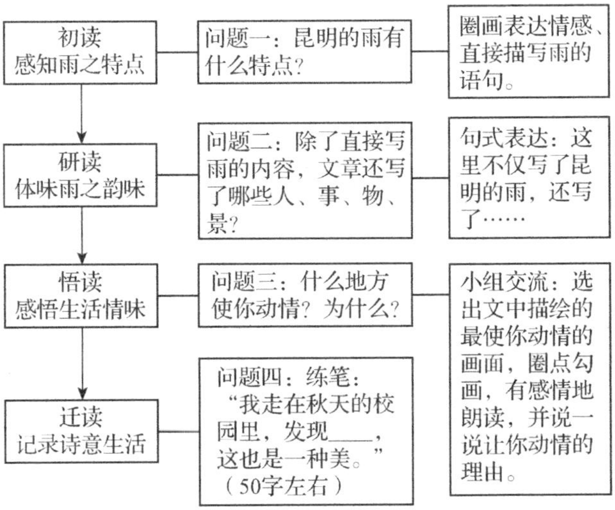

续表

教学过程				
教学环节	教师活动	学生活动	设计意图	时间
创景导入	今天我们走进当代作家汪曾祺笔下的文字，体会昆明的雨是什么特点，通过雨表达什么情感。	倾听、思考	激发学生的学习兴趣，关注文本。	1分钟
问题导学一：初读文章感知雨之特点	问题一：昆明的雨有什么特点？ 1. 阅读文章，标画出表达作者情感的语句。 2. 阅读文中直接描写雨的语句，把握昆明雨的特点。	圈画、思考、交流： “我想念昆明的雨。” “昆明的雨季是明亮的、丰满的、使人动情的。”	整体感知，了解昆明的雨的特点和作者情感。初步把握文中景物和情感之间的关系。	5分钟
问题导学二：研读体味感受雨之韵味	问题二：除了直接写雨的内容，文章还写了哪些人、事、物、景？ 句式表达：这里不仅写了昆明的雨，还写了(　　　　)。	思考、交流，预设： 景：仙人掌、各种菌子、杨梅、缅桂花、缅桂树。 人：卖花的苗族女孩、送缅桂花给房东。 事：赠友人的画、与同学在小酒店小酌。	通过再次回到文本，找寻雨中的每一景、每一事、每一物背后蕴含的情意。 厘清写作思路，培养学生的概括能力、语言的建构能力，体会散文形散神聚的特点。	6分钟
问题导学三：悟读聚焦画面感悟生活情味	问题三：什么地方使你动情？为什么？ 小组交流：选出文中描绘的最使你动情的画面，圈点勾画，有感情地朗读，并说一说让你动情的理由。 小组展示：各小组在班内交流使其动情的画面并说出理由。 教师：有的小组学生发言时言之无物，请同学们注意结合语句的内容，表现雨中的景物特点、人物的性格和雨中蕴含的情感来回答。	学生交流展示： ①“酒店院子里有一架大木香花——一棵木香，爬在架上，把院子遮得严严的。密匝匝的细碎的绿叶，数不清的半开的白花和饱满的花骨朵，都被雨水淋得湿透了。” 尝试分析：“爬”和“遮”，把木香拟人化。“密匝匝”和“数不清”写出了木香的茂盛。营造了一幅恬静、富有生气的画面。 ②“戴一顶小花帽，	通过自读批注、小组交流、班级分析，让学生循序渐进地在自读、默读、朗读中领会，理解淡而雅就是平淡中的精彩、平淡中见真情。 学生平时赏析的语句多运用修辞，比如比喻、拟人，对汪曾祺这类没有运用修辞，淡而有味的语言，会视而不见。所以，需要老师来引导与点拨。	22分钟

续表

<table>
<tr><th>教学环节</th><th>教师活动</th><th>学生活动</th><th>设计意图</th><th>时间</th></tr>
<tr><td>问题导学三：悟读聚焦画面感悟生活情味</td><td>学生尝试小结，教师补充：做一个对生活有心的人，做一个有情人，从来都不需要刻意为之，而是体现在生活的一点一滴中。昆明的雨季，空气是湿润的，有味道鲜浓的菌子，有香甜的杨梅，更有绽放的缅桂花和木香花。香气弥漫在整个昆明，昆明人一定是热爱生活的人。</td><td>穿着扳尖的绣了满帮花的鞋，坐在人家阶石的一角，不时吆喝一声：‘卖杨梅——’声音娇娇的。”
尝试分析：通过对小女孩外貌、动作、语言的描写，小女孩的娇美情态跃然纸上，娇美的声音使得昆明雨季空气更加柔美，抒发了作者对昆明雨季的喜爱之情。
预设：体会作者笔下景物美、滋味美、人情美、氛围美，品味文中平淡质朴的语言。</td><td></td><td>22分钟</td></tr>
<tr><td>应用拓展：讦读悟美记录诗意生活</td><td>练笔任务：联系生活实际，以“我走在秋天的校园里，发现________，这也是一种美。”句式表达（提示：写出你观察到校园中的景、人、情等，字数50字左右）。</td><td>练笔写作</td><td>通过迁移练笔，由课内延伸到课外，引导学生观察生活、发现校园中的情趣和美好，并培养学生读写结合的能力。</td><td>6分钟</td></tr>
<tr><td colspan="5">板书设计</td></tr>
<tr><td colspan="5">昆明的雨　汪曾祺
怀念｛景：仙人掌、菌子、杨梅、缅桂花、木香花
　　　人：女孩、房东</td></tr>
<tr><td colspan="5">评课摘要</td></tr>
<tr><td colspan="5">教学环节有条理，层层深入。
教师能抓住文本语句，引导学生赏析昆明雨中的景物美、滋味美、人情美。
学生课堂参与度广，尤其是第二环节，用开火车活动，让学生按规范句式表达：“这里不仅有昆明的雨，还有（　　）”，这一活动既引导学生关注文中的景物、人物特点，又锻炼口语表达能力。</td></tr>
<tr><td colspan="5">教学反思</td></tr>
<tr><td colspan="5">本节课聚焦语文核心素养，由浅入深地引导学生把握“雨的特点”“雨的韵味”“生活的情味”这几个板块，紧贴学生的阅读感受和学习规律。课堂上，培养学生圈点批注的方法，在扎根语言的品味中，提升理解和鉴赏能力。学生在合作交流中，热烈品咂散文</td></tr>
</table>

续表

教学反思
细腻动情的语句，对文本语言不再迟钝，好像被清香的缅桂花唤醒。布置的作业，从课上所得迁移到课堂外练笔，学生仔细观察校园景物，迫不及待地写下眼中的景、心中的情。学生在学得动情后，写作的灵性高涨，佳作不少。

二、以“学”为中心的英语绘本教学案例：*In the Boat* 教学设计与实施

表 7-2　*In the Boat* 教学设计与实施

教学基本信息				
课题	*In the Boat*			
学科	英语	学段：大猫分级阅读 预备 1 级	教师、年级	穆晓超、一年级
教材	*In the Boat* 外语教学与研究出版社			
指导思想与理论依据				
英语核心素养中包含学习能力，这对于低年级学生来说尤为重要。因此，学生应对英语学习有好奇心，喜欢他人说英语；能根据教师的简单指令做动作、做游戏、做事情；在学习中乐于模仿，敢于表达，对英语具有一定的感知能力。而从语言技能方面来看，学生应能在图片的帮助下读懂简单的小故事，能做简单的角色扮演，重在英语的学习体验。 本节课以大猫英语预备 1 级中的 *In the Boat* 为阅读教材，教师在引导学生学习原文的基础上适当地增加与延伸情境，并以英语核心素养为理论依据，寓教于乐，巧设问题和悬念，旨在英语绘本阅读中培养学生观察图片的能力、预测信息的意识及对英语绘本的阅读兴趣。				
教学背景分析				
教材内容： 本节课为大猫分级阅读预备 1 级中 *In the Boat* 一课，是一本故事型阅读教材。本课主要讲述了一只老鼠乘坐出租船先后去接了两只兔子、三只猫、四条狗和五头大象，最后由于船上的动物太多太重，导致船翻到了河里，最后船里只有六只小鱼。本节课的文本内容为：One mouse in the boat. Two rabbits in the boat. Tree cats in the boat. Four dogs in the boat. Five elephants in the boat. Six fish in the boat. 本节课的重点句型“... in the boat”，此句型韵律感和复现性强，符合低年级学生的认知和年龄特点。 这本书中描述了老鼠乘坐出租船去接各种小动物，最后由于超重而导致翻船这个事件，但是考虑到一个故事的完整性，教师适当地增加情境，营造了森林里的小动物去参加小老虎 Tille 的生日 party，但是它们需要过河这个情境，自然地导入了小老鼠乘坐出租船去接其他动物的情节，从而进入了教材的阅读环节。同时，在故事的结尾，教师引导学生思考这些小动物们怎样才能过河，旨在培养学生发散性思维和解决问题的能力。 学生情况： 本课的授课对象为小学一年级学生，由于授课对象刚入小学一年级两个多月，大部分孩子可以听懂简单的指令，可认读少部分单词，会唱几首简单的英文歌曲。				

续表

但是，由于是借班上课，师生之间比较陌生，需要有一个彼此熟悉的过程。另外，学生对于英语绘本学习比较陌生，教师需逐步渗透阅读方法和学习活动。

教学准备：

大猫绘本预备1级、自制课件、自制大纸船、小纸船、自制动物头饰及图片。

教学目标及教学重难点

教学目标：

（一）知识与技能目标

1. 学生通过阅读会说出数量词 one，two，three，four，five，six。

2. 学生通过阅读会说出动物单词 mouse，rabbit，cat，dog，elephant，fish。

3. 学生通过阅读可听懂、理解、表达出 One mouse in the boat，two rabbits in the boat. 等句子。

（二）过程与方法目标

1. 通过情境导入、预测故事结局及想出解决办法，使学生对绘本阅读有整体感知，并增强学生阅读的兴趣。

2. 通过集体阅读、分组阅读及角色扮演，使学生理解故事大意，并学会复述故事。

（三）情感态度与价值观目标

1. 通过想出解决办法这一环节，培养思考问题及解决问题的能力。

2. 通过角色扮演这一环节，锻炼小组合作的能力。

教学重点：

1. 学生通过阅读会说出数量词 one，two，three，four，five，six。

2. 学生通过阅读会说出动物单词 mouse，rabbit，cat，dog，elephant，fish。

3. 学生通过阅读可理解、听懂并表达出句子：One mouse in the boat，two rabbits in the boat. 等句子。

4. 培养学生英语阅读的兴趣和良好阅读习惯。

教学难点：

1. 学生通过阅读听懂并表达出 One mouse in the boat，two rabbits in the boat. 等句。

2. 有感情地阅读绘本。

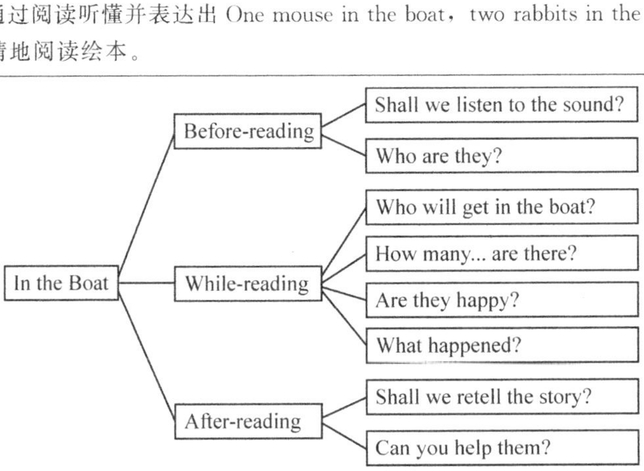

续表

教学过程
一、故事前 (一)情境导入 1. 森林里住着一群小动物，今天是小老虎 Tille 的生日 T：Today we'll read a story，it begins in a forest. Many animals live there. Let's listen. Who are they? 教师播放各种动物的声音，让学生猜出动物。 Ss：rabbit，cat，dog，elephant. PPT 上出现小老虎，非常高兴地说："Today is my birthday，we'll have a party." T：She is very happy. 【设计意图】通过听声音猜动物，可以吸引学生的注意力，也可唤起学生的旧知，起到以旧带新的作用。 2. 几只小动物要去参加小老虎 Tille 的生日派对，但是它们得过一条河 PPT 上出现几只小动物，教师模仿它们的声音： T：We'll go to the party. PPT 上出现一条河，小动物们都犯愁了。 T：How do we go there? 3. 小老鼠乘着出租船来帮忙 教师模仿小老鼠的声音。 T：I will help you. I have a taxi boat. Can the mouse help them? 通过学习绘本来找出答案。 【设计意图】小老鼠乘坐出租船接其他动物解决了过河的问题，但是，小老鼠能否顺利接大家过河又把学生带到了下一个悬念中去。通过增加情境和悬念的设计，可保持学生对故事学习的兴趣。 (二)介绍绘本 教师拿着绘本书的封面，向学生介绍 title，writer，illustrator。 T：*In the Boat* is the title. Paul Shipton is the writer，he wrote the book. Trevor Dunton is the illustrator，he drew the pictures. 教师边介绍，边用动作向学生释义 writer、illustrator。 二、故事中 (一) 浏览绘本，挖掘信息 教师利用实物投影与学生一起初步浏览图书，在浏览图书的过程中，教师模仿不同的动物声音与老鼠打招呼，并引导学生通过观察故事中动物数量及表情的变化，理解故事大意。 1. One mouse in the boat. 教师引导学生观察图片。 T：Who is in the boat?

续表

Ss：Mouse. 教师继续引导学生观察小老鼠的表情，请学生模仿出图中小老鼠的神情和动作，教师说出： T：The mouse is very happy and proud. He will help them. 2. Two rabbits in the boat. 教师引导学生猜测将要上船的动物。 T：Who will get in the boat? 学生会给出不同的猜测，于是，教师做出兔子的动作，学生可说出 rabbit。 T：How many rabbits are there? 师生共同查出数量后，说出“two rabbits”。 教师用细细的声音模仿兔子与小老鼠打招呼。 T：Hi! Taxi! 接上兔子后，教师引导学生说出本节课的重点句型。 T：Two rabbits in the boat.” 接着，教师继续引导学生观察兔子的表情。 T：Are they happy? 学生可给出肯定的回答，于是，教师模仿兔子声音，演唱自编的歌曲。 T：We're so happy. We'll go to the party. 【设计意图】通过浏览图片，培养了学生观察图片及提取图片信息的能力。而教师加入的简单打招呼用语和自编的歌曲可以给予学生更多的语言支撑。 3. Three cats in the boat. 教法同“Two rabbits in the boat”，教师模仿三只猫和小老鼠打招呼时，声音不同于两只兔子。有一部分学生应可根据教师的提示，说出教师自编的打招呼用语“Hi! Taxi!”，歌曲“We're so happy. We'll go to the party. ”及重点句型“Three cats in the boat. ” 4. Four dogs in the boat. 教法同上。大部分学生应可根据教师的提示，说出教师自编的打招呼用语“Hi! Taxi! ”，歌曲“We're so happy. We'll go to the party. ”及重点句型“Four dogs in the boat.” 接上四只狗之后，教师引导学生数数船上动物的数量。 T：So many animals. Let's count. How many animals are there? T&Ss：One，two，three，four，five，six，seven，eight，nine，ten. T：Wow，ten animals. It's so crowded. Look，is the mouse happy? Are the rabbits and cats happy? 学生会给出否定的回答，教师接着询问。 T：Will anyone get in the boat? 【设计意图】引导学生数数船上动物的数量及观察船上动物的表情变化为翻船事件埋下了伏笔，有助于学生更好地理解故事。

续表

Five elephants in the boat. 图片中出现了一个大象鼻子，学生已经知道教师上一个问题的答案。于是，教师接着询问。 T：How many elephants are there? 有部分学生会根据一只老鼠、两只兔子、三只猫、四只狗的规律猜出五头大象。 教师继续引导学生。 T：Look at the elephants. They are very heavy. The mouse said "No". Can you see the cat? Can you see the rabbit? So, what happened? 下一个环节，教师会给学生发书，让学生自己浏览读书，并找出发生了什么。 【设计意图】故事最精彩的环节，教师让学生通过自主阅读找出答案，一方面可以激起他们阅读的兴趣，另一方面也使这个故事给他们留下深刻的印象。 （二）浏览图书，找出答案 教师给学生发书，引导学生浏览整本书，并找出发生了什么。 T：So, what happened? 反馈浏览结果。绝大部分学生通过自主阅读可知道故事的结局是翻船了。于是，教师询问。 T：Who is in the boat now? T&Ss：Six fish in the boat. 三、故事后 （一）听绘本 T：Open your books. Let's listen. 学生在听的过程中，教师在教室里巡视，关注学生，看他们是否可根据录音找到相应的图片。 【设计意图】引导学生打开书跟着录音听绘本，这样可使学生接受原声的输入，培养他们听的能力。 （二）集体读绘本 教师引导学生打开书，并指着文字，集体跟着录音读。学生跟读时，教师在教室巡视，引导学生手指着文字。 T：Let's listen and repeat. 【设计意图】这一环节可达到音形义匹配的目的。 （三）教师分解教授，并引导学生阅读 教师分解教授，学生逐句跟读。在跟读的过程中，教师要鼓励学生模仿录音中的语音语调及说话的语气。 【设计意图】模仿原声的语音语调可使课堂生动有趣，又有助于学生理解故事的发展和走向。 （四）两人合作阅读 两人合作阅读，一人读一句，互相帮忙纠正发音。 T：Now work in pairs and help each other. 【设计意图】这一环节可培养学生合作的意识，也达到了进一步巩固新知的目的。

续表

（五）Retelling

教师在黑板上画一条弯弯的河流，在河里摆六条鱼，河的一边摆上小老虎 Tille，小老鼠乘着出租船来帮动物过河。

T：Who is in the boat?

Ss：One mouse in the boat.

教师拿出事先准备好的出租船站牌，提问大家。

T：How many taxi stops are there?

随后，教师依次把站牌贴在河流的不同位置。教师在每个站牌背后已经放好了要接的小动物，要接哪种动物时，教师便拿出相应的动物，同时查查这种动物的数量并操练“…in the boat”句型。

T：Who will take the taxi boat? Wow，rabbit. How many rabbits are there?

Ss：One，two.

T&Ss：Two rabbits in the boat.

每接一种动物后，教师把相应的动物放在船里面。

最后接完了大象，教师把船倒过来，营造翻船的景象，随后六条鱼出现在船上。

T&Ss：Six fish in the boat.

【设计意图】复述这一环节把这个故事通过板书和教具上演了一遍。不仅可以引起学生的兴趣，还可以生动地巩固新知。

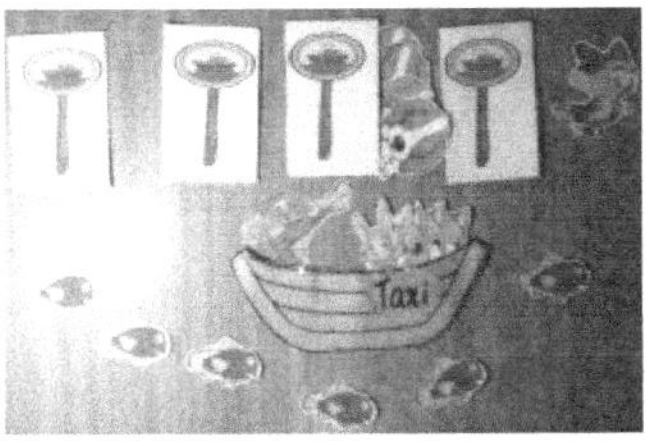

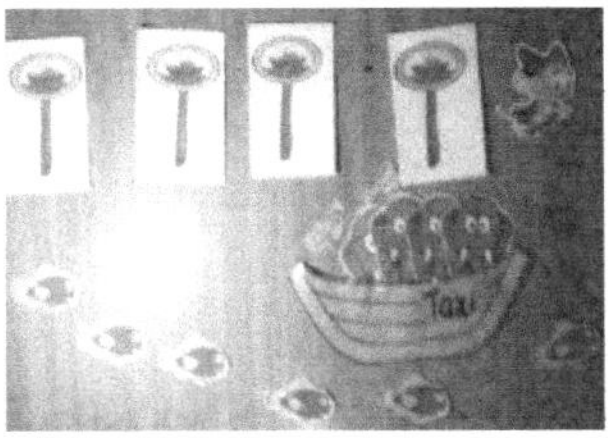

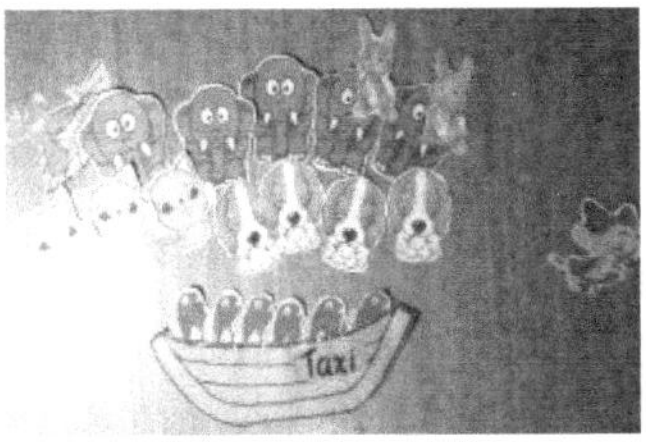

（六）想出解决办法

教师引导学生思考：它们成功去了小老虎的生日派对吗？看它们的表情，高兴吗？

T：Are they happy?

Ss：No.

T：Do they go to the party?

Ss：No.

T：Can you help them?

教师引导学生思考怎样才能成功过河，学生会给出不同的答案。

续表

随后，PPT 上出现小动物们欢乐聚会的视频（此视频截自迪士尼动画 Happy Birthday 中小动物为 Tille 过生日片段），学生们帮助了它们，教师代表小动物和 Tille 感谢学生们的帮助。 【设计意图】想出动物们过河的解决办法是对情境的延伸，保持故事完整性的同时，培养了学生思考并解决问题的能力和乐于助人的精神。 （七）表演 有的学生可能会想出一次少带点动物的办法，于是教师拿出一艘自制的大船，船上写着≤6（准乘 6 人），教师把学生分成不同的动物组。一名学生带着老鼠头饰，手拿大船去接动物，老鼠走到哪一组，哪一组的学生需说出“Hi! Taxi”。被接上来的学生需依次说出谁在船上，操练句型“... in the boat”。 【设计意图】把书中的故事搬到讲台上演，可提高学生的课堂参与度及积极性，同时，也进一步内化了新知。  四、布置作业 组内自制小船，互相讲讲这个故事。 【设计意图】组内自制小船锻炼了学生的合作和动手能力，互相讲这个故事可复现并巩固旧知。
板书设计

学习效果评价设计
一、教师评价 1. 教师通过学生在课堂上听、说、读、听讲及发言的情况，分别奖励每组学生小耳朵、小嘴巴、眼睛及小手的图片。最后得到卡片最多的三组可以获得教师奖励的动物卡片，得到卡片后，教师鼓励学生与未得到卡片的组员分享。学生利用这些动物卡片，在课下自制纸船，和自己的同伴互相讲本书的故事。

续表

2. 教师运用鼓励性的语言，如“Good, super, you read very well, you speak quite good”和相应的动作激励学生。

二、学生评价

1. 在分组阅读环节，学生互相评价对方的发音，帮助他人读绘本。

2. 在表演环节，学生共同评价小老鼠扮演者是否按照规定接动物回来，并评价被接到的小动物是否能准确说出“…in the boat”。最后教师用“How was their job?”问表演组的表现，学生可用“Wonderful, good, so-so.”评价他人。

评价量规

两人互评，在自制纸船合作演绎故事的过程中，可用“…in the boat”说出6个及以上的句子，在两个朝上的大拇指图标下画√；可说出2～5个句子，在一个朝上的大拇指下画√；可说出1个及以下的句子，在朝下的大拇指下画√。

Name:	Class:
可用“…in the boat”说出6个及以上的句子，在下画√	
可用“…in the boat”说出2~5个句子，在下画√	
可用“…in the boat”说出1个及以下句子，在下画√	

本教学设计的特点

一、适当地增加与延伸情境，保持故事的完整性

本故事内容相对简单，描述了老鼠乘坐出租船去接各种小动物，最后由于超重而导致翻船这个事件，整个故事并没有前因后果。于是，考虑到一个故事的完整性和教学的效果，教师在故事前适当地增加情境，营造了森林里的小动物去参加小老虎Tille的生日party，但是它们需要过河这个情境，自然地导入了小老鼠乘坐出租船去接其他动物的情节，从而进入了故事中环节。书中故事的结尾是翻船导致小动物们没有顺利过河。但是，在本堂课中，教师引导学生思考这些小动物们怎样才能过河，旨在培养学生的发散性思维和解决问题的能力。

二、巧设问题和悬念，激发学生的阅读兴趣

在故事前，教师引导学生思考小老鼠可否顺利帮助其他小动物过河，学生带着问题进入故事的学习。在故事中，每次去接下一种动物前，教师引导学生猜测将要上船的动物，让学生在动脑的过程中学习，有效地调动了他们阅读的积极性，而当师生共同读到五头大象上船后的故事情节时，教师巧设悬念，让学生展开自主阅读，找出故事的结局。这时，学生急于寻找答案的情感被激发，增加了他们继续阅读的兴趣。

Sailor Sid is Clever(《聪明的水手锡德》)是《多维阅读第6级》中的一本故事类绘本，是水手锡德的系列故事之一。小学英语方侠老师在讲授该绘本阅

读课时，采用了图片环游的形式和孩子们共读了有趣的故事，他还从孩子们的学习动机出发，把选择权交还给孩子，学生联系实际生活经验，进行开放性讨论，引领学生掌握结构化而非碎片化的知识，把学习一步步引向深处，最终促成学生将知识进行迁移、创新、运用，从而形成高阶思维。与此同时，让学生情景代入，如果自己是一名船员能有哪些更好的办法呢？通过对比 Sid 和其他水手的方法以及学生讨论的解救船只方法的优缺点，明白“做事要认真”，即使遇到困难也要冷静思考，懂得“办法总比困难多”的道理。整堂课生动有趣，孩子们通过听、说、读、看等方式理解故事内容。本节课，方老师在绘本解读、问题推进、教师语言、情感输出等多方面实现了突破，教学中不仅引导学生学词汇句型、理解故事，而且在猜测与探究中使学生完成一次次思维建模，提升其发散性思维能力与想象力。激发其主动阅读的欲望，在作业设计上，方老师通过“分层次”“添趣味”“生活化”优化学生的英语作业设计，如：让同学们利用本课学过的句型将绘本内容复述并分享给家人听。这样的作业设计创新促进了教学目标的有效落地。

三、以“学”为中心的数学网络画板图形教学案例

初中数学组结合学校以“学”为中心的课堂教学改革要求，在汪继清老师的带领下，集体开展了网络画板在数学图形教学中的应用研究，并将网络画板的应用探究纳入到以“学”为中心的数学课堂教学之中。如：杨亚琴老师在人教版教材七年级下册的研究课“实数”这节课中使用了网络画板，由于本节课无理数太过抽象，为了让学生理解无理数能在数轴上表示，并且是一一对应关系，杨老师利用网络画板在制作的数轴中设置了 3 个变量，使得构造的直角三角形的宽和高能随意变化长度，从而画出不同长度的线段表示无理数，通过作圆的方法，找到数轴上表示无理数的点，从而发现一一对应的关系。课上，学生在拖拽参数滑动条的过程中，能将抽象的无理数更加准确地表示出来，使学生更加清楚为什么带根号的数是无理数，这样，极大激发了学生的探究欲望。

案例一：汪继清老师的“勾股定理的应用”教学设计

[学习目标]

1. 能熟练运用勾股定理，掌握在数轴上表示无理数的方法。

2. 掌握勾股定理，能运用勾股定理得到长度为无理数的线段，并能在数轴上画出表示无理数的点，进一步领会数形结合的思想。

3. 通过学生实际操作，培养学生的探究能力和解决问题的能力。

［学习重点、难点］

1. 重点：利用勾股定理在数轴上表示无理数。

2. 难点：确定长为无理数的线段能否作为两直角边为正整数的直角三角形的斜边，或斜边和其中一条直角边为正整数的直角三角形的另一条直角边。

［问题链思维导图］

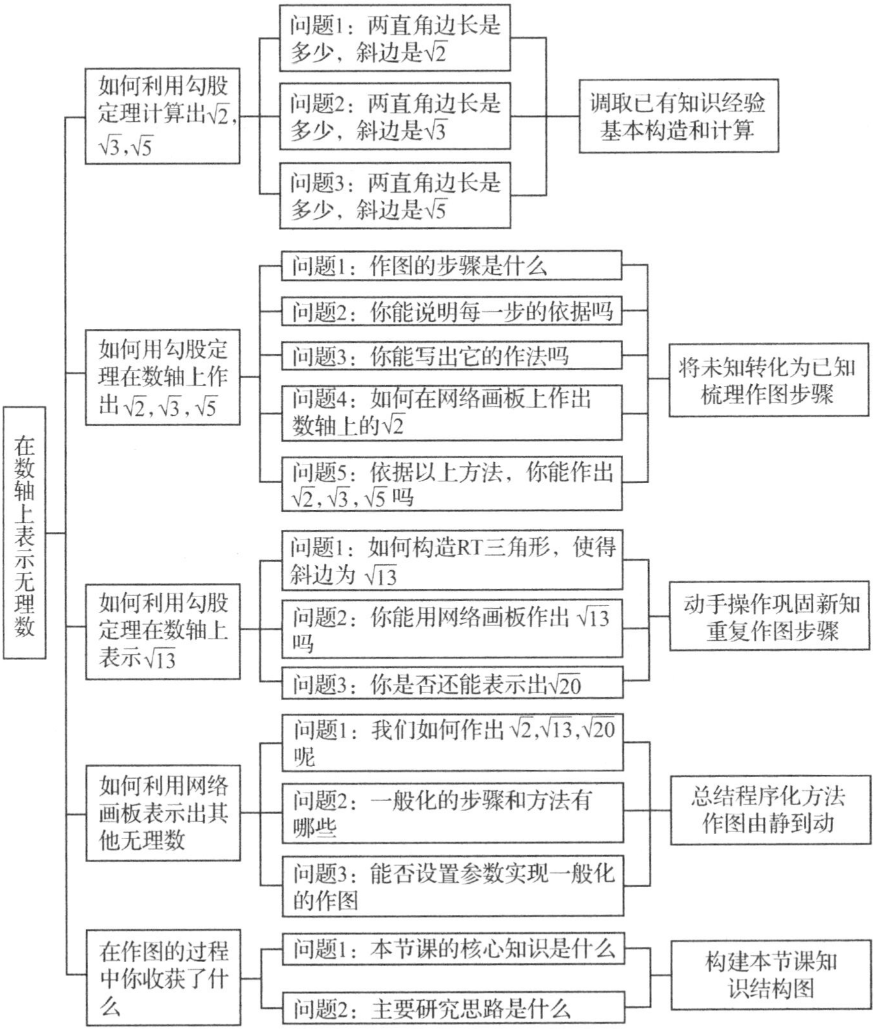

图 7-6　问题链思维导图

［活动设计］

<table>
<tr><th>教师活动</th><th>学生活动</th></tr>
<tr><td colspan="2">环节一：提出问题，引入新知</td></tr>
<tr><td>教师活动 1
我们知道实数和数轴上的点是一一对应的，数轴上有的点表示有理数，有的点表示无理数，本节课我们共同探究如何在数轴上画出表示$\sqrt{2}$、$\sqrt{3}$、$\sqrt{5}$、$\sqrt{6}$ 等无理数的点。
利用勾股定理可以得 $x=\sqrt{2}$，$y=\sqrt{3}$，$z=\sqrt{4}$，$w=\sqrt{5}$</td><td>学生活动 1
请学生计算图中 x、y、z、w 的值。
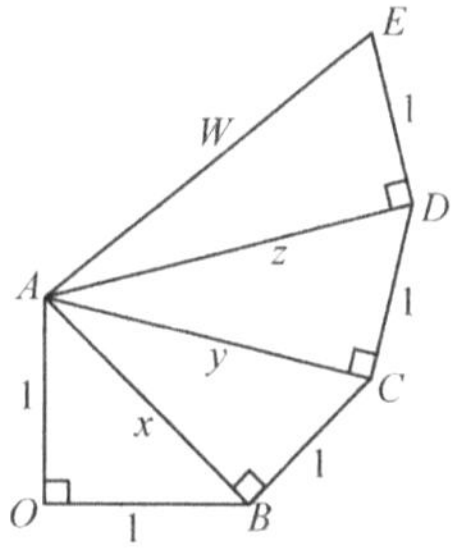
</td></tr>
<tr><td colspan="2">活动意图说明：学生利用勾股定理计算直角三角形中斜边长的过程，依此方法可以得到长度为无理数的线段，从而可以在数轴画出表示$\sqrt{3}$、$\sqrt{5}$、$\sqrt{6}$ 的无理数点，得到本节课的探究思路。</td></tr>
<tr><td colspan="2">环节二：动手操作，探究新知</td></tr>
<tr><td>教师活动 2
在数轴上作出表示$\sqrt{2}$、$\sqrt{3}$、$\sqrt{4}\cdots\sqrt{n}$（n 是正整数）的无理数点。
网络画板动态演示在数轴上作出表示$\sqrt{2}$的点。
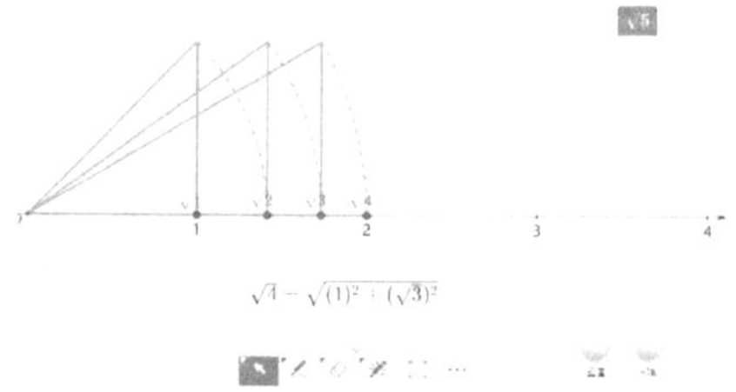
做法：
1. 在数轴上找到点 A，使 $OA=1$。
2. 作直线 l 垂直于 OA，在 l 上取一点 B，使 $AB=1$。
3. 以原点 O 为圆心，以 OB 为半径作弧，弧与数轴交于点 C，则点 C 即为表示的$\sqrt{2}$点。
用同样的方法做出$\sqrt{3}$、$\sqrt{4}$等点。</td><td>学生活动 2
学生进行操作，用直尺和圆规作图：
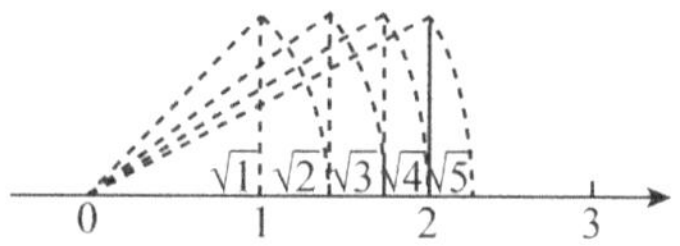
</td></tr>
<tr><td colspan="2">活动意图说明：用数轴上的点来表示实数，将数和图形联系在一起，让学生进一步领会数形结合的思想，加深对勾股定理、实数的再次认识。</td></tr>
</table>

续表

<table>
<tr><td colspan="2">环节三：变式练习，应用新知</td></tr>
<tr><td>

教师活动 3

在数轴上作出表示 $\sqrt{13}$ 的点。

引导学生思考：如何构造三角形作出 $\sqrt{13}$？

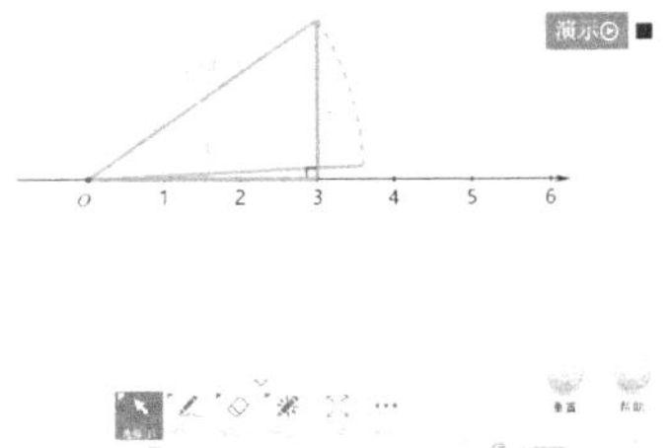

教师利用网络画板动态演示作图过程。

做法：

1. 在数轴上找到点 A，使 $OA=3$。

2. 作直线 l 垂直于 OA，在 l 上取一点 B，使 $AB=2$。

3. 以原点 O 为圆心，以 OB 为半径作弧，弧与数轴交于点 C，则点 C 即为表示 $\sqrt{13}$ 的点。

</td><td>

学生活动 3

由于在数轴上表示 $\sqrt{13}$ 的点到原点的距离为 $\sqrt{13}$，所以只需画出长为 $\sqrt{13}$ 的线段即可。若按活动 2 探究的方法要建立 12 个直角三角形，画 12 段弧较麻烦，但可类比活动 2 的方法构建直角三角形，使两直角边分别为 2 和 3，则斜边为 $\sqrt{13}$。

学生尺规作图：

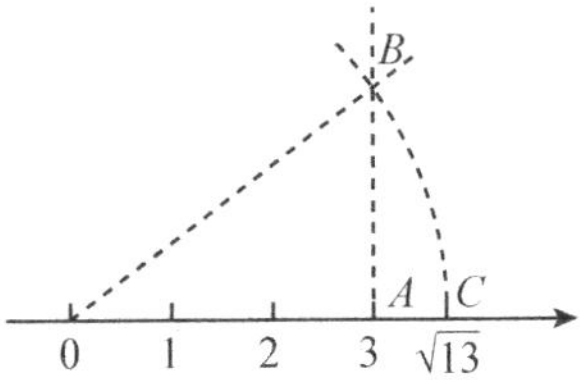

</td></tr>
<tr><td colspan="2">活动意图说明：在用勾股定理寻找数轴上表示无理数点的过程中，体验勾股定理的重要作用。完成本节课的教学目标，让学生更直观、更清晰地看到如何在数轴画出无理数点，规范画图语言和作图方法。</td></tr>
<tr><td colspan="2">环节四：巩固练习，小结提升</td></tr>
<tr><td>

教师活动 4

巩固练习：在数轴上作出表示 $\sqrt{20}$ 的点。

小结：大家如何构建直角三角形，可得到长为无理数的线段，从而能在数轴上找到表示无理数的点呢？

教师展示：

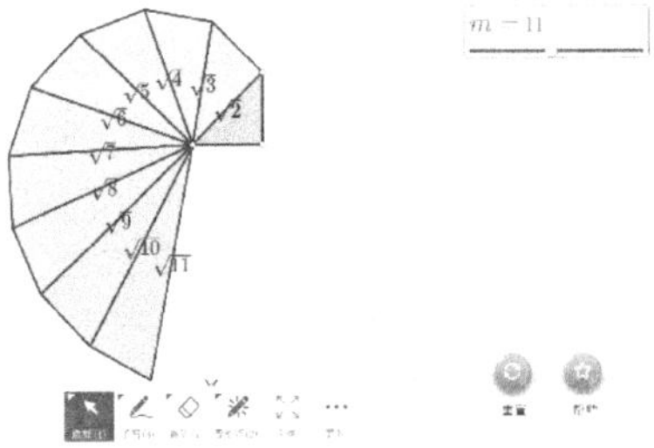

</td><td>

学生活动 4

方法 1：构建直角三角形，使两直角边为 2 和 4，则斜边为 $\sqrt{20}$。

方法 2：构建直角三角形，使斜边为 6，其中一直角边为 4，则另一直角边为 $\sqrt{20}$。

学生总结：

(1)“拆分”：长为无理数的线段能否作为两直角边为正整数的斜边，或斜边和其中一条直角边为正整数的另一条直角边。

(2)“构造”：以此作出直角三角形，得到无理数线段。

</td></tr>
</table>

续表

拖曳 m 的值，勾股数增加，图案更加美丽，展示数学美。	(3)"画弧"：从而在数轴上表示出无理数点。将链接发给学生，学生亲身感受数学美。
活动意图说明：让学生尝试总结，教师补充，培养学生的归纳概括能力，突破本节课难点。	

案例二：杨亚琴老师应用网络画板进行"平行线的性质"教学的片段

活动探究1：如果学生在上课时现场画任意一条直线截一组平行线，并测量同位角的度数，会浪费大量的时间，并且不能直观体会到第三条直线的任意性。所以这就发挥了网络画板的价值，用网络画板模拟实验的全过程(见图7-7)，构造一组平行线 $BC /\!/ DE$，并由第三条直线 AD 所截。测量 $\angle ABC$ 与 $\angle BDE$ 的度数，发现 $\angle ABC = \angle BDE$，就可以猜想平行线的第一个性质：两直线平行，同位角相等。通过转动直线 AD 改变 $\angle ABC$ 和 $\angle BDE$ 的大小，进行猜想的实验验证，发现 $\angle ABC = \angle BDE$ 依然成立(见图7-8)。从而可以验证得出：两直线平行，同位角相等。

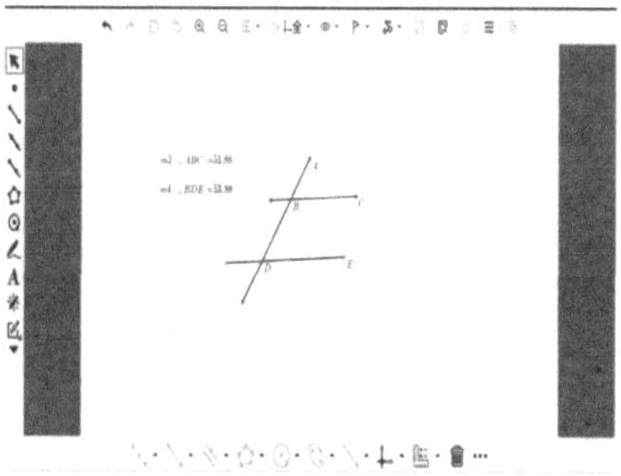

图 7-7

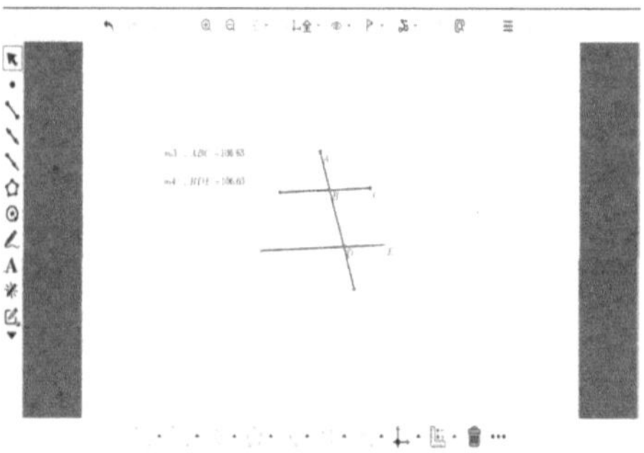

图 7-8

活动探究2：如图7-9所示，构造任意一组不平行的直线 BC、FG，并由第三条直线 AF 所截。测量 $\angle ABC$ 与 $\angle BFG$ 的度数，发现 $\angle ABC \neq \angle BFG$，就可以猜想当两直线不平行时，平行线的性质不成立。通过转动直线 AF 改变 $\angle ABC$ 与 $\angle BFG$ 的大小，进行猜想的实验验证，发现 $\angle ABC \neq \angle BFG$ 一直如此(见图7-10)。从而可以验证得出：当两直线不平行时，同位角不相等。

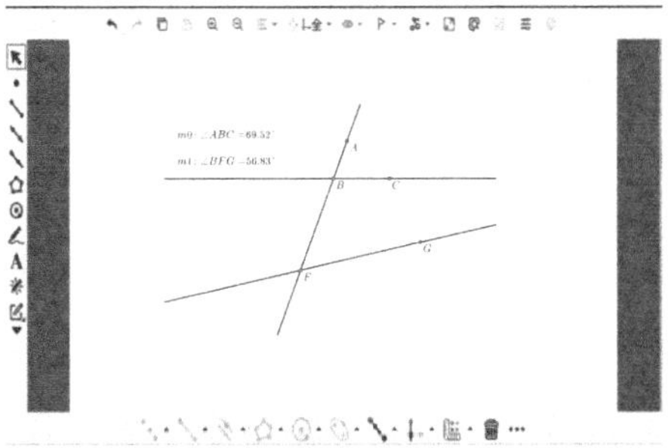

图 7-9

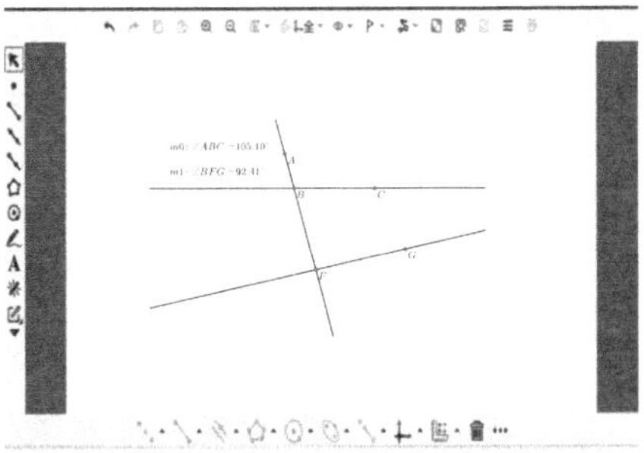

图 7-10

案例三：马彦芳老师应用网络画板进行“圆”的教学设计片段

探究活动 1：如果我们在⊙O 中任意画一条弦 AB，如图 7-11 所示，观察下面的图形，它还是轴对称图形吗？若是，你能找到它的对称轴吗？

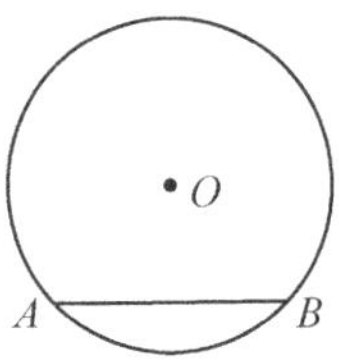

图 7-11

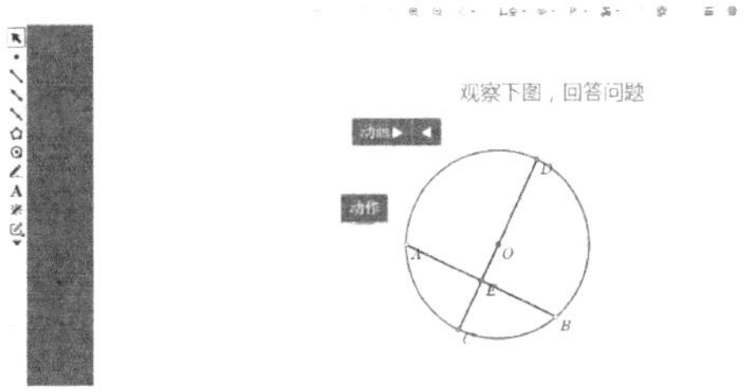

图 7-12

学生通过动手实验得出：沿着垂直于弦 AB 的直径所在的直线对折即可。该图形是轴对称图形，对称轴是垂直弦的直径所在的直线。

网络画板演示无数条直径所在直线中，只有垂直于弦的才是对称轴，虽然学生用课前剪好的圆可以通过折叠验证圆的轴对称性，但在圆中增加一条弦，利用折叠的方式验证轴对称性不够直观，用网络画板的动态作图功能可以通过旋转过圆心的直线，观察直径两旁的部分是否全等，得出直线是否是对称轴，更容易理解平分弦、平分弦所对的两弧。

探究活动 2：设直径 EF 与弦 AB 垂直于点 D（见图 7-13），在沿直径 EF 所在直线对折的过程中，观察图中还有哪些相等的线段和相等的弧？改变弦的位置，观察什么发生改变，什么不变？

在找到圆中增加一条弦后的图形的对称轴后，既得圆中任意一条弦都有相同的结论，但初中的学生对“任意”代表的意义理解不清，感受不到“任意”代表所有的数学处理方式，通过网络画板将弦随意地移动、旋转，让学生对垂径定理结论的一般性认识更具体，这样就更易于接受。

初中数学组不仅积极推进以“学”为中心的课堂教学改革，老师们还把学

图 7-13

科实践活动与学生数学的探究学习结合起来，组织学生“网络画板制作大赛”，学生自行动手完成课件制作，七年级孩子利用画板制作个性化的动态图和静态图，八年级学生完成平行线间折线问题的探究，九年级学生完成函数和几何动点问题的探究，这样以“学生学习”为中心的数学课堂改革，培养了学生的空间思维、逻辑思维、创新思维等能力，有力促进了学生数学思维品质的提升(附：学生的网络画板数学作品①)。如：汪继清老师指导学生做的“勾股数”的作品(见图 7-14、图 7-15)。

图 7-14

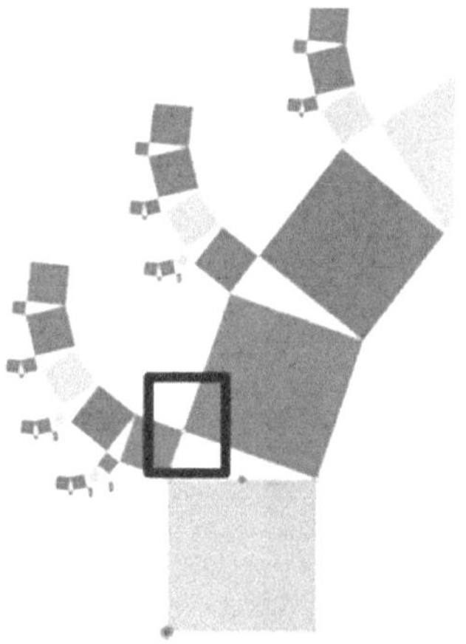

图 7-15

做法：

1. 打开网络画板，用智能画笔画出一条水平的线段，把这条线删掉，让

① 汪继清：《网络画板在初中图形教学中的应用研究》课题结题报告，2021 年。

右侧的点以左侧的点为旋转中心逆时针旋转90°，以左上角的点以下面两点为向量进行平移。

（这样我们就构造出来一个正方形的四个顶点）

2. 构造出上面两点的中点。保持上方三点的中点为选中状态，再依次点击其左右两点，构造一个圆心与圆点的弧。在这段弧中任做一个动点。依次点击正方形的四个顶点，构造一个多边形，并将多边形的线宽改为0。

3. 给正方形的内部填充一个颜色(任意)，构造两个分别为N及RGB的变量，将RGB的增量改为0.01。做一个计算：RGB+0.5，单击多边形，在“高级”的“扩展填充”中单击一下，使其显示出数值，让所有数值都乘一个RGB。

（这样正方形的内部填充颜色就会与RGB相关联）

4. 依次点击多边形下方两个点，再点击RGB，再单击“迭代”按钮，设置两组印象，再点击多边形左上角的点，再点击圆弧中所做的动点，以及M0(迭代运算做的正方形的边长)，再次点击圆弧中的动点，多变形右上角的点和M0，将迭代深度改为N，在左边列表中只勾选多边形，只让多边形参与迭代。选中下方黑色方框中的点，并将形状调整到与树类似的形状。

5. 可以改变参数N来调整迭代深度(可选)。拖动RGB的值可以改变树的颜色(可选)。设置动画，变量设置为RGB，设置RGB。从0到10，将步数设置略小一点(<50)，并勾选重复。(单击动画按钮，这个树就会变化颜色)

如：赵玮老师指导学生所做的“红苹果”作品(见图7-16)。

图7-16　学生做的红苹果作品

做法：

1. 画一条线段并删去中间部分，只留下两个端点。

2. 以其中一个端点做圆心，另一个端点为圆的半径，构成一个圆。

3. 在圆的周长上构成半径的端点附近作一个点，以这个点为圆心，构成半径的端点为第二个圆的半径，构成第二个圆。

4. 选中第二个圆的半径和第二个圆，构成一个“轨迹”作为苹果。

5. 在构成第一个圆半径的端点旁边作两个点，并将这几个点与它一起选中并构成一个过三点的弧作为苹果的柄。

四、以“学”为中心的综合社会实践的行后课教学设计

表 7-3　以“学”为中心的综合社会实践的行后课教学设计

教学目标			
1. 完成综合实践活动课程手册，补充实践活动过程中的重点知识。 2. 巩固、强化实践活动过程中获得的知识和能力，通过各种形式表达、交流和展示。 3. 通过小组学习，互助合作，提升综合实践活动课程的学习效果。			
教学重点难点			
教学重点：巩固、强化综合实践活动过程中获得的知识和能力，通过各种形式表达、交流。 教学难点：通过小组学习，互助合作，提升综合实践活动课程的学习效果。			
教学过程			
环节	教师活动	学生活动	设计意图
课堂导入	组织学生活动，收集整理各种照片、视频等资源。	1. 以小组为单位，完成综合实践活动课程手册，针对组员存在的问题，组长记录。 2. 收集整理各种照片、视频等资源。	通过整理资料如照片、视频等，再现综合实践活动过程，强化学生的实践活动体验。 通过完成综合实践活动课程手册，巩固学生的实际获得，保证综合实践活动课程重点知识的掌握。
小组讨论	组织学生小组讨论，辅导学生制作展示资料，如 PPT 等。	1. 小组根据整理的资料，准备交流分享活动，明确小组分工，合作互助。 2. 小组准备交流用 PPT。 3. 小组设计交流活动流程，准备文字稿，设置问题。	通过制作 PPT 等展示资料，锻炼学生信息技术等实践动手能力。 通过小组学习，锻炼学生的团结合作能力。 通过准备文字材料，锻炼学生的归纳概括和语言交流与表达等能力。

续表

环节	教师活动	学生活动	设计意图
分享展示	教师组织各小组的分享交流活动。	各小组分享交流活动。 其他各组根据汇报效果进行评价、打分。	分组展示各小组参加实践活动的实际获得，教师根据展示内容，准备总结。
交流提升	教师总结本次活动的精彩瞬间(展示照片、视频等)，教师根据发言小组与评价小组的各项表现进行评价、打分，表扬、奖励本次活动的优胜小组。(多元评价，展示各组特点)	学生观看： 学生对各组展示派代表发言评价并打分，要求说出展示的亮点、不足与改进的方法。	通过组员与组员之间、小组与小组之间、学生与教师之间的交流、分享、评价、建议等活动，总结活动内容，强化活动效果，提升和拓展实践活动，实现学生个性化的学习与能力发展。
归纳总结	学生尝试总结，教师补充总结本次实践活动，留存好学生实践活动资料，如手册、照片等。	各小组总结本次实践活动的获得与不足，负责本组同学的资料留存，以备上传至网络平台。	总结本次活动，总结经验，提出活动设计的修改意见，后期反馈学校，以求优化下次综合社会实践活动课程的设计。

(孙健老师提供)

五、以"学"为中心的道法课教学设计案例

表 7-4　以"学"为中心的道法课教学设计

授课学科	道德与法治	选用教材	人教版	授课教师和年级	陈璠、二年级
课题	小水滴的诉说				
指导思想与理论依据					
《小水滴的诉说》依据《中小学德育工作指南》和学校尊重进阶课程中尊重自然维度有关生态文明教育的主题要求，加强节约教育和环境保护教育，开展大气、土地、水、粮食等资源的基本国情教育，帮助学生了解祖国的大好河山和地理地貌，开展节粮、节水、节电教育活动，推动实行垃圾分类，倡导绿色消费，引导学生树立尊重自然、顺应自然、保护自然的发展理念，养成勤俭节约、低碳环保、自觉劳动的生活习惯，形成健康文明的生活方式。					
教材和学情分析					
教材分析： 《小水滴的诉说》一课，承接一年级下册《我和大自然》单元中人与自然的关系视角，关注日常生活中时时离不开的水，全然不同于仅仅把水当作一种可利用资源的做法，而					

续表

是将水看作生命的重要组成部分，是与生命休戚与共的存在，通过“小水滴”的歌唱与遭遇不幸后的诉说，激发学生爱惜水的情感，同时引导学生有创意地珍惜水、节约水。 学情分析： 二年级的孩子由于年龄小，生活经验少，在他们的实际生活中，大都只知道平时用的水是一拧就有的自来水，不明白地球上的水资源是有限的，地球上的水是很宝贵的。也很少留心水资源目前遭遇的污染状况，我们需要培养学生养成日常节约用水的生活习惯和保护水资源的法律意识。让学生集思广益想想生活中个人节约用水的具体方法，引导学生发现国家、社会在实际生活中创造性节水的做法，渗透从小科学用水的理念。
教学目标
1. 了解水与人们生活的关系，感知水资源的重要性。 2. 初步了解水资源当前所遭遇的危机，理解水资源的宝贵。 3. 了解绿色城市生活中的人们对水的创造性使用方法。 4. 创造性地发现在日常生活中珍惜水、节约水的方法，并形成相应的生活方式。
教学重点和难点
教学重点： 让学生体验水的珍贵和来之不易；掌握生活中节约用水的具体做法，培养学生实际生活中的节水意识，并落实到行动中。 教学难点： 感知水资源的缺乏；了解创造性节水的方法。
教学资源和方法
《小水滴的诉说》音视频、图片，通过调查、探究、汇报等方法，多角度、多种形式带领学生展开探究。
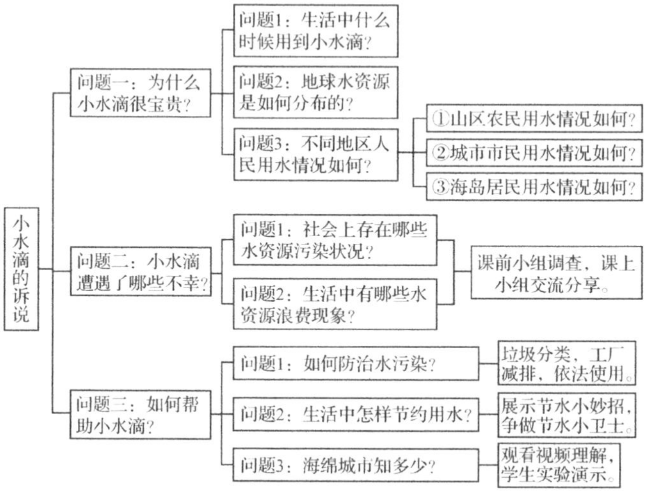

续表

教学过程			
教学环节	教师活动	学生活动	设计意图
激趣导入	问题：同学们，仔细听听，谁来了？（播放 PPT 音频） 你们的小耳朵真灵敏啊，一下子就听出了"小水滴"的声音，这节课就让我们一起来倾听"小水滴的诉说"吧！（出示课题）	预设：这是"小水滴"的声音。 学生读课题"小水滴的诉说"。	通过倾听小水滴声音，激发学生的好奇心，从而将学生的注意力吸引到课题学习之中。
问题导学一·我很宝贵	问题一：在你的生活中什么时候会用到水？ 预设：看来，我们日常的生活离不开水，小水滴的作用可真大啊！让我们听听它的自我介绍吧！谁来读一读这首小水滴之歌。（PPT 左侧诗歌，右侧依次出现山川、禾苗、牛羊、人们的图片） 问题二：从这首《小水滴之歌》里你读出了小水滴什么样的心情？大家能试着演一演吗？ 预设：从你们的表演中我感受到了小水滴和山川、秧苗、人们的喜悦，让我们一起来读一读，演一演吧！ 学生尝试小结，教师补充：有了小水滴的滋养，一切都是那么的美好，同学们，如果没有了小水滴，这个世界又是什么样子呢？ 山川没有了小水滴（山川枯萎了）。（PPT 图片出示光秃秃的山） 田野没有了小水滴（秧苗消失了）。（PPT 图片出示满是裂痕的大地） 牛羊没有了小水滴（牛羊渴死了）。（PPT 图片出示草原上牛羊干瘪的尸体）	（1）学生回答：做饭、洗衣服、洗手、刷牙、上厕所、洗车、游泳…… （2）学生朗读诗歌。 "我走过山川，山川绿了。 我流进田野，秧苗长了。 我经过草原，牛羊笑了。 我流进人们的嘴里，大家心里甜了。 我是地球的血液，我是生命的源泉。" （3）欢快、高兴、开心、优美…… （4）学生扮演"小水滴、山川、秧苗、牛羊、人们"，边读边演。 （5）全班同学演"山川、秧苗、牛羊、人们"。 （6）学生想象补充： 预设 1：山川寸草不生，没有生机…… 预设 2：秧苗枯萎，消失了，只剩干裂的大地…… 预设 3：牛羊渴死了，牛羊只剩了皮毛…… 预设 4：人们嘴都干裂了，面临生命危险…… 预设 5：地球没有了绿色，没有了蓝色，没有了生机，一片死寂……	通过儿歌对比让学生感受水的重要，通过地球水资源分布了解可用水的稀缺。

续表

教学环节	教师活动	学生活动	设计意图
问题导学一·我很宝贵	人们没有了小水滴(人们的手都干裂了)。(PPT图片出示非洲人干裂的手) 地球没有了小水滴(地球灰暗了)。(PPT图片出示黑白色的地球) 问题三：没有了水，世界不再色彩斑斓，笑容也离我们远去。你有什么想对小水滴说的吗? (师板书：很重要) 调查对比感受水的宝贵。 问题四：大家看视频《地球水资源分布》，思考地球上有多少水是可以被我们直接使用的呢? 预设：视频当中提到的0.025%到底是多少呢？课前我们班谢朝宇同学经过计算、测量做了一个水资源对比，请他为大家展示一下吧。 请同学们看一看我们可以用的水只有这么多，你有什么想说的吗? 是啊，水资源真是太少了，它对我们来说太宝贵了! (师板书：很宝贵) 问题五：同学们课前进行了资料查找，谁能说一说，你通过什么调查感受到了水的宝贵呢? 问题六：海岛四周都是水，那海岛上的居民缺水吗? 问题七：住在北京，我们用水又是怎样的呢? 学生小结(教师补充)：同学们说得都很好！通过调查，我们进一步感受到了水资源的宝贵。	(7)预设1：小水滴真是太重要了! 预设2：我们离不开水! 预设3：生活处处需要水! 预设4：水真的是太重要了! ①学生观看、理解。 学生介绍讲解： 同学们，这是一个5升的水桶，如果我们把它比作地球上所有水的资源，那么可以被我们直接使用的淡水水资源只有1.25毫升这么点。(学生将水挤到小烧杯中，教师举起给学生展示) 预设5：可以用的水真是太少了！水很宝贵。 ②预设介绍：我们组同学预习了书上的小故事《爷爷家的洗脸水》，山区生活的人用露水洗手，一盆水全家人用……我感到水对于山区的人来说非常宝贵。 ③预设介绍：我们组找到了这样的一则新闻，“55个沿海城市中，51个缺水!”“12个海岛县中，11个重度缺水”，因为海岛没有淡水，海水不能喝，所以对于沿海城市来说，淡水非常宝贵。 ④预设介绍：通过调查，我知道了我们生活的地方虽然打开水龙头就有水，但其实北京也是个严重缺水的城市，这主要是因为北方干旱少雨，还有作为首都，这里生活的人太多了，所以水不够用，只能通过“南水北调”工程来解决我们用水的难题。	通过调查城市用水，西北地区居民用水，海岛居民用水，深刻体会水资源的宝贵，从而增强学生节约用水的意识。

续表

教学环节	教师活动	学生活动	设计意图
问题导学二·我遭遇了不幸	问题一：水资源如此宝贵，大家都这么喜欢小水滴，但是有一天它却伤心地哭了，这是怎么回事呢？请同学们打开书第 36 页，看看它到底遭遇了哪些不幸呢？ 你们真是火眼金睛啊，原来我们的小水滴遭受到了严重的污染和浪费。 （板书：污染、浪费） (1)老师这里有三杯水，请同学们观察一下，能不能看出它们的区别。 (2)同学们观察得真仔细，这三杯水分别是纯净水、淘米水，还有廖柏森同学利用周末时间，从西红门再生水厂污水集中处理设施排口处取来的河水。请他和大家交流。 问题二：这些水资源是怎样被污染的呢(PPT 出示河水被污染、垃圾污染、工业污染的照片)被污染的水又会造成什么后果呢？ 学生尝试小结（教师补充）：水资源的污染严重地影响了我们的生活质量。 问题三：课前，同学们还收集了家里的水费单，请同学们两人一组，说说从水费单中你发现了什么秘密？ 追问：老师这里也有一份水费单，这是学校一个月的用水量。你有什么想说的吗？(PPT 展示学校水费单）	预设回答： 河里有垃圾； 有小朋友浪费水； 工业污染、农业污染 (1)通过观察描述区别。（清澈、浑浊） 预设： 学生分享介绍：这是污水处理后的水，有点泛黄，并且有细微的小颗粒。取水时我看到旁边还有乱扔的垃圾，所以这水还是被污染了。谁来闻闻？ 这是淘米水，大家看看什么颜色？能喝吗？ 这是一瓶纯净水，很清澈，没有杂质，可以饮用。 (2)学生分享课前调查的周边水污染情况及危害。 预设： 生 1：乱倒垃圾造成污染。 生 2：工业排放造成污染。 生 3：生活污水造成污染。 生 4：植物不能生长，鱼也无法生存，人类喝了会生病。 学生互相交流，学生介绍家庭水费单。 预设： 生 1：这是阶梯计价，是指超过正常使用量后，需要支付更高的费用。 生 2：这是“污水”处理费，无论是洗衣服还是冲马桶，我们用的水越多，排放的污水就越多，造成的污染就会越来越严重。	通过调查、了解、汇报水污染的情况，让学生们真实地了解水污染的现状，以此让学生感受到节水的紧迫性。 通过学生收集家庭的水费单，让学生了解用水是需要付费的，以此直观地让学生感受到用水付出的费用之多，并得出浪

续表

教学环节	教师活动	学生活动	设计意图
问题导学二・我遭遇了不幸	追问：那是不是我们只要付了钱就可以随便使用这些水了呢？ 学生尝试小结（老师补充）：无论阶梯计费还是"污水"处理，都是希望我们能够尽量地合理使用，节约不浪费，即便我们很有钱，也要珍惜有限的水资源。	预设：学校的水费太多了，我们一定节约用水 (3)预设：水很珍贵，能用的水很少，所以不能浪费。	费水就是浪费钱，从而促使孩子们立刻参与节水的具体行动。
问题导学三・快来帮帮我吧	问题一：重要的水资源被污染，珍贵的小水滴被浪费，你有什么好办法吗？ 预设：杜绝水污染 (1)垃圾分类 (2)工厂减排 (3)依法使用 国家出台许多关于保护水的法律法规，这节课老师和大家一起学习两条…… 问题二：我们要节约用水，让水可以循环使用。生活中可以怎么做呢？ 预设：我们一起来看看两位同学分享的"节水小妙招"吧！（播放廖柏森、徐婉桐录制的小视频） 教师小结：你们分享的小妙招真是太好了！正是大家的努力，我们学校在2021年被评为了全国生态文明教育特色学校，希望同学们能够争做节水小卫士，带动我们的家人，一起创建绿色城市。 问题三：水带来了生命，造福了人类，但有时也带来灾难。去年河南郑州遭受特大水	为了减少水资源的污染，不将垃圾随意丢弃，更要做好垃圾分类，统一回收处理。 让工厂更加环保，不排放有毒物质，污水、废水达到排放标准才可以，发展绿色产业。 (1)倾听学习 （生分享）洗手时随用随开，离开时拧紧龙头；龙头开关调控大小；洗菜水拖地冲马桶；马桶合理使用大小水…… 学生观看节水小妙招： "一水三用" "一杯水能干什么" 预设：建设海绵城市。 学生分享海绵城市演示。 实验一：拿一块光滑的板，往上边倒水，水流入杯子里。 这块板子就像我们的水泥地面，水流到它上面后就会流走。 实验二：往一块海绵上倒水，海绵吸水后，如果需要用水时，处理后水可以再次利用。如果城市能像海绵这样就好了，可以把雨水储存起来，需要时再释放出来。	引导学生在做中学，在对现实生活的感受与体验中逐步养成惜水、节水的好习惯。

续表

<table>
<tr><th>教学环节</th><th>教师活动</th><th>学生活动</th><th>设计意图</th></tr>
<tr><td>问题导学三·快来帮帮我吧</td><td>灾，造成重大经济损失、人员伤亡。全国还有很多发生过一样情况的地方，为了避免这种灾害的发生，我们可以把雨水更好地利用起来。你们知道有什么方法吗？
追问：什么是“海绵城市”呢？（PPT 展示）
学生尝试总结，教师补充：创造性地节水、通过科学用水让生活变得更美好。</td><td>(2)学生观看理解。</td><td></td></tr>
<tr><td>学习小结·回顾展望</td><td>教师播放公益广告“绿水青山”。
小结：先让学生尝试总结，教师补充：通过今天的学习，我们了解了水资源的珍贵，以及它被污染和浪费的现状，同学们纷纷想办法帮助了小水滴，它的幸福快乐，又重新带给我们健康美好的生活，让我们从自己做起，从身边小事做起，养成节水护水好习惯，争做“节水小卫士”吧！</td><td>学生尝试小结，后经教师补充总结并观看视频，感受人们为保护水资源做的努力，并从内心意识到节约水、保护水的重要，争做“节水小卫士”。</td><td>提升认识，付诸行动。</td></tr>
<tr><td colspan="4">板书设计</td></tr>
<tr><td colspan="4">小水滴的诉说
重要　　污染　　分类减排
珍贵　　浪费　　节水妙招</td></tr>
<tr><td colspan="4">教学反思</td></tr>
<tr><td colspan="4">本节课，首先以形象的水滴声导入，使学生产生了浓厚的好奇心，迫切想知道小水滴到底要诉说什么。接着让学生联系生活实际，知道水在日常生活中的重要作用，再用演一演的方式，让学生从“小水滴之歌”中，再次感受到小水滴的重要。然后以图文的方式让学生展开想象：如果真的没有水，生活会变成什么样？举反面的例子使学生深刻体会到小水滴是多么的重要、多么的珍贵，也突出显示小诗中所要表达的“我是地球的血液，我是生命的源泉”这句话的真正寓意。
课的后半部分，主要诉说小水滴的不幸和如何保护、珍惜水资源。教师在课前布置</td></tr>
</table>

续表

教学反思
调查任务，发动学生和家长，调查记录周边水资源状况，并带着自己取到的水在课上汇报分享，通过观察对比，学生们亲眼看到、闻到了不同的水，并且发表自己的见解，对垃圾分类、节能减排有了更加深刻的认识；家庭水费单的调查交流汇报，学校每月用水费用，进一步激发了学生珍惜水和节约水的意识。之后，学生结合生活实际说说节水小妙招，并且课前学生和家长录制了“节水小妙招”，用身边的例子作示范，起到了很好的引领作用。 将看似很空洞的道理通过生动有趣的形式直观地呈现，学生乐于接受。站在学生的角度来设计教法，根据学生的需要来精选教学内容，更容易触动学生的心灵。有耕耘就有收获，有反思就有进步，在这次教学活动中，我感触很深，想要上好道德与法治课，只有密切联系学生的生活经验，才能达到生动、有深度、触动心灵的教育效果，这样的教育才能真正打动学生，使学生入耳入心，并引起学生积极的反思和体悟，才能使我们的教育转化为学生现实中的真实行动。

六、以“学”为中心的单元作业设计案例(以小学数学为例)

小学数学组老师们在组长王若愚老师的带领下，依据以“学”为中心的课堂改革要求，把作业的设计纳入到了课堂教改内容之中。老师们在单元教学的基础上，整理、重构单元知识体系并进行了很好的单元作业设计，对作业布置的方式也进行了积极探索。

(一)单元作业的设计

在设计作业之前，老师们统筹整个单元，对授课单元的内容进行了认真分析，依据课程标准科学设定教学目标、教学重点与难点和突破措施，在此基础上再进行作业设计。

在作业设计时，老师们遵循了以下原则理念：一是作业适量。由于小学生的注意时间较短，在布置作业时，老师们尽量减少作业量，以缩短学生写作业的时间。二是作业形式灵活多样，内容丰富多彩。形式多样、内容丰富的作业不仅能够激发学生的兴趣，而且有利于拓宽学生的视野。因此，单元作业的设计要兼顾课内与课外，而且更要联系学生的实际生活经验。三是作业有分层、有弹性。整齐划一、“一刀切”的作业容易忽略每个学生学习的特点和发展进度。因此，在单元作业的设计上，老师根据每个学生的实际情况，有层次、有区别地布置作业。对同一知识点的学习，设置了几个不同层次、不同梯度的作业，包括最低要求(掌握知识点)的作业、一般要求(运用数学知识解决问题)的作业、较高要求(发散思维)的作业。对于能力较弱的学生适当降低了对他们的要求，减少了作业量并减低了作业的难度，以增强学生完成学习任务的体验，并通过对他们不断的肯定与鼓励，逐步辅助其不断进步并勇敢地接受新的学习挑战。如：王若愚老师设计的北京版数学六年级上册“圆”单元作业设计。

表 7-5 “圆”单元作业设计

课程名称	北京版数学 六年级上册	单元内容	第五单元　圆

一、单元教学内容与要求

【单元内容分析】

这一单元的内容是圆，在这个单元中，教材安排了“圆的认识”“圆的周长和面积”“环形”三个具体的内容，这三个内容由易到难，层层深入。

本单元内容是在学生学过了直线图形的认识和面积计算，以及圆的初步认识的基础上进行教学的。学生从学习直线图形的知识，到学习曲线图形的知识，不论是内容本身，还是研究问题的方法，都有所变化。教材通过对圆的研究，使学生初步认识到研究曲线图形的基本方法，同时，也渗透了曲线图形与直线图形的关系。这样不仅扩展了学生的知识面，而且从空间观念方面来说，进入了一个新的领域。因此，通过对圆的有关知识的学习，不仅加深学生对周围事物的理解，提高解决简单实际问题的能力，也为以后学习圆柱、圆锥等知识和绘制简单统计图打好基础。

学生将在这个单元中，结合动手操作、比较、测量等多种数学活动，更深入地理解、掌握圆的特点，进一步发展空间观念。

【教学目标】

知识与技能：

1. 学生认识圆，掌握圆的特征；理解直径半径的相互关系；理解圆周率的意义，掌握圆周率的近似值。

2. 探索圆的周长与面积的计算方法，并能运用计算方法解决生活中的一些实际问题。

过程与方法：

1. 探索圆的周长与面积的计算方法的过程中，获得探索问题成功的体验。

2. 亲历动手操作、实验观察等方法，探索圆的周长、面积的计算方法，并能运用计算方法解决生活中的一些实际问题。

情感态度与价值观：

1. 通过以上一系列的学习活动，激发学生的学习兴趣，培养主动探索的欲望和创新精神。

2. 培养学生观察、比较、想象等能力，进一步发展学生的空间观念。

【教学重难点】

探索圆的周长与面积的计算方法，并能运用计算方法解决生活中的一些实际问题。

二、单元作业设计

项目	内　　容
圆的认识	1. 谈一谈你目前对圆有哪些了解。 2. 在同一个圆内，有（　　）条半径，有（　　）条直径，所有的半径或直径长度都（　　），直径的长度是半径的（　　）。（　　）决定圆的位置，（　　）决定圆的大小。

续表

项目	内　　容
圆的认识	3. 画出下列图形的对称轴。 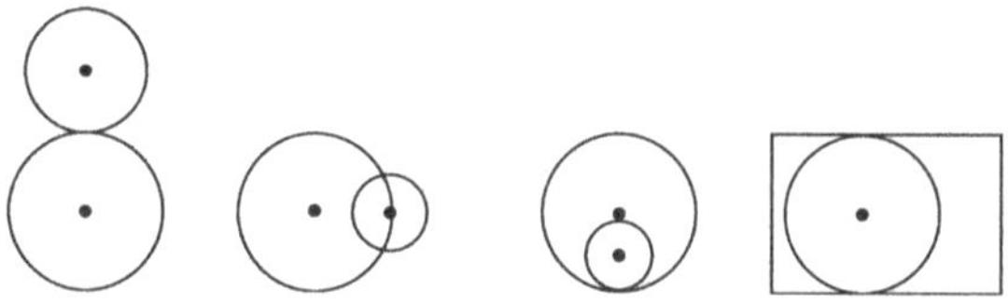
圆的周长	1. 圆周率(π)表示同一圆内(　　)与(　　)的倍数关系，π的近似值(保留两位小数)约是(　　)。 2. 求出下面各圆的周长。 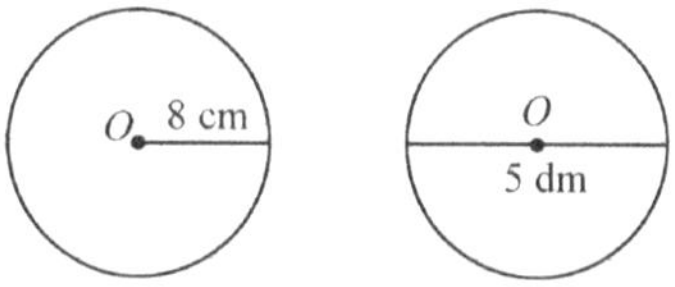 3. 如下图，有一个半圆形的护栏，护栏总长度是多少？ 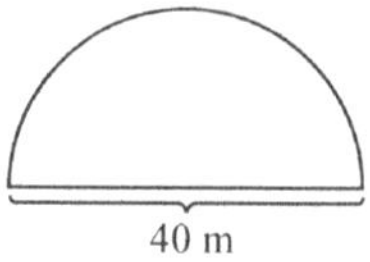 4. 如下图，把4个圆柱形饮料瓶用绳子捆扎在一起，则一共需要多少绳子？ 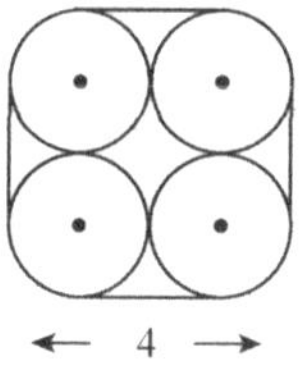
圆的面积	1. 已知圆规两脚间岔开的距离是3 cm，则画出圆的面积为(　　)cm^2。 2. 计算下面各圆的面积。 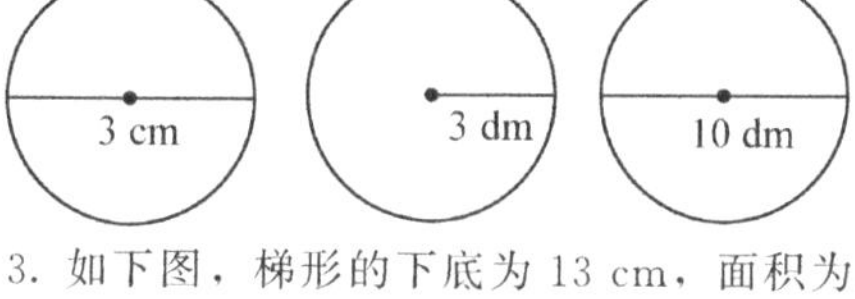 3. 如下图，梯形的下底为13 cm，面积为多少？ 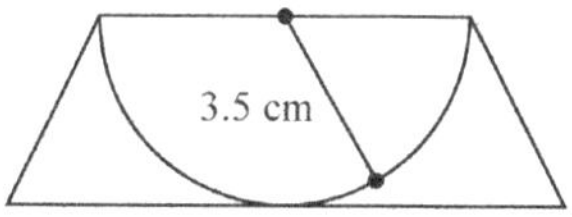

续表

项目	内　　容
圆的面积	4. 草场上有一个木屋，木屋是边长为 3 m 的正方形(如图阴影所示)，A 是木屋一角，在 A 点有一木桩，用 6 m 长的绳子在木桩上拴一匹马，这匹马的活动范围有多大？ 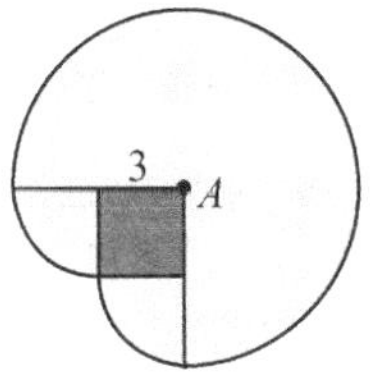
环形	1. 在计算环形面积时，我们通常用(　　)的面积减去(　　)的面积，若用 R 表示大圆半径，r 表示小圆半径，则环形面积 $S=$(　　　　)，化简后可写为 $S=$(　　　　)。 2. 下图交通标志外圆直径 60 cm，环宽 7 cm，圆环面积是多少？ 
综合实践与运用	1. 探究跑道中的数学问题。 (1)你能描述一下跑道所对应的平面图形长什么样子吗？ (2)结合生活经验(网络调查)，你了解哪些有关跑道的知识？ (3)对于我们学校的跑道，你能测量哪些数据呢？借助工具测量并记录下来。 2. 自主设计一个有关圆的组合图形，并尝试计算它的周长和面积。 3. 请你总结本单元所学知识的逻辑关系，并制作思维导图帮助自己整理知识点。
三、作业评价 1. 评价等级：优秀、良好、合格、还需努力。 2. 评价方式 一般性作业：自主评价、教师评价；开放性作业：自主评价、同伴评价、教师评价。	

(二)作业布批方式的改革

作业布批方式的改革需要教师认真研究作业的定位、作业的类型、作业的内容及作业的评价方式。通过优化作业设计、及时辅导、答疑指导，切实解决部分学生做不完、做不好、低效率等问题，让学生有时间做、有能力做、高效率做。一、二年级在不留书面作业的前提下，老师们选择了有趣、有用、有挑战、综合性、延展性且有育人功能的作业，如：“古诗配画”“阅读闯关”“口算小能手”“小小演说家”等。中高年级的数学教师根据学生实际，设计了基础型、提高型、拓展型作业，以满足不同学生的需求。同时创新作业形式，尝试设计多样化的创意设计作业、调查统计作业、主题活动作业等，以提升学生的思维品质，引领学生学会深度思考与学习。如：

课前，老师们会在新单元、新内容学习之前为学生布置预习作业，形式上比较多样，有的是学生自主预习，有的是教师提供导学提纲，学生根据问题链进行学习，也有的是学生自主探究，即将学习的内容、成果、问题带到课堂中分享、解决。例如六年级学生在学习“圆的面积”一课时，老师们就先为学生设计了一个课前的探究活动，即发给每位同学一张圆形纸片，方法不做要求，学生通过预习课本、查阅资料、自主探究等方式，尝试在课前得到圆的面积，并将探究过程中自己的想法、问题记录下来，在第二天的课堂上分享，以此达到提高课堂质量的目的。

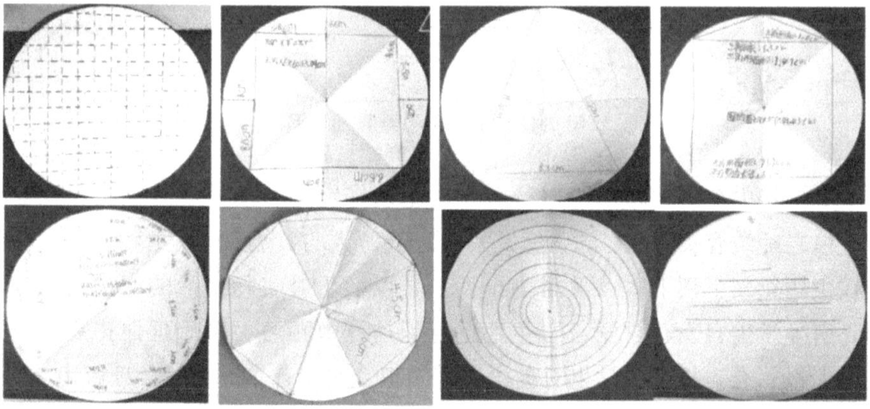

图 7-17　六年级“圆的面积”课前探究作业

课中，为了减轻学生的课后作业负担，减少家长的辅导负担，我们将传统作业中的一些比较重要的习题整理出来，利用课上 5～10 分钟时间完成。老师们按照学校“问题导学、少教多学、自主思学、合作互学”的课堂改革要求，精心设计课堂教学活动，减少了课堂教学的无效环节、无效时间，将节省下来的时间全部用在学生的学习与练习之中。

课后，减负是减少学生过重的作业负担，减少重复机械的作业练习，减少教学的高能耗，目的则是提高质量。因此，对教师的作业设计与精选的要求提高了，教师们精选作业内容，精修作业模式，并尝试用最高效、学生最喜爱的方式达到巩固知识、学以致用、培养能力的目标。如：每个单元结束，给学生布置自主梳理单元知识点并绘制思维导图的个性化作业。通过尝试，学生非常喜欢这样的作业方式，也表示这些思维导图会成为以后复习的重要材料。

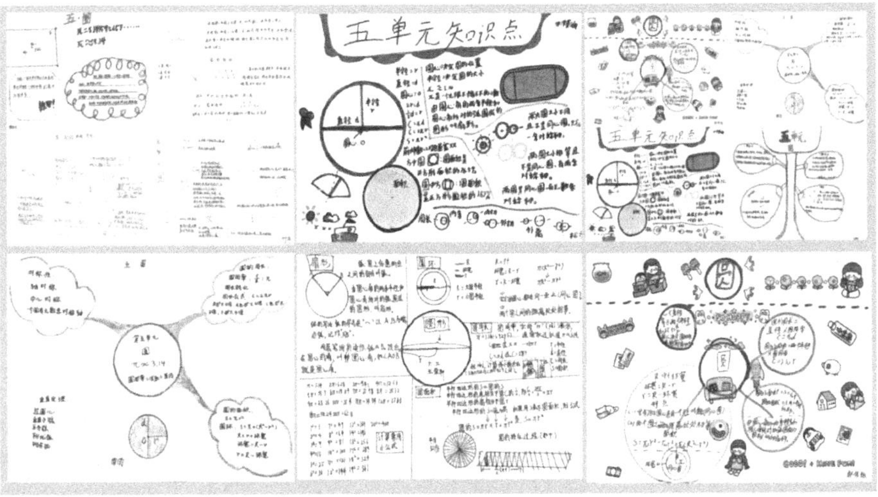

图 7-18　小学生思维导图作品

如：初中英语教师白茹进行了英语主题探究类和语言实践汇报类作业设计。白老师结合英语“人与自然、人与自我、人与社会”三大主题语境，让学生在主题意义引领下，以教材为出发点，以学生对实际生活的问题为探究内容，引导学生自发、自觉、自主地进行课前有效预习、课后延伸拓展和语言实践汇报，有力提升了学生对英语语言知识、文化背景等的综合理解力。

课前有效预习作业：在外研版九上英语教材第三模块“英雄”的学习中，白教师进行了如下课前预习探究作业的布置：一是围绕话题，思考问题链：①何为英雄？②你所知道的英雄有哪些？③你最想学习哪位英雄的事迹？二是基于问题链，口头采访家人对话题的理解，获取信息。三是对比信息，辨析自身的知识与信息差，通过图书馆或网络查询的方式，初步解开话题疑惑，为新知学习做好铺垫。

课后拓展探究作业：在外研版九上英语教材第二模块“公共假日”的作业布置中，教师采用了如下方式。一是作业题目：完成单元整体目标——介绍一个传统的中国节日（教材外）。二是内容要求：从节日名称、历史意义、庆祝方式以及难忘经历等方面介绍。三是完成形式：绘制思维导图，书写知识简报，进行视频录制等。四是评价方式：通过自媒体途径，包括微信朋友圈、班级展览分享，收集点赞数。这样，通过布置课后拓展探究类作业的形式，引导学生将所学进行有效延展并尝试迁移运用。

真实语境中实践作业：在学习北师大版英语教材八下“旅行”单元时，白老师设置了“天坛英语学科实践作业”，引导学生以小组的形式，在有监护人同行确保安全的前提下，通过口头采访外国游客，获取他们对中国名胜古迹的看法以及对中国景点和旅游现状的认识，汇集成PPT报告单的形式进行校内展示交流。在实践中，学生要掌握描述景点、表达对主题的看法等相关语言知识，运用采访技巧和交际用语。本实践汇报类作业的意义在于指导学生在实践中发展语言与思维能力，引导学生在实践中综合运用英语解决实际问题的能力，同时，在英语的运用与交流中，使学生体验自信与成功，进一步激发了学生学习英语的积极性。

虚拟语境中演练作业：在学习现在进行时这一语法时态时，白老师布置给学生如下作业：一是运用现在进行时表达学习生活中正在做的5件事。二是自行录制、家长配合或学生两两合作。三是教师评价与生生互评相结合的形式，达成检查和鼓励的目的。在学习比较级、最高级的语法知识时，布置给学生如下作业：一是观察生活中的事物及其特点。二是自行录制静态或动态场景，准确运用比较级、最高级句法结构进行表达。三是教师评价与生生互评相结合的形式，达成检查和鼓励的目的。

七、项目化学习中课堂文化培育的案例

物理教师李爽利用中国传统文化单弦琴作为项目引入，引导学生学习声现象的相关知识，开展“制作一把尤克里里”项目化学习。本项目学习中，李老师设计了引导课、探究课和成果展示课。一是引导课。引导课的目的是让学生了解整个项目的背景及意义，引导学生在项目学习中解决实际问题，为后续进行探究和成果展示进行一定的铺垫和支撑。引导课内容从中华传统文化单弦琴入手，使学生了解声音产生的原因及传播的条件，并为探究课进行了铺垫。首先李教师提问单弦琴是怎样发出声音的？学生进行丰富的猜想，并利用生活中常见的现象加以佐证。利用教师准备的器材，分组进行实验并展示探究，说明声音是由物体的振动产生的，一切发声的物体都在振动。然后教师提问：是不是物体发出声音就可以被我们听到？学生经过猜想后观察演示实验“闹铃抽真空”，得到声音传播的条件：需要介质，真空不能传声。同时提供丰富的视频素材，使学生了解超声波和次声波也不在人耳的听觉范围。最后分析单弦琴是如何发出声音并被我们听到的，巩固课堂学习内容并提出衔接探究课的问题：如何使单弦琴发出不同的声音？二是探究课。探究课的目的主要是针对项目教学中的重、难点进行探究，通过小组合作、探究

学习等方式，对重、难点进行突破。承接上一节引导课提出的问题：如何使单弦琴发出不同的声音？李老师首先请学生分类声音的不同，总结出乐音三要素：音调、响度、音色。接着通过小组合作的方式让学生探究出乐音三要素的影响因素，并思考如何制作一把自己的尤克里里(多弦琴)。三是展示课。以小组为单位进行成果展示，利用探究课制作的“尤克里里”弹奏一段乐曲。通过探究课的学习，学生已经掌握了乐音三要素的影响因素，具备了调试“尤克里里”的基础知识，但是想要真正利用“尤克里里”弹奏一段乐曲还需要小组成员的配合和分工合作。课上，学生有的负责找乐谱，有的负责调试琴弦的松紧，有的负责听音准，有的负责美化外观等，大家各司其职，配合融洽。最终第六小组的《虫儿飞》荣获演奏一等奖；第一小组的《小星星》和第四小组的《两只老虎》荣获演奏二等奖；第二小组和第三小组荣获最佳外观奖；第五小组荣获最具创意奖。

项目式学习的作业不同于传统的书面作业，更多地倾向于培养学生的动手实践能力、解决实际问题的能力和团队合作的能力，从引导课制作单弦琴、探究课制作多弦琴到成果展示之前的准备，看似“没有”作业，实则需要学生将当日的新知消化吸收后加以运用，才能完成作品的制作及调试，其实是换了一种方式通过对新知识运用而达到巩固的目的。通过这种方式学生不再对作业“谈之色变”，反而更积极参与到活动之中，并积极完成作业任务，在完成作业的过程中也达到了温故知新的目的。整个项目学习中，学生都充满热情，主动探究、团结合作、积极思考，学生在这样的探究学习过程中，“我主动、我参与、我体验、我自信、我成功”的文化种子在学生的心田里生根，并逐渐发芽、长大。

八、新教师课堂文化培育的反思案例——创造学生喜欢的课堂①

这是张佳老师课堂教学的课例反思：

我是刚走出大学校门的新老师，刚到北京教科院丰台学校上班，给我印象最深的是学校的尊重教育理念。刚到学校时，张广利校长给我们介绍了学校倡导的价值观、尊重教育理念和课程与课堂改革的情况，听后，我对学校的基本情况有了大概的了解，但真正走入课堂，对如何落实以“学”为中心的课堂改革还是一头雾水。

作为一名新上岗的教师，我需要学习的东西很多，尽管新学期开始，学

① 张广利编著：《尊重的力量——一所学校的教育价值追求》，福建教育出版社 2020 年版，第 99 页。

校为我指定了导师，但让我自己独立地给学生上课，心里还是有点忐忑。我想既然是新学期，又是新学科，还是一门实践类课程，一定要抓住这个机会，给孩子们立好规矩，上好开学第一课。于是我精心准备了一张幻灯片，想以此来传递我对孩子们的要求和希望。

上课开始，我自认为已经准备得足够了，于是，就滔滔不绝地讲了起来，但学生的反应让我"措手不及"。他们只能坚持几分钟，剩下来的时间，我都在控制课堂纪律，时不时就打断我的讲课进度，让我不知如何是好。一节课下来，我感到很累！那一天，我都在思考为什么会这样，也一直闷闷不乐。我难过是因为学生调皮吗？我也不知道。很快，下班了，我觉得终于有时间想想困扰了一天的问题了。整个晚上我都在思考一件事，学校提出以"问题导学、少教多学、自主思学、合作互学"为特征的以"学"为中心的课堂改革要求，我的信息技术课该如何落实呢？

可能夜深人静的时候更容易帮助我们找到一些问题的答案吧，我悟到我难过的是自己。一个班级里，每个老师教的孩子都是类似的，但是每个老师确实各不相同，所以主要问题在于我。想到这里，我突然顿悟，也许这就是尊重教育吧！我真的尊重孩子们的学习需求了吗？我拿自己和孩子比较，我用自己喜欢的方式，去给孩子们带来新的课堂，但是我忽略了一点——"孩子们喜欢什么"，总认为我觉得好的就是最好的，但是我忽略了适合他们的，让学生喜欢的课堂才能激发他们的学习热情。发自内心地尊重孩子，了解他们的需求和喜好，多从他们的角度出发，才能落实以"学"为中心的课堂改革要求，才能真正做到践行尊重教育。

于是我开始了我的第一次改变，我重新备课，不仅重新准备所有课程，更重新准备了开学第一课，我觉得第一节课上过了，但是上得不好，我不能存在侥幸心态，就让它这么过去了。

这次开学第一课我采取了一个俗套但不老套的开场方式，用视频引入。我让孩子们带着问题去看视频——人工智能的发展，要求不多，能看懂多少都可以，主要是让孩子感受人工智能的强大和信息技术的重要性。先给孩子们一个震撼的开头，让他们觉得这门课程原来这么厉害，这么重要。接下来的部分，我摒弃了传统 PPT 讲授，而是做了动画，炫酷的开场方式，让孩子们眼前一亮，觉得"咦？好像有那么点不一样"，接着我把想讲的内容融进了动画里，抓住孩子们注意力的同时，讲授了我想传达的东西。果真这一节课就不一样。我没有花大把的时间去维持纪律，而是用生活中的实际事例来引领学生更好地理解一些知识，我觉得去讲日本的机器人，不如讲中国北京燕房线的无人驾驶城铁，让他们觉得其实超级厉害的人工智能的事例就在我们身边，同时也增强了民族自豪感。

一节课下来，我是轻松的，学生们是开心的，要求落实了，知识传达了，我感受到了一丝丝成功的甜头。我想这就是尊重教育的力量吧！只要你用心，只要你真正站在孩子们的角度去思考他们想要的东西，尊重需求，你就会有收获，收获的不仅是一个良好秩序的课堂，更是一帮可爱孩子的学习兴趣和强烈的求知欲望。

在即将过去的一个学期里，我一直把尊重教育记在心里，把学校要求的课堂改革要求尽量落实在每一堂课上，应用到每一个教育方法中，比如我课上的及时反馈制度，我利用新型软件，可爱的头像更让孩子们觉得小组评比原来是这么可爱的一件事情；比如我会把综艺节目中的“战队”概念，时不时地落实到课堂中，他们喜欢这些新鲜的东西，他们和我们一样，活在现在这个大大的网络时代下，同样是一个新新少年；比如我会在每节课放一个某网站上跟本节课相关的科普小视频，让孩子们走出课堂，放眼世界；比如我会收集他们的优秀作品，想办法展示出来，并让他们上台前给同学们讲解，让他们体会到自己的努力是有收获的，就这样，我尊重他们需求的同时，也做到了尊重他们的成果，并时刻激励他们不断努力上进。

在实施以“学”为中心的课堂改革过程中，教师们改变了以往传统的教学方式，积极引导学生探究知识形成的过程，通过课堂导入，引导学生认识问题，组织学生讨论、探究问题，让学生展示讨论的成果并解释成果或结论形成的原因，进行自我总结，引导学生修正结论和教师接受学生质疑等环节，激发了学生的求知欲望，调动了学生参与课堂学习的积极性，使课堂真正成为学生的学堂，使学习真正成为学生自主的、发自内心的主动行动，这样，学生成为自己学习的真正主宰者，教师成为学生学习的积极引导者、组织者和欣赏者。在这样的课堂上，教师感受到了来自学生的挑战，感受到了学生自发学习的生命活力，学生的学习兴趣不断增强，学习的氛围日渐浓厚，师生在这样的课堂上共鸣、共生、共长，真正实现了教学相长的目标，尊重教育以“学”为中心的课堂文化在这样的改革实践中得以生根、发芽并茁壮成长。

第三节　课堂学习小组的构建与运行

为了更好地让“问题导学、少教多学、自主思学、合作互学”的课堂文化在课堂中能够真正生根、发芽和发扬光大，学校提倡在课堂中实施小组合作的方式进行教学，把课堂交给学生，教师成了课堂学生学习的组织者、引导者、帮助者。学校课程中心在课堂学习小组的构建与运行上，提供详细的方法指导并进行了全过程的督查反馈。

一、学习小组的组建

1. 班主任与任课教师根据学生的性格特点、学习水平、兴趣爱好、品德表现等进行异质分组。

2. 每个小组一般以2～4人为宜。

3. 小组的命名要在学生讨论的基础上体现个性化的特点。

4. 原则上同一班级内各个学科使用大致相同的分组，教师也可以根据学科特点进行适当调整，但要防止每堂课学习小组学生角色的过多交叉给学习带来的不便。

二、小组成员的角色定位与运行

1. 角色划分

每个小组成员要有明确的角色定位，在老师的指导和小组成员的酝酿下，确定每个组员的角色，四人小组的角色一般分为：主持人(小组长)、记录员、报告员、辅导员。

2. 角色职责

主持人(小组长)负责课前预习、小组学习任务的布置，按照老师要求组织小组讨论，调控讨论时间，监督和评价小组成员的学习过程。记录员负责记录和梳理小组各成员的发言，总结学习成果。报告员负责汇报本小组的学习成果。辅导员负责帮助本组学习困难的同学完成学习任务。

3. 角色运行

首先由主持人(小组长)对小组合作学习的任务进行分配，各小组成员经过独立思考后逐一发言，发言顺序一般为先是学习困难的学生，后是学习优秀的学生；记录员按要求有选择地记录各小组成员发言的有效信息；报告员监督记录员记录信息的完整性、条理性、有效性，代表本组汇报；辅导员充当本组的“小先生”，帮助学习困难的学生，帮扶穿插在整个合作学习的过程之中。

4. 角色调换

为使每个学生都能得到锻炼，小组成员的角色定期轮换。一般两周轮换一次(在开始阶段，主持人由班中品学兼优的学生担任)，也可根据小组运行情况适当延长角色调换时间。

5. 小组评价

学习小组的课堂评价一般采取即时评价的方式。一是语言激励；二是小组积分激励；三是鼓励创新，即鼓励学生质疑；四是其他方式激励。

三、课堂学习小组的语言运用

在小组合作学习的运行过程中，教师要转变观念，使用适合小组合作的语言。

1. 教师的体态语

如：①弯下腰来倾听；②坐在旁边交流；③摸摸头、拍拍肩以示安慰和鼓励；④竖起拇指……

2. 教师的评价语

如：①你真棒(适合小学生)！②你很会观察！③你的进步真大！④你知道的真多！⑤你说得很对！⑥你的方法很好！⑦你的观点很独特！⑧老师要向你学习！……

3. 学生发言用语

如：①我们小组认为；②我们小组汇报；③我们的分工是；④请其他小组补充；⑤我们小组接受他们组的/不接受他们组的意见；⑥我请某某小组回答；⑦我们回答某某小组的问题；⑧我们接受挑战；⑨我们不同意某某小组的意见；⑩请大家跟我读……

四、学习小组运行的落实与评价

1. 班主任整体把握学习小组的运行情况，每周一评比，每月一总结，并落实优胜小组评选等措施。

2. 任课教师负责对所任学科学习小组运行的组织实施，并进行即时评价和阶段性评价。

3. 中小学课程教学中心负责对学习小组运行情况的督查与跟进指导工作，每月通过问卷调查或访谈方式组织1～2次小组运行情况评估，根据发现的问题，加强对小组运行程序和策略的专题研究，并及时反馈至各任课教师，以便改进小组运行情况，提高学习效益。

4. 中小学课程教学中心每月组织开展一次学习小组运行与评价策略和技术研讨会，每学期至少开展1～2次“学习小组优秀指导教师”评选活动。

五、课堂学习小组反思案例——在指导与帮助中学会合作

以下是小学美术吴彤老师在美术课上运用小组合作学习的案例。

小组合作学习是学校课堂教学中常见的组织形式，如何使参与合作学习的每一个学生都能集中精力并积极主动投入其中以实现有效的学习，就成了

我课改研究的主要问题。在一节二年级学生的美术课上我做了以下尝试。

师："接下来，请同学们按照小组进行线条组合，从老师给的这些线条中选出几种进行组合，形成新的线条效果。现在就发挥同学们的创造力进行各小组的组合吧！"

以小组为单位，各组学生在小组长的指挥下，明确分工。有的负责点的重组，有的负责线的重组，有的负责面的重组，场面非常热闹。在这一过程中，我巡视着并进行个性化的指导。这时，某一小组的小明跑到我身边说："吴老师，我这样组合，可以吗？"

师："好的！非常合理。"

小明："嘿嘿……"

师："同学们，组合好了吗？"

生："好啦！"

师："那我们分组来展示一下吧！下面就先请每组的小组长上前介绍你们小组组合的线条。"

展示结束，我问："同学们，哪一组的组合最好？"同学们说："第三组。"

这时，小明说："老师，我们组是因为小东根本不画，所以我们的才没完成。"小东呛了一句："就你行！"

师："好了，小明，那不如请你为小东做个示范，好吗？"

小明做的示范非常好，于是让小东也来试试，小东看着同学们期待的眼光，画得很认真。

师："好，线条的组合非常好，有变化，有疏密。"

师："同学们，为什么第三小组会画得好呢，原因在哪里？知道吗？"

小明："老师，我知道，他们有几个同学画画好。"

师："嗯，这是其中的一个原因，但你们再仔细想一想，在你们创作的过程中，把精力更多地放在哪儿了？"

学生们思考并互相讨论着。

小红："老师，他们组画得好的同学不会嫌弃画得不好的同学，画得不好的同学也不带情绪，都在认真地画。"

同学们若有所思。

师："这位同学说得非常好，第三小组非常信任同组的同学，自己的任务完成后会帮助其他同学。所以，在小组合作中，只有尊重、信任自己的队友，大家齐心协力才能创作出优秀的作品。在接下来的小组合作中，请各小组注意团结协作。"

在随后的小组合作过程中，画画好的同学不会再抱怨画画差的同学，反而会帮助他们。画得不好的同学也不会自暴自弃有情绪。从而很节省时间，作品又快又好地完成了。

小明和小东跑到我跟前，问道："吴老师，刚才我们组画得好吗?"我肯定地回答道："很好！老师看到了你在帮助小东，也看到了小东的进步。"他们脸上露出了欣喜的笑容，开心地与组员们分享。

通过本节课的教学尝试，我切实体会到要想实现有效的小组合作学习，同学间的相互尊重、信任和帮助至关重要，因为它不仅使同学间关系融洽和谐，而且这种融洽和谐的氛围有利于激发每一个学生积极参与合作学习的热情，在这种积极的合作中，同学们思维碰撞、互相启发、互相学习、互相借鉴，实现着1+1>2的学习效果。

从此以后，我一直坚持探索小组合作学习的组织与调控措施，也慢慢地形成了一些行之有效的策略。之后，我又以相同的方式对任务驱动式学习和"问题导学"进行了探究，并重点对问题的设计进行了研究与尝试，并逐渐形成了问题链的概念，问题设计的层次也逐渐清晰了，设计的问题也越来越有启发性了，当问题抛出后，也不像原来上课那样急于让学生回答了，而是把问题留给学生思考，让他们讨论，让他们发表自己或小组的观点，其他学生或小组补充，我最后点拨总结。这样坚持了一段时间以后，我发现学生们的学习积极性高了，发言也越来越踊跃了，回答问题时也不慌了，小组内同学们互相帮助也形成习惯了，孩子们的动手能力也有了很大提高。回首这段时间的课堂改革实践，孩子们不但在相互尊重和帮助中学会了合作，而且在心灵的相互碰撞中不断发现美、感受美和欣赏美，而在这一过程中，我也体验到了成功的愉悦，收获了幸福，实现了成长。(吴彤撰写)

尊重教育的课堂文化只能在尊重教育的以"学"为中心的课改实践中生成和培育。在经过5年时间的课堂教学改革实践与探索后，2019年6月我校编印了《真实的学习 & 灵动的课堂——尊重教育以"学"为中心的课堂设计成果集锦》上、下两册，这套成果是我校尊重教育以"学"为中心的课堂改革和课堂文化培育取得的阶段性成果，我们将这些能集中体现学校课堂文化的教学设计集结成册，每人一本，教师间相互学习与交流，为日后的课堂文化培育提供了很好的借鉴，也进一步促进了以"学"为中心课堂文化的持续培育和不断发展。

第四节　尊重的师生课堂行为规范

在学校尊重教育课堂改革推进的过程中，我们基于"问题导学、少教多学、自主思学、合作互学"的课堂文化，进一步提炼出了"尊重、自主、合作"

的师生课堂行为规范。

一、"尊重"的师生课堂行为规范

尊重体现在课堂中师生间和生生间彼此对课堂、差异和生命的敬畏。学生是独立的个体，每个人都是不同的，教师要平等地看待每一名学生，尊重学生的个性差异，使每一名学生都能绽放光彩。

1. 课前教师要根据课程标准和学生实际，认真备课，写出详尽的教学设计，科学地安排好教学步骤，设计好学生的学习活动，根据教学内容和学生情况选择恰当的教学方法。学生课前应提前预习学习的内容，对预习中出现的疑问要进行圈点勾画，并做到心中有数。

2. 在预备铃响时前两分钟，教师需走进教室并做好充分准备，不得利用课内时间取教具、调试设备。学生听到预备铃响起，马上进入教室并准备好书本、文具等；预备铃响后，坐好静候老师上课。

3. 在上课时，教师不能将手机带进教室，教师应站立讲课(特殊情况需说明)、仪表端庄大方、精神饱满、教态亲切自然、语言规范。学生坐姿要端正，不做与上课无关的任何事情，有疑问应先举手示意。

4. 学生是发展中的人，教师在课堂中要充分遵循学生的身心发展规律，善待学生在课堂上出现的问题，不当众批评指责，保护好学生的自尊心，允许学生发表自己真实的想法，哪怕学生的观点是不正确的，教师也应当尊重和鼓励学生大胆质疑问题，以培养学生的创新精神，并激发其潜能。学生应尊重教师在课堂中的指导，若有不同意见，应当以合理而礼貌的方式提出。

5. 教师布置作业要注重科学性、针对性和层次性，作业量要适度。学生要认真完成作业，书写工整。小学生尽量当天在校完成作业，当天在校不能完成作业的小学高年级学生和初中学生第二天要及时按教师要求上交作业。

6. 教师对学生作业全批全改，批改要规范，要有个性化、鼓励性的评语并及时反馈。

(1)正确用"√"表示，大小适中。错误用"\"表示，订正后接钩。每一小题进行批改，批改符号置于小题的右下方。书写要规范，语言表达清楚并尽可能详细，使学生能够认得出、看得懂。对于主观性强的作业，比如作文等，教师要使用规范的批阅符号，并标出修改意见，写出具有指导性的评语，可进行旁批。

(2)批改要使用等级评价(优秀、良好、合格、待合格)，可增添带有激励性的标志(如小红花等)进行评价。批改要写清日期。

(3)及时复批作业，当天清错，要针对作业中问题比较集中的知识点进行讲评。学生一次习作一周内清完。

7. 教师课堂辅导要照顾每一位学生，实行“三多”(多提问、多鼓励、多辅导)，激发全体学生学习的兴趣。尊重差异，重视选拔和培训优秀学生，提高他们的参赛能力，充分发挥个人特长。课后辅导答疑是每位教师的职责。每位教师每周有明确的定时答疑时间，并向学生公布，同时上报备课组长。辅导、答疑应在静校前的课后服务时间进行。中午及放学后不能进行集体补课。有特殊需求的学科要提前向中小学课程教学中心申请，批准后由中小学课程教学中心统一协调。课外辅导要兼顾优秀生和学困生，重点做好学困生个别化帮扶工作。对学困生辅导首先要全面了解情况，确定名单，其次要针对学生的不同特点制订具体的辅导计划。

二、“自主”的师生课堂行为规范

1. 教师上课时要发挥学生的主体能动作用，依据教学目标和学生实际，积极实施小组互助学习，课堂上应让每一个学生都进入学习状态，教师讲解时要做到精讲，讲解要系统、准确、清楚，尽量压缩讲解时间，讲解要符合学生的认知规律，方法科学、恰当，突出重点，攻克难点；教学中要面向每一个学生，合理采用现代化的教学手段，尽可能给每一个学生勤动脑、勤动手、勤动口的机会，充分调动学生学习的积极性，激发学生思维活力，使各层次水平的学生都学有所得。

2. 自主体现在课堂中就是学生积极发言，声音洪亮；敢于发表自己真实的意见，敢于向他人或书本提出质疑；敢于承担，自己能做到的事情自己要努力完成，不用他人代替。

三、“合作”的师生课堂行为规范

1. 合作体现在课堂中，就是教师要努力创设有利于学生群体参与的学习活动，积极采取小组合作的方式，使学生能充分发挥个体的特长和群体的智慧共同参与学习。

2. 学生在合作中敢于担当，各负其责，互帮互助，智慧共享；合作要体现同学间的相互理解与鼓励、相互信任与帮助，出现问题不能互相埋怨。

3. 师生在课堂中的合作，要体现相互尊重、相互支持，学生要尊敬教师的教学，遵守课堂的纪律要求；教师对学生的学习，应本着肯定、鼓励的原则，采取多种形式的激励方式或方法，有效激发学生学习的动机和参与学习的积极性，为每一位学生学有所获创造条件，提供帮助。

第五节　尊重教育课堂文化的成效评价

学校重视教师教育教学行为、态度和工作质量的评价，重视教师对自我的管理和评价，强化教师的反思意识和行为。考核内容包括课程实施、反思和改进能力、评估学生学习效果能力（重点监测学生高阶思维能力）等。考核形式由学生欢迎和受益程度问卷、授课教师自评和课程考核领导小组综合评价、学校聘请第三方对学生思维品质的测评等；考核采用阶段评价与结果评价相结合的方式进行，并逐步建立与完善了由校长、教师、学生、家长、第三方机构共同参与的课程实施过程评价制度。

一、基础型课程实施的评价

课程的实施关键在课堂，但如何评价一堂课呢？一堂好课的标准怎么把握呢？按照学校以"学"为中心的课堂改革要求，笔者认为[①]：一是看教师是否具有课程意识。教学过程是课程内容持续生成和转化的过程。二是看教师是否成为学生学习的促进者。教学是教师教和学生学的统一，这种统一的实质是交往。教学是一种对话，一种沟通，一种合作，一种共建。没有交往就不存在真正意义上的教学，没有学生的主动参与，就没有真正意义上的教学存在。三是看教师是否帮助学生自己建构知识。认知是一个过程，而不是结果。四是看教师是否培养了学生的问题意识。在课堂教学中，教师要让学生提出问题，而不是教师问学生问题。五是看教师是否学会指导学生合作、探究性学习。好课不必面面俱到，课堂上学生的主动性、参与度、思维量和合作性是主要的指标因素，好课不是把调动学生积极性作为目的，关键是看教师通过激发学生学习的主动性来实现教学的"三维"目标，不但使学生学会相关知识，形成相关的技能，更重要的是在实现"双基"目标的过程中通过自主、合作和探究的方式教会学生学会、会学和学好，实现情感、态度、价值观的目标，逐渐培养学生的必备品格和关键能力，并最终实现学生的自主学习与自主发展。

基于以上思考，我们结合育人要求和基础型课程的校本化实施，改革各学科以"学"为中心的课堂评价标准，研究教、学、评一体化，对课程目标、课程内容、课程教学和实施效果进行一致性评价。

---

① 张广利：《学校教育生活的重建》，广西师范大学出版社 2011 年版，第 193 页。

表 7-6 以“学”为中心的课堂评价标准

	评价指标	权重	评价标准
学生	学习目标	5	目标明确态度积极、主动参与。
	学习准备	5	课前准备充分，预习好。
	学习方式	10	课堂气氛民主、平等、融洽、和谐，学生有充分话语权。学习方式多样、体现自主学习、合作学习、探究学习。
	学习过程	20	学生学习态度主动、兴趣浓厚、精力集中，积极思考、充分交流、质疑创新，学习活动紧凑有序，直接针对目标达成。
	学习效果	10	学生实际获得多，目标达成度高。
教师	教学目标	10	目标设计符合学科课程标准，体现“核心素养要求”全面、准确、具体，可操作性强，可达成度高。
	教学设计	10	以单元或主题设计、条理清楚、逻辑严谨，体现整体性和结构性。贯彻“问题导学、少教多学、自主学思、合作互学”要求，对学情了解全面，教材处理得当，教法符合学生实际，凸显学生学习过程。
	教学组织	10	面向全体，尊重差异，小组合作有效，教学策略灵活。
	教学评价	10	依据学业质量标准，从不同视角进行评价。主体多元，评价及时、方式多样，评价具有较强的激励性。
	教学资源	10	合理选择和利用教学资源。
评语			

对教师实施教改的评价采取以下方式：

①通过常态推门听课和课后评课形式进行评价。

②借助每学期开展的以“学”为中心的“一人一课”和研讨课、展示课、示范课等活动进行评价。

③开展“学生欢迎和受益程度”问卷调查。

④由学生与家长共同评选“我最喜爱的老师”“教师尊重之星”。

⑤聘请社会第三方专业机构对学生进行思维品质的检测，并听取专业机构对基础型课程实施的改进建议。

二、拓展型课程和个性化课程的评价

拓展型课程和个性化课程的实施评价主要是根据教师填写的课程申报表、活动过程记录、成果展示、课程评价和学校开展的调查问卷进行评价。同时将市区级优秀课程评选的情况、市区各级各类竞赛情况、市区评选的特色学生社团提升项目审批情况、校内优秀社团评选情况等结果纳入评价范围。

聘请社会第三方专业机构对学生思维品质进行科学检测，并听取专业机构对这两类课程实施的改进建议。

三、学生高阶思维能力的检测与评价

高阶思维能力最核心的就是创造性思维能力和批判性思维能力，创造性思维能力之思维活动的创造意识和创新精神，表现为不墨守成规，创造性地提出问题和创造性地解决问题。批判性思维是通过一定的标准评价思维，进而改善思维，是合理的、反思性的思维，既是思维能力，也是思维倾向。

2019年12月学校邀请第三方——思维智慧，对在校部分年级学生的创造性思维能力和批判性思维能力进行了抽样调查检测，在此次检测中，检测了一、二年级学生的创造性思维能力，统计了一、二年级学生创造性思维的流畅性水平(以创造出的作品数量为指标)，最终数据结果显示，一年级学生平均流畅性水平(平均创造出的作品个数)为1.3，二年级学生平均流畅性水平为9.9，二年级较一年级有较大提升。

检测了三、四、五、七年级学生的批判性思维能力，三、四、五、七年级学生的批判性思维能力检测分数分别为55.33、59.16、62.06、77.49分，基本上呈现逐渐递增的趋势，说明学生的批判性思维能力大体趋势是往上提升发展的。

通过对学生高阶思维能力的检测，给出的总体评价是：一、二年级学生的创造性思维能力水平一般，但呈现上升趋势。其他年级学生的批判性思维能力呈现逐步上升的大体趋势，批判性思维能力水平整体较好，可以在后续持续培养。

从以上检测的数据与结论来看，说明我们实施以“学”为中心的教学改革的方向是对的，对学生思维品质的培养也是有效的。因此，我们一方面要持续推进学思维活动课程的实施；另一方面，在课堂教学改革实践中，坚守和巩固“问题导学、少教多学、自主思学、合作互学”为基本特征的以“学”为中心的课堂教学文化的培育成果，加强每年新招聘教师的校本研训，做好课堂改革文化的传承，呵护每一颗心灵，倾听每一种声音，着力培养学生适应未来社会发展的必备品格和关键能力，促进每一名学生实现德智体美劳全面而有个性的发展。

第八章　尊重教育的学生文化培育

教育的真正意义就在于开发人的潜能，促进人的发展，实现人的价值。教育的任务就是培养人自主、自信的主体精神，唤醒人自我发展的内在动力，让人的整个生命系统充满生机与活力，焕发出蓬勃的创造力。自开学以来，学校落实义务教育优质、均衡发展的要求，坚持践行尊重教育理念，坚持以学生发展为本，紧紧围绕“立德树人”这一根本任务，以尊重进阶课程为载体，通过落实全员、全过程、全方位育人和抓典型、以点带面、整体推进等措施，努力培育了“尊道敬学、立己达人”的学生文化。

第一节　德育一体化的尊重进阶课程

“尊重进阶课程”是学校实施德育一体化的特色课程，通过结合学校学生的特点、师资力量、地理优势、有效资源等方面的因素，深入挖掘和探索“尊重”的内涵，推进“尊重教育”走进课堂、走进生活，让学生在尊重中成长，将“尊重”这一理念内植于学生内心，外化于学生行为。

一、尊重进阶课程的目标

尊重进阶课程旨在培养学生自信、自强、自主的品格，正确认识个人与他人、社会之间相互依存的关系；学会尊重他人、关心他人，与他人能平等交往、友好合作；帮助学生获得人与自然和谐相处所需知识和技能，尊重我们赖以生活和生存的环境，鼓励学生积极参与面向可持续发展的决策和行动；促进学生良好品德的形成和社会化发展，初步形成民主、法制的观念和规则意识。其具体的目标设定为：

(一)情感、态度与价值观

一是正确认识自己的优点和缺点，取人之长，补己之短，学会欣赏与倾听。二是在生活中养成文明礼貌、诚实守信、友爱宽容、公平公正、热爱班集体、团结合作、有责任心的品质。三是关爱自然，欣赏自然之美，感激大自然对人类的哺育，树立可持续发展观念，愿意承担保护环境的责任。四是感受祖国的幅员辽阔，尊重不同民族的文化差异，珍视祖国的历史、文化传统，激发热爱祖国的情感。五是初步形成民主法制观念，树立规则意识。

(二)过程与方法

一是通过多种方式和途径，搜集、整理、分析社会信息，运用简单的学习工具探索和说明问题。二是围绕社会问题表达自己的观点，并与他人有效沟通。三是批判性地思考，在分析问题的基础上设计解决问题的方案。

(三)知识与能力

一是能够初步认识自我，控制和调整自己的情绪和行为，养成良好的生活和行为习惯。二是知道人对环境的依赖，理解人与自然、环境的相互依存关系，了解当代人类社会面临的共同问题，知道公民参与保护环境的主要途径和方式。三是了解公民基本的权利和义务，知道一些社会组织机构和社会规则，初步懂得规则、法律对于社会生活的重要意义。四是知道中国长期形成的民族精神和优良传统，了解新中国成立和祖国建设过程中所取得的伟大成就，增强学生的中国特色社会主义道路自信、理论自信、制度自信、文化自信。

二、尊重进阶课程的内容

围绕尊重进阶课程在情感、态度与价值观，过程与方法，知识与能力这三方面的目标提出了学生在各学段的教育内容。据此，“尊重进阶课程”分为四个系列，分别是尊重自我、尊重他人、尊重自然、尊重社会。每个系列又根据学段目标的不同分为三个层次。尊重自我：涵盖“认识自我(1～3 年级)、悦纳自我(4～6 年级)、超越自我(7～9 年级)”三个层次；尊重他人：涵盖“理解他人(1～3 年级)、携手他人(4～6 年级)、关爱他人(7～9 年级)”三个层次；尊重自然：涵盖“走近自然(1～3 年级)、探究自然(4～6 年级)、保护自然(7～9 年级)”三个层次；尊重社会：涵盖“认识社会(1～3 年级)、感受社会(4～6 年级)、奉献社会(7～9 年级)”三个层次。同样的内容在后续年段可以重复出现，但要求提高，螺旋上升。表 8-1 为尊重进阶课程主题一览表。

表 8-1　尊重进阶主题课程一览表

层次与内容			维度			
			认识自我	理解他人	走近自然	认识社会
第一层次	一年级	上	1. 我是小学生了 2. 身体好奇妙	1. 我们不一样 2. 夸夸你同学	1. 观察大自然——从校园开始 2. 与动物交朋友	1. 我的小家很温暖 2. 我爱各个民族的小伙伴
		下	3. 成长中的第一次 4. 我需要营养	3. 我的好伙伴 4. 他们需要关爱	3. 你喜欢吃什么水果 4. 春天来了	3. 我会买东西 4. 争做文明礼仪小学生
	二年级	上	5. 我从哪里来 6. 我的身高和体重	5. 小脑瓜里的不同想法 6. 我是集体中的一员	5. 今天天气怎么样 6. 你喜欢什么季节	5. 为小区服务的人 6. 让社区更美好
		下	7. 我的兴趣爱好 8. 学习中的苦与乐	7. 说出你的心事 8. 学会倾听	7. 美丽的云彩 8. 追寻风的足迹	7. 欢迎到我家乡来 8. 家乡的故事
	三年级	上	9. 我懂事了 10. 我是好学生	9. 班级里每个人都重要 10. 生活离不开你我他	9. 水与生命 10. 珍稀动植物	9. 校园生活好丰富 10. 争当校园环保小卫士
		下	11. 我眼中的自己 12. 我真棒	11. 退一步海阔天空 12. 尊老爱幼是美德	11. 流动的空气 12. 动物的保护色	11. 发展中的城市 12. 讲文明，守规则
第二层次	四年级	上	13. 我是独一无二的 14. 我的成长档案	13. 我的邻里乡亲 14. 我们共同进步	13. 神奇的磁力 14. 自然灾害知多少	13. 家庭小账本 14. 知识就是我的力量
		下	15. 好心情最重要 16. 身边的榜样	15. 尊重是最好的礼物 16. 合作真快乐	15. 那些花儿 16. 花、果实和种子	15. 我是家庭“小管家” 16. 我爱首都北京城
	五年级	上	17. 呵护我们的身体 18. 生命只有一次	17. 我们的班队干部选举 18. 我们自己做主	17. 光与我们的生活 18. 空气中的灰尘	17. 江山如此多娇 18. 我热爱中国共产党
		下	19. 我进步了 20. 努力才会有收获	19. 朋友之间 20. 百善孝为先	19. 一切都在运动之中 20. 生命的历程	19. 科技推动社会发展 20. 走进网络时代
	六年级	上	21. 成长中的新问题 22. 自信的我	21. 社会文明大家学 22. 携手共创和平	21. 种类繁多的动物 22.“择地而居”的植物	21. 祖国悠久的历史文化——剪纸艺术欣赏 22. 人无诚信不立
		下	23. 回顾这六年 24. 我要上中学了	23. 我做合格小公民 24. 老师，我想对您说	23. 昼夜交替与四季轮回 24. 月有阴晴圆缺	23. 心中有“规则” 24. 法律在我身边

续表

层次与内容			维度			
			认识自我	理解他人	走近自然	认识社会
第三层次	七年级	上	25. 我的注意力我做主 26. 学会依法保护自己	25. 学会控制情绪 26. 学会化解矛盾	25. 我们只有一个地球 26. 探索宇宙（航天技术）	25. 生活中的各行各业 26. 行行业业有规范
		下	27. 吾日三省吾身 28. 学习有方法	27. 关爱空巢老人 28. 美化环境靠大家	27. 我们的太阳 28. 生物的多样性	27. 重要的国际组织 28. 我们都是公民
	八年级	上	29. 遇到困难的时候 30. 制定一张时间表	29. 青春需要正能量 30. 人间自有真情在	29. 人类的起源与发展 30. 自然灾害知多少	29. 建设中国特色社会主义 30. 独立自主的新中国外交
		下	31. 拒绝校园霸凌 32. 花开应有时	31. 我们同住“地球村” 32. 了解世界文化	31. 海洋资源的利用与保护 32. 我心中的绿色社区	31. 国际交往有原则 32. 公民基本义务
	九年级	上	33. 向偏科宣战 34. 青春期的苦与乐	33. 友好交往礼为先 34. 敢于竞争，善于合作	33. 交通与环境 34. 能源的利用与开发	33. 个人理想与社会理想 34. 坚持程序正义
		下	35. 排解学习压力 36. 认识自我，规划人生	35. 社会合作与公平 36. 负起我们的社会责任	35. 生态文明与美丽中国 36. 科学技术与可持续发展	35. 我的中国心 36. 全球化与中国崛起

（一）尊重进阶课程一、二、三年级的阶段性主题内容解读

1. 尊重自我·认识自我

（1）通过班会、实践活动让学生认识到自己的社会角色，看到自己的成长变化，并为此感到高兴，通过和幼儿园生活的对比，让学生懂得自己的主要任务不再是游戏，而是在家长和教师的指导下学习，培养集体主义观念，学会以小学生的行为规范约束自己。

（2）用图片、视频的形式让学生认识身体的主要内脏器官，知道有一个健康体魄的重要性。

（3）让学生初步了解胎儿的主要生长过程，体会母亲怀胎十月的辛苦及抚养自己长大的艰辛，激发学生爱母亲的情感。

（4）让学生认识到良好饮食习惯的重要性，养成不挑食、不吃垃圾食品、注重营养搭配的好习惯。

(5)知道健康有益的兴趣爱好有利于自己的成长；懂得兴趣爱好的培养需要持之以恒，才能取得实效；体验兴趣爱好给自己和他人带来快乐，能用自己的特长为集体服务。

(6)通过回顾、展示等方式使学生体会到学习的乐趣以及学习带来的收获，交流学习中遇到的困难及解决途径，激发学生乐学、爱学的情感。

(7)引导学生主动了解父母的工作和生活，学会感恩父母，帮助父母做力所能及的小事。

(8)引导学生认识到自己身上的优点和缺点，培养学生的自我认同感。

2. 尊重他人·理解他人

(1)帮助学生认识到每个人的独特性，学会正确看待自己与他人的优点与不足，学会欣赏他人，更好地完善自己。

(2)知道“伙伴”的含义，学会用一两种表现形式表达出好伙伴相处的情节，增强学生间的情感交流。

(3)引导学生认识残疾人并切身体会到残疾人在生活中遇到的困难，教育学生尊重与关爱残疾人。

(4)了解生活中的不同职业，明白不同职业都是生活所需，不分贵贱，要尊重并珍惜他人的劳动成果。

(5)知道自己是集体中的一员，集体的成功和荣誉必须依靠所有成员的共同努力，养成乐于为集体做贡献的态度。

(6)让学生了解倾听的要领，学会专心倾听他人的讲话，通过游戏检验学生听讲的关注度，让学生感受到自己专心听与不专心听的差异，从而提高自己的倾听能力。

(7)知道人无完人的道理，能客观看待每个人的优缺点，感受宽容带来的友谊和快乐，在与人交往发生矛盾的时候能通过角色互换等方法宽容别人。

(8)通过交流讨论，了解老人和小孩的生活特点和生活需要，能在生活中乐于帮助和照顾老人与比自己小的孩子。

3. 尊重自然·走近自然

(1)了解一些属于大自然的事物，观察校园中的动植物，培养观察能力和对大自然的热爱。

(2)了解动物，知道动物是人类的朋友，能够善待动物，知道戏弄、虐待动物的行为是错误的，激起学生喜欢动物的情感，初步培养保护珍稀动物的意识。

(3)能用几句话介绍水果的形状、颜色、味道，培养学生的语言表达和组织能力。

(4)通过欣赏与春天有关的歌曲，体验音乐带给人们的快乐。

(5)认识不同的天气现象，会用简单的符号表示天气，会从不同的维度描述今天的天气。

(6)认识四季，了解四季的基本特点，并学会用简单的形容词来描述四季。

(7)欣赏天空中千变万化的云，感受云彩之美，尝试运用揉、撕、粘贴等方式大胆表现云朵。

(8)知道风的特征，了解一些判断风向和风力的方法，认识风向标和风力计，知道不同等级的风造成的自然现象。

(9)了解常见食物中的含水量，知道水是动物、植物和人体的重要组成部分，意识到水在生命活动中的重要性，了解水资源状况，树立保护水资源、节约用水的意识。

(10)指导学生认识我国几种珍稀的动植物，通过认识珍稀的动植物，查找相关资料，使学生从中体会到保护珍稀动植物的意义及措施。

(11)通过探究知道风是空气流动形成的，知道热空气上升、冷空气下降，了解热气球和孔明灯的升空原理。

(12)感知许多动物利用保护色保护自己的本领，初步了解和运用有关动物保护色知识来保护自己的方法，激发学生进一步探究的愿望。

4. 尊重社会•认识社会

(1)通过参与教学活动，懂得家庭对一个人的重要性，学会为父母分忧、体谅父母。

(2)通过收集资料、分析资料、运用资料，知道我国是一个多民族国家，有56个民族，55个少数民族，认识到我国各民族的居住区域及分布特点，了解几个少数民族的风俗习惯(民族饮食、服饰、民族节日等)，从而培养学生的民族自豪感和爱国主义情感。

(3)通过组织学生参与超市购物的虚拟场景模拟和家长带学生参与真实场景下的购物实践，帮助学生学会正确使用人民币购物，从而培养学生爱护人民币的意识和独立购物的能力。

(4)通过文明礼仪班会课，使学生对文明礼仪有更明确的认识，体会到文明的重要性。

(5)通过观察、调查，让学生了解我们幸福便捷的生活离不开许多人的辛勤服务和劳动，进而尊重他们的劳动。

(6)走进社区，发现社区的优点和不足，通过演讲、为社区建设设计蓝图等形式，为社区未来发展提建议，培养学生积极参与社区建设的意识，增强学生的公民责任感。

(7)学会看地图，能够说出自己家乡的地理位置，激发热爱家乡的情感，感受祖国的幅员辽阔。

(8)通过学生自己收集资料，感受家乡的悠久历史及独特传统，进一步培养学生对家乡的热爱之情。

(9)了解校园丰富多彩的校园活动，激励学生根据自己的兴趣尝试不同的校园活动。

(10)普及环保知识，从学生日常生活的点滴小事做起，保护校园环境卫生，树立个人良好习惯。

(11)通过北京今昔图片对比，感受城市的快速发展，同时明白城市的片面发展会对环境造成恶劣影响，感知创建绿色生态城市的举措。

(12)联系自己的生活实际说一说我们在日常生活中遵守哪些规则，归纳出在不同场所讲文明、守规则的行为要求，引导学生认识遵守规则的重要性，并用实际行动遵守规则。

(二)尊重进阶课程四、五、六年级的阶段性主题内容解读

1. 尊重自我·悦纳自我

(1)知道每个人都是独一无二的个体，要善于发现自己的与众不同，接纳自己、理解自己，发掘自己的性格、爱好和习惯。

(2)知道成长过程中有许多值得纪念的事情和物品，了解制作成长档案的意义，初步知道制作成长档案的方法，能仿照去制作成长档案，感受自己的成长和变化，并为此感到高兴。

(3)知道烦恼是生活中的一部分，人人都有烦恼，分析思考造成烦恼的主客观因素，并寻求解决办法，培养乐观的生活态度。

(4)了解榜样，通过调查等形式把学生身边的榜样推荐出来，激发学生参照身边的榜样学习，培养学生正确的价值观和行为准则。

(5)知道良好的生活习惯、坚持锻炼、保持良好心态以及公共卫生对于身体健康的意义，关心自己的身体健康，参加体育活动。

(6)通过讨论和情景教学法相结合，让学生了解生命的过程，知道生命只有一次，是无比宝贵的；知道自己的生命承载着亲人的爱和希望，要对自己的生命负责。

(7)总结自己上周在学校、家庭和生活中的表现，发现自己的进步之处，并对下周要完成的事情做出计划。

(8)名人故事拓展阅读，让学生明白“一分耕耘、一分收获”的道理。

(9)教师事先了解所教班级的学生在日常生活中与家长、同学之间的主要矛盾及典型事例，知道人与人之间沟通的重要性，初步掌握沟通技巧，学习正确处理与家长、同学之间的矛盾。

(10)使学生认识到自信的重要性，引导学生了解自己的优点和不足，取长避短，增强自信；学习增强自信的方法——自我激励方法。

(11)引领学生回忆六年的小学生活，体验自己的成长和进步，指导学生用自己喜欢的方式记录自己的成长足迹，如制作成长册等，增强对学校的亲近感，感受同学间的友爱之情和老师的教育之恩。

(12)请2～3名高年级同学与学生进行交流，谈谈他们自己的中学生活，让学生思考中小学之间的差异，使学生明白中学基本情况，学会提前规划自己的中学生活。

2. 尊重他人·携手他人

(1)体验邻里和睦相处的重要性，知道邻里之间要相互帮助，了解各种邻里关系，学会处理邻里关系，知道宽容和理解是处理邻里关系的主要原则。

(2)引导学生知道人各有所长，并懂得学习别人的长处有利于自己成长的道理，培养团结友爱的情感。

(3)懂得做人要自尊自爱，体会真诚相待、相互尊重的可贵，学会为他人着想，多给他人鼓励和帮助。

(4)能简洁、清楚、完整地说出自己与他人合作的经历，或者发生在其他人身上的合作事情。

(5)让学生了解民主选举是社会民主生活的重要组成部分，了解民主选举的一般程序，能在怎样选班级干部的讨论交流中明确班队干部的标准以及选举程序，明白怎样正确行使自己的权利，在选举中做到公平、公正。

(6)理解公平、公正在集体生活中的重要意义，知道在我们国家人人平等，人人享有民主权利，做到对人对事公平、公正。

(7)认识到友谊的重要性，能区别哪些行为和做法是有益于朋友之间友谊的，哪些行为会损害友谊，学会与朋友间建立健康的友谊，珍视朋友间的友谊。

(8)了解“孝”的由来，受到传统文化熏陶，知道“百善孝为先”，亲近、了解家长，关心、尊重家长，懂得如何向家长尽孝道。

(9)通过对社会或自己生活的社区中人们文明素养现状的考察研究，让学生知道我们在走向文明的时候，对人的文明素养的要求也在提高；通过活动让学生能反省自己的行为，找到自己的差距，努力塑造自己的文明形象。

(10)了解为赢得和平而做出不懈努力和极大贡献的先烈或代表性人物；了解我国奉行的外交政策在维护世界和平中所发挥的重要作用，坚信中国是一个爱好和平的国家。

(11)掌握民主参与社会生活的技能，了解参与社会生活的常识；通过提出积极建议，参与学校、社区生活的管理，鼓励学生积极参与社会生活，做具有现代民主意识的合格小公民。

(12)以“××老师，我想对您说”为题写篇作文，在课堂上进行展示与交流，培养学生对老师的感恩之情。

3. 尊重自然·探究自然

(1)认识不同形状的磁铁；认识磁铁能够吸引铁，知道磁铁有磁力；知道磁铁磁力最大的部分是磁极。培养学生学会提出问题，作出假设，设计研究方案，并科学地解决问题。

(2)了解自然灾害的相关基本常识，学习在灾难中的自护自救措施，激发学生对生命的珍爱之情。

(3)让学生了解常见花的造型、特点和寓意，发现自然之美。

(4)通过对花的观察，了解花的雌蕊和雄蕊的构造，知道花粉是如何在雄蕊和雌蕊进行传播，并使雌蕊内的胚珠受精成长的，果实和种子是如何形成的，培养学生亲近大自然、热爱大自然的意识。

(5)通过大量事例认识光的两面性，使学生了解光污染的原因、危害以及防治措施。

(6)通过研究不同地点空气中的灰尘，认识空气中是有灰尘的，知道不同环境里空气的灰尘含量不同，知道吸入过多灰尘会影响健康，学习减少空气中灰尘的方法。

(7)理解“参照物”的含义，会利用参照物判断物体的运动状态和静止状态。

(8)知道化石是研究地球生物演变的证据，了解生物进化四个时期中的代表生物。

(9)知道脊椎动物和无脊椎动物的概念，能对常见的动物进行分类，能分别总结出哺乳动物、鸟类、爬行动物、两栖动物、鱼类和昆虫的最主要的特征，在给动物分类的过程中体会到动物的多样性，并能体验到分类过程中学习的快乐。

(10)能通过调查水果出产的地域性特点，初步理解植物的生存必须在一定的环境中，能根据身边一些植物的特点分析它们是怎样与环境相适应的。

(11)能通过模拟地球自转的实验理解昼夜交替现象及原因，能运用已有知识对四季更替的原因进行推理、假设，能设计四季形成的模拟实验。

(12)知道月球本身不发光，是反射太阳的光；知道月球围绕地球公转，在公转过程中形成月相变化，月相变化有一定规律。

4. 尊重社会·感受社会

(1)通过了解家里的钱从哪里来的，知道家庭的经济来源有多种形式，体会到父母挣钱的不容易，开展计划花钱行动，使学生了解花钱应该有计划，能够合理地支出。

(2)通过科学家事迹或名人事例使学生懂得学习知识的重要性，分享与交流好的学习方法，帮助学生养成良好的学习习惯。

(3)通过记录家里一周的开支，进一步熟悉用小数表示钱的方法，巩固小数点加减法；进一步认识折线统计图的特点和作用，熟悉用折线表示数据的方法。

(4)了解北京的主要文物古迹及背后的历史故事，知道新中国来之不易，有意识地学习和传承革命文化。

(5)初步掌握旅游的基本常识，了解主要的名山和古迹，知道一些脍炙人口的传说，知道保护名山古迹的重要性，并学会一些简单的保护方法，使学生更加热爱祖国名山大川，爱护自然和文化遗产。

(6)了解中国共产党诞生的历史意义，明白党旗的象征意义和红军长征的原因，培养热爱中国共产党的情感。

(7)了解科学技术与人类生活、社会发展的关系，观察我们生活中要用到哪些科技产品，感受科技进步给我们的生活带来方便，培养学生热爱科学和乐于探究的兴趣。

(8)了解有关网络知识，知道人们通过网络做些什么；通过具体事例感受网络带给人的便利；正确对待网络在生活中的重要作用，合理安排时间；了解网络陷阱的表现及危害，提高鉴别信息的能力，做到安全上网。

(9)了解剪纸的历史、剪纸的基本手法、剪纸的分类和基本表现手法；通过欣赏剪纸作品提高自己的美术鉴赏力；通过学习剪纸提高自己的动手能力，培养丰富的想象力和创造力。

(10)分组收集与诚信有关的资料，比如名言警句、成语典故、名人轶事及其他经典论述，引导学生探求“信”的传统内涵与现代意义；寻找身边讲诚信的人，了解他们的故事，以“诚信”为主题写篇作文。

(11)通过学习一些故事，引导学生认识规则在生活中的重要性，帮助学生了解社会对规则的态度，教育学生遵守规则并严于律己。

(12)以“法律在我身边”为题写一篇作文，从日常生活中感受法律的无处不在，培养学生对法律的敬畏之心，做知法、守法的合格小公民。

(三)尊重进阶课程七、八、九年级的阶段性主题内容解读

1. 尊重自我·超越自我

(1)通过轻松闯关游戏及生动的多媒体课件，让学生亲身体验，自己感悟集中注意力的重要性，对学生进行适当的注意力训练(如舒尔特方格法)，教会学生提高注意力的训练方法和技巧，使学生自觉养成在学习中集中注意力的习惯。

(2)了解不良诱惑的危害；知道抵制黄、赌、毒和邪教等不良诱惑的基本方法；了解违法和犯罪的区别；学习在日常生活中自我保护的方法和技能，知道未成年人获得法律帮助的方式和途径。

(3)尽可能背诵《论语》，理解、运用《论语》中关于学习、从政和为人处世的警句，引导学生取其精华、去其糟粕；结合孔子经历，分析《论语》一书的主要思想内涵。

(4)新一轮课程改革的重点就是促进学生学习方式的转变，充分利用活动、文字材料、课件展示等多种形式创建问题情境，讨论与分享不同学科的学习方法，引导学生转变被动的学习方式，掌握适合自己的学习方式，养成良好的学习习惯。

(5)教师提前选择与“遇到困难”有关的课外阅读材料，让学生对生活有信心，有勇于克服困难的勇气，掌握各种克服困难的方法。

(6)让学生认识到时间管理的重要性，带领学生制定学期时间表、一周时间表以及每日时间表，包括要参加的学习活动和娱乐活动，学会利用零散时间学习，提高学生学习效率。

(7)通过学习《中小学生守则》的内容，使同学们知法、守法，知道什么是校园欺凌，校园欺凌的危害，如何预防和抵制校园欺凌，能与校园欺凌做合理有效的斗争，正确处理生活中的矛盾和冲突，防微杜渐。

(8)通过讲述、讨论、谈话、角色扮演、诗歌欣赏等活动，帮助学生认识“早恋”的含义及其利弊，引导学生把爱慕化为纯洁的友谊，形成健康的异性交往观念，并能利用“异性效应”不断完善和提高自己，顺利地度过青春期。

(9)引导学生正确认识到自己偏科，并采取积极的态度应对；学会应对偏科的方法，如提高对所偏学科的认知、感受所偏学科对自身发展的重要、对所偏学科多花时间投入等。

(10)以“青春期的苦与乐”为题写篇作文，能够根据主题选取典型材料，抒发真实情感。

(11)知道学习压力带来的影响既有积极的一面，也有消极的一面；掌握缓解学习压力的有效方法；阐述导致考试焦虑的原因；初步了解克服考试焦

虑的方法。

(12)学会认识自我、规划人生；能够充分考虑各种因素，为自己做好人生规划；树立正确的择业观。

2. 尊重他人 • 关爱他人

(1)了解青少年时期情绪易波动的特点，明白情绪需要调控的道理，知道一些调控情绪的有效方法，运用所学的注意转移法、合理发泄法、理智控制法等多种方法灵活地进行情绪调控。

(2)通过辅导活动帮助学生学会彼此宽容，学会“换位思考”，学会为对方着想；帮助学生掌握一些化解同学之间矛盾和冲突的方法，增强人际交往能力，改善人际关系状态；让学生体验友情的崇高和伟大，珍惜友情。

(3)让学生对空巢老人的状况有一个初步了解，记住老人特别关注的传统佳节有哪些，培养学生关爱空巢老人，懂得孝敬家中老人、感恩父母的情感。

(4)通过讨论与分享学生前期准备的校园、家庭、社区环保调查报告，引导学生关注家庭环境、校园环境和社会环境质量，了解存在的问题，加深对环保重要性的认识，从而激发学生爱护环境的情感，并倡议学生从自我做起，爱护环境。

(5)理解“正能量”的概念，通过故事、音频、事例使学生对正能量有更清楚的认识，从而将其更好地运用到生活中，激励他们努力学习，回报社会。

(6)观看《感动中国年度人物》，结合身边令人感动的人或事，引导学生观察生活、感受生活，深入体会生活中的人间真情，培养学生热爱生活、关爱他人的优秀品质；培养学生口语交际的能力，使学生能够勇于发言，善于表达，培养学生富有真情实感的写作能力。

(7)了解经济全球化的表现，知道如何对待经济全球化；懂得文化多样性的意义，知道如何对待文化多样性；了解世界格局发生变化的具体表现和世界多极化影响；正确理解国家间的关系。

(8)培养学生收集世界各国、各民族文化信息的能力，提高对各国各民族文化的信息分析、比较能力；了解世界文化的多样性和丰富性；理解文化差异，知道对待文化差异的正确态度；理解和尊重不同民族的风俗习惯；既尊重本民族文化的价值，对中华优秀民族文化有强烈自豪感和文化自信，又要以平等的态度与其他民族和国家人民友好交往。

(9)懂得讲文明、懂礼貌是做人的基本品德，是人与人交往的需要，是尊重他人的表现；在实际生活中逐步学会以礼待人，与人交往中做到语言文明、态度和气、举止端庄，并能在不同的情境中表达自己的礼貌。

(10)让学生初步认识到初中所面临的竞争压力，认识到合作互助的重要性；树立正确的竞争意识，自觉培养团队合作的精神。

(11)知道社会生活为什么需要合作，如何保证社会合作的顺利进行；知道为什么社会合作需要公平，社会合作如何才算公平；培养学生公平的合作意识。

(12)深刻理解社会责任的意义，养成负责任的理念和价值观，勇负社会责任。

3. 尊重自然·保护自然

(1)通过介绍地球上的水资源、森林资源、珍稀动植物等现状，让学生明白地球正在遭受损害，我们只有一个地球，保护地球迫在眉睫。

(2)了解人类从古至今探索宇宙的历史发展进程；了解我国航天技术的发展现状；知道航天技术的发展意义。

(3)可以描述太阳的大小、质量、温度，并与地球作比较，知道日地距离；给出一张太阳表面图片，能说出各部分(光球、色球、日冕)以及它们的位置和次序；熟悉日珥、太阳黑子等太阳活动，了解太阳黑子周期；能具体说出生活中运用太阳能的例子；简述地心说到日心说的变革与发展。

(4)意识到生物的多样性受到严峻挑战，明白保持生物多样性对人类生存的重要意义，树立保护生物多样性意识；知道设立自然保护区是保护生物多样性的战略措施，了解我国在保护生物多样性方面取得的成就。

(5)通过阅读文本、观看课件、观察图片，知道人类起源于古猿，理解人类是在与自然环境的斗争中逐渐进化而来的，知道人类进化的四个阶段；认识到自然选择在人类起源与进化过程中的所起到的重要作用。

(6)通过实例分析和理解自然灾害的内涵，了解我国常见的自然灾害；了解我国自然灾害的特点、分布及成因；分析具体事例，增强防灾减灾意识。

(7)举例说明过去和现在人类开发和利用海洋资源的方法和技术；能自己提出开发和利用海洋资源的想法并设计成具体实施方案；开发和利用海洋资源过程中会遇到哪些问题；知道如何保护海洋资源。

(8)了解什么是“绿色社区”及评价标准；能在教师的启发下针对绿色社区建设的有关问题提出相对合理的猜想和假设；引导学生对创建绿色社区或者社会主义生态新村展开讨论，确定调查研究的内容；培养学生保护环境的意识和习惯。

(9)了解城市交通对环境的影响及对策，能提出治理城市交通拥堵的设想和建议。

(10)了解能源的分类，并能通过阅读图表，说明世界能源生产和消费的特点；了解煤、石油、原子能和太阳能的特点；了解并举例说明科技进步对人类能源危机的影响，渗透生活中节约能源的意识。

(11)知道我国建设“美丽中国”的原因，建设美丽中国的措施；知道建设美丽中国符合哪些战略思想和国策，思考青少年学生为建设“美丽中国”能做些什么。

(12)了解可持续发展的战略背景；掌握可持续发展的主要内容和基本原则；理解我国的“一带一路”倡议和可持续发展战略的实施策略。

4. 尊重社会·奉献社会

(1)让同学们通过对身边生活的调查，了解社会生活需要的各行各业，并明白它们与工农业生产部门之间的关系，了解社会生产部门中各行各业之间的分工与合作关系，并认识到随着社会生产的发展，各行各业也不断变化，相应地人们也会随着行业的变化变换职业。

(2)概述职业道德的内涵；说明职业道德的特点和作用；掌握并说出职业道德基本规范的内容。

(3)了解重要的国际组织和作用，认识国际组织既是国际合作的重要形式，又是国际斗争的重要场所。

(4)使学生掌握法律规定的“公民”的基本含义和内涵，使学生体会到树立公民意识的重要性，懂得作为新一代公民应该如何提高自身公民素质。

(5)掌握中国特色社会主义道路的形成历程，以及邓小平同志对中国改革开放和社会主义现代化建设的巨大贡献；了解中国的基本国情和主要矛盾；正确看待今天中国的发展状况，总结发展经验，学习先进理念。

(6)了解我国的外交政策在不同的时代背景下是不断发展变化的，通过政策的调整推动我国外交事业的发展；通过对大国外交成就的解读，体会我国日益走进世界舞台中央，在国际事务中发挥的作用也日益重要，国际地位不断提高。

(7)通过教学使学生领会坚持对外开放、加强国际交往的必要性；理解坚持四项基本原则、自觉坚持改革开放是中华民族伟大复兴的强国之路。

(8)学习和了解宪法规定的公民基本义务内容，知道拒不履行义务的行为都要承担相应的法律责任，增强宪法意识和义务意识，养成良好的履行义务的习惯，提高积极依法履行义务的能力。

(9)了解何为理想，理想从何而来，理想与现实的辩证关系；明白何为社会理想，社会理想与个人理想的辩证关系；根据自己的现实基础，树立正确的个人理想，把个人理想融入社会理想中。

(10)知道法律实现正义的两种主要方式：实体正义和程序正义；知道实体正义和程序正义的关系；知道程序正义的重要意义和作用。

(11)了解中华民族传统文化的组成部分；知道中华文化源远流长、博大精深的特点；知道中华文化的地位、作用和重要性；知道如何正确对待中华文化和世界其他文化，正确对待文化差异；通过学习中华优秀传统文化增强学生的中华文化自豪感、归属感和认同感，增强文化自信。

(12)知道中国在国际舞台上的地位、影响、形象和作用；理解中国在经济全球化中面临的机遇和挑战，以及中国如何应对经济全球化的机遇和挑战；理解习近平新时代中国特色社会主义思想是全党全国人民为实现中华民族伟大复兴而奋斗的行动指南。中国坚持推动构建人类命运共同体是习近平新时代中国特色社会主义思想的重要内容。

三、尊重进阶课程的实施

尊重进阶课程的实施必须凭借有效的教育策略，以学生为主体，教师为主导，根据学生的兴趣和需要及时调整策略，做到活动育人、实践育人。

尊重进阶课程在每学年开设16节课，每学期8节课，四个系列分别占2节课，主要通过五个途径实施，分别是综合实践活动课程、道德与法治课程、主题班队会和教育活动、与其他学科融合和学校日常的教育管理。

综合实践活动课程是国家和北京市规定的必修课，包括学科实践活动、信息技术、劳技、研究性学习、社区服务和社会实践等。尊重进阶课程在学时上可与综合实践活动统筹使用，尊重进阶课程的“尊重自我、尊重他人、尊重自然、尊重社会”四个系列内容涉及学校各个学科领域，教师根据教学内容自由选择适合的主题，充分利用学生的生活经验，发挥学生的自主探究精神，在完成教育目标的基础上进行学科知识的拓展。

尊重进阶课程单独设课(与其他学科渗透不单独设课时，占用学科10%实践活动课时)，将其作为对地方课程、校本课程的补充，围绕热点问题，让学生通过行动研究解决身边的现实问题，提高综合分析和解决问题的能力。教师根据教育的目标、内容以及学生和教师的现实情况，灵活选择多种途径和方法，例如户外教育、社区服务、实地考察、模拟游戏、个案研究等。

班团队活动也是实施尊重进阶课程的途径之一，利用班团队活动，引导学生从“习以为常”中发现问题。另外，学校在日常的行为规范的检查中渗透尊重教育理念，鼓励全体师生共同参与，与此同时，与家委会和社区紧密联系，形成教育合力，努力做到全员育人、全过程育人和全方位育人。

实施案例一：王柳洁老师设计实施的七年级尊重进阶课程“学会控制情绪”

表 8-2　七年级尊重进阶课程“学会控制情绪”

指导思想与理论依据
依据《义务教育思想品德课程标准(2011 年版)》“成长中的我”中的“认识自我”、《北京市中小学心理健康教育指导纲要(2014 年修订)》中“情绪调试”内容、学校尊重进阶课程纲要中尊重他人的第三层次“关爱他人”中的七年级主题“学会控制情绪”的内容要求，设计本次尊重进阶课程。课程具体对应的“认识自我”“情绪调试”内容标准分别是：理解情绪的多样性、复杂性，学会调节和控制情绪，保持乐观、积极的心态；帮助学生认识情绪对自己和他人的影响，学会调节自己的情绪，能积极地应对挫折与压力。目的是秉持“尊重教育”理念，尊重学生的主体地位和成长规律，引导学生积极面对负面情绪，保持阳光乐观和主动发展的良好状态，以促进其实现身心健康发展。
教学背景分析
七年级学生正处于青春期阶段，生理发育明显，拥有充沛的精力、敏捷的思维，随着生理发育和生活经验的不断丰富，周围的情况发生变化，情绪在不断地发生变化，有时富有激情，有时变得细腻；有时表现出波动，有时表现出闭锁等，因此，需要通过学习对自我情绪的控制方法，激发学生的正面情绪感受，使其积极面对负面情绪，以保持阳光的心态。
教学目标
1. 情感、态度与价值观 让学生能够激发正面的情绪感受，积极面对负面情绪，学会尊重他人，为培养“尊道敬学、立己达人”的阳光少年创造条件、奠定基础。 2. 能力目标 辨析不同情绪带来的不同结果，以提高学生对负面情绪不良影响的认知，使其保持积极情绪，并学会调节和控制情绪的方法，提高自身情绪的控制力。 3. 知识目标 让学生了解情绪四大基本类型，感受不同情绪对个人观念和行动带来的影响。
教学重点和难点
1. 教学重点：了解情绪的四大基本类型及其复杂性，感受情绪带来的影响。 2. 教学难点：激发学生的正面情绪感受，能够积极面对负面情绪，并保持阳光心态。
教学资源和方法
1. 教学资源：案例、多媒体。 2. 教学方法：情景演绎法、案例分析法、自主探究法。

续表

教学过程				
教学环节	教师活动	学生活动	设计意图	时间
创景导入	图片欣赏： 1. 当你的学业成绩达到预定目标，收到父母的礼物时，你会是怎样的感受？ 2. 当你辛苦画的板报被同学故意擦掉时，你会是怎样的感受？ 3. 你独身一人被困在海洋中的孤岛，当夜幕降临时，你会是怎样的感受？ 4. 你的好朋友和你产生了矛盾，这几天一直不理你时，你会是怎样的感受？ 学生在谈感受中引出本课主题——情绪	根据图片描述自己的心情。	用图片调动学生的积极性，让学生有身临其境的感觉，并为下面引出情绪做好铺垫。	2 分钟
知情绪	1. 什么是情绪？ 情绪是伴随着我们生活经历过程自然而然所产生的内心体验。人的内心需要是否得到满足。 2. 情绪知多少 小组讨论，尝试将图片中的情绪归类。 近代西方学者认为人的基本情绪分四类：喜、怒、哀、惧。 《礼记》中把人的情绪称为“七情”：喜、怒、哀、惧、爱、恶、欲。 将喜、怒、哀、惧的词语进行归类，再出示喜极而泣、悲喜交加等复杂情绪。 学生尝试小结，教师补充：人的情绪是复杂多样的。	回答“什么是情绪”。 根据所示图片中的词语把词语归类。	了解情绪的定义。 归类出情绪的基本类型是喜、怒、哀、惧，还有复杂多样的情绪，如悲喜交加等。	1 分钟 6 分钟
析情绪	演一演 情景剧《发试卷》 思考： （1）面对同一件事，每个人的情绪是否一样？ （2）同样成绩的小明、小红两位同学的情绪相同吗？ （3）小明、小红和小刚三位同学分别表现出了什么情绪？ 学生尝试小结，教师补充：面对同一件事，每个人的情绪是不一样的，人的情绪是很复杂的，复杂的情绪丰富了我们的生活。	根据所看情景剧回答问题，学生自己尝试总结。	更直观地感受到面对同一件事每个人的情绪是不一样的。	5 分钟

续表

教学环节	教师活动	学生活动	设计意图	时间
悟情绪	1. 演一演 情景剧《发试卷后续》 猜一猜： 他们两个人的期末考试成绩会怎样？ 学生尝试小结，教师补充情绪的作用：积极情绪，激励我们克服困难，努力向上，有促进和增力作用；消极情绪，让我们因为某个小小的挫败止步不前，有阻碍和减力作用。 2. 情绪知识加速度 《内经·素问》中说："喜伤心，怒伤肝，思伤脾，忧伤肺，恐伤肾。" 现代生物学、心理学和身心医学的研究也表明：胃病、高血压、冠心病等都与不良情绪有关。 学生尝试小结，教师补充：情绪影响我们的身心健康。	观看情景剧的后续发展并体会情绪变化对人心态的影响。	通过情景剧的对比，总结出情绪的作用，积极情绪，激励我们克服困难，努力向上，有促进和增力作用；消极情绪，使人因为某个小小的挫败止步不前，有阻碍和减力作用。	5 分钟
	3. 小组讨论 面对以下情况，你是如何调节情绪的？ 你的期末考试成绩不理想…… 你与好朋友发生了争吵…… 今天你被老师批评了…… 足球比赛落后…… 你未被选入羽毛球社团…… 经过努力，这次你们班与流动红旗依然擦肩而过…… 方法：转移注意力：看书、听音乐、看电影、看喜剧、散步；合理宣泄：向亲密、可信任的好友倾诉，在适当的场合哭一场；改变认知评价：情绪 ABC 理论。	根据情境，小组讨论调节情绪的方法并与大家交流。	让学生学会调节自己的情绪。	20 分钟
课堂总结	每个人都有情绪，而且情绪不是一成不变的。我们中学生的情绪丰富多彩且起伏多变。改变不了事实，但可以改变态度；你无法调整环境，但可以调整情绪。我们要做到不伤害他人，不伤害	回顾本节课所学内容。	总结本节课所学内容。	1 分钟

续表

<table>
<tr><th>教学环节</th><th>教师活动</th><th>学生活动</th><th>设计意图</th><th>时间</th></tr>
<tr><td>课堂总结</td><td>自己，相互尊重，学会恰当地表达自己的情绪。消极情绪对我们容易产生消极的影响，尤其是影响我们的身心健康、智力发展和正常水平的发挥。因此，我们要学会调控情绪，做情绪的主人。</td><td></td><td></td><td></td></tr>
<tr><td colspan="5">板书设计</td></tr>
<tr><td colspan="5">学会控制情绪
事件——需求——→情绪　　知　定义、类型
析　复杂
悟　激发正面情绪
调控负面情绪　　改变认知、转移注意力、合理宣泄</td></tr>
<tr><td colspan="5">教学反思</td></tr>
<tr><td colspan="5">本节课让学生了解情绪的四大基本类型，出示喜极而泣、悲喜交加等复杂情绪词语，总结出人的情绪是复杂多样的；通过《发试卷》情景剧进行串联，能够辨析不同情绪带来的不同结果，保持积极情绪。可以将最后的案例及调节方法进行调换，先进行调节方法的总结，再根据调节方法进行案例实践分析，能够激发学生的正面情绪感受，积极面对负面情绪。</td></tr>
</table>

实施案例二：开展跨学科的主题教育实践活动，打造“行走的”思政课

我们结合基础型课程和尊重进阶课程的实施，充分挖掘南苑机场、中国人民抗日战争纪念馆、卢沟桥、长辛店留法勤工俭学预备班旧址和二七纪念馆等丰台区的红色教育资源，发挥学科育人的作用与功能，大力开展了跨学科的主题教育实践活动，将“立德树人”的根本任务落实到教育教学的全过程，切实做到全员、全程和全方位育人。如：我校紧邻南苑机场，到中国联航办公楼不足 2 千米。南苑机场作为中国历史上的第一个航空机场，自“清宣统二年(1910 年)清政府将北京南郊丰台区南苑镇的皇家狩猎场改建为南苑机场”[①]以来，历经辛亥革命、北洋政府、抗日战争、国民党政府、解放战争、解放军第一个飞行中队成立、新中国开国大典阅兵飞机起飞、解放军空军第一高级航空专科学校和空军南苑场站成立，成为新中国迎送外宾的重要机场，到改革开放后中国联航成立，直至 2019 年 9 月 25 日大兴国际机场开始营运后南苑机场停止使用，历经 109 年的发展历史。南苑机场的发展史就是一本历

① 赵其辉：《古都北京南苑机场——中国航空史上的第一》，www.bjd.com.cn。

史教科书，也是一个具有丰富教育资源的爱国主义教育基地。为此，学校将此作为历史教学和爱国主义教育实践基地，在学校历史教师马瑞汝的带领下，道德与法治教师和其他学科教师借助南苑机场丰富的历史和爱国教育资源，开展以“我了解的南苑机场”“我国航空的发展历史”“抗日战争中的赵登禹和佟麟阁将军”“中美建交的历史”等为主题的教育实践活动。通过组织学生搜集史料、实地参观考察、交流体会等形式，把历史和思政小课堂和社会大课堂有机结合，实现了课内与课外，校内与校外的配合与互补，努力做到“理论与实践融合、历史与现实融汇、教师与学生融入”①，努力打造“行走的”思政课。

又如 2021 年，我校音乐老师王跻婷结合庆祝中国共产党百年华诞，以一节特殊的“音乐实践课”为党献礼。她组织学生学唱歌曲《在灿烂阳光下》，在学唱之前，王老师布置了前置作业，学生以小组为单位了解歌曲《在灿烂阳光下》的创作背景并交流，使学生了解这首歌从“吃水不忘挖井人”唱起，讲述了中国共产党领导全国人民走过的风雨历程，赞颂了新中国成立以来所取得的伟大成就。在此基础上，再学唱歌曲。为进一步丰富学生的艺术实践体验，王跻婷老师和道德与法治老师、历史老师合作，开展了跨学科的主题教育实践活动，组织学生走进卢沟桥、中国人民抗日战争纪念馆、汽车博物馆、阳光星苑社区等地，高唱歌曲《在灿烂阳光下》《唱支山歌给党听》《没有共产党就没有新中国》《我们是共产主义接班人》等红歌，与社会各界共同为党庆生。老师们还将歌曲录制成 MV，并在全校进行了展播。在这个过程中，不仅使学生感受到红歌的力量，而且使学生切身体会到今天来之不易的幸福生活是无数革命先烈和仁人志士用鲜血和生命换来的，学生在学唱歌曲中感受，在实地参观中体验，这不仅是一堂生动的音乐实践课，更是一堂生动的思想政治教育课，通过这样接地气的实践性教学改革，打造了我校“行走的思政课”品牌。

四、尊重进阶课程的评价

尊重进阶课程的评价包括对学生的知识与能力，情感、态度和价值观的评价，还包括对教师教育教学活动的设计、组织和实施的评价。评价揭示的是尊重进阶课程面临的问题，为改进和提高教育成效提供依据。

（一）尊重进阶课程的评价原则

1. 形成性评价和终结性评价相结合，以形成性评价为主

该评价必须在尊重进阶课程的教育活动中进行，以教师和学生在课程中

---

① 中共丰台区委教育工作委员会、北京丰台区教育委员会：《丰台区关于实施“全要素、贯通式、实践性”思政课程的工作方案》（丰教工发〔2021〕）。

的实际表现为主要评价内容，评价充分考虑各位教师或学生的具体情况，各个学习阶段的终结性评价结果要成为下一阶段尊重进阶课程的起点。

2. 评价方式多元，以定性评价为主

尊重进阶课程关注的是学生在环境中的体验、探究及其认识与表现、分析和解决问题的意识与能力的发展。这种对学习过程的关注摒弃了仅仅依靠纸笔测验的单一评价方法。

3. 运用综合评价方法评价

为了对尊重进阶课程的实施过程和实际成效作出全面而科学的评价，必须综合运用包括纸笔测验、行为观察、成长记录袋、情景测验、学习或教学笔记与反思的评价方法。

(二)对学生的评价

对学生的评价包括对学生学习过程中的知识与技能，态度、情感和价值观，学习方法等方面的评价，侧重于学生情感、态度方面的评价。

1. 情感、态度与价值观的评价

观察学生教育活动中的行为表现(如：参与学校管理、志愿者服务等表现)，分析学生的口头和书面表达。

2. 过程与方法的评价

直接观察学生提出问题、搜集和整理信息、制订和实施行动计划、反思和评价等过程中的表现。

3. 知识与能力的评价

分析学生的研究报告、作文、绘画、演讲稿，其他有关作品等，也可以通过日常交流、纸笔测验、知识竞赛、辩论赛等方式进行。

对学生的评价主要以自评、同伴互评和教师、家长评价实现对学生的表现与发展的评价，以促进学生形成必备的品格和关键能力。

(三)对教师的评价

对教师的评价包括教学准备、教育教学方式、教育教学态度等方面的评价，重视学生、家长、教师同行、审议组对教师的评价，定量评价与定性评价相结合。

1. 通过常态推门听课和课后评课形式进行评价。

2. 借助每学期开展尊重进阶课程的“一人一课”和主题教育活动、班队会研讨课、展示课、示范课等活动进行评价。

3. 开展“学生欢迎和受益程度”问卷调查。

4. 由学生与家长共同评选“我最喜爱的老师”“教师尊重之星”。

学校“三层四向度”的尊重进阶一体化课程的开发与实施，有效整合并解决了育人的载体和路径问题，将“立德树人”的根本任务有效分解，使全员、全程和全方位育人有效落地，并支撑了我校“‘尊道敬学、立己达人’阳光少年培养目标”的实现。

第二节　培育自主多彩的班级文化

班级文化建设是班级管理的核心和重中之重，因为一个班级的文化对每一位学生的发展都起着潜移默化的影响作用。那么怎样建设一个班的班级文化呢？学校提出了尊重教育理念下的“班风正、学风浓、发展好”的班级文化建设标准，在班级文化建设过程中，老师们以塑造集体“凝聚力”为抓手，充分倾听学生的心声，尊重学生的感受，引导学生积极参与到班级文化建设的讨论与班级规则的制定之中。

在班级文化建设中，老师们都充分发挥了学生的自主性和创造性，有的还邀请家长参与班级文化的设计。如：在班级文化标识的设计中，全校就组织开展了班级文化标识征集评选活动，在这一活动中，每个班都经过学生设计、征集、展示、研讨、表决通过等环节，创造设计出以“班名、班徽、班级目标、班级誓言、班级梦想、班训和班规”等为主要内容的“自主多彩”的班级文化环境。例如一年级(3)班的班名是星宇班，班级誓言是“自信开朗、奋发向上、信心百倍、干劲十足”；三年级(1)班的班名是向日葵班，班级誓言是“追逐阳光、茁壮成长”；五年级(2)班的班名是鸿鹄班，班级誓言是“书香云天，鸿鹄高翔”，班主任对他们的寄语是“今天的小小鸟，明天的白天鹅”；八年级(1)班的班名是博雅班，班级誓言是“每天进步一小步，日积月累一大步”……

以下用两个案例来生动展示“自主多彩”班级文化的生成过程和形成样态。

一、班级理念文化生成与设计案例

以下是2017年二年级(2)班孟宪洁老师班的班名、班训和班徽征集活动案例。

产生背景：本次班名、班训、班徽征集遵照了学校尊重教育的理念。以尊重为前提，分别召集班本团队成员、班级家委会成员和学生开会研讨。班本团队老师征集了相关任课教师和学生的意见，班级家委会征集了全体家长的意见。在此基础上，班本团队、班级家委会和学生共同研究确定了班名、班训，并制定出班徽征集方案。

产生过程：依照班徽征集方案，在二年级(2)班开展了“我心中的班徽”征集活动。此次活动充分调动了学生的积极性，发挥学生的想象力和创造力，涌现出许多优秀的班徽设计作品。通过班会讨论，整合全班学生的意见，将作品中有象征意义的元素进行了提取，绘制出一幅能够充分展现二年级(2)班的班级特色与精神风貌的班徽设计作品。

班名与内容释义：鸿鹄班，取自“鸿鹄高翔九云天”。将二年级(2)班的孩子比作天鹅，希望孩子们树鸿鹄之志，展翅高翔！

班训与内容释义：书香云天，鸿鹄高翔！取自“鸿鹄高翔九云天”之意。二年级(2)班自 2015 年参加北京青年报社主办的“教育圆桌”活动以来，班里 21 个孩子共读图书 185 本，书香弥漫班级。希望二年级(2)班鸿鹄班的孩子们在北京教科院丰台学校这片高起点发展的蓝天中展翅高翔！

图 8-1　班徽图案设计与释义

班徽由鸿鹄(天鹅)、打开的书、双手图案组成。

书：阅读是二年级(2)班的班级特色，孩子们充分利用“教育圆桌”的图书资源充实自己，浸润心灵。“书”字象征着孩子们继续保持良好的阅读习惯。希望孩子们通过阅读浸润心灵，用书香涵育未来。

鸿鹄(天鹅)：选自丹麦《安徒生童话》白天鹅的原形和我国古代“鸿鹄之志”的说法，将孩子们比作小天鹅。班徽中天鹅是“2”的造型，代表(2)班这个集体，天鹅的尾羽设计为竖起大拇指的手的造型，代表学校教师用温暖的手为孩子筑梦。期待一只只美丽的小天鹅在老师们的帮助下树鸿鹄之志，并能展翅高翔！

效果与体会：此次班徽征集活动历时两周，在孩子们进行班徽设计的过程中，我认为主要有以下两点收获与体会：一是营造了团结、和谐的班级氛围，增强了班级凝聚力。孩子们在进行班徽设计的过程中，纷纷使用了具有象征意义的向日葵、红太阳、小天鹅、太阳花等，并以自己设计的意向为标准要求自己，他们说：“我们要做美丽的太阳花，开心快乐地成长……”“我们要做小天鹅，美丽而高傲地成长……”当孩子们遇到小矛盾的时候，也会想“我们都是积极乐观的红太阳”，大家也就更和谐了，从而增强了班级凝聚力。

在此过程中，孩子们会为二年级(2)班这个集体去做一些自己认为应该做的事，如：他们会打扫卫生并且互相提醒保持卫生；他们会自觉在第二节课结束后迅速做眼保健操；他们会在操场上主动调整队形……当然，努力就会有结果，在班级常规评比中，二年级(2)班获得了二年级组“流动红旗”，进而班级凝聚力也就更强了。二是增强了同学们的动手能力，丰富了班级文化生活，提高了生活品质。孩子们在班徽设计过程中，融入了剪纸、脸谱、中国结等中国传统手工元素，培养了同学们动手动脑的能力。在班会活动结束后的一段时间里，同学们依然以这些传统手工艺品的制作为课间娱乐的方式，并尝试组织该类小组活动。这些手工艺品也成为装点班级环境文化的重要组成部分。这一活动不仅丰富了班级文化生活，而且使班级具有浓厚高雅的“中国味”，提升了我们的生活品质。三是激发了学生的创新思维，培养了学生的创新能力。孩子们在进行班徽设计的过程中，在大量查阅资料的基础上，充分发挥自己的创新思维，设计出许多主题鲜明、美观大方、简洁明快的班徽作品。这一活动的效果也反映到了日常的课堂上，例如在语文课上，同学们与以前相比更喜欢参与“想象补白”的活动环节，并且能够大胆进行想象，将自己天马行空的想法和对问题的思考分享给大家，增强了课堂的参与度与活跃度。四是同学们在活动中不知不觉地受到美的熏陶、美的感染，从而产生情感上的强烈共鸣，形成积极、乐观、向上的班风。班里的学生真正把同学当作家人，在生活和学习上互相支持、团结互助。在校外，家长们会带着孩子集体出游，组织集体活动，一起聚餐，孩子们之间也以兄弟姐妹互称，这便是情感上强烈共鸣的很好体现。另外，在家委会开展研讨的过程中，家委会与班本团队老师一起努力，共同为此次活动出谋划策，增进了家长与班本团队教师间的相互了解，助力了家校沟通与合作，有力促进了家校合作育人工作。

总之，此次班名、班训、班徽征集活动，无论是对班级、对班本团队老师、对家长，还是对孩子们的影响，都是巨大而深远的，活动使大家收获颇丰，同时也使老师们仿佛看到了“鸿鹄高翔九云天”的孩子们。

二、班级文化形成样态案例——爱在蜜蜂班

没有爱就没有教育，只有爱学生的老师才能教育好学生，也许只是不经意间的一个信任的眼神，一句鼓励的话语，一个赞许的微笑，都会让学生感受到爱的存在。小学张涵双老师努力为学生营造一个公平、温馨、积极向上的班级环境，每一名学生在这样的班级环境中都能够感受到老师的爱、同学的爱，并能在轻松愉快的氛围中学习和生活。

张涵双老师在自己班级文化建设的过程中，发动全班学生和家长参与，

征求他们对班级班名的意见和建议，经过反复讨论，他们决定以蜜蜂来命名班名——“小蜜蜂”班，意在激励学生学习小蜜蜂的精神，让学生快乐地成长。他们提出了以“蜜蜂”命名的理由：一是蜜蜂象征着勤劳；二是蜜蜂代表团队精神；三是蜜蜂敢于奉献；四是蜜蜂有求实的精神。

(一)巢有巢规

张老师的班队名定为“小蜜蜂中队”，班级誓言是“做勤劳的小蜜蜂，探知识的百花园”，班级目标是“人人爱学习，事事肯出力，天天有进步”，班级班规定为“爱校如家，爱班如家”，班训为“自己的事情自己做”，班风为“自信、快乐、勤奋、勇敢”。班主任寄语是“希望小朋友像小蜜蜂一样勤劳、勇敢、团结、奉献，在学校这片肥沃的知识海洋里不断汲取养料，为自己酿造精彩的人生，也为祖国酿造美好的未来”。

这个小蜜蜂班内设有蜜蜂事务栏，栏内记录着小蜜蜂班的许多班级特色活动和展示照片。该班还设有蜜蜂报信栏，即信息栏，家长和科任老师联系电话表、功课表、作息表、值日表、班干部分工职责表、课外活动安排表等都是该栏的内容。还设有班级公约的栏目，张老师和学生讨论的班规和班约都张贴在栏目内。

(二)采得百花酿成蜜

该班给班级的图书角起了一个名字叫“好书酿蜜房”，好书酿蜜房的上侧张贴着他们的读书名言：采千朵花蜜，读万卷好书。班内的展示板称为“采蜜乐园”，采蜜乐园分为三个板块：一是小小名片寄深情板块。上面写着：因为有缘，我们在学校相识；因为有爱，34 只小蜜蜂如此团结友爱！一张小小名片和照片，增进了同学间的友情，拉近了心与心之间的距离。让我们携起手来，共同珍惜这份情谊，让友谊——地久天长！二是记忆碎片板块。该板块展示着班级各种活动的照片 。三是知识天地板块。在这一板块，各科老师定期更新学科知识，让蜜蜂们吸取更多的营养。在班级教室的后面扎板上设有大篇幅的书画天地展示区。让小蜜蜂们写一手漂亮的字，画一幅有创意的图画并在此展示。目的在于展示孩子优秀的字、画，让他们在写字绘画方面有更多的成就感，以便给人留下美好的印象，于无形中赢得优势，并不断增强小蜜蜂们的自信。

(三)蜜蜂采蜜争霸赛

一是小组争霸赛。六只蜜蜂分别代表四个小组，综合孩子一周的表现，评出表现最好的小组，奖励奖章。二是班级明星评选。结合本班的多元评价制度，选出每月的特长星、文明星、纪律星、进步星、礼仪星、勤奋星，并且贴上个人风采照。三是蜜蜂采蜜争霸赛：主要是小蜜蜂采蜜竞赛活动。四是班内设有评比墙。班主任每学期都会为学生制定评比表，各方面表现突出都会得到“小花”的奖励贴纸。学生自己会去数自己的贴画个数，会看谁的比较高，意在促进小蜜蜂平时比、学、赶、帮、超，形成你追我赶的上进局面。最新版评比表细化到每周，以小组的形式展开比拼，增强学生团队意识。若本周没有得到“优秀”，留有遗憾，下周继续努力，因为下周又是一个新的开始。五是心愿存折。每一次读书、每一次作业、每一次进步等，都是获得星星的途径，每集满 10 颗星星，获得一次奖励。奖励分为物质奖励和精神奖励，物质奖励主要是奖励学生各种文具。精神奖励主要是两日班长卡、三日队列卡、免作业卡、选座位卡、午休奖励卡(操场活动、开放空间)、课堂小明星和书写小明星等。这样，激发学生的学习兴趣，对于暂时落后的学生更是一种激励，学生每获得一颗星，脸上都会洋溢着很幸福的笑容。张老师用这种方法让学生懂得“做事情需要积累，要通过不间断的努力才能取得最后的成功”。六是我是“小小数学家”。为学生定制“小小数学家”的奖状，每次阶段学习后，都开展各种形式的竞赛活动，并为获奖的学生颁发奖状，也为取得进步的学生颁发进步奖，表扬优秀学生的同时，鼓励其他学生努力追赶榜样目标。

(四)蜂收榜

学生在各种比赛中取得的一些成绩，展示出来给大家，营造一个竞争的氛围。张老师对于学生取得的成绩，哪怕再微小，她都能看得见，并及时对学生进行鼓励，树立学生的自信心，激发学生力争上游。一次，张老师到一学生家家访时发现，老师发的奖状都被贴在了家里的墙上，由此也可以看出小蜜蜂们对小奖状的珍视，同时说明这些小奖状对小蜜蜂们的巨大鼓励作用。

(五)小蜜蜂解忧站

人的心声是绝对不能被无视的，孩子们在成长的道路上更是如此。他们的声音渴望被听到，无论以什么样的形式。信箱可以让老师走进孩子的内心，了解孩子的真实想法，分享孩子们的快乐和幸福，喜悦和悲伤，还可以有能力去帮助他们解决成长中的烦恼和忧愁。正是基于这样的思考，张老师在班内专设了一个学生信箱，并把信箱命名为“小蜜蜂解忧站”。

张老师每天都会收到不同孩子写给她的信，这里面有抒发情感的，也有倾诉烦恼的。她会将孩子的烦恼保密，悄悄地为他回复一封信，通过这样的方法，张老师为很多孩子解决了对他们来说很重要的事情。三年里张老师收到了学生各式各样的来信，为学生解决了许许多多大大小小不同的成长烦恼。回归最原始的沟通方式，反而让张老师和学生敞开心扉，畅所欲言，在这样的沟通和交流中，张老师与孩子们的心更近了，他们的关系更紧密了。这种直达孩子心灵的书信与谈话、心与心的交流为张老师和孩子们的心灵架起了桥梁。

(六)小蜜蜂回收站

小蜜蜂回收站即卫生角，标语“请把垃圾分类放”，督促孩子垃圾分类并把垃圾扔进桶里。(张涵双提供)

在这一过程中，无论是班中的小干部，还是学习上存在困难的学生，都不曾被老师忽略，在班主任老师的激励下，他们主动地参与其中。这样一来，每个班级的文化设计与培育，就成了学生积极参与并发挥其聪明才智，献计献策的过程，成为学生自我反思、自我管理和自我成长的过程。教师在行动中指导，在指导中信任，在信任中激励，放手让学生去参与。每个孩子都感到自己是集体中的一员，“家里”的事就是每个人的事，这样，在了解孩子们心心念念的愿望时，更能帮助他们留住童年美丽的回忆，在这样一串串行为的背后，体现了尊重与爱护、民主与平等的意识，体现了老师们对学生的信任、理解与爱。在这样的教育行为中，学校尊重教育校本文化逐渐落地生根、发芽和壮大。

第三节　培育尊重教育的仪式文化

教育若不能触动一个人的灵魂，不能引起人的灵魂深处激荡的话，就不能称其为真正的教育。一个让学生具有参与感、仪式感、力量感的仪式，不仅能给他们留下终生难忘的回忆，而且还能使他们感受到庄重与成长的获得感。让每一个学生都成为主角，使其一同分享喜悦，这本身就是对学生最好的尊重。

我校自正式开学以来，就十分重视各种仪式的设计，并组织师生一起开发设计了入校仪式、升旗仪式、颁奖仪式、建队仪式、入团仪式、退队仪式、毕业仪式等具有本校特色的仪式课程，通过举办各种有特殊教育意义的仪式，并让学生参与其中，使其接受一次次有所触动的教育，就这样，让教育在一次次的仪式中悄然发生。每学年老师会不断创新形式，增加新的内容，并不断赋予该类课程新的内涵，使之成为对学生进行社会主义核心价值观、优秀传统文化等各种教育的生动一课，也让学生明确了自我、同伴、学校、共青团和共产党以及国家的价值和意义，努力成为一名“尊道敬学、立己达人”的阳光少年。文化，在仪式中传承。这些仪式有力促进学生形成爱国的精神、家国的情怀和健全的人格，“尊道敬学、立己达人”的仪式文化也在一次次仪式中得以传承。

一、新学年“开笔礼”仪式的文化

“开笔礼”，是古代读书人人生的四大礼仪之一，俗称“破蒙”。学童会在开学的第一天早早起床来到学堂，由启蒙老师讲授人生最基本、最简单的道理，并教读书、写字，然后参拜孔子像，才可以入学读书。这正符合我们每年秋季学期迎新生入学的情况。但有一些不同的是，我们的学校是九年一贯制学校，由一至九年级组成，开学典礼既迎接一年级学童、七年级新同学，也同时在欢迎我们其他年级的孩子，经过一个假期的休整之后，重新回到校园。基于这些情况，决定在古时“开笔礼”仪式的基础上推陈出新，转化为我校特色的开学典礼，即“开笔”仪式。

每每新学年开学前，老师和学生们都纷纷行动起来：有的学生负责主持，反复地朗读、配合，连主持的语调的抑扬顿挫等细节都不放过；有的学生负责礼仪引导，多次重复着“正衣冠”的步骤与细节；有的学生负责诗词吟诵的表演，表情、走位、动作力求精确……老师们也忙着准备，大写的“人”字架、站位图、开学赠礼等事宜。典礼共分为四章，分别为：序幕、开笔礼、寄语、抒怀。仪式第一章，在全体师生的掌声中，一年级学童由七年级新生大手拉小手，伴着欢快的音乐，走过红毯步入场地。随后，全体师生庄严立正，举行新学年的首次升旗仪式。

随后进入仪式第二章，也是本次典礼的重头戏——开笔礼。这个环节邀请老师担任主持人。仪式即将开始，老师和同学们的面庞上满溢着肃穆与期待的表情。第一项“正衣冠”。先正衣冠，后明事理。正衣冠是忆先祖优秀品德的最好载体，也是知书明理的第一步。同学们双手由发际、领口、领结、纽扣依次整理，寓意着摒除杂念，回归校园生活。第二项“点智破蒙”。邀请各位嘉宾、领导和班主任为一年级的小同学们朱砂开智。寓意着同学们从此眼明心静，好读书、爱读书。孩子们满怀期待的眼神，兴奋地接受来自老师和长辈的祝福。开笔礼第三项“击鼓鸣志”。寓意着学童、学子耳聪目明、茅塞顿开。第四项“描红开笔”。由教师代表带领同学们开笔，同学们举起右手，郑重地写下一撇一捺。大写的“人”字，顶天立地，希望同学们在学校这个集体中，做正直的人，做诚实的人，做自觉遵守纪律规范的人。最令人难忘的是“行拜师礼”。这个环节是希望通过行礼的仪式感，感悟传统师道、感恩祖先传承、感激父母养育、感谢老师教导。主席台下，同学们一个个郑重地行礼，台上，老师们郑重地站立，接受学生的感谢，也感受着为人师表、教书育人的重要职责。“礼成”——伴随着主持的宣告，开笔礼仪式圆满完成。

仪式的第三章，由校领导和嘉宾为新生赠送绿植，作为新学期礼物。所谓“十年树木，百年树人”，绿植寓意生机，寓意新的希望，校长新学期寄语，祝福师生的教育生活充满生机。

文化的传承不在一时，而在于每时每刻；对于传统文化的理解与尊重也不在于表面，而在于内心的感悟。一个充满着感动与震撼的开学典礼，会让孩子们在这一瞬间清晰地感受到传承的力量，感受到华夏儿女的使命感。

在学校校训石背后，篆刻着《少年中国说》中最为经典、广为传诵的段落：“少年智则国智，少年富则国富，少年强则国强……”。仪式的最后一个环节是“抒怀”。全体师生凝眸肃立，诵读《少年中国说》选段，伴随着传承优秀中华文化的信心，大声喊出心底的声音：“美哉我少年中国，与天不老！壮哉我中国少年，与国无疆！”期待多年后，回想起当年，在北京教科院丰台学校参与的开学典礼，依然能收获感动与感悟，伴随着岁月更迭，历久弥新。

“开笔礼”为主题的开学典礼已延续了几年：“智启·志明”“启智尚学·明志立人”“开笔启蒙·立志鸿途”，开笔仪式已经成为学校特色的新生入学的第一课。从最初摸索成型，到删繁就简、完善细节，每一次仪式，赋予新的内容，成了学校有特色的一堂生动的文化传承课。一次具有文化性、传承性与启迪性的仪式，是孩子们收获到的最有意义的礼物。

二、入队与建团离队仪式

1.“我是小榜样 争当好队员”新队员入队仪式

每年10月13日中国少年先锋队建队纪念日前后，学校都组织全体少先队员相聚在一起，举行“我是小榜样 争当好队员”新队员入队仪式。

活动开始，伴着响亮的出旗曲，全体少先队员精神振奋，出旗敬礼！

“我们是共产主义接班人，继承革命先辈的光荣传统……”，嘹亮的歌声，斗志昂扬的脸庞，队员们用歌声表明争当好队员的决心。

火红的队旗高高飘扬，指引我们前进的方向；鲜红的领巾系满理想，载着我们扬帆去远航。田也老师宣读组建二年级少先队组织的决定并宣布新队员名单，六年级的少先队员代表向新队员授红领巾。

红领巾是光荣的象征，有着光荣的传统。戴上红领巾，我们就多一份责任；戴上红领巾，就要为它增光添彩。少先大队辅导员领誓，新少先队员宣誓、老少先队员重温誓词：“我热爱中国共产党，热爱祖国，热爱人民……”响亮的宣誓声表明队员争当好队员，从小学先锋、长大做先锋的决心。

随后，少先大队辅导员为新建中队授中队旗。

最后由党总支书记、校长张广利同志对新队员提出寄语，并对少先队员们提出殷切期望与要求：少队员们要热爱伟大祖国，拥护党的领导，传承红色基因，植根尊重理念，勇立青云之志。

少先大队辅导员带领全体少先队员呼号。

2.“珍藏红领巾·携手共青团”建团离队仪式

每年6月初，当八年级同学刚刚度过自己最后一个“六一”儿童节，他们将迎来14岁生日的青春礼。学校隆重而庄严地为他们举行“珍藏红领巾·携手共青团·迈好青春第一步”八年级离队建团仪式。

仪式环节分为两部分。第一个环节是珍藏红领巾暨八年级少先队员集体离队仪式，年级组长宣读完离队决定后，少先队员们戴着红领巾敬完最后一个队礼，随后他们庄严地将红领巾摘下、叠好，并装入学校为他们准备的信封内进行珍藏。在此环节中，学校还精心为每名离队少先队员设计并颁发了“离队纪念卡”，卡片上写着赠给学生们的寄语——希望你在未来的人生道路中，珍藏红领巾，携手共青团，不忘初心，迈好青春的每一步，成为母校的骄傲，祖国的栋梁，为实现中华民族伟大复兴的中国梦而努力奋斗。

仪式的第二个环节是携手共青团暨新团员入团宣誓仪式，首批推优入团的学生在团委书记的带领下面对团旗郑重宣誓。新团员代表在发言中郑重承诺：“将永远铭记自己立下的誓言，发扬共青团的优良传统，以团员的标准严格要求自己。不断地提高自我，不断地完善自我，不断地超越自我。起模范带头作用，尽心尽力为学校、班级做贡献。热爱团组织，力争成为优秀的共青团员和德才兼备的人。”并对教师的教导表示感激之情。随后会安排一位同学代表入团积极分子表态：“不会失去对加入共青团的渴望和期盼！能够加入团组织依旧是我和众多入团积极分子的热切期望！这一次没能加入团组织，一定是还有一些不足需要改进，我们一定要查漏补缺，向优秀的同学学习，为自己树立目标，并向着目标不断努力前行。”

党总支书记、校长张广利同志代表学校党组织和学校对新加入团组织的同学表示祝贺，并要求入团学生从现在开始要在肩负家庭、社会和国家责任方面走在其他同学的前边，为大家做出榜样。与此同时也给刚刚摘下红领巾还没有入团的学生提出要求，要求他们要严格以团员的标准要求自己，认真学习，关心集体，团结同学，努力工作，争取早日加入团组织。就这样，仪式在嘹亮的团歌声中圆满结束。

三、每学年7月毕业仪式的文化传承

2018年7月，我校迎来了首届初中生毕业典礼。该如何设计才能给孩子们留下难以忘怀的印象，又让他们接受一次很好的教育呢？初中毕业班的团队老师们早早开始策划起来，有的老师说，每一个学生必须参与其中；也有的老师说，得有仪式感才行；还有的老师说，得让毕业生难忘并对全校学生有所触动；也有的说得邀请家长参加……而且必须让学生一同来参与策划与设计。

就这样，师生一起按照当初入学时设计的“放飞我的梦想”的三年主题教育规划，开始研制毕业课程方案。“让每个人都参与，让每个人都成为主角，让每个人都在毕业典礼的舞台上闪光”成了策划与设计毕业仪式课程的中心思想。毕业年级的老师与学生代表共同成立了毕业典礼筹备委员会，共同商讨毕业典礼的目标、内容、流程和预期效果。经过数次的讨论与修改，最终由师生一起确定了实施方案。

方案确定之后，由学生与老师分工完成各项工作。有的学生负责购买明信片，组织毕业生为全体老师们写感谢卡；有的学生负责组织全体毕业生排练节目，撰写主持词。每一位学生都精心准备了毕业感言，每一位领导、每一位老师都精心录制了祝福视频，非京籍转回家乡上学的同学也纷纷发来祝福的话语与视频。

毕业典礼的当天，学校从校训石开始铺设红地毯，一路设置灯柱型的路引，寓意着光明之路。路引指向用鲜花编织而成的绚丽之门，寓意着青春的绽放与灿烂的前程。盛装出席的家长们牵着孩子的手走过红地毯，携手穿过写有“青春启航，梦想飞扬”的绚丽之门，红地毯两侧的学弟学妹和老师们为他们鼓掌祝贺。伴随着《毕业之歌》和《爱的奉献》的乐曲，家长和学生一起走到以“感恩成长，筑梦未来”为主题的毕业墙下，写下对母校的祝愿、对老师的感恩和对学弟学妹们的期待，毕业生与家长签名留影，一起步入会场。

进入大厅，会场上播出了每一位学生面临毕业时的感言；每一位领导、每一位老师都在视频里送上祝福。孩子们在大屏幕上看到了自己，看到了朝夕相伴的同学与师长。而他们的父母就坐在他们的身边。

典礼上的成果展示也是师生共同参与准备的，每个孩子都走上了舞台。最令人难忘的是师生共同完成的毕业诗歌朗诵。孩子们一个个自信地走到舞台中央，老师们在舞台两侧簇拥着学生，正如同三年以来，老师守护着学生，学生在感恩中成长。从开始到结束，每个人都被温暖与感动拥抱着，这是属于大家的节日！每个人都是这次典礼的参与者和亲历者，每个人都是这一庄重仪式的主角！从一张精心制作的毕业典礼电子邀请卡，到装饰一新的校园，再到盛装出席的家长与师生，每个人的努力才成就了仪式感满满的毕业典礼现场。

成长不在于一朝一夕，需要细水长流。但是一个充满力量感的毕业仪式，却会让孩子们在那一刻清晰看到自己的成长时间节点，感受到肩上的责任与重量。

在毕业仪式上，转回原籍上学但赶回来参与仪式的同学全部上阵充当志愿者。跑上跑下搬运道具，提醒上台表演的同学们提前候场，有条不紊地完成各项工作，并一同和其他同学参与到这一盛典活动之中。他们构成了毕业仪式上一道独特的风景线，也让所有在场的孩子们感受到了他们对母校深深的眷恋。

在毕业仪式上，毕业生们向学弟学妹们授校旗的环节尤为庄重，因为这是一个庄严肃穆的时刻，是爱与力量的传递，也是勇气与责任的传承！

在毕业仪式上，由校长带头，全体老师上台为学生献唱，在老师们“放心去飞，勇敢去飞”的歌声里，典礼气氛达到高潮，师生们红了眼眶，内心充满了力量。张广利校长寄语毕业生，期待着孩子们未来成为“理想远大，热爱祖国的人”，成为“追求真理，勇于创新的人”，成为“有益于他人与社会的人”，成为“走向世界的现代中国人”……期待着孩子们能超越先辈，创造伟业，为民族复兴贡献，为母校发展争光……

毕业仪式的最后环节，毕业生在师生与家长们的祝福声中，再次走上红毯路，从校长手中接过毕业证书，校长大声喊着每个孩子的名字并说“母校期待着你未来有更好的发展！希望不久的将来能够听到你的佳音，祝你飞得更高，走得更远！”。每个孩子满含热泪，接过毕业证书，自豪地与校长在刻有“尊道敬学，立己达人”的校训石前合影留念。相信这一幕将会使每一位毕业生终生难忘，并镌刻于他们的记忆深处。一个让学生具有参与感、仪式感、力量感的毕业仪式，就像一门生动且影响深远的教育课程，让他们在母校再次受到一次触动心灵的教育，也是学校送他们毕业的最好礼物。

自建校以来，学校非常注重主题教育活动的设计，并将主题教育活动纳入到了尊重进阶课程建设之中。每年七月，是孩子们的毕业季。每当这一时刻，连空气里都弥漫着青春与伤感、成长与别离。对学生来说，毕业典礼的重要性不遑多让，它能让已经毕业的学长们回忆过往，让正面临毕业的学生感受成长，让尚未毕业的学弟学妹们畅想未来。一次让学生具有参与感、仪式感、力量感的毕业活动课程，不仅能给他们留下终生难忘的回忆，更能让他们感受到庄重与成长的获得感。毕业活动课程的成功之处很多，我觉得让每一位毕业生都成为主角、让毕业生的家长一同分享喜悦是一个很好的构思，是站在学生的角度想问题，站在家长的角度做课程，这也是对学生和家长最好的尊重。

第四节 培育尊重教育的学生自治文化

在教育实践中，我们始终坚持尊重教育理念，并按照“人人有事干、事事有人管”的原则，对学校和班级组织机构的设置、学生干部的选用进行了一系列改革，为儿童少年搭建各种自治平台，提供了各种参与自治的机会，并积极引导学生发现自我价值、发掘自身潜力、确立自我发展目标并付诸自主管理与发展的行动，使学生在自主管理中学会自我约束、自我管理和自我教育，学会尊重他人、与他人和谐共处。

一、学生组织积极参与学校管理

学校制定了班、团、队和学生会干部竞聘制度，学生干部除最初入校时大家推荐试用外，其他时间都是自己申报、参加竞聘演说和考察合格后上岗。

(一)学生会干部的竞聘

学校学生会主席、副主席和各部部长的选拔，均采取竞聘上岗的方式；其主要职能涉及组织、宣传、纪检、卫生、社会实践、志愿者服务、社团活动、班级互动、垃圾分类、疫情防控、反欺凌、校际沟通等内容。

为了参与管理，孩子们公开参与竞争：

“我竞选学校学生会纪检部部长一职，主要采取课间巡查、考核评比、落实整改……强化校园、班级和课间的秩序管理，养成入楼即静、入座即学的良好习惯。”

“今天我给大家带来的才艺是舞蹈《赶海的姑娘》和歌曲《文明在哪里》，请欣赏……希望大家投我一票，如果我有幸能成为文艺部部长，一定会组织丰富多彩的活动，帮助同学们编排舞蹈，协助老师们搞好校园艺术节、学生风范大赛和文艺才能展示等活动。”

“我想竞选体育部部长一职，我爱好篮球、乒乓球、足球、羽毛球，我曾参加丰台区中小学运动会并获奖。如果我当选，一定组织开展一些有益有趣的体育活动，举行一些体育赛事，让校园里多一些帅气潇洒、动作敏捷的男子汉，少一些气喘吁吁、一摇三晃的小胖子，提高大家的体质，增强健康指数……”

这些是学校学生会热闹非凡的竞聘现场，同学们都纷纷拿出自己的看家本领，积极宣传自己的“施政纲领”，向评委推介自己。

(二)少先队大队委的竞选

为了参与学校的管理事务，少先队大队委的委员也同样采取竞选的方式，让大家公开参加竞选，由少先队员代表投票表决。

“尊敬的辅导员，亲爱的队员们，大家好！我叫牛艺霖，我来自六年级二中队。此刻，我怀着激动的心情站在这里，再次参加大队委员的竞选。首先，我要感谢辅导员和队员们的支持和肯定，让我有了这次机会。我兴趣广泛，爱读书、跳舞、画画、游泳。我尊敬老师、团结队员、热爱集体。

在过去的两年里，我一直担任大队委学习委员，积累了丰富的经验，也有了较强的组织能力，并能和其他委员一起及时完成辅导员分配的任务，我成了辅导员得力的助手。所以今天我想再次竞选学习委员，如果我能当选，我将更加严格要求自己，用我的实际行动来证明自己一定能胜任这个职位。我会在今后的日子里更加努力工作和学习，决不辜负辅导员和队员们对我的信任。

队员们，请投我一票。我知道，每一张选票都凝聚着队员们对我的信任和支持，我绝不会辜负大家对我的期望。”

“大家好！我是五年级一中队的闫佳祺。今天我作为学校大队委候选人参加竞选，十分荣幸。首先感谢辅导员和队员们的信任，给我这个锻炼的机会。

我是个思维敏捷、品学兼优的少先队员。我的爱好是滑雪、游泳、画画等。我曾被评为“三好”学生，2020—2021 学年，我参加北京市中小学生绘画大赛并获奖，在丰台区最美队礼评选活动中，我被评为最美少先队员。当然，人无完人，我也有一些需要学习和修正的地方。

如果我被选为大队委委员，我会认真完成学校少工委、辅导员交给的工作任务，尽心尽力做队员们的公仆、辅导员的小助手，带领队员们积极学习、努力向上，如果我落选了，我仍然会一如既往为学校、为中队尽一分力量。在这里，感谢学校、辅导员和队员们的信任与支持，请为我投上宝贵的一票。”

“大家好！我是来自四年级二中队的谢语桐，目前是班里的英语课代表。今天我来竞选大队委委员，我的竞选宣言是‘携手并肩，快乐成长’。

从加入少先队以来，我加倍努力学习，积极参加学校、班级的各项活动，认真履行小队长、中队委的职责，服务于班级这个集体。我深知，班级的进步离不开每位同学的努力，每位同学的成长也离不开班集体的帮助。

大队委是更高的荣誉，汇聚着全体同学的信任，必须做到热心服务同学、细心协助老师、诚心护卫少先队荣誉。如果我有幸取得大家的信任，站在更高的舞台上，我一定以身作则，严于律己，团结同学，勤奋学习与工作。在今后各项活动中，充分发挥每名同学的潜力和集体的智慧，让每名同学看到集体的力量，感受集体的热情，享受集体的荣誉。

正所谓‘涓涓细流汇大海’，让我们携手并肩，一起快乐成长！请大家为我投上信任的一票，谢谢！”

(三)少代会提案征集

每次少代会征集队员们的提案，队员们都积极对学校日常管理提出许多建设性的建议，少代会筹委会根据内容将提案分为学校活动、学习氛围、校园环境、安全秩序、餐饮改善、纪律维护、课外监督、服饰调整八大类。大队辅导员对少代会提案逐一进行答复，“校少工委及少先队大队委员将会根据少先队员们提出的提案，制订落实计划并积极与相关部门沟通，解决队员们提出的合理问题，并根据相关建议进行调整和改善。”

学生会、团代会、少代会、学代会等也为学生参与学校管理提供了平台和机会。

二、实施班级学生管理组织创新

学校想方设法为每一名学生提供参与各种管理的机会，激励每名学生在集体中承担责任并服务于集体，变整齐划一、约束控制式管理为学生的自主管理，使学生在参与管理中得到了锻炼，并从小学会了负责和担当。

有的班级设立了环保委员，主管班级环保和学生的环保行动落实工作；有的班设立了节能委员，每天负责教室日光灯、多媒体和各种电源的关闭工作；有的班设立了公物委员，负责班级和卫生区内公物的管理和保护、检查监督其他学生是否爱护公物等；所有的班级都设立了反欺凌委员，专门负责班级内反欺凌工作，并对自信心不足、比较内向的同学提供支持；各班都设立了垃圾分类委员，专门负责班内同学的垃圾分类工作；也有的班设立了经典诵读委员，负责检查学生经典诵读的完成情况，并主动为大家推荐好的诵读诗篇，等等。

小学有的班级还实行了分工班长制，设置了卫生小班长、纪律小班长、节能小班长、分餐小班长、红领巾管理小班长、物品摆放小班长、体育小班长、艺术小班长、劳动小班长等，充分调动了学生参与管理和为同伴服务的积极性。

此外，各年级各班都施行小组合作，班级以若干个固定的小组为单位，形成了自我管理的小集体，创造竞争与合作的班级管理环境。从学生的个人成长需求出发，充分发挥学生的主动性，养成良好习惯，培养学生为人处世，与人沟通、协作互助的能力。小组划分一般是异质分组。小组管理的原则是“在竞争中合作，在合作中发展”，活动的方式是以小组为单位参与班级卫生、纪律、学习等管理。组长负责将参与管理的情况汇报给值日班长，再由值日班长统筹班级管理工作。

三、建立班级自我管理机制

学校将班级学生干部的培养与培训指导统一纳入班主任基本功培训内容，并对班主任集中进行统一的校本培训指导。在日常班级管理中，班主任和副班主任分工负责做好学生干部的指导，并让他们按照确定的班级公约自主开展日常事务管理，形成了班内“事事有人管，人人有事干”的局面。与此同时，各年级还建立了班长轮流值周制。值周班长是经民主推选产生的临时班长，组成一届临时班委，在明确分工、相互配合的基础上，完成一周或两周的班级日常事务管理工作，这样，给班里每一位学生提供了公平的锻炼机会。

此外，各年级还积极探索，组织和建立多样化的自主自治小组，如学习督导组、纪律检查组、卫生监督组、节能检查组、垃圾分类检查组、反欺凌监督组、安全管理组、语言文字组、公物管理组、文明督查组、文艺管理组、体育管理组、图书管理组等，使全班每名学生都有自由选择、自主参与的权利，从而做到“人人有人管、人人能管人”。

杨亚琴老师在班级管理中，组织学生开展了“表扬与自我表扬，批评与自我批评”的活动，搭建一个“吐槽”的平台。活动规则：接受表扬，表示感谢；接受批评，不可反驳。活动意义，提升学生自我剖析的能力，了解自己眼中的自己和别人眼中的自己。活动意外“收获”：学生对别人的评价是较精准的。

“一个班级就是一个舞台，指导学生通过生旦净末丑角色的扮演，体验各种角色的生活样态和生活中的酸甜苦辣咸。”班主任张涵双、白茹老师如此形容着她们的班级管理机制。

在谈到班主任工作时，年轻的班主任杨亚琴老师说：“作为一名普普通通的班主任，虽然平凡寻常，却也应如萤火虫一样，全力以赴地发光发亮，在平凡中成就无愧于心的教育事业，让那些遇到我们的无数名学生感到幸福，不辜负一场又一场平凡却又意义非凡的师生相遇，这是我们时刻挂在心头的大事。”

四、构建学生自主活动机制

诸如开设主题班队会，教师引导学生设计并组织旨在关注成长、解决实际问题、满足发展需求的形式多样的主题班队会，通过“文明礼仪”“习惯成自然”“学会感恩”“珍爱生命”“新冠肺炎疫情防控”等主题班队会，强化学生的自我教育、自我管理、自我服务和自我发展的意识和能力。又如开展主题活动：学校通过艺术节、科技节、读书节、体育节、英语节和图书“漂流”、才艺展示、社区服务等大型主题活动，搭建学生自我管理及个性特长展示的平台。再如开展文明值勤活动：文明值勤是学校常规管理的重要方面，每个年级实行班级轮流值周制，全班学生分纪律、卫生、考勤、文明、垃圾分类等小组，共同管理本年级的学生日常行为。

不仅如此，我们对班级管理结构还进行了重建。普通的班级管理结构是包含了班长、委员、组长、各门课程的课代表和普通同学的金字塔式管理结构，这实际上是一种以集体效率为目标的企业管理模式，追求的是运转效率，并不完全适合学生的个性化发展，因为这个结构决定了最受益的是塔尖的班长，之后是其他班委等管理职责的学生，最后才是普通学生，班长毫无疑问地享受了更多的教育资源和锻炼机会。其他的班委，基本是担任“秘书类”工作，或者干脆是摆设，即便是有值日班长或者值周班长的轮流制，往往因为值班班长缺乏经验和能力，主要职责还是由原来的班长或者班主任去做。而普通学生更是扮演了服从角色，并且普通学生很多时候的个性化行为，都会被以“没有集体意识”的理由所限制。

有的年级开始尝试不设班长，而是由各个普通班委具体负责各自的职责。普通班委由班主任推荐、学生自荐、学生推荐三种形式产生，并定期重新参与班委聘任竞选，由同学们和老师共同监督。学生全员参与班级管理，认领具体班务，比如打扫走廊或教室卫生的任务，就由一个学生认领负责，有一天他不愿意干了，或者干得不好，卫生委员就要负责指导或者是调换，也可以由该同学主动和其他同学调换。

新班级管理体制的运行发现：原来各班委和同学们是对班长负责，对班主任负责，现在都是对自己和同学们负责，班主任更多的时候是做指导，给学生支着儿、鼓劲儿。经过班级管理结构的重建，职责明确，各个普通班委的责任心增强了，同学们的主动意识也增强了，班级管理不再单单是一个效率问题，而是成了培养学生责任心、主动性以及锻炼能力和促进个性化发展的教育活动。

“班里不设班长，减少了管理层级，属于扁平化管理模式。这是一种新的尝试，其最终目的是培养学生自我管理、自我教育的意识，在没有班长监督的情况下，学生在自主中学会了自律，在担当中学会了负责。”①就这样，学生自我管理、自我教育的文化逐渐落地生根、发芽并不断发展。

---

① 季俊昌、蒋世民：《尊重每一个孩子的发展权——齐鲁名校长张广利的“知”与行》，福建教育出版社2015年版，第252页。

第五节　培育发展性的评价文化

学校以尊重学生发展为出发点，以学生学习习惯、行为养成、道德品质、公民素养、能力拓展、合作交流、运动与健康、审美与表现为基本内容，以学生的实际表现为依据，以学校评价为主体，采取个人自评、小组互评、教师和家长参与的评价方法，全面反映学生的综合素质状况和个性特长，努力构建学生尊重进阶激励评价机制，并在评价的实践探索与改进中，培育形成了“动态、多元、发展”的评价文化。

一、实施动态、多元、发展的激励评价

按照“关注过程、评价多元、激发上进、鼓励进步、注重发展”的原则和北京市学生综合素质评价办法，学校建立和完善了尊重教育理念下的学生综合素质评价和尊重进阶的发展性评价体系。一是实施学生成长档案管理，进一步完善学生电子成长档案；创新落实和应用了北京市有关中小学生综合素质评价的指导意见，结合学校航天科技的普及，在学生综合素养评价中增加科学素养的相关指标。进一步完善了学校初中学生综合素质评价实施细则和网上评价信息登录管理的运行机制。二是教育教学过程中，老师们积极推进日常考试无分数评价、学科分项评价、过程性的鼓励评价、展示评价、进步评价、多元评价、延时性评价、学业成绩等级评价等改革，研发并实施“学生学业水平成绩增量评价分析系统”，通过推行学业成绩评价的改进，减少因分数评价带给家长和学生的心理焦虑，减轻了学生的心理负担。三是开展多种形式的学生小组评价，依照个人申报、班级评比、学校认定的程序，动态开展“朗诵、合作、绘画、体育、环保、劳动、舞蹈、助人、尊重”等多元之星评选。四是结合开展“红领巾奖章”活动，建立与完善了学校九年一贯的尊重进阶激励评价制度和运行机制，完善了学生自我评价，同学(小组)互评，教师、家长参与评价的学生综合素质评价制度和机制，有力发挥了评价的素质教育导向作用。

二、建立尊重进阶的激励评价制度与机制

评价的目的是实现学生的成长，评价的方式也需要充分尊重学生的想法与感受，为此，我们在中小学生干部例会上，就“建立尊重进阶的评价制度与机制”问题，广泛征求了学生的意见，并引发了他们的激烈讨论，经过三轮的研究与调研反馈，最终选定以“五色土”作为尊重进阶评价体系的依托，采用

“五音”作为尊重进阶评价体系的等级。

(一)“达人币”积分进阶制

“达人币”的灵感源自近年青少年“职业体验”行业的兴起，在这个现实与虚拟相结合的世界里，同学们可以尝试不同的职业，从而获得专属“货币”，同时还可以进行“消费”。作为校园流通的“货币”，“货币”的名字和面值蕴含着“尊道敬学 立己达人”校训的内容，货币起名为“达人”币，单位为“尊”，经大家讨论，面值设定为1尊、2尊、5尊、10尊、100尊。这样一来，我们为实施尊重教育校本文化培育的实践探索又找到了一个学生喜欢的载体。

“达人币”不仅仅是简单的流通“货币”，在同学们的反复讨论与建议下，我们采用“五色土”作为尊重进阶评价体系的依托。五色土，在广袤的中华大地上按照东、南、中、西、北五个方位，选取青、黄、红、白、黑五种不同颜色的土壤，代表整个中华大地，寓意着地大物博和多姿多彩。它是华夏传统文化的典型符号，数千年来被赋予无限美好的寓意，众多历史文献也有记载。取“五色之土”来表示“五育”，蕴含着为学生健康成长提供适合发展的沃土之意。

五音，“宫商角徵羽”，中国传统民族音乐，以音阶由高至低表示梯级上升的等级，同时蕴含着奏响学生成长的乐章之意。

在中华传统文化中，“五”是个特殊数字，各个领域中都存在着五个基本元素。“木火土金水”五种物质是组成世界万物的基本要素，被称作“五行”。中国古代哲学家用五行理论说明世界万物的形成及其相互关系。它强调整体，旨在描述事物的运动形式以及转化关系。五色、五音与五行之间存在着玄妙的对应关系，是古人认识自然的高深智慧。五行中“土”象征着融合，以“五色土”的融合象征着“五育”的融合，也深深寄予十年树木、百年树人的期望。

就这样，我们建立了以“尊”换“星”、以“星”换“章”、以“章”换取反映学生全面而有个性发展的综合性称号——“尊重之星”的尊重进阶评价激励实施办法与运行机制。学生集齐3个“五色土”称号的“章”和1个敬学章或达人章，便可申报校级“尊重之星”，以此引导学生通过努力，不断累积而获得进步。

(二)“达人币”评价内容

“达人币”评价内容涵盖学生“德、智、体、美、劳”五育融合发展的各个方面，并与红领巾奖章和学校“尊道敬学、立己达人”的校训相联系。具体分为：红星章、敬学章、红旗章、达人章和火炬章。以此作为“五育”载体，既相互交融，又有所侧重。

北方黑土、南方红土、西方白土、东方青土、中央黄土，“五色土”既代表各方，又相互融合。以红色喻“德”，寓意为学生涂上爱国的底色；以黑色喻“智”，智者乐水，寓意学生聪智有学问；以白色喻“体”，白色起跑线寓意着学生的人生起点；以黄色喻“美”，寓意炎黄子孙发现美、创造美、欣赏美；以青色喻“劳”，象征劳动创造出的勃勃生机。

1. 德育——红星章

关键词：向阳、传承、立德、立志

红色是国旗的颜色，是革命的颜色。结合红星章的关键词，重点突出底色教育，侧重学生品德培养的评价，制定如下标准：

◆了解我国新中国成立、建党、建团、建队日期；升旗仪式及其他升旗场合响亮地唱国歌；热爱中国共产党，热爱祖国，热爱人民。

◆传承红色基因，践行革命传统，坚定中国特色社会主义道路自信和共产主义理想和信念。

◆在弘扬社会主义新风尚等方面有突出表现，学习践行社会主义核心价值观。

◆积极参加学校学生发展中心和团、队的各项主题教育活动，学习团、队知识，树立远大理想，坚定理想信念。

◆尊重老师，团结同学，言语文明，乐于助人，拾金不昧。

2. 智育——敬学章

关键词：习惯、勤勉、智慧、合作

黑色是墨汁的颜色，是书本中文字的颜色。结合敬学章的关键词，重点突出学业评价，侧重学生的学习习惯、学习态度、学习方法、学习创新等内容，制定如下标准：

◆按时到校上课，带齐学习用品，遵守课堂纪律，积极发言，按时完成作业，书写工整，养成良好的学习习惯。

◆学习态度端正，勤奋好学，刻苦钻研，经过持续努力，在学习方面表现突出或有显著进步。

◆注重能力提升和核心素养的发展，积极参加跨学科的项目研究性学习，坚持学以致用，能创新创造，利用所学，解决实际问题。

◆积极参与小组合作学习，在学习活动中深入思考，有好的学习方法，并且能够帮助其他同学共同进步。

3. 体育——红旗章

关键词：梦想、小主人、团结、健体

白色是起跑线的颜色，也是奥林匹克旗的颜色。结合红旗章的关键词，重点突出体育评价，侧重学生的运动精神、运动素养和运动品质等内容，制定如下标准：

◆学习女排和北京奥运精神，坚定文化自信，不畏艰难，迎接挑战，坚定目标，努力实现梦想。

◆积极参与学校组织的各项体育活动；坚持大手拉小手，团结带领低年级同学参与活动，互助协作，共同进步。

◆团结同学，帮助有困难的同学，对有损于团结的事，能指出并改正，有集体荣誉感。

◆积极参加体育锻炼，代表中队、班级、学校积极参加各级各类体育竞赛，积极参加阳光体育运动和课外一小时锻炼活动，认真做眼操。

4. 美育——达人章

关键词：风仪、才华、创意、艺术

黄色是大地的颜色，是炎黄子孙的底色。结合达人章的关键词，重点突出学生艺术发展评价，侧重学生发现美、鉴赏美、创造美的能力培养。引导学生语言美、行为美、着装美、仪表美，制定如下标准：

◆注重自己的仪容仪表，着装得体。

◆热爱生活，培养健康的审美情趣，拥有1～2项特长或爱好。

◆能够发现美、创造美、欣赏美，有一定的审美能力。

◆积极参加各级艺术类活动或比赛，并在活动中有突出表现，为集体争光。

5. 劳动教育——火炬章

关键词：奉献、劳动、勇敢、节约

青色介于蓝绿之间，蓝色是蓝天大海的颜色，绿色是草地森林的颜色。结合火炬章的关键词，重点突出学生的劳动评价，侧重劳动意识、劳动能力、劳动习惯等内容。在劳动教育的同时，培养学生吃苦耐劳的品质和甘为孺子牛的奉献精神。同时，引导学生树立热心公益服务、保护环境、珍惜资源、低碳环保的意识，努力用双手创造美好生活，制定如下标准：

◆积极参加雏鹰假日小队、志愿者服务、手拉手互助等活动，为需要帮助的人提供力所能及的服务。为集体和学校的发展献计献策。

◆热爱劳动，尊重别人的劳动成果，积极参加公益劳动，每年都能学会3项及以上新的劳动技能。合理分担家务劳动，在家在校有自己的劳动岗位，并能够按时完成。

◆学习英雄事迹，刻苦学习，勇于拼搏，不怕苦，不怕累，不放弃。

◆节水、节电、节粮，不挑食，不攀比，养成艰苦朴素好作风。积极参与光盘行动、垃圾分类及文明校园、绿色校园创建等活动。

(三)达人币积分进阶的等级设置

“五色土”寓意德智体美劳五育融合发展。“五色”之下“五音”进阶等级评价，即红黑黄白青每个颜色分别设置五个等级，用“宫、商、角、徵、羽”来表示。“达人币”累积的面值，每10尊可进阶一级，单色升至最高等级“羽”级即可获得相应的“五色土称号”——红：美德星—红星章，黑：智慧星—敬学章，白：运动星—红旗章，黄：艺术星—达人章，青：勤劳星—火炬章。学生获得“3+1”徽章即3枚红领巾奖章加1枚校训章，可换取反映学生全面而有个性发展的综合性称号——“尊重之星”。

学生集齐3个“五色土称号”的章和1个敬学章或达人章，便可申报校级“尊重之星”，以此引导学生通过努力，不断累积而获得进步。

表8-3　达人币积分进阶的等级设置

内容	10尊	20尊	30尊	40尊	50尊(五色土称号)	3+1章申报尊重之星
德	红宫	红商	红角	红徵	红羽(美德星)	反映学生全面而有个性发展的荣誉“尊重之星”。
智	黑宫	黑商	黑角	黑徵	黑羽(智慧星)	
体	白宫	白商	白角	白徵	白羽(运动星)	
美	黄宫	黄商	黄角	黄徵	黄羽(艺术星)	
劳	青宫	青商	青角	青徵	青羽(勤劳星)	

(四)激励的形式与方式

1. 激励形式

分为个人激励奖和集体激励奖两种形式。

个人激励奖：遵守校规校纪，并在学习、生活习惯等方面表现优秀，由班主任或任课教师对学生进行奖励。(1尊/次/项)

集体激励奖：根据“班风正、学风浓、发展好”的班级建设目标要求，通过值周评比和阶段性的班级考核评价，以及学校组织的班级竞赛等活动，对特别突出的班级颁发集体“奖学金”。(30～50尊/班)

特殊奖励：

(1)因拾金不昧、助人为乐等表现和学业突出等受到表扬的。(3～10尊/事)

(2)积极参加市、区、校级各类竞赛活动，根据参与和获奖情况进行奖励。(参与5尊/次；校级三等10尊、二等20尊、一等30尊；区级三等20尊、二等30尊、一等40尊；市级三等30尊、二等40尊、一等50尊)

2. 激励的方式

学生获得“达人币”可以累积荣誉值获得相应的星级称号，也可存入红领巾银行获得利息。称号可以兑换“神通卡”参与尊享活动，积分可以在红领巾超市或“达人集市”进行购物交易，但交易换来的“达人币”只能用于交易流通使用，不能用于进阶争章。

积分购物权：已获得“五色土称号”的积分可以用于购物或者“达人集市”买卖。

神通卡尊享权：每个“五色土称号”及相应积分可兑换 1 张“神通卡”，获得相应的体验权益。

校园活动：除积分购物权和神通尊享权以外，还可以在学校举行的拍卖会等活动中享有参与权。

3. 惩戒方式

违反尊重教育行为规范或校规校纪等行为，扣除相应面值的“达人币”，情节严重者取消相应的称号、查收资产并记入“征信记录”。

(五)积分累计和进阶的管理

1. 中小学学生发展中心建立学校学生“荣耀排行榜”，各班级建立班级的荣耀展示区，并定期展示进阶优秀者。

2. 学生累积的“达人币”可以兑换“神通卡”，凭“神通卡”可以预约参加一系列校内探索与体验活动。

3. 在“达人集市”活动中，学生可用“神通卡”申请“商铺营业资格”。同时招聘自己的“服务员”，设计“店名”、广告标语、促销活动等。“达人集市”买与卖的过程均以“达人币”进行交易。

4. 每学期学生的积分累计评价一次，依据学生表现可以评选“校园达人明星”。

5. 每学年评选一次“尊重之星”，获“尊重之星”称号后重新开展进阶争星、争章活动，未获“尊重之星”称号的学生继续积累积分。

6. 学生的尊重进阶评价纳入学生的综合素质评价内容。

“达人币”从设立之初就凝聚了学生们的聪明才智，在实施的过程中，小面值兑换大面值，不太复杂的计算，同学们“锱铢必较”，毕竟每一尊都是汗水。手里的“钱”多了，自然欢喜，有的同学的达人币撕裂、缺角了，这该怎么保管呢？学生干部们又聚在一起，琢磨着应该开办一个“银行”，把“钱”存起来。于是，银行卡、记录单、利息……这是摆在同学们面前的一个又一个实际问题，如何记录才能让银行正常运转，又不存在着漏洞呢？操作过程中，学生们总是时时遇到各种问题，又事事研究解决问题…… 在这一过程中，学生得到了锻炼，各方面的能力也都得到了提升。

学生累积“达人币”的过程是其晋级争章的过程，更是学生间比、学、赶、帮、超和不断进阶进步的过程。尊重进阶星级评价作为贯穿中小学九年的激励评价体系，突出了我校尊重教育的办学特色，学生发展中心、团队组织和班主任及任课教师全员参与实施，并在实施中不断调整完善，这一晋级争章的过程，有效促进了"立德树人"根本任务的落实。

(六)权益尊享的创新应用

1. 荣耀排行展雄风

"达人币"评价内容涵盖德、智、体、美、劳各个方面，同学们通过平时的努力获取"达人币"，学校通过不定期更新"荣耀排行榜"的形式对各个班级的佼佼者进行展示，学生们也争相一展风采。

2. 神通卡片显"神通"

"达人币"不但可以累积进行积分兑换，它最大的魅力还在于一种权益尊享。所谓权益尊享就是学生累积的"达人币"可以兑换"神通卡"，凭这张"神通卡"，可以预约参加一系列校内探索与体验活动，而没有获得"神通卡"的同学只能参加特定的活动。

学校每学期安排了2～4次权益体验，每次活动设10个分会场，开设"校园影院""点歌台""模拟飞行""石膏彩绘""运动愿望""科学体验""心理游戏""绘本阅读""昆虫展览""扇面制作"等项目。2021年10月，我校结合迎接冬奥，还增加了冬奥冰雪体验的校园活动，我们协调丰台区"冰雪大篷车"开进校园，同学们零距离体验冰雪运动带来的乐趣，进行VR模拟滑雪、冰蹴球、冰壶球、桌上冰壶、旱地冰球的体验，还可以试穿单板和双板滑雪器材，进行冬奥知识的学习与问答比赛等。在班主任和学生干部的协调下，全体同学全部参与体验活动，而获得"神通卡"的同学多了更多的选择预约的机会。

不同的激励方式更加注重体验、注重实践、注重优享权益，让努力的学生所付出的每一滴汗水都有收获。而尊享权益的选择与变换，也成了激发学生持续上进的推动力。

3. 推陈出新齐参与

在"达人币"实施一周年之际，同学们有了更多的追求与目标，此时，经过全校同学的精心设计、投票选举等环节，新面值诞生了！它是二年级(1)班郭璐嘉同学设计的"诸葛亮"形象，头戴纶巾，身披鹤氅，羽扇纶巾，清秀儒雅，在同学们的心目中，他就是智慧的化身。静以修身，俭以养德；淡泊明志，宁静致远，诸葛亮足智多谋、学识深厚，其《诫子书》更是对后世有着深刻的影响。手绘的卡通形象比较完美，同学们参与设计的过程，本身就是立志与思考的过程，这让"达人币"与他们的生活又更近了一步。

4.“达人集市”嘉年华

作为校园流通“货币”，“达人币”还承载着“交易流通”的功能。在“达人币”的权益尊享中，学生对“达人集市”最感兴趣。

为了激发同学们的积分热情，学校每学期都举办“达人集市”，同学们可以用“神通卡”申请“商铺营业资格”。同时，招聘自己的“服务员”，设计“店名”、广告标语、促销活动等。“达人集市”出售的商品均为同学们阅读过的图书，也有其他自己闲置的小物品，如：书签、小制作、自己喜欢的纪念品等，买与卖的过程均以“达人币”进行交易。交易过程记录销售单，最后评选最佳销售员、“校园达人小明星”等。

5.“拍卖会场”展实力

除了“达人集市”，还有一种活动形式也充满着活力，让同学们念念不忘，那就是“校园拍卖会”。只有获得50尊以上的同学才能进入拍卖会场，每个同学领取一个拍卖号牌。主持人介绍拍卖物品，同学们可以进行叫价。起初，大家听到起拍价1尊时，还纷纷露出“太便宜了”的轻松表情，但随着价格的水涨船高，有些同学就坐不住了，最终只能悻悻然放弃叫价，只有那些“财大气粗”的学生稳如泰山，获取最终胜利的果实，并能够捧着两条活泼可爱的“孔雀鱼”回家，这时，拍卖现场往往会投来许多羡慕的目光。

(七)达人币实施中的故事

学校是儿童习得社会经验和能力的练兵场，学校里所学的知识、能力，都是为了将来更好地融入社会生活。“达人币”的实施，有不少有趣的故事。

1. 兑换

办公室来了一位小客人，他听说可以用“神通卡”兑换刚刚发行的“100尊”达人币，于是来找孙老师。恰巧，孙老师不在办公室。这个孩子不舍得离开，央求另外一位老师帮他兑换。一脸虔诚的样子终于感动了同办公室的老师。老师问他：“是你自己来的还是班主任让你来的?”“我自己来的。”老师看他诚实，便与他约定，这个“100尊”送给他当作纪念，这是他们之间的小秘密，并鼓励他通过努力累积到100尊。孩子欣然答应，一脸满足地跑了，自此以后，他每次见到这位老师，脸上都会露出“小秘密”的笑容，并跟老师说：“我一定好好努力!”

2. 瓜分

随着“资金”的增多，有的同学开始使用“钱包”，但不巧的是一位女生的“钱包”遗失了。一位淘气的男生捡到了，内心两种力量开始较量，一方面他知道不属于自己的东西不能拿，另一方面太想把这捡来的东西归为己有。于是，相约了三五个伙伴，一起瓜分了这些“财产”。有了“同伙”的他似乎轻松了些，但当他被叫到老师办公室的时候，很局促，很紧张。老师只问了他一句话：“如果是你的‘钱’丢了，你会不会去找?”

他立刻醒悟，无论“钱”被分成多少份，最终都会“真相大白”，而他“瓜分财产”的事情最终会公之于世，这与“拾金不昧”的精神南辕北辙。他悄悄地复原了所有的“财产”，老师告诉那个女生，“钱包”被一位做好事不留名的同学捡到了。女生拿到“钱包”非常开心，各种不快一扫而光。

3. 价值

“我妈说了，这个‘达人币’出了校园不能用，还不如换点尺子、橡皮实际呢!”一个同学的言论在班级里流传着，弄得其他同学的心情也复杂起来。听上去的确很有道理，但细究起来，却存在着本质的问题。教育不应该以物质激励为手段，所有的欲望终究有不被满足的一天。于是，老师在黑板上画了一个天平，然后让同学们尽情想象他们希望兑换的礼物。起初还只是笔、本，后来有人问可以是手机吗?老师答“尽情想象”。于是开始出现宝马、别墅、钻石……这些答案都被写在了天平的右侧，而左侧只有“达人币”三个字，显得那么瘦弱无力。紧接着，老师问“达人币”代表着什么?同学们一边思考一边列举：努力、汗水、坚持、付出、成功、实力……好了，现在让我们来一起分别计算一下它们的价值吧。学生茅塞顿开，天平右边的，无论多么贵重，都可以标价，但是左边的却无法标价。因为所有的努力、汗水、坚持、付出、失败、成功，等等，这些最终换来的是成长，是童年无法磨灭的回忆，是实现自身的价值。老师说：“同学们假想一下，如果你突然遇到一场大火，你是那个幸存者，那么你能留下的是什么?”同学们愕然了，因为他们发现，天平右边的东西虽然价值连城，但是都有可能离他们而去，然而左边的看似不值钱的东西却融进了他们的血液，伴随终生。

关于“达人币”的故事还有很多很多……故事的背后是一个个生动活泼、不断进取的“尊道敬学、立己达人”的阳光学子。

三、“尊重之星”评价激励机制

为更好地引导全校师生和学生家长践行学校倡导的尊重教育理念，树立典型，发挥榜样的示范引领作用，经全体教师讨论，并征求家委会、家长教师协会和学生代表的意见，学校制定了“尊重之星”评选办法。建校初期，我们每学期都开展“尊重之星”评选活动，随着尊重进阶激励评价制度的建立与完善，结合尊重进阶的争章评价，每学年初学生制定目标时，结合自己的情况确定争章目标，经过一个学期的努力，对学生的争章进行过程性评价，到学年末再检查目标的达成情况，并评选出“尊重之星”。这样一来，教师、家长和学生的“尊重之星”都改为每学年末进行评选。

(一)“尊重之星”评选的范围

为激励师生和家长自觉践行尊重教育理念，进一步促进学生主动、全面而有个性的发展和家校社协同育人工作，我们在全体教职工、各年级学生和学生家长中分别开展了教职工尊重之星、学生尊重之星和家长尊重之星的评选活动。

(二)“尊重之星”评选的原则

1. 自愿申报和班组推荐相结合的原则。每一位符合条件的师生和学生家长均可自愿申报，各班组和各班家长教师协会也可以推荐参评人选。

2. 过程评价和结果评价相结合的原则。评选时重在评价师生、学生家长在一学年中践行尊重理念的情况及其效果。

3. 面向全体和突出重点相结合的原则。既要面向参评群体的所有成员，又要突出在尊重教育行动研究的重点领域中践行尊重理念取得突出成绩的典型。

(三)评选的时间和比例

1. 评选时间：评选时间定为每学年末。

2. 评选比例：学生尊重之星以班级为单位申报，申报的条件是学生需在争章活动中获得“3＋1”奖章(即三个“五色土称号”章和一个敬学章或达人章)，申报的比例原则上不超过20%；教职工尊重之星(含保安、保洁和食堂职工)以年级组或行政班组为单位申报，申报的比例原则上不超过15%；家长尊重之星以班级为单位申报，申报的比例原则上不超过班级家长总数(按学生法定监护人计算，申报时，一个家庭最多只能申报一名家长参评)的15%。

(四)评选方式

1. 个人依据“尊重之星”的申报条件进行申报，填写申报表，写明在践行尊重教育理念过程中取得的主要成绩、效果以及典型事例。

2. 三个评审小组分别按照评审条件和评选的比例要求，择优评选出“尊重之星”的候选人。

3. 评审小组评选的候选人在一定范围内进行信任投票。教职工尊重之星的信任投票由各班组直接组织，学生尊重之星的信任投票原则上在学生各班直接组织进行，家长尊重之星的信任投票可通过手机微信的方式进行。

4. 三个评审小组依据信任投票研究确定当选人名单，提交学校“尊重之星”评选委员会研究。

5.“尊重之星”评选委员会研究后公布评选结果。

6. 学校通过一定的形式对当选的“尊重之星”进行表彰。

(五)申报条件

1. 学生尊重之星申报条件

学生申报学校“尊重之星”，需按照学校尊重进阶激励评价办法中规定的要求，即争齐3个“五色土称号”章和1个敬学章或达人章，并符合以下条件要求，便可申报校级“尊重之星”：

①遵守《中小学生守则》和北京市《中小学生日常行为规范》及学校规章制度。积极参与班级和学校管理事务，公正、阳光，有责任感。

②讲究卫生、穿戴整洁，勤俭节约，爱护环境，乐观向上，文明上网。

③热爱集体，尊重同学，诚实守信，乐于助人。

④尊重师长，文明礼貌，举止大方，乐于劳动。

⑤自尊自爱，惜时守纪，坚持锻炼，勤奋好学，阅读广泛并积极参加实践活动，学业优良。

⑥珍爱生命，正视不足，知错就改，悦纳自己。具有较强的自我保护意识，远离危险，注意安全。

2. 教师尊重之星申报条件

①以“四有”教师为目标，自觉遵守教师职业道德规范，践行社会主义核心价值观，努力争做学生健康成长的“引路人”。

②具有终身学习意识，在教育教学过程中自觉践行尊重教育理念，加强对学生的生态文明教育，不断增强绿色环保意识。

③尊重同伴，在工作中乐于分享，勤于沟通，善于协作。

④遵循教育规律和学生个性差异，面向全体，有效实施个性化教育，师生关系和谐，教育教学成绩突出。

⑤尊重家长，服务意识强，在教育孩子方面与家长能实现有效沟通。

⑥语言文明规范，仪表得体。悦纳自己，潜心工作，热爱学生，享受教育。

3. 服务人员尊重之星申报条件

①遵守法律法规和职业规范，自觉践行社会主义核心价值观和学校尊重教育理念，坚持做好服务育人工作。

②尊重同伴，在工作中团结和谐，勤于沟通，互帮互助，善于协作。

③尊重学生、尊重家长、尊重教师，服务意识强，在安保、保洁和饮食服务等方面成绩突出。

④语言文明规范，仪表得体，自尊自爱、悦纳自己。

⑤坚守岗位，认真履职，爱岗敬业，服务育人。

4. 家长尊重之星申报条件

①自觉践行社会主义核心价值观，认真履行学生法定监护人的职责，积极配合学校践行尊重教育理念，加强对孩子的生态文明教育，引领孩子健康成长，成绩突出。

②认同学校尊重教育校本文化，在家庭教育中有意识地践行尊重教育理念，尊重自我、尊重他人、尊重社会、尊重自然，处处向孩子传递正能量。

③尊重孩子的认知基础和身心发展规律，注意教育引导，亲子关系良好。

④尊重老师劳动，积极配合教师的工作，就孩子成长问题经常与教师沟通。能按时带领孩子参加必要的社会和开放性科学实践活动学习。

⑤关心学校发展，主动为学校发展建言献策，积极为学生发展提供志愿者服务。

⑥自觉加强自身学习和修养，处事公正、待人真诚，文明礼貌。

四、案例："尊重之星"的故事

故事一：吴双鹤老师与"茜茜公主"的故事

还记得刚开学，第一次见面，在班级点名，我把她的名字读成"茜"（qiàn），她一脸不高兴地纠正我，"老师，读 xī"，我赶紧道歉，解释说是多音字，老师以为是另一个读音。这是我们真正意义上的第一次接触，她留给我的第一印象——很有个性的正处于青春期的敏感小姑娘。在之后的学习生活中，这个小姑娘引起了所有任课教师的注意：她总是那么不乖，她的想法总是那么偏激……

紧接着就是带新生去打针，班里所有孩子都很顺利，唯有到她那里，哭着不肯打针，我像是哄一个小宝宝一样，轻轻地拥抱她，给她最温柔的鼓励，这算是我们第二次亲密接触……最初的时候，她总是不完成作业，总是找各种各样的借口，和同学关系也不好，很不合群，我没有着急，而是耐心引导，这个孩子给我的感觉是虽然看着小，却好像有什么心事，总走不进她的内心。后来一次谈话，她终于和我说，家里有妹妹，妈妈不关心她……在小学的时候，有个特别好的朋友，什么秘密都和她分享，但自己却被背叛……我心里酸酸的，哎……又一个缺少关爱想引起家长和老师注意的孩子，又是一个心思细腻而敏感的孩子。所以在平时我会有意无意多给她一些关注，她就成了我的"茜茜公主"，我虽然"宠爱"她，但并不溺爱，而是试着站在她的角度去分析问题，很多时候，她都能被我说服，然后心服口服地去做应该做的事。

而我能真正走进她的内心是缘于一次口香糖事件。一天下午，她跑到办公室来找我，说头发上不知道怎么黏上了一块口香糖，我赶紧撩开她的头发细细地看，发现好大一块，而且她之前好像处理过，让这块口香糖黏得更结实了。我一边犯愁一边问她怎么回事，她支支吾吾也说不清，也不知道自己在哪儿蹭到的。这时候王老师也过来了，我们俩一起想办法帮她处理，整个办公室的老师都一起献计献策，因为毕竟是女孩子，那么长的头发剪掉太可惜了也不好看，我和王老师就用手一点一点地帮她清理，忙了大概有一个多小时，终于把口香糖处理干净了。从此以后，我明显感觉到她的改变，她对于我们的信任和爱。她爱笑了，虽然有的时候还是有点小个性，但是越来融入到这个集体了。

运动会上，“茜茜公主”主动报名参加了800米跑，在比赛前她悄悄走到我身边，“老师，我要是跑不了第一，不能给班里加分怎么办?”我拍拍她的肩膀，“尽力就好，你不怕累，勇于挑战女生都害怕的项目就已经是胜利了！老师和同学们都会为你加油。”在大家的欢呼声中，“茜茜公主”顺利拿下冠军，同学们都走到气喘吁吁的她身边，为她喝彩，给她送水，搀扶她到阴凉处休息。汗流浃背的她，笑容灿烂。

回首这一幕幕，我们都很开心，欣喜于“茜茜公主”的成长和转变。从最初对老师和同学的不信任甚至有些排斥，到现在的信任和喜爱；从不爱写作业的爱哭鬼到现在的好学生………尽管“茜茜公主”某些时候还是有些小性子，但是谁又能去要求一个孩子一下子就成熟懂事了呢？漫漫长路，我们愿陪着可爱的小公主一起慢慢长大……

故事二：李晟睿同学与保安叔叔的故事

他，天天都在你我身边，看起来普普通通，平平常常，平凡到你可能都会忽略他的存在。他就是我们学校的保安叔叔，今天我就要为他送一朵小红花。

说起我和他的相识，还要从一次我忘带东西说起。那次老师发了考卷，要改错签字，偏偏我这丢三落四的毛病又犯了，休息日又让爸爸带我来学校取了一趟。

传达室那个年纪大的爷爷让我进了门，我一路径直往楼上跑去。咦，从哪传来叮叮咚咚的声音？我不由紧张起来。于是我放慢脚步，蹑手蹑脚地向班里走去。哎，谁在教室？见有人进来，他转过身来。哦，原来是传达室的另外一位年轻些的叔叔。说他年轻，看样子也有50多岁的年纪了，脸黑黑的，身材比较魁梧。

“叔叔，您在干什么呢?”我疑惑地问。“这不，修理修理桌椅。”我这才注意到，叔叔脚下放着螺丝、钳子等工具。“您不休息休息，还在干这个。”“闲着也是闲着，给你们修修桌椅，调调高低，坐着会舒服些。你说是不是啊?”

跟我说话的这个时间，叔叔手里还一直在忙着，一刻也没有停下来。“那您可辛苦了！”“不辛苦，你们能坐着舒服，好好学习就行。”我使劲地点了点头。

拿到卷子，跟叔叔道别，身后仍然传来叮叮咚咚的声音，这声音是那样的悦耳动听、温暖人心。从那以后，保安叔叔就在我的头脑里留下了深刻印象。他平凡又普通，可就是他守护着我们学校的一方安宁，能让我们踏实、舒服地学习。感谢保安叔叔的无私付出，我为您送上一朵小红花。

“尊重之星”的评选并不是一个依据学业成绩、比赛奖项、教学成果的“硬”评选，更多的是依据学生、教师、后勤服务人员和家长日常的行为和典型事例，以及学校成员主观评价的“软”评选。每一次的评选过程，都是学校全体成员对于学校尊重教育校本文化的学习与再确认。获奖的学生、教师、服务人员和家长会在期末的结业式或者开学典礼得到表彰，他们的事例会通过校刊、广播、学校官网和公众号得到广泛且持续的传播。学校尊重教育校本文化也就在这些仪式和典礼中得到强化，在故事和语言中得以流传。这样，由一部分人逐渐带动另一部分人再带动更多人，通过一件事影响人们，再通过一些事逐渐深入影响人们，不断扩大尊重教育校本文化的影响半径，增强了成员对于尊重教育校本文化的认同并自觉践行之。

教育的最大魅力就是给人以引导，将“知”转化为“行”，我们在尊重教育校本文化培育的实践探索中，塑造了一个个闪耀着“尊道敬学、立己达人”的光辉的灵魂，在他们的带领下，全体师生也逐渐将尊重教育的校本文化内化于心、外化与行，并成为支撑学校持续健康发展的一股精神力量。

第九章　尊重教育的家校社协同文化

苏联著名教育家苏霍姆林斯基说："最完备的社会教育是学校教育与家庭教育的结合。"学校教育和家庭教育是社会的两大教育系统，对人一生的发展都起着至关重要的作用。因此，一个人的成长与发展不可能离开家庭、学校和社会教育的影响。在社会飞速发展的当今时代，"将家庭教育与学校教育相结合，并统合在社会教育之中，共同营造个体教育与个体社会化的大教育系统，形成新型的家庭教育与学校教育的关系，已成为社会发展、个体成长的必然要求。"①我校自建校以来，坚持尊重教育理念，致力于"协商、合作、和谐、共进"的家校社协同育人文化培育，努力建设亲子和谐、亲师和谐、家校和谐的家校社协同育人环境，有力促进了家校社协同育人工作。

第一节　基于校本的家庭教育调研与诊断

学生家庭情况千差万别，只有根据学生家庭的实际情况，为每一名学生的家庭教育"切脉问诊"，才能有针对性地为不同家庭的教育提供具体的指导与服务，才能实现家校协同，形成育人合力。从建校之初开始，学校对每年招生的学生都进行学生家庭教育情况的调查与诊断，这为家校合作提供了第一手资料。

一、家长受教育程度与从事的职业调查

从家长受教育的程度来看：2015 年 6 月学校招收的第一批 150 名学生，家长中高中及以下文化程度的占比分别为 54%、58.1%；第二批 129 名学生，家长中高中及以下文化程度的占比分别为 51.94%、46.51%；第三批 105 名学生，家长中高中及以下文化程度的占比分别为 59.14%、52.4%……

2020 年招生的第六批 166 名学生，家长中高中及以下文化程度的占比分别为 34%和 30%。2021 年招生的 193 名学生，家长中高中及以下文化程度的

① 黄河清：《家校合作导论》，华东师范大学出版社 2008 年版，第 223 页。

占比分别为 23.06%和 24.05%，专科学历的父母占比分别为 31.36%和 28.47%，本科学历的父母占比分别为 39.66%和 43.8%，研究生及以上学历的父母占比分别为 5.93%和 3.7%。

2022 年 1 月学校对中小学家长又进行了文化程度的综合调查，高中及以下文化程度的父母占比 23.65%，专科学历占比 29.63%，本科学历占比 41.74%，研究生及以上占比 4.99%。整体情况是学生父母的文化程度的结构随着时代的发展发生了较大的变化，如：父母是高中及以下学历的从建校初期的 56.05%下降到 2022 年 1 月的 23.65%，学生家长的学历层次总体的趋势是逐年提高。

从家长从事的职业来看：2015 年 6 月学校招收的第一批 150 名学生，父母是公务员或在事业单位工作的占 12.5%，在企业工作的占 31.45%，自己经商的占 33.45%，无固定职业的占 21.6%，退休的占 1%。招收的第二批 129 名学生，父母是公务员或在事业单位工作的占 17.44%，在企业工作的占 36.01%，自己经商的占 29.07%，无固定职业的占 16.67%，退休的占 0.81%。招收的第三批 105 名学生，父母是公务员或在事业单位工作的占 14.12%，在企业工作的占比 39.7%，自己经商的占 14.4%，无固定职业的占 31.8%。到 2020 年招生的第六批 166 名学生，父母是公务员或在事业单位工作的占 12.5%，在企业工作的占 31.45%，自己经商的占 33.45%，无固定职业的占 21.6%，退休的占 1%。2021 年招生的 193 名学生，父母是公务员或在事业单位工作的占 17.37%，在企业工作的占 48.1%，自己经商的占 13.2%，无固定职业的占 18.13%，退休的占 3.2%。

2022 年 1 月调查收到有效答卷 702 份，家长是国家机关、党群组织、企事业单位负责人的占比 6.71%，专业技术人员占比 16.38%，办事人员占比 7.83%，商业和服务业人员占比 21.65%，农林牧渔水利业生产人员占比 1.57%，生产、运输设备操作人员占比 2.42%，其他从业人员占比 43.35%。整体情况是学生父母的从业结构也发生了较大变化。

二、对学生家庭教育情况的调查

以 2020 年招收新生时对家庭的教育调查为例，在对家庭教育的认识方面：有 91.2%的家长认为家庭教育和学校教育同等重要，有 6.8%的家长认为家庭教育比学校教育重要，2%的家长认为家庭教育没有学校教育重要。在孩子和谁一起生活方面：有 87.7%的家长和孩子一起生活，6.5%的父亲或母亲一方和孩子一起生活，4%的爷爷奶奶或外公外婆和孩子一起生活，其他情况占 1.8%。父母最看重孩子哪一方面发展：看重孩子人格品质发展的占

18%，看重孩子行为习惯培养的占10%，看重孩子兴趣和能力培养的占5.3%，看重孩子学业成绩的占3.3%，看重孩子全面发展的占63.3%。平时父母对孩子的教育方式：平时很少教育孩子的占5%，只有遇到问题时才教育孩子的占25%，主动教育引导孩子的占48%，经常陪伴孩子的占21%，打骂孩子的占1%。孩子遇到阶段性学习困难时：鼓励孩子的占86.3%，顺其自然的占5.1%，限制孩子做自己喜欢的事的占1.4%，批评、责备和打骂孩子的占7.2%。

从整体情况分析来看，大多数学生家长对家庭教育的重要性有一个比较清醒的认识，从多数家长所从事职业的特点和对学生的观察来看，有近半数的学生没有养成良好的学习和生活习惯，学习动力不足，学生课外生活不够丰富，总体来说，家庭教育整体偏弱且差异较大，特殊家庭中尤为严重。特别指出的是，看重学生全面发展的占63.3%；看重学业成绩的有3.3%。从这一数字和学生实际学业成绩的测查来看，在培养孩子问题上，家长对知识、能力、素质和核心素养的关系比较模糊，在注重孩子素养提高的同时，仍然忽视了孩子的基本知识、基本能力、基本方法和基本思想的发展。

第二节　尊重教育的家校社协同组织与机制

我校坚持尊重教育"协商、合作、和谐、共进"的协同育人文化建设方向，加强了家校社协同育人的组织、制度与机制建设，以此为家校社协同育人文化的培育提供组织和制度保障。

一、建校初期成立的学校家委会

开学伊始，我校根据区教委有关家长委员会建设要求，召开了全校家长大会，并通过家长民主选举，成立了学校、年级、班级"三级"家委会组织，一起商议并制定了家委会的如下职责：一是定期召开家长委员会会议。家委会定期听取学校关于发展规划、教育教学工作安排等方面的情况介绍，就尊重教育办学理念、尊重教育家校社协同育人的文化、个性化课程开设、学生的安全与阳光餐厅等问题进行研讨，为我校发展献计献策。二是建立家长委员会和学校定期沟通协调的议事机制。就家长、学生、社会等反映的有关学生餐饮服务、校服征订、社会实践活动组织、班级管理和家校沟通等问题及时与学校进行沟通与协商。三是为学校发展创设有利环境。家长委员会要发挥全体家长的优势和特长，与学校紧密协作，在依法治校、学校管理、校园文化建设、学校周边环境治理、开展校外教育实践等方面，积极为学校和学生办实事、办好事，切实帮助学校解决办学中遇到的实际问题和困难，为学校发展创造良好的外部环境。四是帮助开展家庭教育工作。积极向家长和社会宣传解释学校工作制度和工作措施，协助学校开展家庭教育工作；做好家长思想工作，动员所有家长，积极学习家庭教育知识；动员和组织家长参与学校活动和家长学校组织的家长培训，增进家长对学校教育的理解和支持，促进家庭教育与学校教育协调一致。在学校领导和班主任的协助下，以班级为单位，每学期组织不少于两次的家庭教育活动，可与家长会合并举办，也可单独组织。五是选派家长委员列席学校重大活动。家长委员与学校一起组织家长听课、家长接待日，参与对学生和教师的评价与问卷调查，帮助学校改进和完善教育教学工作。六是尊重教师劳动。在精神上关心、鼓励、支持教师依法履行教育管理职责，大力宣传教师教书育人的先进事迹，宣传学生家长尊师重教的典型事例，宣传品学兼优的学生和先进班集体。七是促进社会教育。支持和帮助学生的校外实践活动，为学校和学生开展社会实践活动提供方便。八是家长代表大会闭会期间，由其常务委员会代行其职责。

家长委员会委员职责：一是学习、宣传党的教育方针，关心、爱护儿童少年的健康成长。二是了解学校教育工作现状，对学校教育教学工作提出建设性的意见与建议。三是密切联系本班学生家长，与他们充分交流意见、形成共识并向学校反映和沟通。积极协调家长之间、家庭与学校之间的关系，加强家庭与学校的联系，形成“和谐、合作”的家校关系。四是学习和掌握教育子女的科学知识与方法，针对子女的年龄特征和个性特点，身体力行地实施科学有效的教育。五是举止文明，情趣健康，家庭和睦，营造良好的家庭教育环境。关心、爱护并严格要求子女，但不溺爱、不纵容、不打骂、不歧视子女，善于理解宽容子女，保障子女的合法权益。六是每年协助学校定期组织家长代表大会、家长会、家长接待日，举办家长学校讲座，开办家庭教育论坛、教育沙龙等活动。协助学校开展社会实践、国防教育和劳动教育，开辟第二课堂，提高学生社会实践能力，培养其爱国、爱劳动等优秀品质。七是积极参加家长委员会的活动，认真参加会议，为班级管理、学生习惯养成、师生和学校发展积极献言献策。

在教育实践中，每学年家长学校按照计划定期开展家长家庭教育策略、非暴力沟通、亲子关系、家校合作等内容培训，定期组织家教经验分享等交流活动，期中、期末都召开家长会，邀请家长和社区代表参加每学期的结业式颁奖、运动会、艺术节、元旦晚会等活动，学校还设立了家长开放日，定期向学生家长开放。学校食堂供餐、学生阳光分班和校服征订等重大事项广泛征求家长的意见和建议，并邀请家委会成员参与决策，促进了家校社育人合力的形成。

二、构建家校社协同教育的新模式——家长教师协会

作为一所新建校，建校初期，由于教师大多是刚毕业的新教师，家长对教师教学水平的要求与新教师刚上岗适应工作之间存在着较大落差，尽管年轻教师热情高、知识结构新、善学习、乐研究，但与家长沟通与交流的经验不足，处理家校之间问题时有时就显得束手无措，这样一来，就导致有的家长产生这样或那样的意见，尽管家委会发挥了一定的沟通与协调作用，但家委会和教师之间有时各说各话。教师认为自己是专业工作者，家长的一些要求有点过分，自己也无法满足，因此，教师过于强调自己的主导地位；而家长作为孩子的监护人，则过分强调自己孩子的教育权益，对教师的工作非常挑剔。这样一来，两者都站在自己的立场上反映自己的诉求，给协调工作带来很大困难，有时甚至出现不和谐现象。比如：每学年开学，都有家长提出必须给他们的孩子配备有经验的骨干教师任教，不接受刚毕业参加工作的教师。有时家委会成了这些家长向学校施压的代言人，并直接干预学校的人事安排，对学校开展正常的教育教学带来一定的困扰。为进一步厘清学校教育与家庭教育的关系，指导家长和教师两个群体摆正位置，我们首先确定了“平等、合作、协商”的家校关系，并将构建家校社协同教育的新模式提到了重要议事日程。

我们在认真研究北京市教委《关于进一步建好家长教师协会的意见》后，按照“依法办学、自主管理、民主监督、社会参与”的现代学校制度建设要求，一是建立完善了党组织主导、校长负责、群团组织参与、家庭社会联动的德育工作机制，聘请社区居委会、街道办等人士和利益相关者担任学校的义务监督员，参与学校治理，建立与完善了学校的社会监督机制。二是在原来家委会运行的基础上，将家长自主开展工作的家委会组织进行改革，搭建教师与家长协商、对话、沟通的新平台——家长教师协会。紧紧围绕以学生发展为核心的教育目标，把与学生发展相关的家长及其所构成的社区因素充分考虑到制度建设之中，并从制度设计上确定了家校之间“平等、协商”的关系。因此，作为政府承认、倡导组建的民间组织，家长教师协会和学校之间就构成了“合作”的关系，即教育合作伙伴的关系。三是确立了家长教师协会的定位后，我们按照规范化的程序，组建了家长教师协会的组织，将原来的学校、年级和班级三级家委会组织改建成了学校、年级和班级三级家长教师协会组织。校级家长教师协会的组织构成为会长、副会长、秘书长，协会设执行委员会和家长大会，执行委员会根据工作需要下设家长学校管理部、教育活动

部、组织部、宣传部、法务部等，各部设主任 1 人，各部委员的设置依据学校规模设 2～3 人。家长教师协会的成员由各班和年级的协会推荐的教师、家长和社区代表组成，各班和年级的会长为学校家长教师协会的委员，委员选举 1 名有威望、有组织协调能力并热心这一工作的家长担任校级家长教师协会的会长，校长作为一般教师代表参与到这个组织之中，担任顾问。原家委会中只有家长代表，而家长教师协会的组织中，既有家长代表，也有教师代表，这样，家长和教师代表同在一个组织，为了同一个目标，在研究工作和决策时，就能够站在不同的角度考虑问题，并兼顾两个群体的意见和权益，促使各方正视家校冲突，这样就避免了原家委会和教师之间各说各的诉求的情况，进一步改善学校、家庭和社会的关系。四是在原家委会职责的基础上，家长教师协会的基本职能，主要是沟通家校关系、参与学校管理、支持学校建设、参与学校教育和指导家庭教育。

三、家长教师协会章程

学校在广泛征求各年级学生家长和教师意见与建议的基础上，家长教师协会执行委员会起草家长教师协会章程，组织讨论后，经由三分之二及以上家长、教师代表大会讨论通过后实施。以下是家长教师协会章程(节选)：

第一章　总则。第一条　家长教师协会性质：学校家长教师协会是政府倡导的由学校学生家长代表、教师代表和社区代表组成的，代表家长、教师、社区参与学校民主管理，支持和监督学校做好教育工作的民间组织，是家校社协同育人的重要平台。第二条　学校家长教师协会名称定为“北京教科院丰台学校家长教师协会”。第三条　家长教师协会的宗旨是：尊重少年儿童的发展权，维护少年儿童的发展权益。第四条　家长教师协会的愿景：致力于打造家校社合作育人和少年儿童健康、快乐成长的平台。第五条　家长教师协会的核心价值观：协商、合作、和谐、共进。

第二章　组织与职责。第五条　家长教师协会设立家长、教师代表大会和校级执行委员会。校级家长教师协会设会长 1 名、副会长 2 名、秘书长 1 名、执行委员会委员 9 名。家长教师协会依据工作需要设立组织部、宣传部、家长学校管理部、教育活动部和法务部，各部设主任 1 人，成员 1～2 人。第六条　每班在班主任协助下由家长和教师推选家长、教师和社区代表各 1 名，各班家长、教师代表组成学校家长、教师代表大会，由家长、教师代表大会推选出学校家长教师协会会长、副会长和执行委员会委员。每学年新生入学后 2 周内，召开第一次班级家长教师协会会议，推选出本班家长、教师代表，参加学校家长、教师代表大会。各班级、各年级要相应建立班级和年级家长教师协会，并相应设立会长、副会长、秘书长、委员，班级家长教师协会成员不少于5人，由会长、副会长(班主任担任)、秘书长、组织委员和宣传委员组成，年级家长教师协会不少于7人，由会长、副会长(年级组长担任)、秘书长、组织委员、宣传委员、教育委员、协调委员组成。班级家长教师协会、年级家长教师协会的具体运行机制按照本办法执行。第七条　家长和教师代表、家长教师协会成员和执行委员会委员任期一般为三年，每学年适当进行改选，可连选连任。学生毕业、转学等离校的学生家长或调离本校的教师，其家长、教师代表、协会成员和执委会委员身份自动取消；会长、副会长、秘书长、执委会委员等的子女在其任期内离校时，需提前两周提出辞呈，会长提出辞呈的由执委会推选一名副会长代任，主持常务工作。第八条　家长教师协会代表和成员应热心学校教育、有较强的组织协调能力、履责能力和社会影响力。第九条　家长教师协会的主要职责和功能是参与学校管理、支持学校建设、参与学校教育、指导家庭教育和沟通家校关系。

第三章　权利和义务。第十条　家长教师协会的权利：一是知情权：有获知学校的发展规划、办学目标、工作计划和办学情况的权利，有权提出自己的相应意见。二是参与和建议权：参与学校组织的教育活动和学校建设；有对学校发展、教育教学和日常管理工作提出意见和合理化建议的权利。三是监督权：作为其他家长的代言人，有权对学校工作及教职员工给予监督和评议，向学校反馈家长的意见与要求。四是参与决策的权利：凡涉及学生和家长切身利益的问题，有参与决策的权利。五是有推荐和被推荐的权利：在家长教师协会换届时，有推荐和被推荐的权利。第十一条　家长教师协会的义务：一是理解学校的尊重教育办学理念和发展目标，关注学校办学情况，为学校发展献计献策。二是有倾听和收集其他家长意见和建议，促进家校之间相互了解和交流，并向学校或有关教师反馈的义务。三是有义务参加学校举行的重大活动，主动支持学校建设与发展。四是有帮助其他家长提高教育子女水平的义务。五是每学期或学年有义务组织家长对学校教育教学管理满意度进行测评。六是有义务协调解决家长和教师之间、家庭和学校之间发生的有关问题，努力营造“协商、合作、和谐、共进”的家校社文化氛围。第十二条　家长教师协会执行委员会要制订的学年工作计划草案，征求家长、教师代表意见，由家长、教师大会讨论通过后执行。第十三条　学校为家长教师协会提供会议室等必要的办公场所，为日常工作开展和组织家庭教育培训提供方便条件，并在校园网上设置家长教师协会专栏等宣传平台。家长教师协会向学校反映的意见和要求，学校应在合理的期限内予以答复。

第四章　会议。第十四条　每学年第一次家长教师代表大会由学校协助于开学后一个月内召开，各班推选的家长、教师代表参加，学校及有关部门领导列席。在学校协助下，由家长教师代表大会推选出家长教师协会及执委会成员，选出会长和副会长、秘书长等人选。第十五条　家长、教师代表大会每学年至少举行1次会议。会议主要议程：听取学校工作报告，就学校工作提出意见和建议；听取家长教师协会工作报告，研究确定新一学年的各项工作。参加会议的家长、教师代表应达到会员代表总人数的三分之二。必要时可以召开临时会议，由家长教师协会会长召集，会长因故不能召集的，由家长教师协会副会长组织并负责。第十六条　家长教师协会每学期结束前要对本学期开展的工作和效果进行总结。每学期配合学校开展家长尊重之星或优秀家长评选与表彰活动。第十七条　学校家长教师协会执行委员会办公和会议场所设在南庭新苑校区小会议室和学术报告厅。

四、家校社协同，践行尊重教育理念

为落实尊重教育理念，与家长教师协会一起讨论商议，就保障每一位在校生公平享受义务教育的措施达成以下共识：

在保障学生受教育起点的公平方面，一是学校每年招生严格落实市、区有关义务教育招生工作的要求，坚持免试就近入学原则，不举办任何形式的入学或升学考试，不以竞赛、考级、奖励证书作为学生入学的依据，不提前招生录取，保证符合条件的适龄儿童少年平等接收入学的权利。二是坚持全纳教育理念，按规定接收本招生区域内残疾、智障或有自闭症等缺陷的儿童随班就读，保障其入学的权利。三是实施阳光分班、均衡编班措施，每年都邀请家长教师协会家长委员、教师、社区代表等参加阳光分班，采用抽签、电脑随机分配等方式实行均衡分班，均衡配置教育资源，不分重点班和非重点班，不开办各种名目的实验班，并自觉接受各方监督。

在保障学生受教育过程与评价公平方面，一是严格落实小学一年级的零起点教学要求，做好幼小衔接教育工作。初一年级依据学生小学的学习和发展基础，做好小初衔接教育，为新初一学生开展新的学习搭桥铺路，以最大限度帮助每一位学生实现小初学习的顺利过渡。与此同时，积极开展反欺凌教育，努力营造包容、理解、尊重的校园文化氛围。二是每学年教师要依据学生实际发展情况和课程进度要求，制定符合实际的学期课程实施纲要，纲要要围绕学期的“教学目标、教学内容、实施措施与方法和课程评价”进行阐述，为有针对性地实施教学提前做好计划。三是在课程实施过程中，尤其是在起始年级，教师要依据我校生源的实际状况，坚持“低难度、缓坡度、慢速度、小步子、勤反馈、多鼓励”的教学策略，让学生听得懂、学得会，力求使每一位学生在不断的成功体验中增强自信。四是按照“尊重主体、尊重差异、尊重规律”原则，积极开展尊重教育理念下的以学生发展为本的教学改革，落实“问题导学、少教多学、自主思学、合作互学”的课堂改革要求，把课堂还给学生、把时间还给学生、把学习的权利还给学生，努力培养学生的必备品格和关键能力。五是积极实施学生学习小组互助学习，发挥学生同伴在其学习中的帮扶作用。与此同时，建立学困生学习帮扶制度，采取学困生关爱、帮扶、个别化教育与辅导等措施，家校合作确保每一位学生享受良好的义务教育。六是家校合作，共同关爱留守、残疾、智障或自闭症儿童的学习与健康成长，建立学校资源教室，为特殊儿童建立成长档案，并采取特别关爱措施，为他们的学习和生活提供便利和必要帮助。七是坚持“过程、多元、发展”的原则，积极落实及时评价、展示评价、激励评价、增量评价、多元评价等多种措施，激发学生学习动机，鼓励学生主动学习、不断进步。同时，全面实施中小学生综合素质评价，充分发挥其评价正向引领导向作用，促进学生全面健康发展。

每学期学校发放学生、家长学校工作满意度测评，每学年召开家长教师协会代表大会、召开家校社代表和义务监督员座谈会等，认真听取各方对学校办学的意见与建议。加强与阳光星苑社区、南庭新苑社区、南苑街道办、武警九支队和南苑机场空军等单位的联系与互动，与阳光星苑社区和武警九支队签订了合作共建协议。开展了“共创文明示范区，小手拉大手”“党员进社区、美化家园志愿服务”等活动，在民主开放的家校社协同教育制度和家校社协同机制的保障下，在家校社育人的合作中，逐渐培育并形成了“协商、合作、和谐、共进”的家校社文化，也促进了全员、全程和全方位育人的格局的形成。

第三节　“非暴力沟通”促进亲子关系和谐

研究表明，“家庭暴力的表现形式以言语暴力的发生率最高，并且对孩子的认识发展、人际关系、身心健康都会产生严重的影响，甚至还会产生代际影响，即产生暴力的循环”①。要解决家庭的语言暴力问题，需要大力倡导非暴力沟通，要求父母以客观、公平的角度观察孩子，倾听孩子的内心需要，以改善传统家庭说教方式对亲子关系、家庭氛围等造成的不良影响，有效解决亲子之间的各种矛盾，促进了亲子间和谐关系的形成。

① 北京教科院张文静博士：《非暴力沟通讲座》，2022年3月18日。

一、非暴力沟通策略

据《全国家庭教育状况调查报告(2018)》显示，“有温暖的家”排在学生认为的“人生最重要的事情”的首位，有超两成的学生表示“家长从不或几乎不花时间与我谈心”，部分学生认为家长对自己缺乏尊重。这些情况都与“暴力沟通”紧密相关。与“暴力沟通”相对应的就是“非暴力沟通”。

“非暴力沟通(英文缩写 Nvc)①”是美国著名心理学家马歇尔·卢森堡博士提出的一种沟通方式，旨在帮助人们与自己、与他人建立高品质的连接，引发出彼此的爱与慈悲，让由衷给予成为可能，使理解、尊重和协作得以发生。

Nvc 指导人们转变谈话和聆听方式，不再条件反射式地反应，而是专注彼此观察、感受和需要，有意识地使用语言，培育彼此的尊重、关注与爱。马歇尔说：“依靠‘非暴力沟通’来谈话和倾听，能使我们情意相通，乐于互助。”实现这个目的，首先是“留意观察”，在沟通中清楚地表达观察结果，而不是进行判断；其次是“表达感受”，如受伤、害怕、喜悦、开心等；然后是“说出需要”，向对方说出自己的真实需要；最后是“具体请求”，明确地告诉对方自己期望他采取什么具体行动。举例来说，一位妈妈看到孩子乱扔在沙发的衣服，采用“非暴力沟通”和孩子说话就可以这样说：“你的衣服在沙发上”，是留意观察；“我不太高兴”，是表达感受；“因为我喜欢整洁”，是说出需求；“你能把衣服收到衣橱里吗”，则是具体请求。

二、学校家长的暴力沟通调查情况

学校在实施非暴力沟通家长培训前，曾对学生家长三个月以来对孩子的非暴力沟通教育方式进行调查，下面我们以小学某年级家长的调查为例。

在问题“孩子考试没考好，为管教孩子，父母非常用力地打孩子”的调查中，有 53.52％的家长表示发生过这种情况，有 39.44％的家长没有发生过这种情况，7.04％的家长表示不太确定；在问题“孩子吃饭前不洗手，为管教孩子，父母非常用力地打孩子”的调查中，有 52.11％的家长表示发生过这种情况，有 45.07％的家长没有发生过这种情况，2.82％的家长表示不太确定；在问题“为管教孩子，父母用‘愚蠢’‘丑陋’‘笨’等词语来责骂孩子”的调查中，有 50.7％的家长表示发生过这种情况，有 36.62％的家长没有发生过这种情况，12.68％的家长表示不太确定；在问题“孩子说脏话，为管教孩子，父母非常用力地打孩子”的调查中，有 52.11％的家长表示发生过这种情况，有

① [美]马歇尔·卢森堡：《非暴力沟通》，阮胤华译，华夏出版社 2018 年版，第 3 页。

42.25%的家长没有发生过这种情况，5.63%的家长表示不太确定；在问题“孩子偷偷吸烟，为管教孩子，父母非常用力地打孩子”的调查中，有45.07%的家长表示发生过这种情况，有38.03%的家长没有发生过这种情况，16.9%的家长表示不太确定；在问题“孩子做错了事情，为管教孩子，父母生气地对孩子大声呼喊(或大喊大叫)”的调查中，有49.3%的家长表示发生过这种情况，有29.58%的家长没有发生过这种情况，21.13%的家长表示不太确定；在问题“在孩子面前，在家里父母动手打架”的调查中，有49.3%的家长表示发生过这种情况，有42.25%的家长没有发生过这种情况，8.45%的家长表示不太确定；在问题“在孩子面前，在家里父母吵架”的调查中，有46.48%的家长表示发生过这种情况，有38.03%的家长没有发生过这种情况，15.49%的家长表示不太确定。

有意思的是，在问题“为了管教或让孩子学好，家长可以打自己的孩子”的调查中，只有2.82%的家长非常同意，11.27%的家长表示同意，19.72%的家长表示不确定，分别有39.44%和26.76%的家长表示不同意或非常不同意这种方式，也就是说，有66.2%的家长不同意打孩子。实际的调查中却有53.52%和52.11%的家长表示非常用力和经常用力打孩子；在问题“为了管教或让孩子学好，家长可以骂自己的孩子”的调查中，只有2.82%的家长非常同意，12.68%的家长表示同意，16.9%的家长表示不确定，分别有38.03%和29.58%的家长表示不同意或非常不同意这种方式，也就是有67.61%的家长不同意骂孩子。实际调查中，却有50.7%的家长责骂孩子。这就说明，绝大多数家长都明白不能打骂孩子的道理，但就是不能约束自己或不能控制自己的情绪。

由此可见，我们开展非暴力沟通家长培训和跟踪指导家长践行非暴力沟通具有必要性与紧迫性，因此，我校将非暴力沟通作为家长学校的必修课，对每年入校的学生家长进行非暴力沟通的系统培训，并跟进指导、评价与反馈，以期改善我校学生家庭的亲子关系，努力为学生身心健康成长创造良好的家庭环境。

三、非暴力沟通的家长培训与实践探索

学校聘请北京教科院张文静博士作为推进该项工作的指导专家，聘请国家二级心理咨询师、非暴力沟通实践者与分享者房爱莲老师和我校班主任老师一起作为家长非暴力沟通的培训与指导团队，学校为每一位教师下发了马歇尔·卢森堡博士的著作《非暴力沟通》，各班家委会也积极倡导家长配备这样一本工具书学习。在此基础上，我们采取了线下线上相结合、团体与个案

相结合的方式，对老师和家长两个群体分别进行了培训。

培训的内容涉及非暴力沟通的基本概念与目的及方法、非暴力沟通的基本理念、非暴力沟通四个要素的基本含义及关键区分、如何进行赏识教育、如何表达欣赏以启动孩子的内在力量、表达欣赏与感激跟表扬的不同、家长的自我了解与情绪管理、怎样说话不伤人、怎样表达请求更容易获得合作、要相信和鼓励孩子、不要“以暴制暴”、要尊重孩子的人格尊严、如何陪伴痛苦中的孩子、阻断情感连接的表达方式、亲子间要学会换位思考、预防儿童暴力、如何制定规则、沟通的技巧与艺术等不同专题的案例式培训，对家长在实践中提出的问题及时解答，并在家长情绪管理、诚实表达、同理聆听、用倾听的方式了解并帮助孩子、听到刺耳的话如何回应、化解冲突、创造和谐等多方面，进行了跟踪式的指导和个别辅导。

家长们经过培训，深刻认识到了家庭暴力，尤其是和孩子之间的暴力沟通对孩子身心健康成长的危害性，并在各班班主任的具体组织指导下，自觉运用所学践行非暴力沟通的方式(见家长学习的体会与实践案例)，经过一段时间的实践与探索，绝大多数家长的家庭暴力沟通的行为都有了不同程度的改善，亲子关系也更加和谐。

家长学习与应用非暴力沟通的心得体会(摘要)：

——通过学习，学会了正确地表达自己的感受，而不是通过指责的方式；学会了去同理他人的感受，理解他人的需求。在以上基础上，与他人建立心与心的连接，从而建立了信任的基础。

——懂得去控制自己的情绪，不用大声嚷来解决问题了。

——学会和孩子和平相处，转换角度思考问题了。

——能够建立连接，站在双方的角度，考虑双方的需求，达成共赢。

——自己的情绪逐渐平缓了，想要发脾气的时候，自己会有意识进行控制了。

——学习是一个长久持续的过程，家长、老师均需要持久地学习。

——通过近十节课的学习，心态平和多了，自己和孩子的沟通也有了很大改善。

——心里始终记得自己要传给对方的理念，但要始终站在对方的角度考虑，讲对方的话，深度理解对方，让对方认同自己，再把自己的理念分享给他。

——收获非常大，以后自己教育孩子应把心态放平和，多倾听孩子的想法和感受，用理解与和蔼的态度与孩子沟通并合作。

——更理智地对待自己的情绪，避免在激动的情绪下说出带有伤害性的话。

——对孩子更多的是感激和鼓励，不再是一味地要求孩子满足大人的需求。

——通过学习，我了解到要想改变孩子，首先要改变我自己。

——学会了倾听观察，再感受一下对方的需要，并理解对方为什么这样说、这样做，避免和减少了很多不必要的冲突。

——通过学习，我懂得了尊重孩子不是管束和指挥，而是引导和帮助。今后一定学会合作，乐于分享，懂得感恩。

——我记得在上一次的调查问卷中，我还在问老师，如何控制自己的“下意识”，那个时候虽然学习了非暴力沟通，知道应该怎样去控制自己的情绪，但仅限于“知道”，应用起来很难，因为总是被自己的“下意识”所控制。后来经过老师的讲解，以及自己坚持与孩子建立连接，与自己的内心建立连接，现在能够很好地控制自己发脾气的次数，连孩子也说，妈妈现在变得温柔了，真的非常感谢老师的分享！

以下是家长践行非暴力沟通的部分案例：

实例一(家长的陈述)：孩子周日流鼻涕，还只穿个秋衣在屋里，我跟他说：“儿子，我看到你流鼻涕了，担心你感冒，请你穿上羽绒马甲好吗？因为你的健康对我很重要。”讲这些话的时候语气是平和和关切的，孩子就很自然地接受了并很快穿上了衣服，也很理解妈妈的想法。以前我会直接命令孩子去穿衣服，常常引发孩子的抗拒。通过这段时间的学习，和爱人、孩子的关系也更融洽了，全家每个人都更开心更幸福了，虽然孩子和老公没说幸福，但笑容能证明一切。笑容更多了，争吵更少了。

实例二(家长的陈述)：我给孩子养了一些蚕宝宝，因为每天都得换叶子，需要将蚕宝宝取出来，把容器清理干净后，再把蚕宝宝放回去。之前我会用命令式的口吻，让孩子去倒蚕屎，有时候，她不情愿，会跟我说让我倒，可是在我心里，我觉得这些工作都应该由她来完成，我是在替她做，我也就不高兴了。这几天，我换了一种方式表达，我会说：“你愿意和我一起照顾蚕宝宝，让它们长得更好吗？”孩子马上兴奋地说：“我愿意。”然后我们进行分工合作，没有了之前的不情愿，反而在过程中会互相分享与帮助。

实例三(家长的陈述)：孩子边看手机边写作业，叫了她几次都没反应，我当时特别生气，真想暴揍她一顿。但是我想到了老师上课说的内容，我就试着跟她沟通：首先询问她为什么要这样做？知不知道这样三心二意会影响写作业的速度与质量？希望她能踏踏实实写完作业后再去看手机。她跟我说写作业想听会儿歌，这样更有动力。我只好再次对她进行说教，希望她能写完作业再玩手机，最后达成共识——等写完作业后允许她玩半个小时的手机。

实例四(家长的陈述)：早上叫她起床，她磨叽十多分钟都没有坐起来。等了一会儿仍然没有动静，我便走到她房间的门口，告诉她再不穿衣服就要迟到喽。路上车多人多要是再遇到堵车，你就会被堵在路上，那就真的迟到了。当然迟到是小事，但我最不愿意看到的是，因为你没有合理地安排时间而迟到，还会因为迟到而错过晨读的时间。这样会影响你的心情，我也会为你感到难过。还不如你快点起来，吃完早饭，高高兴兴去上学，开启你美好的一天，你说对吗？说完她便很快穿好衣服洗漱去了。

实例五(家长的陈述)：以前让孩子写作业或干某件事情的时间到了，我就会给孩子说："现在到时间了，请立即去做。"通过学习非暴力沟通课程，我有意识地尊重孩子的意见，如：孩子正在看电视，我会问他这集还有多长时间结束，时间比较短的话，我就对他说："看完这集咱们去写作业可以吗？"这样，他会欣然接受。时间到了，他也会自觉去写作业了。

实例六(家长的陈述)：孩子总是把作业留到最后一刻去做。我会说："孩子，我看到你把作业总是留到最后一刻写完，我感到很焦虑，我希望你能把写作业的时间安排好，剩下的时间你可以自由安排自己喜欢的事情，因为我比较注重时间观念和效率。"

实例七(家长的陈述)：孩子写作业，经常拖拉，一篇作业时常消耗好长时间。我每次都很无奈，又崩溃，这么简单的作业，为什么孩子就是不能完成，每次都拖拉这么久。这次，孩子还和以前一样，我就问他："这个好简单，你能完成吗？"孩子说："可以。"我问他需要多长时间，孩子说："很快。"我问他很快是多久？十分钟能吗？他说："可以。"我把手机设置好时间，告诉他手机放这，手机响了，时间就到了。他说好的。我出去做其他事了。时间到了，他拿着手机找我说："妈妈，手机响了。"我问他："你做完那篇了吗？"他说："还没有，还差点，能给我次机会吗？"我说："好的。我相信你可以的。"不到十分钟，孩子就完成了，很开心地告诉我："妈妈我写完了。"

实例八(家长的陈述)：学习非暴力沟通之前，我曾看到孩子写作业时，把笔给卸开了，我就直接上去说："不好好写作业，就知道玩笔。"孩子就很生气。现在，我知道先观察孩子为什么那样做，原来是笔芯没有了或者是里边有空气了，不能写了。

实例九(家长的陈述)：之前孩子回家讲一些搞笑的事，我直接就说"应该多看看好的同学在干吗，好好学习"之类的话，孩子就什么也不说了。现在，每当孩子再讲一些事情时，我会认真听完后，又让他讲讲课堂上同学们回答老师问题时，谁回答又多又好，老师课堂上讲了哪些书本之外有趣的事。

实例十(家长的陈述)：一天早上上班的时候，被同样上班的人撞到了，当时自己很生气，心里想，这人怎么走路不看路，撞到人也不道歉。后来想想，他可能也是因为上班比较急，也不是故意的，大家都是为了生活奔波。这样想着，就很释然了。

实例十一(家长的陈述)：一天，孩子放学回家，看上去很不开心。这时，我想起了非暴力沟通培训时，老师讲过的话："当孩子不开心的时候，可以用聆听的方式帮孩子走出情绪困扰。"于是，我便问孩子："我感觉你有事儿啊，能否给妈妈说一说?"这时，我把孩子抱在怀里说："宝贝，妈妈在呢，需要妈妈的帮助吗?"这时，孩子就把为什么不开心的事一五一十地说了出来，这时，我安慰了一下，孩子脸上的阴云也就散了。

实例十二(家长的陈述)：孩子课间没有遵守纪律，受到了老师的批评。放学时，老师把孩子的情况告诉了我，我当时没有指责和批评他，回家后问孩子怎么回事，让他把当时的情景给我再现一下，目的是让孩子感受一下"他当时的行为是不对的"。通过沟通，孩子答应我会注意自己的行为，承认错误，还主动去写作业了。

实例十三(家长的陈述)：昨天孩子爸爸对孩子发脾气声音大了，孩子说："爸爸我跟你心平气和讲话，你却对我吼，你应该给我道歉。"说完，孩子就回卧室找我来说："妈妈，我觉得爸爸不尊重我，我想哭。"这时，孩子走过来抱住我，我摸着孩子的背说："哭吧!"孩子又说："哭不出来了。"只流了会儿眼泪。我跟孩子说："爸爸那样讲话，你感觉到不被尊重、不被重视、不被理解，是吗?"孩子点点头说："爸爸不听我讲话，只说他想说的。"我继续说："希望爸爸能停下来，认真听你讲话，温柔地跟你说，而不是吼叫。"孩子点点头。我继续说："爸爸生气，是因为你没满足爸爸的期待，爸爸认为你能做得更好。"孩子平静地点了一下头。我继续讲："如果爸爸能温柔地表达他自己，比如说，宝贝，看到你这次没完成作业，很为你担心，因为你对我很重要!你会更好一些是不是?"孩子点头，表现出如释重负的样子。

四、对家长践行非暴力沟通跟踪指导案例

我校在实施非暴力沟通培训后，大多数家长都自觉地去尝试着改变，但是由于家长工作忙或是尝试中存在困惑，若没有教师及时跟进指导，往往家长也就放弃了，家庭教育的方式也不会做出多少改变。为此，学校通过外聘专家和班主任、心理健康教师一道共同对家长的践行情况进行跟进指导，并及时与家长共同探讨解决遇到的问题。

【个案一】家长1：老师您好！首先感谢您在百忙中为我们答疑解惑，因为

昨天晚上发生了一件小事情，让我联想到了几个问题，那么我先描述一下事情的经过。

昨天晚上听完故事，孩子顺利上床睡觉，在我给孩子关灯的时候，孩子突然说：“妈妈陪我一起睡吧！”当我没什么事的情况下，我会躺在她身边跟她一起睡，但我还有没忙完的事情，我就不能答应她这个要求。

按照我之前的性格，我就会说：“你赶紧睡，我还有事没忙完呢，这会儿陪不了。”这个时候，我的意念和表情非常坚定，给人的感觉也会非常冷，好像很没有感情，不想在这儿多浪费一点时间！

但培训学习后，我意识到应该照顾到孩子的感受，也觉得我这样做大错特错，所以我就换了一种说话的方式。我很温柔也带点自责地说：“大宝儿，妈妈还有事没忙完，妈妈也很想陪你睡觉，但我这会必须要把我的事情干完才行。你这样一直跟我要求，我就会非常自责，我觉得妈妈没有安排好自己的时间，所以不能陪宝贝睡觉。”在说话的同时，我还用手轻轻地敲了几下自己的头。然后孩子好像明白了什么，就不再要求了。

虽然昨天很顺利地结束了，但我总觉得还是有些地方做得不妥。我觉得我为了摆脱自己陪她睡觉这个事儿，而强加给了孩子很多压力，好像让孩子感觉到，她要求我陪她睡觉是件不好的事情，那样增加了妈妈的痛苦，孩子会不会也产生自责内疚？

那么老师，我们应该用一个什么样的方法更好地跟孩子沟通类似的事情呢？还有一个问题就是，我们凡事都考虑得这么周到，从心里去感受事情，并且做出一个好的回应，那么会不会使孩子有一颗“玻璃心”？因为不是所有人说话都讲究方式方法，现在大多数人还都是根据自己的原始性格脱口而出的。

老师回复：哇，好欣赏你的觉察能力！事情都已经顺利解决了，还能够进行反思，还愿意寻找更两全其美的方法。

用自责的方式获取孩子的支持，可能真的会让孩子产生内疚，这确实需要家长们注意。再遇到这样的情况，家长该怎么做呢？

孩子希望家长陪睡，可能是感觉比较温暖、有安全感。家长之所以不去陪孩子睡，是因为还有其他重要的事情要做，而那些事情也是在满足需要。这时候既能看到家长的需求，也能看到孩子的需求是很重要的。我们认可和尊重孩子的需求，也表达了自己的需求。当孩子看到自己的行为能够满足另外一个人的需求，丰富他人生命的时候，常常是愿意支持与配合的，并且感受到自己生命的价值。

比如：当孩子要求陪睡的时候，家长还有一个文件要写出来，第 2 天上交。就可以这样对孩子说："宝贝，是不是妈妈跟你一起睡，你会感觉心里特别踏实、特别有安全感？妈妈也很喜欢跟你一起睡，感觉很亲密，很幸福。只是妈妈还有一个文件要写，明天上班要讨论这个文件。你愿意支持妈妈的工作吗？"

这样其实是给了孩子一个为我们的幸福作出贡献的机会。孩子多半是乐意的。

如果孩子还有一些犹疑，可以开个玩笑幽默一下。比如拿个布偶塞给孩子，对布偶说："你来当妈妈，替妈妈陪宝宝，妈妈不来不许下岗。"这样的幽默方式，孩子常常也是接受的。

另外你所说的"玻璃心"的问题。根据我咨询的情况来看，不论"玻璃心"的成人还是"玻璃心"的孩子，都是缺少理解和关爱的，因此，他们的自我评价特别低。这时候，对于别人的态度会特别在乎。而那些真正在尊重的环境中长大的孩子，一般比较有韧性。

并且如果我们能够深度学习非暴力沟通，就能从任何话语当中听到对方内心深处的声音，能从批评嘲讽里面听到感受和需要，会从敌意当中看到人性。如果我们跟孩子长期这样交流，孩子也能够学习到这种思维方式。那么他就可以很好地化解敌意了。

有一种比较特别的情况，常常不容易分辨。那就是溺爱与尊重的区分。溺爱是没有原则的，是委曲求全的。尊重是既在乎孩子的需求，也在乎家长自己的需求。

这样的解答能帮你厘清一些疑惑吗？

家长 1：谢谢老师的解答，我觉得很有帮助！感谢。

家长 2：谢谢××妈妈您的分享，感谢老师的耐心解答，搭顺风车啦！

家长 3：感谢老师的解答，感谢××妈妈的分享。在跟孩子的相处中，也会遇到这样的情况。

【个案二】家长：老师，您好，我有些问题不知道怎么解决，孩子学习英语的时候产生了情绪，然后我和姥姥说话，她说影响她了，然后就大发脾气，摔东西、摔门，各种激怒我们，此时我不知道该如何处理，我知道发脾气对一个人的伤害很大。

她不让我们在她身边，我走了，她情绪也并未好转，但我的心情也是很难克制的，此时，我知道我说出来的每一句话对她可能都是伤害，所以我选择不说话，但我又担心冷暴力也会伤害她。总之，就是不知道如何把伤害降到最低，她发脾气的时候嘴里还说着我不想学英语，我觉得这可能是她情绪的真实理由。

我看了表，大概闹了15分钟，现在没声音了，我的情绪现在也好一些了，一会我试图去感受与倾听。

老师回复：从孩子的声音里，我感到孩子内心非常非常的痛苦，但是她又表达不出来。孩子多大？不知道你想怎样去感受与倾听她，你愿意跟我说说你的想法吗？

家长：孩子7岁。她没声音后，我走过去，看到她趴在沙发底下，我说："你现在好点了吗？你生气是因为觉得每天学英语太累了吗？"她较着劲说："不是。"我说："是不是因为你本来学英语就很辛苦，心里就有点烦，我和姥姥说话还吵你，让你没读好，你就特别生气，是吗？"她轻声说："是的。"这时，我领着她的手出来，说："我们该吃饭了。"她的情绪一下就没有了。然后，孩子就开始和我聊今天学校发生的一些开心的事情，我感觉她情绪好了以后，就不想再聊刚才的事情了，就想转移话题，但我能看出来，此时的她已经阴转晴了。

总结今天的事情，我觉得我的心和她的心是连在一起的，特别神奇，她暴躁的时候，我也很暴躁，我深呼吸，远离这个环境，想办法自我连接，但都没有用，直到我把事情的经过和您说了一遍，转移了我的注意力，我的情绪才稳定下来，此时发现她也稳定了，这个时候再去沟通，居然意想不到地顺利。

老师回复：嗯嗯，太好了，你找到了适合自己的方式。也特别欣赏你询问孩子的感觉及生气的原因，而不是进行说教。相信你会探索到更多适合你和孩子沟通的方法。

家长：谢谢老师，其实这也是我学习非暴力沟通的初衷，我们家就是经常发生这种事情，所以我想通过学习来改善这种情况。

老师回复：你认为现在算不算取得很大成就了？

家长：算是吧！过去这样发脾气每周最少两次，我会对她吼叫，有时候很难收场。现在这种发脾气的频率降低了很多，大概一两周会有一次，我会刻意想办法让自己先保持不爆发，想要孩子好，当家长的首先要好，真是太难了。

老师回复：嗯嗯，你愿不愿意分享一下，你都想到了哪些办法让自己保持不爆发？

家长：目前，这对我来说还是很难的，不是每次都能控制好的，使用过的方法，一是远离她，去另外一个屋子；二是深呼吸，试试看；三是取决于孩子是否在继续激怒我，她的一些过激做法都是在想办法激怒我，此时我刻意想一下不能出去，她是刻意激怒，出去解决不了问题，会让问题变得更糟糕。

但我仍然很难冷静，总是想着怎么办，怎么才能缓解现在的局面，但自己又很无助，没有办法。

所以，昨天在那种情况下，我给您发了信息，但我发现当她冷静下来的时候，我很容易就冷静了，我给您发信息的过程中，需要动脑子编辑这件事，这让我的大脑好像没有那么多空间再去愤怒，从而也降低了我激动的情绪。

老师回复：嗯嗯，你现在想到了至少三个办法：离开，深呼吸，强制自己。

家长：嗯。

老师回复：当看到自己能想出三个办法，你的感觉怎样？看到这样有成就的自己，想不想要跟这样的自己一起庆祝一下？

家长：还真没想过，只是觉得问题解决了，自己很开心。

老师回复：可以想！我现在引领你做的是：看到自己有能力寻找解决问题的有效方法。有效的方法是值得庆祝的，自己的成长和自己的价值也是值得庆祝的。这会增加我们内心的满足感和价值感、效能感。这样的方式也可以用到孩子身上。

家长：嗯，您说用到孩子身上，我一下就想到了，我可以奖励我自己，或者用分享给家人的方式去获得"我在教育孩子中得到的收获"，其实在和老公分享的过程中，我是非常希望他点头认可的。未来可以用这样的办法去引导孩子，让她也学会为自己的成长而庆祝。

老师回复：嗯嗯，想到这些你感觉怎样？

家长：感觉心里轻松了一些，快乐了一些，觉得这不再是一个不可解决的大难题了，不会再像山一样压着我，虽然移走这座山很难，但一点一点地总会做到。

家长：对了，老师，虽然情绪过去了，但我没有和孩子复盘这件事，而且她不愿意我提起，但这件事，她有很多地方做得不对，比如乱摔东西、和姥姥嚷、把鞋扔向姥姥等，我觉得不能就这么过去了，但又不知道该如何去复盘，如何让她事后向姥姥道歉，在我家，类似的事由于长期这样不了了之，导致她自己羞于说出"对不起"三个字，包括我自己可能也是这样，说出"对不起"很难的感觉。

老师回复：还记得咱们第 3 次课程所学的吗？所有的行为都在试图满足需要。所以可以先体会孩子嚷嚷、摔东西、扔鞋子，是在满足什么需要呢？我猜她需要理解，需要懂得。这样考虑，她的那些行为就不再是一个坏的行为，而是一个试图满足需要的行为。只是这个行为并不能真正满足自己的需要，也不能满足其他人的需要。如果看到这些，是不是就可以不去批评孩子做得不对，而是对孩子表达“我了解你那样做是想要得到理解”。然后再问孩子这样做有没有得到所需要的理解？姥姥会感觉怎样？这样孩子自己就会知道，这些做法是不可取的。这时候，就可以一起商量怎样做才更有效。

家长：老师，我想到了另外一个问题，因为我也遇到过类似的情况：由阴转晴之后，孩子就会回避之前发生的事情，虽然现在大家都变得开心了，但之前孩子的种种行为，比如说遇到困难就会大发脾气，会摔东西、摔门，甚至别人正常的一些行为对孩子来说都是干扰(哪怕不是真正的干扰，是孩子找的借口)，像这些情况我们还需要去复盘吗？还是说既然已经阴转晴了，那过去的事就过去吧！

另一家长：对，我也是这个疑问，而且我发现孩子不愿意去复盘，可能以前复盘的方式不对吧，让她感觉把好了的伤口又扒开了，但我看来，不复盘，伤口就没有痊愈，早晚还得复发，可我不知如何复盘不让孩子那么痛苦。

家长：她阴转晴之后，立刻和我讲学校发生的有趣的事情，在我看来是刻意转移话题，不想道歉。

老师回复：对，昨天忘了解答这个问题。复盘是很重要的，只是有两个关键点：一是复盘的时机，二是复盘的方式。关于时机，适合选择在孩子情绪稳定之后，并且是在安全放松的氛围当中；关于方式，首先我们要记得，人们的所有行为都是在试图满足某种需要。所以当我们看到孩子出现一些我们无法接受的行为时，我们先不着急定义这个行为是错的，而是去体会他这个行为在试图满足什么需要。我理解这个孩子哭闹、摔东西，是想要得到理解，需要倾听，需要自我接纳。但具体是不是这样呢？我们要跟孩子核对，这也是一个倾听的过程。当孩子得到充分理解之后，可以询问孩子，这样的方式有没有让自己的需要得到满足？会引发其他人怎样的感受？这样孩子就很容易意识到自己的行为并不能满足自己的需要，并且给他人带来困扰。这样，就可以跟孩子一起讨论，怎样的方式是可取的、有效的、大家都能接受的。

下面我总结一下流程：第一，选择孩子感觉安全放松的时机和环境；第二，同理倾听：反馈孩子做那个行为时的感受以及想要满足的需要；第三，询问孩子那样的行为有没有满足需要以及带给他人的感觉；第四，寻找有效的方式。

如果大家培养出足够的意识和觉察力，就可以在孩子发脾气之前，或者在孩子刚刚发脾气的时候，就开始用聆听的方式。这样可以有效地防止事情扩大。

当然，能够诚实表达也是可以的。但大家要记得区分头脑的诚实与心的诚实。

家长：好的，老师。我慢慢消化一下，谢谢！

老师回复：嗯，大家学习的时间还短，对于这个脉络可能不是很清晰，文字信息确实不容易理解，我语音解释一下(语音信息)。

五、非暴力沟通实践应用的成效

经过家长的实践应用，我们对参与培训和实践应用的家长进行了抽样调查。

家长变化维度：调查的维度分为没有变化、说话的语气语速有变化、心态变得平和、对孩子的耐心增加了一些和其他。其中，没有变化为0；家长说话的语气语速有变化的为52%；家长心态变得平和一些的为84%；家长表示对孩子的耐心增加了的为88%。

孩子变化维度：没有变化、情绪比以前稳定、学习的积极性和主动性有增加、更容易合作、更多自我表达、喜悦程度有所增加。其中，0人没有变化；情绪比以前稳定的占总人数的41%；学习的积极性和主动性有增加的占总人数的32%；更容易合作的占总人数的72%；更多自我表达的占总人数的52%；喜悦程度有所增加的占总人数的40%。

亲子关系变化维度：没有变化、略有提升、较大提升。其中，没有变化的占比4%；略有提升的占比52%；有较大提升的占比44%。

我们深知，非暴力沟通的家长培训与实践推进是一项长期的且十分艰巨的任务，一方面，每年我们都招收新生，对新生的家长都需要做这方面的调研，并都要针对不同家长群体的家庭暴力沟通情况，开展有针对性的培训与实践推进；另一方面，要改变家长多年形成的暴力沟通的不良家教方式并不是一项一蹴而就的工作，需要我们在家校社文化的培育过程中，持续推进并坚持下去，因为只有持续的推进，才能使家长有所约束、有所敬畏、有所坚持，并在坚持中形成习惯，提升家教素养，才能巩固好和谐的亲子关系，这样，才能从根本上解决问题。

第四节　尊重教育的家校社协同育人案例

随着现代科技的飞速发展，越来越多的孩子来自与教师不同或不熟悉的成长文化背景，孩子的学习需求变得日益多样化，这就需要家校社有效沟通，协同行动，只有这样，才能保证家校社对孩子教育影响的一致性，才能取得更好的育人效果。

一、解忧杂货店架起家校沟通的桥梁

小学张涵双老师，在班里建立了解忧杂货店(孩子信箱)，有一天，她收到了笑笑的两封来信，写着“张老师，要是我学习好让我爸爸妈妈高兴我才高兴(忧伤脸)”，简短几个字引起了张老师的注意。张老师将笑笑放到信箱里的那封“要是我学习好让爸爸妈妈高兴我才高兴”的信，给了笑笑的妈妈，妈妈看了，眼含泪水。

她说：“张老师，真的不知道原来孩子心里有这么大的压力，我们平时对她要求比较严格，总觉得为什么这么简单的题目她就是不会呢，总是不能理解。”张老师说：“我们缺乏的就是站在孩子的角度去想她，总是按照自己的想法把她当成了大人，以为我们说的话，她就应该都能听懂。我们不应该用成人视角来看待和对待孩子，应从孩子的角度出发，尊重和保护她。”

笑笑妈妈很赞成张老师的说法，便说：“张老师，真的是这一封信，这一句话，就让我一下子明白了孩子的内心啊！我们以后在家一定学会尊重孩子，不再批评和训斥她了。”

现在的笑笑比以前开朗大方了很多，还成了小班长，可以为班级同学做事情。笑笑上课发言也不再哆哆嗦嗦，经常可以准确精彩地回答问题了，不懂的问题还能够勇敢地问老师，学习也取得了很大的进步。

笑笑的家长跟老师说：“孩子有了很大的改变，真的感谢张老师的那封信，让我们走进了孩子的内心。”运动会的赛场上，也有笑笑矫健的身影，这小小的身体里竟然蕴含着这么大的能量。笑笑的改变是由内而外的，她从一个不自信、胆小的姑娘，渐渐地变成了一个开朗活泼的小天使。

这或许就是尊重的力量吧！

二、“纸短情长”助力亲子关系改善

在孩子成长的过程中，良好的亲子关系至关重要，而良好亲子关系的形成有赖于亲子间良好的心理沟通。申雪老师在担任二年级班主任时，为了解本班学生的家庭教育情况，加强家校合作，她想着先从了解孩子的父母开始，设计了“赞由心生——谈谈你心目中的父母”主题班会，让孩子们说一说自己的爸爸妈妈。

班会开始，孩子们十分踊跃，争先恐后地发言了。

“老师，我觉得妈妈很漂亮。”璐璐第一个说。

“我的妈妈非常能干，总是把家里打扫得干干净净。”依依骄傲地说。

“老师，我妈妈是护士，非常忙，还经常有夜班，有时候好几天都不回家，很辛苦。”小悦心疼地说……

可角落里的小刚却置身事外，淡然、冷漠。见状，申老师赶紧补充：“小刚，说说你的父母吧！”“老师，我爸爸太无能了，也不上班，天天就是在家待着，也不管我。”“爸爸虽然不上班，但是每天接送你也是很辛苦的，对吧？”申老师小心翼翼地启发着小刚。“老师，他每天接我就是遛弯儿呢，根本不辛苦。而且他每天就是看手机，什么也不会。”谁知小刚不接老师的话，继续说。

小刚这一说不要紧，班中有的同学开始窃窃私语，交头接耳。洋洋站起来说：“我妈妈总是看手机，天天躺在沙发上。”“对，我妈也是，我妈妈天天减肥，上减肥课，从来不辅导我。”文文也补充道：“我妈上次还用扫帚打我呢，特别狠。”这突如其来的吐槽毫不留情，犀利刻薄。童言无忌道心声，有的孩子碍于情面隐藏自己的真实情感，直到小刚一语道出，孩子们才纷纷发泄，亲子之间误会重重。为改善亲子关系，母亲节来临之际，申老师便策划了主题为“见字如面，纸短情长——写给妈妈的信”的活动。信的第一部分：感恩妈妈；第二部分：敞开心扉(与妈妈谈谈自己真实的想法，希望妈妈能够改进)。

孩子们花了一周的时间，用心写信、设计信封。到了周五，孩子们拿着信，塞进信封，用胶条粘好，隐藏在书包里，等着周日母亲节的到来。到了周日，申老师在群里发了这样一段话：

亲爱的妈妈们：今天是母亲节，孩子们经过一周的精心准备，给您写了一封信，希望您坐下来慢慢读，期待各位家长的回信！短信一发，班级群里立刻喧闹一片，纷纷感谢这个活动带给妈妈的感动，别出心裁的方式触碰到了每一个妈妈的内心。洋洋妈妈写道：“今天收到儿子的信，我俩都落泪了，我也会听取儿子的意见！感谢申老师让孩子学会了表达、学会了感谢！谢谢老师的辛苦付出！”辰辰妈妈写道：“感谢老师，让生活中的每个节日都充满了仪式感，孩子心中充满了爱，也学会了感恩！”文文妈妈写道：“当收到了孩子的信件，满心的感动！也知道了孩子内心的想法，谢谢老师！”

周一的时候，孩子们纷纷拿来了家长的回信，家长们也如孩子们一样，用彩色童趣的信纸，装进各式各样的信封。班会的时候，我们召开了“见字如面，纸短情长”的分享会，申老师拿着信，配上音乐缓缓读了起来：“亲爱的宝贝：很感动收到你的来信……”老师一封一封地读着，孩子们认真地听着，有欢笑、有热泪、有感动、有纠结，有豁然开朗，有似懂非懂。申老师明白家长那种“望子成龙、望女成凤”的殷切期望。读到动情之处，一幅幅画面在文字的描述下竟然活跃起来，辛劳地做饭、不厌其烦地殷殷嘱咐、绘声绘色地日日陪读、绞尽脑汁地策划假期旅行，这一切的一切都变得如此立体和生动，纵然是几行简单朴素的文字，也会带给孩子们不一样的感受，柔软他们的内心，让他们感动。读着读着，申老师听到了抽泣声，抬头一望，然然同学在偷偷地抹眼泪，桐桐趴在桌子上抽噎着，琪琪拿着纸巾拭泪，小小的年纪竟被这静默的文字融化了内心，可见文字的力量是多么强大，在孩子们流下眼泪的那一刻，申老师知道孩子们明白了，他们知道感恩了，他们瞬间成长了。

其实，有些话应该是每个爸爸妈妈都在儿女面前念叨过很多次的，孩子们也会埋怨妈妈玩手机，自己缺少陪伴，但是孩子们未必能听进去，妈妈也未必放在心上。可是把它们用文字表达出来，感觉就不一样了，那是一种仪式感，也让彼此记得并更愿意接受。孩子们把这珍贵的来信装进了自己的档案盒，封存这份独家记忆。孩子们信誓旦旦地保证：以后每年都会给妈妈写信，以笔寄情，留好每一封来信，待长大之后慢慢回味，妈妈的爱永远不老，新鲜甜蜜。就这样，教育在仪式中悄然发生。

为了更好地让孩子们常怀感恩之情，六月的父亲节，孩子们也以同样的方式寄情书信，平日里的硬汉爸爸们也袒露心声，纷纷表示很喜欢这个活动，真正走进了孩子的内心。这次活动之后，申老师还设计了“感恩伴我成长”系列活动，主要从以下两方面设计：一是理智表达，组织学生写请柬邀请家长参加学校和班级组织的主题教育和社会实践等活动。二是劳动教育，组织全班学生回家帮助爸爸妈妈做家务，打扫卫生、整理内务，参与做饭，帮助洗碗等，就这样，从亲子间的书信交流到邀请父母参与学校的教育活动，再到参与家务劳动，不但拉近了亲子关系，培养了孩子们的劳动意识和自理能力，也使他们受到了很好的感恩教育。在这样的过程中，他们不断更新认知，在感情的碰撞中不断感恩与明理，在申雪老师与家长的陪伴下，孩子们一天天有了新的进步和成长。

三、家访带来孩子的变化

在育人过程中，班主任与家长之间的有效沟通，有利于在育人观念、培养目标和育人措施等多方面协调一致，形成合力，共同助力孩子的健康成长。

一天晚上，申亚辉老师突然收到小李同学家长带有情绪的一则微信，内容是这样的：“申老师您好，想跟您反映一件事情，孩子回来哭得很伤心，他说在学校被同学打肚子了，就想跟您了解一下在学校发生的事情。”申亚辉老师先安抚家长的情绪：“家长您好，今天这件事具体是什么情况，我明天到学校先调查一下，您先关注一下孩子的肚子，晚上孩子如果还是不舒服，您先和他去医院看看，也随时和我联系。”

第二天早上一到学校，申老师就在班里等着，还好，小李同学按时到校了，老师先认真地观察了他，他还是跟往常一样，回座位，放书包，交作业，没什么异常。于是，申老师把小李叫到身边，关切地问：“孩子，听说你肚子不舒服了，现在感觉怎么样啦？”“现在不疼了，老师。”但是眼睛却不敢直视老师。“那你能跟老师说说昨天到底发生了什么事情吗？”这个时候，小李低着头，支支吾吾地说：“没什么。”老师知道小李比较内向，也就没有再继续追问下去，就让他先回到自己的座位上做上课的准备。随后，申老师通过其他学生得知，小李每次上厕所，屁屁都会露出来，好多同学都笑他。原来是因为上厕所，小李的自尊心受到了伤害。

下午，随着孩子们放学，申老师也来到了小李同学家里进行了一次家访，申老师见到孩子的妈妈和姥姥，也许家长没想到老师会亲自到家里沟通，态度也没有微信里的那种冷淡了，于是，申老师就将上午在学校了解到的情况跟她们报告了，听到事情的来龙去脉，家长也松了一口气，原来孩子不是被打了。但孩子为什么却说自己被打了呢？申老师带着疑问也对小李又做了进一步的了解。从妈妈口中得知，由于自身工作原因，孩子从小就是由姥姥带大的，很少出去跟小朋友一起玩，在家里自理能力比较差，时常还会因为不如意哭闹发脾气，即使自己做错事情，也很少主动承认。每当有事去找妈妈解决时，他妈妈却总是说：“这点小事自己解决，不要什么事情都找妈妈帮你。”往往这个时候，小李总是闷闷不乐。听到这里，申老师便意识到小李平时缺乏母爱，有事没事总是小题大做，目的就是引起妈妈对他的关注和爱护，经过与家长沟通，家长也意识到要加强与孩子的沟通与交流，并尽量抽时间多陪伴孩子。

家访后，为了帮助小李主动与他人沟通，申老师推荐小李同学作为小组长来协助班委和老师的工作，他得知后，眼神里多了一丝阳光。在一次小组合作中，他作为小组发言人，代表小组汇报了讨论的情况，由于表现精彩，得到全班同学热烈的掌声，为小组赢得了第一名，那时的他，眼神里又分明多了一丝自信。渐渐地，在班里，我能看到小李时常为同学们讲题的身影了，能看到他主动帮班级打扫卫生的忙碌了，能看到他通过自己读书，带给同学们分享的喜悦了。一天，我收到了小李同学家长的又一次微信：“申老师，真的太感谢您了，孩子这段时间的变化太大了，回到家愿意跟我们分享学校发生的趣事了，性格也开朗了很多，孩子脸上总是洋溢着微笑，感谢您为孩子的辛勤付出。”

申老师针对孩子在班级中出现的情况，通过家访的形式主动与家长进行沟通，申老师真诚的态度、平等的姿态打动了家长，取得了家长的理解。在交流过程中，当了解到孩子成长的真实情况后，又及时向家长提出了对孩子教育的改进建议，争取了家长对自己教育的支持与配合，为之后孩子及时纠正自己的言行起到了关键性的作用。随后，教师跟孩子的一次次平等交流和心与心的沟通，使孩子乐意说出自己的心里话，并愉快地接受教师的指导与帮助，从而实现了引领孩子向更加积极阳光的方向发展的预期目标，这充分彰显了有效沟通引领孩子健康成长的价值与力量。

四、亲子阅读带来的变化

为培育尊重教育理念下“互尊互爱、平等和谐”的家庭教育文化，学校每学年都向家长推送诸如《读懂孩子》《沟通的艺术》《非暴力沟通》《好父母不可不知的育儿心理学》《如何说孩子才会听，怎么听孩子才会说》等书籍，并通过开展亲子阅读、家长读书分享等活动，有力改善了家庭教育的方式和环境。

案例一：陪孩子一起长大

作为父母，我也许更多地关注孩子的学习，忽略了孩子的情绪。初为人母，对于孩子的教育我还是一头雾水，摸索前进。我们用了十几年时间学习生存技能，小学、中学、大学以优异的成绩毕业，步入社会，凭借所学在社会生活中得心应手，当我们成为父母，面对一个几岁的孩子却又焦头烂额，不知所措。才想起来关于“如何做父母”，我从未接受过系统的教育和训练。

小学的第一年，家里乱了套，孩子坐不住，大人干着急。“不学习母慈子孝，一学习鸡飞狗跳”的戏码每天在家中上演，大人疲惫不堪，孩子更加叛逆。作为父母，我很焦躁、着急、担心。归根到底还是我不了解孩子，不了解他的行为语言，面对孩子的种种“不听话”，我无法破解孩子的情绪密码，面对未知我更加急躁。直到一个月前我读完《读懂孩子》这本书，从中学习到了很多关于这个年龄段孩子的行为语言和教育策略，解锁了很多之前无法破解的育儿密码。这本书也让我领悟到对孩子该有的正确教育理念和教育方法。

在“情绪理解和表达能力”这一章节中，我更能理解孩子在一些场合中说出的“不合时宜”的话，表现出的“不合时宜”的喜、怒、哀、乐。例如：朋友为他准备的生日礼物，如果不合心意，孩子会直接说“这个礼物我不喜欢”。我只能笑一笑掩饰尴尬，事后批评孩子不懂事。学习完《读懂孩子》这本书，我知道不是孩子不懂事，而是他还不懂得情绪表达规则。作为父母，我们要告诉他，在文化所规定的特定情境中，哪些情感应该表达，哪些情感不应该表达。孩子懂得了情绪表达的规则后，也开始夸奖不擅长做饭的妈妈厨艺很棒，妈妈心里很温暖。我们一起努力，一起变得更好！

我一直觉得孩子很小，很难感受到大人的情感，导致我在与孩子的相处中难以平等地与孩子进行“情感对话”，也常常压抑自己的感受，遇到事情或是一味顺从，或是语言命令。在学习完“情绪理解和表达能力”这一章节后，我发现与孩子“情感”对话，可以让我们彼此更加理解，孩子也给了我更多感动，幸福感倍增。现在当我生病不能陪孩子去买书的时候，我会告诉他：“妈妈今天身体不舒服，需要休息，不能按照约定陪你去书店。”出乎意料的是孩子没有哭闹，嘱咐我赶紧上床休息，还给我端来了热水，告诉弟弟不准吵妈妈。我非常感动和感慨，不是孩子不懂事，而是之前的我没有掌握方法去和孩子沟通。

作为家长，我也会不断地学习，和孩子一起成长，成为一名合格的家长，帮助孩子顺利解决成长过程中所出现的问题。家庭教育也是一个让孩子可以终身受益的课堂，只有掌握与孩子交流的正确方式与方法，才能更好地去了解孩子，家庭教育才能事半功倍。孩子是祖国的未来，家庭教育任重道远。我们一起成长，一定会变得更好！（二年级学生家长郎宇提供）

案例二：在亲子阅读中一起成长

真的很感谢学校给我推荐了《读懂孩子》这套书，读后我更深刻地体会到不断了解孩子、读懂孩子是漫漫家庭教育的第一步，且是关键重要的一步。这本书不但使我学习和了解了孩子身心成长的规律，也使我学到了很多操作性强又很实用的方法。目前，我在教育孩子的同时，也在不断地“修炼”着自己。以下是我在边读边用的小“成果”，有两点跟大家分享。

亲子阅读，阅读的重要性不言而喻，道理都明白，但过程中我们都会或多或少遇到各种“苦恼”，比如孩子识字少，集中注意力的时间短等。

对于四年级的姐姐，我把亲子阅读理解为互动阅读。在她上了小学能独立阅读后，我也以为我能“大撒把”，终于不用再给她一字一字地读书了，但“苦恼”也随之而来，她多数的时候只喜欢故事性强的校园小说或漫画，不喜欢读老师或家长推荐的书。后来我就经常带她去图书馆和书店，跟同学定期交换家里的藏书读，渐渐地她读书涉及的范围就越来越广了。这两年经历了新冠肺炎疫情的冲击，使她对中国的历史、党史和政治很感兴趣，我开始帮她选择这方面的书籍。慢慢地，我发现每每跟她一起共读一本书的时候，她都会问这样那样的问题，有不懂的地方，我也会和她讨论，她的读书兴趣就越来越浓厚了。直到我读到了《读懂孩子》书中关于阅读这一部分时，我知道了这就是读懂孩子，我找到了理论基础。正如书中说的那样，“亲子阅读是培养孩子阅读能力和阅读习惯的重要途径”。阅读方法要做到“四到”，从自己孩子身上，我感受到其中很重要的“两到”是“心到”和“口到”，即边阅读边思考，思考过后，孩子会有表达。我们会讨论为什么京剧里给曹操画的是白色脸谱，女儿说他能指挥千军万马打仗，看《中国诗词大会》，还学会了他很有气势的《观沧海》。我说是的，所以众多的历史人物我们都可以辩证来看。恰逢建党百年，我们最近正在读有关中国近现代史的书籍，相信孩子逐渐了解了相关的历史后，更会觉得如今的繁荣盛世来之不易。

之后，对于四五岁的弟弟，更是让我尝到了亲子阅读的"甜头"。看工程车的书，我们会讨论车的用途，讨论建筑工人的辛苦，讨论工程师画的图纸变成了高楼大厦……自从读了《读懂孩子》，每次读故事性的书的时候，我也试着照书上说的问一些问题，我们一起想象故事的情节发展，想象结局，他也会问各种问题。比如，小熊一家搬家要过河没有桥，有人帮忙让每样家具都由一个大氢气球带过河，我说真是要感谢大氢气球的帮忙呀。他的问题是家具都由氢气球带过河了，那小熊一家怎么过去呀？我说对呀，你考虑得真周到，你有什么好办法吗？那咱们再往后看看小熊一家怎么过河的吧！所以每每读书的时候，除了给孩子读出书上的文字，我也一直在尝试跟他进行"有效的讨论"。最近孩子读书兴趣越来越浓厚，读书也成为我们每晚睡觉前的"必修课"。

亲子阅读，增进了亲子关系，让孩子主动参与，能听到孩子思考的声音，能激发孩子读书的兴趣和想象力，不但开阔了孩子的视野、帮助孩子保持高效的专注力，而且还能逐渐培养孩子的表达与沟通能力，同时，也帮助孩子认识了更多的字。在带着弟弟读书时，通过指读，他逐渐认识了很多字，目前粗略统计也有千余字。在《读懂孩子》0～6岁版本中也提到让孩子在生活中识字，我也开始有意识地在上学放学路上、商场超市、坐车的路上，引导他看各种标识熟练识字，鼓励他帮姐姐听写生字、词语等。

在生活中培养孩子良好的性格和生活习惯。弟弟性格稍内向，在外跟人见面时，不太愿意打招呼。姐姐平时也不太懂照顾弟弟，之前遇事经常都是以自我为中心。受《读懂孩子》的启发，我尝试了解孩子的心理，用书中推荐的表扬与鼓励的方式，及时发现并肯定孩子的进步。这些鼓励与表扬也都融入到我和孩子生活的点滴之中。当然，孩子良好性格和生活习惯的培养过程还会更加漫长，但我愿意坚持，是《读懂孩子》这套书给了我信心。

《读懂孩子》使我了解了孩子成长的规律，随着孩子年龄的增长，知识、经历的增加，每个阶段都会面临不同的问题和困惑，家庭教育的方式也需要不断调整。作为家长，我还是要不断学习、了解、观察和总结孩子每一步的成长规律，跟孩子一起面对困难、解决问题，并迎接一切到来的挑战和美好！（四年级家长王春杰提供）

案例三：家长写给孩子的话

曾经听到过这样一段话，每个孩子都是天使，他们在天上选择喜欢的人做自己的妈妈，非常感谢你——我的孩子，让我成为你的妈妈。

一个时代的发展是社会的变革，教育的重视程度体现了社会的文明程度。随着我们国家日益强大，“80后”的我从小接受义务教育，长大后步入社会，结婚生子，人生阅历丰富了，也更懂得教育的重要性。随着“牛小”“内卷”“鸡娃”等网络名词铺天盖地地涌来，好像百分百家长成了我人生的目标。

我曾梦想你是天之骄子，你可以通过努力，通过自己的聪明才智，走向象牙塔，达到人生巅峰。但是，梦想总是美好的，现实却是残酷的。每天晚上伴随着对你的辅导，我呕心沥血地讲解，全楼甚至都能听见一个三年级的小学生正在接受批评教育，正在因为白天在学校打架的事情挨父母一顿棒揍。我是真的压不住火啊，数学题你不会做，语文字词你不会写，甚至简单的英语字母你都读不全……成绩不好是一方面，纪律也不好，总之各种问题都会出现，被老师留下也是常有的事儿。“恨铁不成钢”也成了我的常用词。人到中年的我，本身已经开始焦虑，我更怕控制不住这种教育焦虑，把负面情绪带给你。一下子，我仿佛找不到教育你的方向了。

在后来的学习教育中，幸好得到了老师和同学家长的帮助，我有幸拜读了边玉芳老师的《读懂孩子》一书，讲的是儿童心理学。真的对我帮助很大，使我茅塞顿开。我的这种百分百家长真的不适合你，这本书里提到，作为家长首先要无条件接纳孩子，我想最应该改变的就是心态，我要接受你的平庸，接受你是个普通人。学习是一件持之以恒的事，它伴随着你的整个人生。我没有必要在你仅仅是小学生的时候，就要求你做到你年龄达不到的高度。也许你的知识水平不是最好的，但是只要坚持学习，相信你在未来会有更多的选择。同时我也发现了你的很多闪光点，你喜欢创作，喜欢手工，未来也许你会成为一名优秀的大工匠。《读懂孩子》对我来说，成为百分之七十的家长就可以了，我会鼓励你、帮助你，帮你树立自信，引导你建立正确的人生观、价值观。从小热爱祖国、团结友爱同学、积极进取。让我们都放慢脚步，规划好自己的生活，在知识的海洋中寻找乐趣。

每个人的人生都是一本书，书的目录都由自己撰写，能成为你的妈妈已经是我现阶段最好的人生标题。我会陪着你慢慢长大，我们共同学习，一起成长。人生路漫漫，知识无尽头，砥砺前行，让妈妈和你一同进步。（三年级家长周至明提供）

五、家长分享教育孩子的案例

案例一：一年级(3)班张雯月家长分享“教孩子学会时间管理”

作为家长，你是否因为孩子经常拖拉磨蹭而感到焦虑，你的孩子是否经常面临如下问题：早上起不来，晚上不肯睡，洗脸刷牙磨磨蹭蹭，写作业拖拖拉拉，等等，什么事情都需要家长催，有时候甚至必须吼两嗓子，孩子才去做，最后家长对孩子是越来越恼火，孩子的情绪也越来越暴躁，彼此之间身心俱疲。于是家长们开始质疑，明明自己花了很多时间和精力在管理孩子的生活和学习，也用了很多的方式和方法去培养孩子的习惯，可结果孩子还是拖拉懒散。

其实，这些问题都是孩子缺乏时间管理能力的表现。作为家长，我们一定要学会帮助孩子合理地安排和规划时间，这不仅能培养孩子的良好习惯，还能提高孩子做事的效率，那么该如何帮助孩子做好时间管理呢？时间管理的第一个重点：要了解孩子专注力的时间长短。孩子年龄不同，专注的时间也不同，尤其是关于写作业的时间管理问题，经常有家长反馈说孩子写作业特别拖拉，明明半个小时就可以做完，能拖到两个小时。这说明孩子在写作业上，时间规划是不合理的，导致了作业的拖延。要想解决这个问题，首先要了解孩子年龄段所对应的专注时长。有研究表明 3～4 岁的孩子平均专注力也就 5～10 分钟；5～6 岁的孩子平均专注力是 10～15 分钟；7～10 岁的孩子是 15～20 分钟；10～12 岁的孩子是 25～30 分钟；12 岁以上的孩子，他的专注力才能达到 30 分钟以上。我们不能奢求一个几岁的孩子连续做一两个小时的作业，还能让他保持高度的专注，而是要做好时间管理与规划，安排中间的休息时间。这个原理从纽斯特“对所学的东西能记忆多少的实验”中也获得了证实。在学习某一科目时，与其连续强记不如休息后再记，才不会使记忆的内容重复搞混，提高效率。时间管理的第二个重点：要给孩子选择的权利。很多家长会说，我们也给孩子做时间规划，但孩子的时间观念还是很差，还是喜欢拖拉，问题出在哪里呢？因为孩子的时间规划大多都是家长给孩子做的，并不是孩子自己认可的。一个人对自己不认可的事情，其内心都会有抵触，有声的抵触可能会发生言语冲突，而无声的抵触就可能会通过拖拉磨蹭而表现出来。因此，时间的计划与管理要让孩子自己去做，家长可以指导但不能代替。在指导孩子做时间管理时，可先征求孩子的意见，如家长可以问：“孩子，你是先玩后学还是先学后玩呢？是饭前做作业还是饭后做作业？是先做语文还是先做数学呢？”这样，让孩子学会拿主意，自己做选择。除此之外，当孩子能够在规定的时间完成计划或者能够快速完成任务时，我们家长一定要给孩子自己自由支配时间的权利，这样才能让孩子快速地完成该做的事，以便提高效率。时间管理的第三个重点：制定目标。目标一定是你和孩子共同制定的，绝不是家长单方面给孩子定的，我们可用启发式提问的方式来引导孩子亲口说出自己的目标。比如：这次期末考试你期望自己能考多少？那怎么才能达到这个目标呢？我们需要做哪些努力？如果安排你每天做一些事情来完成这个任务，那你需要做什么呢？就这样引导孩子把目标拆分到具体的事情上。如孩子会说："我英语要考优＋。"那么就继续问孩子怎样才能达到优＋，孩子会说："那需要每天背单词。""那你每天背几个单词呀？什么时间背单词呢？"当设立目标后，就记录到计划表里，并展示到最明显的位置，让孩子随时都能看到，以便时刻提醒孩子为达成目标去认真完成任务。但我们在制定目标时要避免"规划谬误"的心理现象，也就是自己制定一些实际上无法实现的计划，导致做得很糟糕或难以完成，因此，一定要注意目标的可行性，一次完成一个主要目标，不能每天安排太多的任务，而是需要阶段性地逐渐地完成不同的目标。时间管理的第四个重点：鼓励和认可。在执行过程中，我们经常会遇到一些问题，有可能孩子开始几天还新鲜，愿意去遵守约定，但过了几天就又回到了老样子。这时候，作为家长，如果我们一味地批评或者指责孩子，那就会让孩子灰心，失去希望，从而放弃自我管理。反之，如果我们看到孩子的努力，同理他的感受，能认可他的优点和进步，那么孩子就会感到有价值和成就感，孩子这时也会愿意坚持。

当我们帮助孩子进行这样的时间管理持续一个月时，孩子就会变得很自然地去遵守。那再坚持三个月，就会变成孩子内化的行为习惯，他也会习惯于对自己的时间做规划和管理了。这样，举一反三，不仅可以做生活的规划，也可帮助孩子做写作业的规划，一旦孩子形成有规划的做事习惯，我们解决的不仅仅是眼前面临的问题，这一习惯有可能影响孩子的一生。

案例二　七年级(1)班王煜鑫家长学习《家庭教育促进法》的体会及应用

俗话说"子不教，父之过"，这句话言简意赅阐述了孩子教育的成败与家长责任的关系，说明家长的言传身教会影响孩子的一生。也有人说"孩子是父母的复印件"，看到了孩子的各种表现也就看到了背后这个家庭父母的教育水平。在没有系统学习《家庭教育促进法》之前，我自认为已经很重视家庭教育了，能够以身作则起到示范和引领的作用，每天孩子回到家都要关注孩子当天的学习情况，每天盯着孩子按时完成作业、及时复习和预习功课，在孩子学习方面我已很尽力去推动她努力前行了。通过学习，发现自己忽略了正值青春期孩子的心理特征，忽略了对她价值观、情商和良好行为习惯的培养。平时，自己更多关注的是她的学习成绩，还每天给她讲一些人生大道理，逼着孩子认识到学习的重要性，而且动不动还危言耸听地吓唬她，并对她说“如果不努力，将来考不上高中这辈子就毁了”等类似的话，无形中也给她制造了很多心理压力，有时候每天重复的话说多了，还会造成她的反感和抵触。

下面，我就结合孩子的真实情况说明家庭教育有多么重要。孩子王煜鑫喜欢体育运动，她从小学一年级就被老师选中当了一名体育委员，从那一刻起，幼小的心灵上就埋下了热爱体育运动的种子，作为父亲，我也一直对她进行引导和鼓励，引导她加强锻炼，给全班同学做出榜样，并带领全班同学都加入到热爱体育运动的行列。因此，她有了做领头羊的信念，支撑着自己，即使遇到了一些困难她也能想办法克服。她从一年级到七年级一直都是班里的体育委员，在学校举办的大大小小的体育运动会中，也收获了许多奖牌。发现了孩子一些兴趣点之后，要对孩子进行正确引导和不断激励，让她意识到拥有健康的体魄是最重要的，是学习其他文化知识的基础，只有自己努力拼搏后取得的成绩才最为光彩。从六年级开始，我发现她在众多体育项目当中对羽毛球特别感兴趣，每天放学后，她都要到公园去打两个小时的羽毛球，即使汗流浃背，她也每天坚持，这有可能就是兴趣爱好带给她的动力。发现了她对这项运动的热爱和执着后，我也跟她进行了一次平等坦诚的沟通，她说她想在这项运动当中获得更好的成绩，并乐意参加更多的比赛，也愿意付出艰苦的努力。为满足她的这一学习需求，我就找到了一个专业羽毛球培训机构，对她进行重新塑造，在前期羽毛球的步伐练习和体能练习中，她认为这很枯燥，很累，没什么用，自己总是想着去打球，开始没有认识到基本的步伐练习、下肢力量的练习对羽毛球水平提高的重要性，不愿意去练习这些基本功。后来通过几次比赛的失败，她看到高手打球时步伐的敏捷是制胜的法宝。在教练和我的不断劝说和引导下，她也认识到了基本功对提升羽毛球水平的重要性，就开始狠下心去练习基本功。通过一段时间的系统学习，打球水平有一定提升。寒假观看冬奥会比赛，拿到 2 金 1 银的谷爱凌顽强拼搏的励志故事深深地打动了她，她也希望通过自己的不懈努力拿到羽毛球国家二级运动员证书，让羽毛球运动成为她受益一生的爱好。

案例三：二年级(3)班钮丛一家长“把爱带回家 送法进万家”的分享

《家庭教育促进法》中明确规定了家庭教育的责任主体、原则、内容和方式方法。作为父母，我们都是新手，在教育和指导孩子方面，都没有什么方式方法，有时会比较困惑，学习了这部法规之后，最大的感受就是，以后想做个负责的家长，“依法带娃”给了我们家长科学的遵循指引。下面就根据法规中的指导方法来分享一下我家的实际做法：一是亲自养育，加强亲子陪伴。我和孩子爸爸都在上班，老人协助我们接孩子。在我们下班到家以后，我和孩子爸爸会共同配合，关注孩子的学习状态并及时辅导。只要是休息日，基本都会带孩子们去户外玩耍、锻炼、呼吸新鲜空气。有机会，我们还带孩子们去旅行，尽量多陪伴孩子，让孩子在有爱的环境下健康成长。二是共同参与，发挥父母双方的作用。每个家庭，爸爸妈妈的角色都是无法替代的，家庭教育需要我们做父母的共同参与。在我家，孩子爸爸会指导孩子们骑车、轮滑、游泳、象棋等；我则会跟着孩子一起跳绳、跑步、打球、做手工、画画等。没有特定的分工，就是谁更擅长什么，就多参与陪伴，感觉在陪伴孩子的过程中，自己也在不断地成长和进步，以后还要继续保持，做得更好才行。三是相机而教，寓教于日常生活之中。春暖花开的季节，我们会带孩子去踏青、钓鱼；夏天有时去海边、去游泳、去图书馆看书；秋天去看落叶，躺在满地的叶子上面，感受大自然带来的惬意；冬天只要下雪就会去楼下打雪仗，孩子们快乐，我们大人也跟着非常开心。我们还会教孩子做简单的家务，陪他们体验播种带来的乐趣。日常生活中还有很多事情，作为家长，我们都会陪孩子一起完成。四是潜移默化，言传与身教相结合。父母陪伴孩子学习成长也是一件十分重要的事情。在陪伴孩子时，放下手机，与他们一起看书、读报，让孩子们从小养成爱阅读的好习惯，家庭环境中，不能没有看书的氛围，我们作为家长要以身作则，给孩子们树立爱看书的榜样。在这方面，我们做得还不够好，这是我们接下来需要努力的地方。五是严慈相济，关心爱护与严格要求并重。在我们自己成长的路上，经常会听到几句话："黄荆棍下出好人""不打不成才""家严出孝子"等，但我们现在也越来越感受到，孩子个性的独立与自由是打不出来的，打孩子可能会让孩子变得听话，但有可能会使他们失去信心、爱心和创造力。如果孩子做错事，我和家人一定会指出哪些是不对的，怎样做才是正确的，在孩子们不开心闹情绪时，我们会给予孩子安慰和拥抱。在孩子做好时，我们会给予及时的肯定与鼓励。有时，我们会发现一个简单的拥抱能让孩子破涕为笑，我希望我的孩子们健康、快乐，有承受失败和挫折的能力，也能开朗乐观地生活。有时，当看到孩子犯错误时，自己偶尔也控制不住情绪，但我们一定会努力做得更好。六是尊重孩子年龄特点与个性差异。"世界上没有完全相同的两片叶子，世界上同样没有完全相同的两个人。"作为两个孩子的家长，我们更是深有感触，在同样的生活环境下，孩子们的性格及爱好还是有非常鲜明的差异的，老大不太喜欢表达自己的情绪和想法，比较喜欢运动和冒险，滑板、轮滑、游泳等都是因为喜欢而去学习的；老二则更加喜欢表达，会把自己的想法和情绪说出来，也更喜欢音乐、舞蹈、画画等。我们正在学习用尊重、欣赏的眼光看待他们，希望他们葆有自己的喜爱与个性。七是平等交流，多给孩子以尊重、理解和鼓励。在孩子小时，我们会不自觉地将沟通变成了下达命令，你该这样做，不要那样做。随着孩子慢慢长大，当命令遭遇孩子们的不满和逆反心理而导致一片混乱时，我们也开始审视自己的教育方式。因此，在很多事情决定时，尝试征求孩子们的意见，会在每天抽出一部分的时间和他们聊天，分享我们彼此间当天有哪些有趣的事情，会在他们不开心哭闹的时候，耐心地听他们诉说心中的不满与委屈，而不是在哭的第一时间想要制止他们。我们家还因为如何改善睡觉晚的问题召开了家庭会议，孩子们也在思考后说出自己的想法。现在越来越感觉和孩子们沟通交流真的很有意义，也非常有趣，重点是孩子们感受到了被尊重和理解，变得越来越懂事了。八是相互促进，父母与子女共同成长。现在的孩子，都是家中的宝贝，习惯了衣来伸手、饭来张口，不太懂得父母的辛苦。接下来，我们要培养孩子的自理能力，让孩子参加一定的家务劳动，学会自己的事情自己做，在这一过程中，让孩子收获劳动带来的成就感和快乐，以更好地助力他们健康成长。做父母养育子女真的算是一场修行，孩子会在不同阶段出现不同的问题，而我们要不断地发现问题和解决问题。在教育孩子的同时，我们做父母的也在这个过程中不断地被教育，自己的修养和思维也都得到了提升，这也是一种成长。养育孩子的路还很长，我们能做的是好好陪伴，适时纠偏，和孩子们一起进步，共同成长，静待花开。希望我们都可以成为优秀的父母，也希望每一个孩子都在一个有爱的家庭中健康成长。

大家知道，社会即学校，家庭即学校，父母即教师。学校教育和家庭教育原本就是一个整体，家庭教育是学校教育的重要基础，二者相辅相成，互为补充。我们在家校社协同育人的过程中，无论是教师还是家长，对孩子健康成长都承担着不同的教育责任，我们经常说“家校社育人的目标是一致的”，关键是家校社育人的价值观必须协调一致，必须把“立德树人”放在首位，因为立德树人的教育对孩子一生的发展起着奠基性、方向性的作用。因此，我们不要期望孩子未来多么伟大，关键是要关注孩子成长的当下，让孩子在平凡的生活与学习中学会自理、自主，学会学习与生活，学会尊重和感激，学会担当与合作，学会做人和做事……让孩子在实际生活中成长，从脚踏实地的做事中体验成功，从平凡的经历中发现伟大，引导孩子走好成长的每一段路程，这样，孩子就一定会迎来属于自己的真实而丰硕的人生。

第十章　尊重教育校本文化培育的成效与反思

学校文化建设的过程实际上是一个培育和传递的缓慢过程。文化的培育和传递需要通过不断拓展文化建设的“文化半径”来实现，而文化半径的拓展又是由一部分人逐渐带动另一部分人再带动更多人的一个过程，是通过一件事影响人们，再通过一些事逐渐深入影响人们的过程。我校从尊重教育理念的提出，到得到师生、家长与社区的认同，再到师生内化于心、外化于行，形成了以尊重教育为核心的价值观，经历了校本文化从生成、培育到发展、壮大的过程，有效促进了学校的发展，也助力打造了学校的尊重教育品牌。

第一节　尊重教育校本文化培育的理论与措施

一、校本文化培育的理论假设与思路

学校文化，由价值系统和行为模式构成。价值系统引导着行为模式，行为模式体现着价值系统。我校在校本文化培育方面，采取的是一种行动研究的模式，直接从文化自觉起步，以校训为核心的价值系统建构与体现价值系统的行为模式同时打造，并不断地推进理论认识与实践总结的相互促进。

在尊重教育校本文化培育的过程中，我们从“人与事”两个方面同时入手，通过培育和树立践行尊重教育理念的教师、学生、家长典型，以及表彰体现尊重教育理念的教育教学行为与典型事例，使尊重教育理念内化于心、外化于行，以推动尊重教育理念的落地、生根和不断发展。尊重教育校本文化的培育主要体现为在教育教学的重要领域构建新型文化，包括环境文化、课程文化、教师文化、课堂文化、学生文化、评价文化等，其核心是形成尊重教育理念下“倾听每一种声音，呵护每一颗心灵”的教风、“多一分敬念，增十分智慧”的学风和“友善互助，和而不同”的校风。

二、尊重教育校本文化的培育措施

在北京教科院专家的指导下，面对相对薄弱的生源基础，我们坚持“立德

树人”的根本任务，聚焦每一名学生发展的实际获得，积极推进尊重教育的实施，着力培育了具有本校特点的尊重教育校本文化。

1. 在环境文化建设领域，着力建设“自尊自强、合作共进”的文化

“让学校的每一面墙都开口说话。”我们结合课程实施，突出校园文化建设的人文性、教育性特点，加强了校园的空间和设施人文化设计，按照“尊重自我、尊重他人、尊重社会和尊重自然”四个维度，建立与完善了教学楼一层到四层的尊重教育校本文化、以优秀传统文化和航天科技为主要内容的校园环境文化，并通过举行形式多样的主题展示活动为学生提供了多样化的展示平台，充分发挥了校园文化的整体育人功能。

2. 在课程建设领域，着力建设“全面＋特色”的文化

我们坚持“立德树人”的根本任务，将德智体美劳“五育”融合于学校“‘尊道敬学、立己达人’阳光少年”的培养目标之中，按照尊重教育的四个维度，努力构建与完善由“基础型课程、拓展型课程和个性化课程”构成的尊重教育课程体系。突出基础型课程的校本化、拓展型课程的必修化和个性化课程的选择性，强调学生的主动性、积极性以及选择性，让学生自觉地、快乐地参与课程的学习，努力培育“全面＋特色”的课程文化。

3. 在教师队伍发展领域，着力建设“敬业乐群、协同创新”的文化

学校研究确定了“三高、三情怀和三气”的师德师能建设目标，强化了教师专业发展的目标意识，以研课、展课与项目研究为载体，以青蓝工程、逐光工程实施、“专家＋教师＋反思”和“专家＋骨干＋教师＋反思”的教师学习与发展共同体为依托，以“践行师德承诺，努力创先争优”活动、“我身边的尊重故事演讲”“尊重之星评选”等为手段，以“见习—入格—合格—升格—出格—风格”的梯级教师专业发展激励机制为保障，充分发挥教科院的智力优势，通过班主任成长、语文分级阅读、英语绘本教学、学思维课程推广、班级文化、达人币等项目的研究与定期的教师自评、同伴互评、不断反思、循环改进等措施，多层次、立体化给教师发展赋能，并优化教师成长的过程指导，有效促进了青年教师的专业发展和新教师团队的快速成长。同时，发挥学校党组织的战斗堡垒作用和党员干部的榜样示范作用，引领青年教师强师德、铸师魂，不断促进教师队伍职业境界的整体提升，培育了“敬业乐群、协同创新”的教师文化，建设了一支“敬业乐群、协同创新”卓越教师团队。

4. 在教学改革领域，着力建设以“学”为中心的文化

我们按照“问题设计为主线、自主学习为主体、小组互助为载体、交流展示为平台，能力提升为根本”的基本要求，建立与完善了学生互助学习管理办法，借助每年教科院基教研中心的教学视导，大力开展了主题螺旋上升式“一

人一课"展示活动，积极构建以"问题导学、少教多学、自主思学、合作互学"为主要特征的以"学"为中心的课堂。在这样的课堂中，教师以情境与问题为导向，启发学生思考，引导学生思维碰撞和问题解决，培养了学生的良好思维品质，努力创建了真实学习中发生的灵动课堂实践样态。教师教学方式的转变，培育了以"学"为中心的教学文化，并有效促进了教师课程实施能力的不断提升。

5. 在学生文化领域，着力建设"尊道敬学、立己达人"的文化

我们把学生放在学校教育的正中央，以尊重学生发展为出发点，以尊重学生认知基础、学习需要、兴趣爱好、选择权利为重点，以学生学习习惯、行为养成、道德品质、公民素养、能力拓展、合作交流、运动与健康、审美与表现为基本内容，以学生的实际表现为依据，以学校评价为主体，采取个人自评、小组互评、教师和家长参与的多元化评价方法，全面反映学生的综合素质状况和个性特长，努力构建尊重学生发展的动态、多元的评价体系，使学生在"尊道敬学、立己达人"的文化氛围中得以健康成长。

6. 在家校社合作领域，着力建设"协商、合作、和谐、共进"育人文化

我们把家长定位为学校育人的合作者和同盟军，绝不是学校教育的旁观者和批评者。在这样定位的基础上，我们建立了党组织主导、校长负责、群团组织参与、家庭社会联动的全员、全过程和全方位的育人机制，在教育理念、学校发展规划、培养目标、习惯培养、课程学习、兴趣爱好与特长培养、选课、综合实践活动课程实施、资源利用、主题教育活动等多方面，通过广泛征求家委会、社区和义务监督员等的意见与建议，彼此间进行有效沟通、形成共识，同时，依托家委会、家长学校和家长教师协会，积极开展"非暴力"沟通、亲子阅读、家校共育、家长志愿者、家访等项目推进工作，多领域、深层次的家校社有效合作逐渐培育形成了"协商、合作、和谐、共进"的协同育人文化，为学生的健康成长营造了良好的家校环境。

三、尊重教育校本文化培育的阶段性实施计划

第一阶段：启动尊重教育校本文化培育项目(2018.2—2018.8)。

积极开展学校办学理念落地研讨活动，紧紧围绕"以校为本的教师研修与梯级发展激励机制的建立，'专家＋教师＋反思'的教师学习与发展共同体构建，尊重教育课程体系的完善，以'学'为中心的课程改革推进和过程，动态、多元的学生发展性评价的实施"，进一步完善项目研究管理办法和教师、学生和家长尊重之星评选办法，在尊重教育的育人实践中寻找和发现典型的人和事，并启动尊重故事演讲、项目和案例研究研讨等工作，开展学校第一批骨

干教师评选活动，助力尊重教育理念的落地与生根。

第二阶段：全面推进尊重教育校本文化培育项目（2018.9—2019.8）。

全面推进尊重教育校本文化的培育探索，以“专家＋骨干＋教师＋反思”的教师学习与发展共同体建设为依托，积极推进学校育人方式改革，引领教师专业发展，做好尊重教育课程体系中的拓展型课程和个性化课程的研发，重点做好尊重进阶课程的研发与实施，推广学思维课程实施工作，丰富尊重教育课程体系中的拓展型与个性化课程。积极开展以“问题导学、少教多学、自主思学、合作互学”为特征的以“学”为中心课堂的“一人一课”、示范课、研讨课和公开课活动，持续螺旋式推进课堂改革，编辑《真实的学习、灵动的课堂——尊重课堂设计案例成果集》（上、下册）。开展第一批研究项目中期研究汇报会和尊重故事演讲，推荐教师参加丰台区骨干教师评选活动，助推教师专业发展。在师生和家长中广泛开展“尊重之星”评选活动，以此推动尊重教育理念文化内化于心、外化与行，助力形成具有尊重教育特点的学风、教风和校风。

第三阶段：深入推进尊重教育校本文化培育项目并做好成果提炼总结工作（2019.9—2021.12）。

深入推进尊重教育校本文化培育，实施专家指导和名师带动策略，继续加强“专家＋骨干＋教师＋反思”的教师学习与发展共同体建设，持续推进育人方式改革和新一轮“尊重之星”的评选活动，继续推进德育一体化的尊重进阶课程、学思维课程等的实施工作，加强综合实践活动课程与劳动教育的系统优化设计，深入推进以“学”为中心课堂中的问题链和思维品质的培养研究，积极推行问题单、学习任务单和小组合作学习运行方式的研究，把课堂、学习时间和学习的权利还给学生。加强“达人币”和“红领巾奖章”项目的研究与实施，进一步完善学生评价的梯级激励制度和机制。评选学校第二届骨干教师，发挥校、区级骨干教师和教师、家长、学生尊重之星的带头作用，进一步夯实学校尊重教育校本文化培育基础，巩固学风、教风和校风建设成果，进一步发挥尊重教育理念下的“一训三风”的育人作用，以促进“倾听每一种声音，呵护每一颗心灵”教风、“多一分敬念，增十分智慧”学风和“友善互助，和而不同”校风的内化于心与外化于行。

与此同时，编辑出版文化培育的阶段性成果《尊重的力量——一所学校的教育价值追求》，整理学校尊重教育课程综合化改革成果，提交总课题组结集出版《学校课程建设与综合化实施——基于北京市中小学的实践与探索》，此外，在认真总结近七年尊重教育校本文化培育探索实践的基础上，系统梳理和提炼尊重教育校本文化培育的路径与策略，由张广利校长撰写并出版《尊重教育的生成与发展》一书。

第二节　尊重教育校本文化培育的成效

经过近七年尊重教育校本文化培育的实践与探索，我们在北京市丰台南苑地区普普通通的社区初步实现了办一所“学生喜欢、师生幸福、居民满意、社会认可”的优质学校、一所“自尊自强、互尊共进、和谐民主、持续发展”的尊重教育品牌校的目标。

一、尊重教育校本文化培育的主要创新

1. 理论创新

没有尊重就没有真正的教育。教育须尊重学生的主体地位，尊重学生的个性差异，尊重学生的学习需求，尊重学生的成长规律。我们鲜明地提出了“尊重教育”这一育人模式主张，实施了“尊重教育”育人模式的研究与探索，阐述了尊重教育的价值追求，研究厘清了尊重教育校本文化培育的基本路径与实施措施，探讨了学校文化培育的基本维度和实践样态。

2. 实践创新

从“人与事”两个方面同时入手，通过培育和树立践行尊重教育理念的教师、学生、家长的典型，以及表彰体现尊重教育理念的教育教学行为与典型事例，不断扩大校本文化传播的半径，并持续进行文化建设的推进，从而推动了尊重教育理念的落地、生根和发展，培育和发展了尊重教育的校本文化，并以此推动了师生的共同成长，促进了“在普通社区办不普通的教育”目标的实现。

二、尊重教育校本文化培育的成效

(一)尊重教育校本文化的培育使学校充满了温度，促进了师生和学校的共同发展

教师专业自主权、专业发展权和民主参与管理的权利等都得到充分尊重，教师专业发展的内驱力得到激发，从而带动了教师以专业视角深入开展尊重教育的行动研究，尤其是专注于学生学习与成长中的问题、案例和事件研究，这些具体教育教学情境中的问题与案例研究，不断改变着教师的教育教学观念和教育教学行为，教师们呵护着每一颗心灵，倾听着每一种声音，不断付出爱心、耐心和责任心，收获了学生的尊敬、热爱、勤学和上进，在这一文化培育的过程中，“民主平等、和谐互助”的师生关系和“互尊互助、和谐共

进”的同伴关系逐渐形成，也助推着教学相长的不断实现。

尊重教育理念不断内化于心，外化于行，助推了教师专业水平的提高和教育教学质量的逐年稳步提升。近年来，我校已有35名教师先后成长为市、区、校级骨干教师，“紫金杯”班主任和区级优秀班主任。学校各年级学生实现了德智体美劳全面而有个性的发展，体育羽毛球、夹包和书法等特色项目建设已跨入全区先进行列。自建校以来，学校每学期都采用问卷星对家长和学生进行满意度和喜欢学校的调查，从调查结果看，中小学家长的满意和基本满意度达到99%以上，接近100%，学生喜欢和基本喜欢学校的达到100%。2019年丰台区人民政府督导室、丰台区教科院和北京教科院教育质量评价研究中心联合抽样考察初一学生对学校氛围的感受，分四个维度：维度1是同学关系，主要测评同学之间和睦相处、相互支持、关心帮助、谦让、尊重、信任、亲密的心理关系；维度2是师生关系，主要测评学生感受的师生之间的信任、尊重、平等、公平、期望与亲密的心理关系；维度3是秩序与纪律，主要测评学生对学校生活的秩序与纪律有效性的感受；维度4是发展多样性，主要测评学校对学生全面发展的关注程度以及学生全面发展的情况。各维度得分显示，2019年北京教育科学研究院丰台学校初一学生的同学关系得分为4.2分，师生关系得分为4.4分，秩序与纪律得分为4.1分，发展多样性得分为4.4分，四个维度得分均在3分以上，达到了较好的水平。①

(二)方中雄院长对尊重教育校本文化引领下的学校发展评价

为支持北京市义务教育优质、均衡发展，办好人民满意的教育，北京教育科学研究院在面向全市全面加强政策咨询服务、学校发展研究、教育教学指导的同时，自2013年起，响应市政府号召，有针对性地与部分区政府合作举办了一批实验学校。这些实验学校多为办学基础比较薄弱、发展面临特殊困难的学校或者是“先天不足”的新建小规模学校。能否办好这类学校，是实现“办好每一所学校、教好每一个学生”的难点所在，也是考察一个区域是否真正办好人民满意的教育、实现教育公平的重要标志。北京教科院提出了“在普通社区办不普通的教育”的理念，依靠务本求实的教育科研，与学校共同确立办学纲领，启动学校优质加速发展计划(SAP)，研发A-S-K课程，引进教改项目，开展教学指导、诊断与分析工作，搭建合作平台，激发出了学校师生的活力和潜力，促进了学校的快速良性发展，在短短几年中实现了办学“逆袭”。在合作探索的过程中，创造了在普通办学基础、普通资源投入的中小学校中依托教育科研实现高质量、高速度发展的“两普一双高”模式。北京教科

① 2019年丰台区《初中学生学习品质及相关因素检测报告》。

院丰台学校的办学实践就是“两普一双高”模式的生动案例之一。[①]

三、学校尊重教育校本文化培育的探索产生了较大影响

作为一所新建校，我们在尊重教育校本文化培育的实践探索中，一直坚持边学习、边实践、边总结、边反思、边改进的行动研究路线，并不断取得新的进展与突破。2016 年刚搬入阳光星苑校区办学，我校结合小学英语阅读素养的研究，举办了北京市小学英语阅读素养研讨会，此后，先后举办或参加了北京市英语绘本教学研讨会、中国教育学会初中专委会学术研讨会、京沪基础教育论坛、北京市骨干校长研修课程研讨会、市区引进校联盟研讨会、北京市教科研实验校年会、市区“课后服务”交流研讨会、中国教育与社会发展研究院组织的全国“双减”成效座谈会等并作典型经验分享，接待了来自山东、河南、湖北、云南、河北、天津、四川、宁夏、山西、内蒙古等十几个省、市、自治区和雄安新区的同行到校参观、交流和跟岗学习。学校每年还组织与山东青岛合作办学学校的实地参观、交流或网上论坛，并与全国十几个省市的中小学在尊重教育行动研究方面建立了互动联系。今日头条、人民网、凤凰网、北京电视台、《教育家》、《北京教育》、《北京青年报》、《中小学校长》、《中国教育报》等十几家媒体都报道过学校尊重教育校本化的实践探索，我校的尊重教育品牌也产生了较大的影响力。

第三节　尊重教育校本文化培育的心路历程与反思

一、在普通社区办不普通的教育

北京教育科学研究院方中雄院长提出的“学校是为孩子们办的，我们的实验校就是在北京普通的社区办不普通的学校，在普普通通的学校办不普通的教育”的办学定位，为学校发展指明了方向。学校成立之初，在北京教科院、丰台区教委领导和有关专家的指导下，为履行新时代“立德树人”的教育使命，我们认真贯彻和落实党的教育方针，紧紧围绕“培养什么样的人、如何培养人、为谁培养人和办一所什么样的学校、以什么样的理念办学、打造什么样的团队、如何带领这个团队办好这么一所新建校”等一系列问题展开了深入调研与研讨，通过调研与研讨，我们认为：从培养方向来说，我们培养的学生必须具有中国情怀、中国信仰，必须以振兴民族伟大复兴为己任且放眼世界、

① 张广利编著：《尊重的力量——一所学校的教育价值追求》，福建教育出版社 2020 年版，第 1 页。

能推进人类命运共同体的构建；从人的成长规律来说，教育就要培养人自主、自信的主体精神，激发自我发展的内在动力，让人的整个生命系统充满生机与活力，焕发出蓬勃的创造力，使每一名学生获得全面而和谐、自由而充分、独特而创造的发展。

我们认为学校是孩子们的，课程是学生的。最好的教育方式和方法，就是顺应其天性，融课程于生活，以其成长和学习需要的课程开展教与学的活动。在教育的过程中，尊重每一名学生的学习与思维方式，珍视每一名学生的生存状态与发展姿态，给予每一名学生自主学习、个性发展的舞台、机会和时空，使他们在学校教育中与自我对话、与他人对话、与世界对话，不断完善自我，优化他我，认可群我，才能使他们自信地走向未来。与此同时，为他们提供各种认识社会、接触社会和参与实践的机会，让每一个孩子经历更多的“第一次”，并不断丰富其经历，使他们在各种事情的经历中得到历练，收获成长。这不仅有助于其能力的提升，而且有利于使其更好地完成社会化的进程。

正是基于以上思考，我们按照 SWOT 分析法，在师生、家长和社区等多个层面开展深入调研，对学校未来的发展进行了广泛研讨，基于“在普通社区办不普通的教育”的办学定位，我们一切从北京丰台南苑地区新建校的实际和在校学生差异较大的现状出发，瞄准指向学生必备品格、关键能力的实际获得和未来的后续发展，最终研究确定了尊重教育的办学理念、“尊道敬学、立己达人”的校训、培育“‘尊道敬学、立己达人’阳光少年”的培养目标，力求尊重每一个孩子，激发每一个孩子的潜能，使每一个孩子成为最好的自己。

在办学的基本问题确立以后，我们先后研究并讨论通过了学校办学章程、尊重教育的价值体系、五年发展规划和学校绩效工资分配方案，并按照“依法办学、自主管理、民主监督、社会参与”的现代学校制度建设要求，建立了“三位一体”的学校内部治理结构。按照尊重教育的“尊重自己、尊重他人、尊重社会、尊重自然”四个向度设计了由“基础型课程、拓展型课程和个性化课程”构成的尊重教育课程体系，提出了以“问题导学、少教多学、自主思学、合作互学”为特征的以“学”为中心的课堂改革主张，并把实施尊重教育作为推进课程改革的行动基点，开始了以问题为导向的尊重教育的行动研究和校本文化培育的实践探索。

在实施尊重教育校本化的实践探索中，我们深知教育的本质是自我教育，学习的本质是自主学习，教育的最终目的是培养孩子自主发展的能力。因此，我们重点从尊重学生、尊重教师、尊重规律这三个方面入手开展工作。尊重学生即尊重学生的主体地位，激发其自我发展的内在动力；尊重学生的差异，做好因材施教；尊重学生的学习需求，满足其学习需要；尊重学生的选择，做好因势利导；关注其成功体验，激发学生潜能；注重其实际获得，助力学生实现全面而有个性的发展。尊重教师即尊重教师工作的自主性、创造性、复杂性和专业性，在尊重教师工作方式个体性、独立性、工作价值迟效性和间接性特点的同时，大力倡导团队合作，积极培育“敬业乐群、协同创新”的教师文化，为教师的专业成长与自主发展提供了多维度、立体化的支持平台。尊重规律即尊重客观事物的发展规律和社会运行的规则，尊重教育教学规律、尊重学生身心发展规律，并在此基础上掌握规律的最高表现形式——各门学科知识与核心素养。

二、边摸索边前行边成长的尊重教育之路

自开学以来，在尊重教育理念下，我们先后实施了尊重教育课程的整体构建、以“学”为中心的课堂改革、社会实践活动课程、开放性科学实践活动课程、小学英语绘本教学、语文分级阅读、多元分项评价、学生综合素质评价、班主任专业成长、A-S-K 课程、尊重进阶课程、学思维课程等一系列校本项目研究。在这一研究过程中，老师们遵循国家课程标准，以科学的精神和严谨的态度开展课程整合和二度开发，切实解决课改推进中遇到的实际问题，做到边实施边总结、边反思边改进，不断丰富和完善了我校的尊重教育的课程体系。

在课程实施过程中，老师们以尊重、平等、呵护、关爱、帮助、指导、陪伴、肯定、鼓励和引领的形象展现在学生面前，用爱心、耐心和责任心与学生一同成长。教师们重视学生不同的学习需求，尊重和满足学生多样化的学习需要，尊重学生的课程选择权，为学生提供了较为丰富的课程供给。教师们尊重和凸显学生的主体地位，珍视学生的生存状态与发展姿态，尊重每位学生的学习和思维方式，关注每位学生的学习与生活心理感受，给予其自主学习和自由争鸣的时空。他们尊重学生自主学习的权利和多样化的学习方式，尊重学生间的个性差异，坚持以“学”为中心，关注每一名学生的“在学习”和“真学习”。就这样，老师们不断激发着学生学习的愿望和探究意识，不断使其体验收获的喜悦和成长进步的愉悦，使每一名学生的自信不断增强，并助力其实现全面而有个性的发展。在这一过程中，教师们积累的优秀教学设计形成了学校课程实施的优秀成果《真实的学习，灵动的课堂》，这一成果已成为我校新教师入职的校本培训教材，并助力其尽快适应教育教学的改革工作。

在校本文化培育的实践探索中，通过与教师们一次次的交流与研讨，我

也深深感受到教师们强烈的事业心和教书育人的使命感，感受到了他们的工作热情和工作激情，感受到了他们对每一个孩子的爱心、耐心和责任心，感受到他们直面困难、敢于挑战的工作勇气，也看到了他们践行理念，直面挑战、勇于研究和解决问题的专业思考与真实行动，看到了他们互帮互助、一起研究、共同成长的可贵精神……就这样，一支由市、区、校三级35名骨干教师和优秀班主任为龙头的年轻专业化教师团队也逐渐成长起来。从这支年轻的教师队伍身上，不仅看到了学校未来发展的希望，而且也看到了未来教育改革与发展的美好前景。

三、汇聚各方努力，彰显“尊重的力量”

在激发学生兴趣，培养学生志趣、志向与未来发展所需要的必备品格和关键能力的过程中，老师们撰写了许许多多的尊重教育故事、随笔或案例，记录着他们与学生一同成长的点点滴滴，凝聚着我校尊重教育校本文化培育的实践探索与教育智慧。老师们在文化培育过程中所记录下来的这些叙事、随笔或案例也形成了我们尊重教育校本文化培育的阶段性成果——《尊重的力量——一所学校的教育价值追求》，这一成果已于2020年8月由福建教育出版社出版，其中包括沟通与帮助的力量、引导与激励的力量、尊重需求与兴趣的力量、爱与期待的力量、平等与包容的力量、扬长与自信的力量六辑内容。从严格意义上来说，这一成果不是写出来的，而是笔者和同事们脚踏实地干出来的，是我校全体教师团队集体智慧和汗水的结晶。

四、“尊重教育”的新时代挑战与使命坚守

2020年，一场突如其来的新冠肺炎疫情深刻影响了人类社会生活的正常运转，这场疫情对教育也带来了重大挑战，学校被迫实行“停教不停学”。一时间，各种网上学习资源一拥而上，而学生的“居家自主学习”和教师的“线上教学”也代替了正常的教育教学，“尊重自然、珍视生命、维护公共安全、构建人类命运共同体”等主题也提到前所未有的高度。这一突如其来的重大变化和人们对以上主题的深切体验和深刻认知，使家庭教育、学校教育和社会教育也面对重大考验，“自我规划”“自我管理”“自主学习”和“线上指导”“家校协同”“亲子非暴力沟通”等，都成为学校教育亟待研究解决的问题。作为教师，在适应这种变化的同时，如何提升自身素养，发挥主导作用，加强家校协同，共同面对因孩子学习与成长环境变化所带来的诸多挑战，就成了我们必须面对的现实问题与考验。

疫情防控进入常态化以后，学校和老师们为应对新冠肺炎疫情的暴发，

也都做好了线下教学和线上教学随时切换的各种准备，在北京丰台新发地疫情暴发期间，教师的这种应对就派上了用场。2022 年寒假期间，在迎接北京冬奥会前夕，疫情防控“外防输入、内防反弹”的压力很大，由冷库的冷链食品和国际邮件引发的新一轮疫情让人们又紧张了起来。一次次的线下与线上教学方式的切换，使教师和学生熟悉了网上授课与辅导的各种软件，教师发挥网上优质学习资源的优势，开始研究“双向混融”的教学方式，将现代信息技术与课程教学有机融合，使学生时时处处的学习成为现实。这些新科技、新技术、新手段在带给教育欣喜的同时，学生学习的效果问题、防近视问题、线上学习的家校配合问题等，又给基础教育改革带来了新的挑战。

进入新时代，高质量教育体系建设成为时代的呼唤和人民的期盼。2021 年，随着我国“双减”改革①的实施，我国的基础教育改革由此又迎来新的挑战。取消了社会上的学科类培训机构后，要建立高质量的教育体系，学校的“减负提质”就成了关键。“双减”这一前所未有的改革所带来的周一到周五课后服务的全覆盖，使得课后辅导、答疑、体育锻炼、兴趣特长学习等更加有了时间上的保障。这样一来，如何提高校内课堂和课后服务质量的问题就自然摆在了学校和教师的面前，如何统筹课内和课后的课程学习，如何做好课内和课后的课程一体化设计？如何处理好课内与课后、课外的关系？如何在减轻学生过重课业负担的情况下实现学生的高质量发展？如何实现每一节课的高质量？一系列的问题给学校和教师都带来了新的挑战，亟须我们开展进一步的研究与探索。

2022 年 4 月 21 日，教育部召开了新闻发布会，正式公布了《义务教育课程方案和课程标准(2022 年版)》，新修订的义务教育课程以习近平新时代中国特色社会主义思想为指导，依据“有理想、有本领、有担当”②时代新人培养要求，明确了义务教育阶段性培养目标，各门课程基于培养目标，将党的教育方针具体化为学生核心素养发展要求，并进一步明确了新课程应着力培养的正确价值观、必备品格和关键能力。新课程方案和课程标准的颁布与实施给学校和教师提出了更高的要求，也带来了诸多挑战。在这样的大背景下，我校从“尊重自己、尊重他人、尊重社会、尊重自然”四个向度所建构的尊重教育课程体系也要做出新的调整，并赋予“‘尊道敬学、立己达人’阳光少年的培养目标”新的内涵。

---

①　中共中央办公厅、国务院办公厅印发的《关于进一步减轻义务教育阶段学生作业负担和校外培训负担》，2021 年 7 月 24 日。

②　教育部：《义务教育课程方案和课程标准(2022 版)》，2022 年 4 月 21 日。

随着学校规模的不断扩张、教师队伍的不断壮大和常态化新冠肺炎疫情防控带来的诸多挑战，尤其是“双减”和2022年新一轮课程改革所带来的基础教育生态的重塑，我校尊重教育校本文化培育的探索还会遇到更多的新问题、新困惑和新挑战。但是，经过我校前几年的实践探索，已基本形成了具有本校特色的校风、教风和学风。笔者相信，有北京教科院的智力支持，有数年校本文化培育的经验，有良好教风、学风和校风的浸染，我们尊重教育校本文化培育的未来探索一定会取得新的突破。

我们更期待在北京教科院的专家指导与智力支持下，以落实“双减”政策和新一轮的课程改革为契机，继续深入探索尊重教育校本文化培育的有效路径与策略，助力每一名少年儿童实现持续的健康成长，以更好地践行我们“为党育人、为国育才”的初心使命。

参考文献

[1]方明：陶行知名篇精选[M]. 北京：教育科学出版社，2006.

[2]李凌艳. 学校诊断[M]. 北京：北京师范大学出版社，2020.

[3]B. A. 苏霍姆林斯基. 给教师的建议[M]. 2版. 杜殿坤，编译. 北京：教育科学出版社，1984.

[4]张广利. 学校教育生活的重建[M]. 桂林：广西师范大学出版社，2011.

[5]高世良. 南苑往事[M]. 北京：中国旅游出版社，2009.

[6]张景焕，朱德民. 尊重教育[M]. 东营：中国石油大学出版社，2007.

[7]孙达伍. 回顾历史进程，尊重教育规律[J]. 扬州师范学院学报(社会科学版)，1979(4).

[8]王丹，王琪. 营造学校发展的和谐生态——北京市宣武区师范学校附属第一小学“尊重教育”扫描[J]. 人民教育，2010(19).

[9]王伟. “尊重教育”在学校教学管理中的实践[J]. 现代中小学教育，2011(11).

[10]习近平. 做党和人民满意的好老师——同北京师范大学师生代表座谈时的讲话[N]. 人民日报，2014-09-10.

[11]习近平. 习近平在北京市八一学校考察时强调。全面贯彻落实党的教育方针 努力把我国基础教育越办越好[N]. 人民日报，2016-09-10.

[12]张文新. 儿童社会性发展[M]. 北京：北京师范大学出版社，1999.

[13]张熙. 学校第一年[M]. 北京：北京科学技术出版社，2015.

[14]项俊明. 教育学原理[M]. 北京：高等教育出版社，2019.

[15]陈桂生. 中国德育问题[M]. 福州：福建教育出版社，2006.

[16]张广利. 教育是明天[M]. 福州：福建教育出版社，2013.

[17]余文森. 有效教学的理论和模式[M]. 福州：福建教育出版社，2011.

[18]Eric Jensen. 适于脑的教学[M]. 北京师范大学脑科学与教育应用研究中心，译. 北京：中国轻工业出版社，2005.

[19]张广利. 尊重教育校本课程的建构与探索[J]. 中小学校长，2020(3).

[20]杨明全. 学校课程建设与综合化实施——基于北京市中小学的实践

与探索[M]. 北京：北京师范大学出版社，2021.

[21]教育部办公厅. 关于加强义务教育学校作业管理的通知[A]. 2021-04-08.

[22]李政涛. 基础教育的后疫情时代是“双线混融教学”的新时代[J]. 中国教育学刊，2020(5).

[23]张广利. 尊重的力量——一所学校的教育价值追求[M]. 福州：福建教育出版社，2020.

[24]教育部课题组. 深入学习习近平关于教育的重要论述[M]. 北京：人民出版社，2019.

[25]张广利. 在普通社区办高质量的教育[J]. 基础教育论坛，2020(341).

[26]张熙，等. A-S-K 课程的理论与实践——核心素养培养的实验研究[M]. 北京：中国人口出版社，2017.

[27]胡卫平. 学思维活动课程[M]. 北京：外语教学与研究出版社，2011.

[28]尤小平. 学历案与深度学习[M]. 上海：华东师范大学出版社，2017.

[29]张广利. 突出“学”为中心，把课堂还给学生[J]. 教育家，2021(10).

[30]张心怡. 高中思想政治课教学中“问题链”设计研究[D]. 成都：四川师范大学，2021.

[31]季俊昌，蒋世民. 尊重学生的发展权——齐鲁名校长张广利的“知”与“行”[M]. 福州：福建教育出版社，2015.

[32]黄河清. 家校合作导论[M]. 上海：华东师范大学出版社，2008.

[33]马歇尔·卢森堡. 非暴力沟通[M]. 阮胤华，译. 北京：华夏出版社，2018.

[34]张熙. 我们 SAP 学校实践报告 2016[M]. 北京：北京教育出版社，2016.

[35]张广利. 我们怎样教育孩子[M]. 天津：天津科学技术出版社，2009.

[36]张广利. 校本课程开发的实践与思考[M]. 福州：福建教育出版社，2013.

[37]张广利. 办学生喜欢的学校——差异教育的校本行动研究[M]. 重庆：西南师范大学出版社，2015.

[38]张广利. 自主学习型高效课堂建设研究与实践[M]. 天津：天津教育出版社，2009.

后　记
尊重教育的实践探索永远在路上

北京教育科学研究院方中雄院长提出了"在普通社区办不普通的学校，在普通的学校办不普通的教育"的联盟校办学定位，教科院实验校联盟确定了"实验探索、荣誉联盟、因材施教、多元适性、安全友好、亲密平等、专业共生、互动协同、品德高尚、未来素养"的十大办学行动纲领，并提出"教科院办的实验学校，不挑生源，严格落实划片招生、就近入学的政策"的要求。教科院办实验校的初心是通过实施 SAP(学校优质发展加速计划)①，坚持"立德树人"教育根本任务，立足学生发展，开发每一个学生的潜能，使每一个学生得到更好的发展，全面提高学校的育人质量，以改变区域教育的发展格局，进而推动北京教育的优质、均衡发展。

学校筹建之初，我们按照北京教科院对实验校的办学定位要求，首先对所招收生源和家长等情况进行了调研诊断，并经全体教师讨论、研究，一切从新建校和本地的实际出发，结合中华优秀传统文化的传承和学生未来发展的思考，确定了尊重教育的办学理念和"培养'尊道敬学、立己达人'阳光少年"的育人目标，力求尊重每一个孩子，激发每一个孩子的潜能，使每一个孩子成为最好的自己。在办学的基本问题确立后，我们先后研究并讨论通过了学校办学章程、尊重教育的价值体系、发展规划和学校绩效工资分配方案，并按照"依法办学、自主管理、民主监督、社会参与"的现代学校制度建设要求，建立与完善了学校内部治理结构。按照尊重教育的"尊重自己、尊重他人、尊重社会、尊重自然"四个向度设计了由"基础型课程、拓展型课程和个性化课程"构成的尊重教育课程体系，提出了以"问题导学、少教多学、自主思学、合作互学"为特征的以"学"为中心的课堂改革主张，并把实施尊重教育作为推进课程改革的行动基点，开始了以问题为导向的尊重教育的行动研究与实践探索。

2021 年 4 月，为推进教育的高质量发展，丰台区启动了学校品质提升工

① 张熙编著：《我们 SAP 学校实践报告 2016》，北京教育出版社 2016 年版，第 1 页。

程，我校申报了“深化尊重教育行动研究、助力品质提升”的研究项目并获批，学校成为丰台区首批品质提升校支持对象，以此为契机，我们在继续深化尊重教育行动研究的同时，系统梳理和研究总结了建校以来的尊重教育校本化的实践探索，作为深化尊重教育行动研究品质提升项目的成果，“尊重教育理念下的学校文化培育”在2022年首届北京教育科学“振兴教育实验奖”评选中，获得“教育实践改进”一等奖。在此成果的基础上，我撰写了这本《尊重教育的生成与发展》，本书从尊重教育校本文化培育的视角，全面系统地总结了一所新建九年制学校，从没有教师、没有学生、没有校舍的“三无”状态下筹建到起步、发展、壮大和创建尊重教育品牌的艰辛探索历程，全书共分为十章，分别是尊重教育理念的提出与阐释、尊重教育的理念文化、尊重教育实施的基本原则、尊重教育的校园环境文化建设、尊重教育的课程文化构建、尊重教育的教师文化培育、尊重教育的课堂文化培育、尊重教育的学生文化培育、尊重教育的家校社协同文化和尊重教育校本文化培育的成效与反思等。从严格意义上说，这本书不是我写出来的，而是我和我的同事们脚踏实地干出来的，是我校干部教师团队集体智慧和汗水的结晶。

在本书即将付梓之际，感谢和我一同创建这所学校的中层以上班子成员，感谢创建这所学校的全体教职员工，正是有了他们的团结合作、奉献拼搏和研究创新，才使得我们这样一所普通社区的新建校在不到7年的办学实践中脱颖而出，并成为一所家长满意、学生喜欢、社会认可的区域优质学校。此时，十分感慨和感谢的是，从我校开始筹备到开学直至今天，学校的发展得到了中国教科院、教育部课程研究中心、北京师范大学等专家的专业引领和北京教科院专家团队的智力支持，得到了丰台区教工委、教委、督导室和区教科院与北京教育学院丰台分院等各位领导与专家的大力支持与指导，没有他们的关心、支持和专业指导，也不可能有学校今天发展的大好局面。

在此，特别感谢全国教育知名学者、北京教育科学研究院院长方中雄研究员，虽平时工作十分繁忙，但曾数次亲自到校指导，当听说我要出版尊重教育校本行动研究成果——《尊重教育的生成与发展》时，欣然为本书作序。特别感谢全国教育知名学者、教育部基础教育教学指导委员会副主任、北京师范大学中国教育政策研究院执行院长、民进中央教育委员会主任、中国教育学会中小学德育研究分会理事长、国家教育考试指导委员会和教育部教师教育专家咨询委员会委员张志勇教授应邀为本书作序。更要十分感谢北京师范大学杨明全教授对本书稿提出的修改建议，感谢罗怡雯老师参与了第二章校本文化设计内容的梳理工作，十分感谢首都师范大学出版社的编校人员，他们为本书的出版也做了大量的工作，在此一并表示诚挚的谢意！

我们尊重教育的行动研究和校本化的实践探索自启动以来，尽管在某些方面取得了很大进展，有力促进了师生和学校的发展，但由于篇幅和水平所限，老师们在校本文化培育过程中的许多创新做法尚未完全呈现出来，书中呈现给广大读者的尊重教育校本文化培育的基本路径、策略方法和措施还可能存在这样或那样的不足，敬请各位同行、专家和广大读者赐教。

尊重教育校本文化的培育和发展需要一个漫长的过程。目前，我们仍然处在研究与实践探索之中，特别是 2021 年实施的“双减”改革和 2022 年 4 月刚刚颁布的新版义务教育课程方案和课程标准，也为我校推进新时代背景下的高质量发展提出了新的挑战，面对新形势、新任务和新挑战，我们的研究与实践探索还会遇上这样或那样的新问题，因此，我们尊重教育校本文化的行动研究与实践探索永远在路上。我们期待着与更多从事这方面研究的同人一道，共同开辟尊重教育育人文化建设的美好未来，以深入探索实施素质教育的有效路径和策略方法，助力每一名少年儿童实现全面、健康与和谐发展，以更好地践行我们“为党育人、为国育才”的初心使命。

张广利

2022 年 5 月 6 日于北京